4] Lehrausgaben Deutscher Gesetze [4

Herausgegeben von

Professor Dr. Ottmar Bühler, Münster i. W.

Handelsgesetzbuch

nebst

Wechselordnung und Scheckgesetz

mit systematischen Paragraphenüberschriften und ausführlichem Sachregister

herausgegeben von

Dr. Julius von Gierke

o. ö. Professor an der Universität Göttingen

Berlin und Leipzig 1931

Walter de Gruyter & Co.

vormals G. J. Göschen'sche Verlagshandlung — J. Guttentag, Verlagsbuchhandlung — Georg Reimer — Karl J. Trübner — Veit & Comp.

Druck von Walter de Gruyter & Co., Berlin W 10

Vorwort.

Entsprechend dem Lehrzweck, dem diese Ausgabe zu dienen bestimmt ist, habe ich ausgiebigen Gebrauch davon gemacht, die zunächst weniger wichtigen oder sich in Einzelheiten verlierenden oder dem „lebenden" Recht fremden gesetzlichen Vorschriften in Kleindruck zu setzen. Es ist interessant zu sehen, daß hiervon ein ziemlich großer Teil der gesetzlichen Bestimmungen ergriffen wird. Ich hoffe, daß dadurch für den Lernenden das Grundlegende und Wesentliche plastisch hervortritt, und ihm so eine Beherrschung der Fülle des Rechtsstoffes erleichtert wird. Betonen möchte ich nur, damit keine Mißverständnisse entstehen, daß die in Kleindruck gesetzten Vorschriften also rechtsgültig sind und nicht etwa, wie in manchen Ausgaben, Bestimmungen kennzeichnen, welche aufgehoben sind.

Göttingen, im Mai 1931.

Julius v. Gierke.

Inhaltsübersicht.

I. Handelsgesetzbuch.

Erstes Buch.

Handelsstand.

		Seite
Erster Abschnitt. **Kaufleute**	§§ 1—7.	1
Zweiter Abschnitt. **Handelsregister**	§§ 8—16.	3
Dritter Abschnitt. **Handelsfirma**	§§ 17—37.	6
Vierter Abschnitt. **Handelsbücher**	§§ 38—47.	11
Fünfter Abschnitt. **Prokura und Handlungsvollmacht**	§§ 48—58.	13
Sechster Abschnitt. **Handlungsgehilfen und Handlungslehrlinge**	§§ 59—83.	16
Siebenter Abschnitt. **Handlungsagenten** . . .	§§ 84—92.	26
Achter Abschnitt. **Handelsmäkler**	§§ 93—104.	28

Zweites Buch.

Handelsgesellschaften und stille Gesellschaft.

Erster Abschnitt. **Offene Handelsgesellschaft**		
Erster Titel. Errichtung der Gesellschaft . . .	§§ 105—108.	30
Zweiter Titel. Rechtsverhältnis der Gesellschafter untereinander	§§ 109—122.	31
Dritter Titel. Rechtsverhältnis der Gesellschafter zu Dritten	§§ 123—130.	34
Vierter Titel. Auflösung der Gesellschaft und Ausscheiden von Gesellschaftern	§§ 131—144.	36
Fünfter Titel. Liquidation der Gesellschaft .	§§ 145—158.	41
Sechster Titel. Verjährung	§§ 159—160.	43

Seite
Zweiter Abschnitt. **Kommanditgesellschaft** .. §§ 161—177. 44
Dritter Abschnitt. **Aktiengesellschaft.**
Erster Titel. Allgemeine Vorschriften ...... §§ 178—209. 48
Zweiter Titel. Rechtsverhältnisse der Gesellschaft und der Gesellschafter .... §§ 210—230. 59
Dritter Titel. Verfassung und Geschäftsführung §§ 231—273. 65
Vierter Titel. Abänderungen des Gesellschaftsvertrags .... §§ 274—291. 79
Fünfter Titel. Auflösung und Nichtigkeit der Gesellschaft .... §§ 292—311. 84
Sechster Titel. Strafvorschriften .... §§ 312—319. 91
Vierter Abschnitt. **Kommanditgesellschaft auf Aktien** .... §§ 320—334. 94
Fünfter Abschnitt. **Stille Gesellschaft** ...... §§ 335—342. 99

Drittes Buch.

Handelsgeschäfte.

Erster Absnitt. **Allgemeine Vorschriften** .... §§ 343—372. 102
Zweiter Abschnitt. **Handelskauf** .... §§ 373—382. 109
Dritter Abschnitt. **Kommissionsgeschäft** .... §§ 383—406. 112
Vierter Abschnitt. **Speditionsgeschäft** ...... §§ 407—415. 118
Fünfter Abschnitt. **Lagergeschäft** .... §§ 416—424. 121
Sechster Abschnitt. **Frachtgeschäft** .... §§ 425—452. 123
Siebenter Abschnitt. **Beförderung von Gütern und Personen auf den Eisenbahnen** .... §§ 453—473. 131

Viertes Buch.

Seehandel.

Erster Abschnitt. **Allgemeine Vorschriften** .. §§ 474—483. 138
Zweiter Abschnitt. **Reeder und Reederei** .. §§ 484—510. 141
Dritter Abschnitt. **Schiffer** .... §§ 511—555. 147
Vierter Abschnitt. **Frachtgeschäft zur Beförderung von Gütern** .... §§ 556—663. 160
Fünfter Abschnitt. **Frachtgeschäft zur Beförderung von Reisenden** .... §§ 664—678. 189
Sechster Abschnitt. **Bodmerei** .... §§ 679—699. 191
Siebenter Abschnitt. **Haverei.**
Erster Titel. Große (gemeinschaftliche) Haverei und besondere Haverei .... §§ 700—733. 197

		Seite
Zweiter Titel. Schaden durch Zusammenstoß von Schiffen	§§ 734—739.	207
Achter Abschnitt. **Bergung und Hilfsleistung in Seenot**	§§ 740—753.	208
Neunter Abschnitt. **Schiffsgläubiger**	§§ 754—777.	212
Zehnter Abschnitt. **Versicherung gegen die Gefahren der Seeschiffahrt.**		
Erster Titel. Allgemeine Vorschriften	§§ 778—805.	219
Zweiter Titel. Anzeigen bei dem Abschlusse des Vertrags	§§ 806—811b.	225
Dritter Titel. Verpflichtungen des Versicherten aus dem Versicherungsvertrage	§§ 812—819.	227
Vierter Titel. Umfang der Gefahr	§§ 820—853.	230
Fünfter Titel. Umfang des Schadens	§§ 854—881.	241
Sechster Titel. Bezahlung des Schadens	§§ 882—893.	248
Siebenter Titel. Aufhebung der Versicherung und Rückzahlung der Prämie	§§ 894—900.	252
Elfter Abschnitt. **Verjährung**	§§ 901—905.	254
Anhang: Einführungsgesetz zum Handelsgesetzbuche	Art. 1—28.	256

II. Wechselordnung in der Fassung vom 3. Juni 1908.

Erster Abschnitt. **Von der Wechselfähigkeit**	Art. 1—3	262
Zweiter Abschnitt. **Von gezogenen Wechseln.**		
I. Erfordernisse eines gezogenen Wechsels	Art. 4—7	263
II. Verpflichtungen des Ausstellers	Art. 8	264
III. Indossament	Art. 9—17	264
IV. Präsentation zur Annahme	Art. 18—20	266
V. Annahme (Akzeptation)	Art. 21—24	267
VI. Regreß auf Sicherstellung		
1. Wegen nicht erhaltener Annahme	Art. 25—28	268
2. Wegen Unsicherheit des Akzeptanten	Art. 29	269
VII. Erfüllung der Wechselverbindlichkeit.		
1. Zahlungstag	Art. 30—35	269
2. Zahlung	Art. 36—40	271
VIII. Regreß mangels Zahlung	Art. 41—55	272
IX. Intervention.		
1. Ehrenannahme	Art. 56—61	275
2. Ehrenzahlung	Art. 62—65	276

			Seite
X.	Vervielfältigung eines Wechsels.		
	1. Wechselduplikate	Art. 66—69	277
	2. Wechselkopien	Art. 70—72	278
XI.	Abhanden gekommene Wechsel	Art. 73—74	279
XII.	Falsche Wechsel	Art. 75—76	280
XIII.	Wechselverjährung	Art. 77—79	280
XIV.	Klagerecht des Wechselgläubigers	Art. 81—83	281
XV.	Ausländische Gesetzgebung	Art. 84—86	281
XVI.	Protest	Art. 87—90	282
XVII.	Ort und Zeit für die Präsentation und andere im Wechselverkehr vorkommende Handlungen	Art. 91—93	284
XVIII.	Mangelhafte Unterschriften	Art. 94—95	285
Dritter Abschnitt.	**Von eigenen Wechseln**	Art. 96—100	286
III.	**Scheckgesetz vom 11. März 1908**	§§ 1—30	288
IV.	**Sachregister**		296

Handelsgesetzbuch.

Vom 10. Mai 1897

(RGBl. 1897 S. 219).

Erstes Buch.

Handelsstand.

Erster Abschnitt.

Kaufleute.

[Kaufmannsbegriff. Mußkaufmann: Kaufmann kraft Gewerbebetriebes]

§ 1.

Kaufmann im Sinne dieses Gesetzbuchs ist, wer ein Handelsgewerbe betreibt.

Als **Handelsgewerbe** gilt jeder Gewerbebetrieb, der eine der nachstehend bezeichneten Arten von Geschäften zum Gegenstande hat:

1. die Anschaffung und Weiterveräußerung von beweglichen Sachen (Waren) oder Wertpapieren, ohne Unterschied, ob die Waren unverändert oder nach einer Bearbeitung oder Verarbeitung weiterveräußert werden;
2. die Übernahme der Bearbeitung oder Verarbeitung von Waren für andere, sofern der Betrieb über den Umfang des Handwerks hinausgeht;
3. die Übernahme von Versicherungen gegen Prämie;
4. die Bankier- und Geldwechslergeschäfte;
5. die Übernahme der Beförderung von Gütern oder Reisenden zur See, die Geschäfte der Frachtführer oder der zur Beförderung von Personen zu Lande oder auf Binnengewässern bestimmten Anstalten sowie die Geschäfte der Schleppschiffahrtsunternehmer;
6. die Geschäfte der Kommissionäre, der Spediteure oder der Lagerhalter;
7. die Geschäfte der Handlungsagenten oder der Handelsmäkler;

8. die Verlagsgeschäfte sowie die sonstigen Geschäfte des Buch- oder Kunsthandels;
9. die Geschäfte der Druckereien, sofern ihr Betrieb über den Umfang des Handwerks hinausgeht.

[Sollkaufmann: Kaufmann kraft obligatorischer Eintragung]

§ 2.

Ein gewerbliches Unternehmen, das nach Art und Umfang einen in kaufmännischer Weise eingerichteten Geschäftsbetrieb erfordert, gilt, auch wenn die Voraussetzungen des § 1 Abs. 2 nicht vorliegen, als Handelsgewerbe im Sinne dieses Gesetzbuchs, sofern die Firma des Unternehmers in das Handelsregister eingetragen worden ist. Der Unternehmer ist verpflichtet, die Eintragung nach den für die Eintragung kaufmännischer Firmen geltenden Vorschriften herbeizuführen.

[Kannkaufmann: Land- und Forstwirte]

§ 3.

Auf den Betrieb der **Land- und Forstwirtschaft** finden die Vorschriften der §§ 1, 2 keine Anwendung.

Ist mit dem Betriebe der Land- oder Forstwirtschaft ein Unternehmen verbunden, das nur ein **Nebengewerbe** des land- oder forstwirtschaftlichen Betriebs darstellt, so findet auf dieses der § 2 mit der Maßgabe Anwendung, daß der Unternehmer berechtigt, aber nicht verpflichtet ist, die Eintragung in das Handelsregister herbeizuführen; werden in dem Nebengewerbe Geschäfte der im § 1 bezeichneten Art geschlossen, so gilt der Betrieb dessenungeachtet nur dann als Handelsgewerbe, wenn der Unternehmer von der Befugnis, seine Firma gemäß § 2 in das Handelsregister eintragen zu lassen, Gebrauch gemacht hat. Ist die Eintragung erfolgt, so findet eine Löschung der Firma nur nach den allgemeinen Vorschriften statt, welche für die Löschung kaufmännischer Firmen gelten.

[Minderkaufmann]

§ 4.

Die Vorschriften über die Firmen, die Handelsbücher und die Prokura finden auf Handwerker sowie auf Personen, deren Gewerbebetrieb nicht über den Umfang des Kleingewerbes hinausgeht, keine Anwendung.

Durch eine Vereinigung zum Betrieb eines Gewerbes, auf welches die bezeichneten Vorschriften keine Anwendung finden, kann eine offene Handelsgesellschaft oder eine Kommanditgesellschaft nicht begründet werden.

Die Landesregierungen sind befugt, Bestimmungen zu erlassen, durch welche die Grenze des Kleingewerbes auf der Grundlage der nach dem Geschäftsumfange bemessenen Steuerpflicht oder in Ermangelung einer solchen Besteuerung nach anderen Merkmalen näher festgesetzt wird.

[Scheinkaufmann] **§ 5.**

Ist eine Firma im Handelsregister eingetragen, so kann gegenüber demjenigen, welcher sich auf die Eintragung beruft, nicht geltend gemacht werden, daß das unter der Firma betriebene Gewerbe kein Handelsgewerbe sei oder daß es zu den im § 4 Abs. 1 bezeichneten Betrieben gehöre.

[Handelsgesellschaften] **§ 6.**

Die in betreff der Kaufleute gegebenen Vorschriften finden auch auf die Handelsgesellschaften Anwendung [1]).

Die Rechte und Pflichten eines Vereins, dem das Gesetz ohne Rücksicht auf den Gegenstand des Unternehmens die Eigenschaft eines Kaufmanns beilegt, werden durch die Vorschrift des § 4 Abs. 1 nicht berührt.

[Öffentlich-rechtliche Gewerbebeschränkungen] **§ 7.**

Durch die Vorschriften des öffentlichen Rechtes, nach welchen die Befugnis zum Gewerbebetrieb ausgeschlossen oder von gewissen Voraussetzungen abhängig gemacht ist, wird die Anwendung der die Kaufleute betreffenden Vorschriften dieses Gesetzbuchs nicht berührt.

Zweiter Abschnitt.

Handelsregister.

[Behörde des Handelsregisters] **§ 8.**

Das **Handelsregister** wird von den Gerichten geführt [2]).

---

[1]) Handelsgesellschaften sind

1. die offene Handelsgesellschaft (§ 105), die Kommanditgesellschaft (§ 161 Abs. II),

2. die Aktiengesellschaft (§ 210 Abs. II), die Kommanditgesellschaft auf Aktien (§ 320 Abs. II), die Gesellschaft mit beschränkter Haftung (Ges., betr. die Gesellschaften mit beschränkter Haftung, in der Fassung v. 20. Mai 1898 § 13 Abs. III): Formkaufleute,

3. die Erwerbs- und Wirtschaftsgenossenschaft gilt als Formkaufmann (Ges., betr. die Erwerbs- und Wirtschaftsgenossenschaften, vom 1. Mai 1889 in der Fassung der Bek. v. 20. Mai 1898 § 17 Abs. II). Ähnlich wird der größere Versicherungsverein auf Gegenseitigkeit behandelt (Ges. über die privaten Versicherungsunternehmungen vom 12. Mai 1901 § 16).

[2]) Vgl. Reichsges. über die Angelegenheiten der freiwilligen Gerichtsbarkeit v. 17. Mai 1898 §§ 125ff.

[Einsicht. Abschriften] **§ 9.**

Die Einsicht des Handelsregisters sowie der zum Handelsregister eingereichten Schriftstücke ist jedem gestattet.

Von den Eintragungen kann eine Abschrift gefordert werden; das gleiche gilt in Ansehung der zum Handelsregister eingereichten Schriftstücke, sofern ein berechtigtes Interesse glaubhaft gemacht wird. Die Abschrift ist auf Verlangen zu beglaubigen.

Das Gericht hat auf Verlangen eine Bescheinigung darüber zu erteilen, daß bezüglich des Gegenstandes einer Eintragung weitere Eintragungen nicht vorhanden sind oder daß eine bestimmte Eintragung nicht erfolgt ist.

[Bekanntmachungen] **§ 10.**

Das Gericht hat die Eintragungen in das Handelsregister durch den Deutschen Reichsanzeiger und durch mindestens ein anderes Blatt bekanntzumachen. Soweit nicht das Gesetz ein anderes vorschreibt, werden die Eintragungen ihrem ganzen Inhalte nach veröffentlicht.

Mit dem Ablaufe des Tages, an welchem das letzte der die Bekanntmachung enthaltenden Blätter erschienen ist, gilt die Bekanntmachung als erfolgt.

§ 11.

Das Gericht hat jährlich im Dezember die Blätter zu bezeichnen, in denen während des nächsten Jahres die im § 10 vorgesehenen Veröffentlichungen erfolgen sollen.

Wird das Handelsregister bei einem Gerichte von mehreren Richtern geführt und einigen sich diese über die Bezeichnung der Blätter nicht, so wird die Bestimmung von dem im Rechtszug vorgeordneten Landgerichte getroffen; ist bei diesem Landgericht eine Kammer für Handelssachen gebildet, so tritt diese an die Stelle der Zivilkammer[1]).

[Anmeldungen] **§ 12.**

Die Anmeldungen zur Eintragung in das Handelsregister sowie die zur Aufbewahrung bei dem Gerichte bestimmten Zeichnungen von Unterschriften sind persönlich bei dem Gerichte zu bewirken oder in öffentlich beglaubigter Form einzureichen.

Die gleiche Form ist für eine Vollmacht zur Anmeldung erforderlich. Rechtsnachfolger eines Beteiligten haben die Rechtsnachfolge soweit tunlich durch öffentliche Urkunden nachzuweisen.

---

[1]) Abs. 2 ist eingefügt durch das Ges. v. 4. Februar 1925 (RGBl. I S. 9).

[Zweigniederlassung] **§ 13.**

Soweit nicht in diesem Gesetzbuch ein anderes vorgeschrieben ist, sind die Eintragungen in das Handelsregister und die hierzu erforderlichen Anmeldungen und Zeichnungen von Unterschriften sowie die sonst vorgeschriebenen Einreichungen zum Handelsregister bei jedem Registergericht, in dessen Bezirke der Inhaber der Firma eine Zweigniederlassung besitzt, in gleicher Weise wie bei dem Gerichte der Hauptniederlassung zu bewirken.

Eine Eintragung bei dem Gerichte der Zweigniederlassung findet nicht statt, bevor nachgewiesen ist, daß die Eintragung bei dem Gerichte der Hauptniederlassung geschehen ist.

Diese Vorschriften kommen auch zur Anwendung, wenn sich die Hauptniederlassung im Auslande befindet. Soweit nicht das ausländische Recht eine Abweichung erforderlich macht, haben die Anmeldungen, Zeichnungen und Eintragungen bei dem Gerichte der Zweigniederlassung in gleicher Weise zu geschehen, wie wenn sich die Hauptniederlassung im Inlande befände.

[Ordnungsstrafen] **§ 14.**

Wer verpflichtet ist, eine Anmeldung, eine Zeichnung der Unterschrift oder eine Einreichung von Schriftstücken zum Handelsregister vorzunehmen, ist hierzu von dem Registergerichte durch Ordnungsstrafen anzuhalten [1]).

[Publizitätsprinzip: Wirkung der Nichteintragung und Eintragung] **§ 15.**

Solange eine in das Handelsregister einzutragende Tatsache nicht eingetragen und bekanntgemacht ist, kann sie von demjenigen, in dessen Angelegenheiten sie einzutragen war, einem Dritten nicht entgegengesetzt werden, es sei denn, daß sie diesem bekannt war.

Ist die Tatsache eingetragen und bekanntgemacht worden, so muß ein Dritter sie gegen sich gelten lassen, es sei denn, daß er sie weder kannte noch kennen mußte.

Für den Geschäftsverkehr mit einer in das Handelsregister eingetragenen Zweigniederlassung ist im Sinne dieser Vorschriften die Eintragung und Bekanntmachung durch das Gericht der Zweigniederlassung entscheidend.

[Entscheidung des Prozeßgerichts] **§ 16.**

Ist durch eine rechtskräftige oder vollstreckbare Entscheidung des Prozeßgerichts die Verpflichtung zur Mitwirkung bei einer Anmeldung zum

---

[1]) § 14 Satz 2 gilt nicht mehr. Für die Höhe der Ordnungsstrafe ist jetzt maßgebend die VO. v. 6. Februar 1924 (RGBl. I S. 44) in Verbindung mit der 2. DurchfVO. z. Münzges. v. 12. Dezember 1924 (RGBl. I S. 775): Mindestens 1 RM. und höchstens 1000 RM.

Handelsregister oder ein Rechtsverhältnis, bezüglich dessen eine Eintragung zu erfolgen hat, gegen einen von mehreren bei der Vornahme der Anmeldung Beteiligten festgestellt, so genügt zur Eintragung die Anmeldung der übrigen Beteiligten. Wird die Entscheidung, auf Grund deren die Eintragung erfolgt ist, aufgehoben, so ist dies auf Antrag eines der Beteiligten in das Handelsregister einzutragen.

Ist durch eine rechtskräftige oder vollstreckbare Entscheidung des Prozeßgerichts die Vornahme einer Eintragung für unzulässig erklärt, so darf die Eintragung nicht gegen den Widerspruch desjenigen erfolgen, welcher die Entscheidung erwirkt hat.

Dritter Abschnitt.

Handelsfirma.

[Begriff der Firma] **§ 17.**

Die **Firma** eines Kaufmanns ist der Name, unter dem er im Handel seine Geschäfte betreibt und die Unterschrift abgibt.

Ein Kaufmann kann unter seiner Firma klagen und verklagt werden.

[Firma des Einzelkaufmanns] **§ 18.**

Ein Kaufmann, der sein Geschäft ohne Gesellschafter oder nur mit einem stillen Gesellschafter betreibt, hat seinen Familiennamen mit mindestens einem ausgeschriebenen Vornamen als Firma zu führen.

Der Firma darf kein Zusatz beigefügt werden, der ein Gesellschaftsverhältnis andeutet oder sonst geeignet ist, eine Täuschung über die Art oder den Umfang des Geschäfts oder die Verhältnisse des Geschäftsinhabers herbeizuführen. Zusätze, die zur Unterscheidung der Person oder des Geschäfts dienen, sind gestattet.

[Firma der offenen Handelsgesellschaft u. Kommanditgesellschaft] **§ 19.**

Die Firma einer offenen Handelsgesellschaft hat den Namen wenigstens eines der Gesellschafter mit einem das Vorhandensein einer Gesellschaft andeutenden Zusatz oder die Namen aller Gesellschafter zu enthalten.

Die Firma einer Kommanditgesellschaft hat den Namen wenigstens eines persönlich haftenden Gesellschafters mit einem das Vorhandensein einer Gesellschaft andeutenden Zusatze zu enthalten.

Die Beifügung von Vornamen ist nicht erforderlich.

Die Namen anderer Personen als der persönlich haftenden Gesellschafter dürfen in die Firma einer offenen Handelsgesellschaft oder einer Kommanditgesellschaft nicht aufgenommen werden.

[Firma der Aktiengesellschaft] **§ 20.**

Die Firma einer Aktiengesellschaft sowie die Firma einer Kommanditgesellschaft auf Aktien ist in der Regel von dem Gegenstande des Unternehmens zu entlehnen; die erstere Firma hat außerdem die Bezeichnung „Aktiengesellschaft", die letztere Firma die Bezeichnung „Kommanditgesellschaft auf Aktien" zu enthalten.

[Firmenfortführung bei Namensänderung] **§ 21.**

Wird ohne eine Änderung der Person der Name des Geschäftsinhabers oder der in der Firma enthaltene Name eines Gesellschafters geändert, so kann die bisherige Firma fortgeführt werden.

[Firmenfortführung bei Erwerb eines Handelsgeschäfts] **§ 22.**

Wer ein bestehendes Handelsgeschäft unter Lebenden oder von Todes wegen erwirbt, darf für das Geschäft die bisherige Firma mit oder ohne Beifügung eines das Nachfolgeverhältnis andeutenden Zusatzes fortführen, wenn der bisherige Geschäftsinhaber oder dessen Erben in die Fortführung der Firma ausdrücklich willigen. Die Verpflichtung einer Aktiengesellschaft oder einer Kommanditgesellschaft auf Aktien, die im § 20 vorgeschriebene Bezeichnung in ihre Firma aufzunehmen, wird hierdurch nicht berührt.

Wird ein Handelsgeschäft auf Grund eines Nießbrauchs, eines Pachtvertrags oder eines ähnlichen Verhältnisses übernommen, so finden diese Vorschriften entsprechende Anwendung.

[Unselbständigkeit der Firma] **§ 23.**

Die Firma kann nicht ohne das Handelsgeschäft, für welches sie geführt wird, veräußert werden.

[Firmenfortführung bei Aufnahme u. Ausscheiden eines Gesellschafters] **§ 24.**

Wird jemand in ein bestehendes Handelsgeschäft als Gesellschafter aufgenommen oder tritt ein neuer Gesellschafter in eine Handelsgesellschaft ein oder scheidet aus einer solchen ein Gesellschafter aus, so kann ungeachtet dieser Veränderung die bisherige Firma fortgeführt werden.

Bei dem Ausscheiden eines Gesellschafters, dessen Name in der Firma enthalten ist, bedarf es zur Fortführung der Firma der ausdrücklichen Einwilligung des Gesellschafters oder seiner Erben.

[Verbindlichkeiten u. Forderungen bei dem Erwerb eines Handelsgeschäfts unter Lebenden] **§ 25.**

Wer ein unter Lebenden erworbenes Handelsgeschäft unter der bisherigen Firma mit oder ohne Beifügung eines das Nachfolgeverhältnis andeutenden Zusatzes fortführt, haftet für alle im Betriebe des Geschäfts begründeten Verbindlichkeiten des früheren Inhabers. Die in dem Betriebe begründeten Forderungen gelten den Schuldnern gegenüber als auf den Erwerber übergegangen, falls der bisherige Inhaber oder seine Erben in die Fortführung der Firma gewilligt haben.

Eine abweichende Vereinbarung ist einem Dritten gegenüber nur wirksam, wenn sie in das Handelsregister eingetragen und bekanntgemacht oder von dem Erwerber oder dem Veräußerer dem Dritten mitgeteilt worden ist.

Wird die Firma nicht fortgeführt, so haftet der Erwerber eines Handelsgeschäfts für die früheren Geschäftsverbindlichkeiten nur, wenn ein besonderer Verpflichtungsgrund vorliegt, insbesondere wenn die Übernahme der Verbindlichkeiten in handelsüblicher Weise von dem Erwerber bekanntgemacht worden ist.

[Verjährung der Ansprüche gegen den früheren Inhaber]

§ 26.

Ist der Erwerber des Handelsgeschäfts auf Grund der Fortführung der Firma oder auf Grund der im § 25 Abs. 3 bezeichneten Bekanntmachung für die früheren Geschäftsverbindlichkeiten haftbar, so verjähren die Ansprüche der Gläubiger gegen den früheren Inhaber mit dem Ablaufe von fünf Jahren, falls nicht nach den allgemeinen Vorschriften die Verjährung schon früher eintritt.

Die Verjährung beginnt im Falle des § 25 Abs. 1 mit dem Ende des Tages, an welchem der neue Inhaber der Firma in das Handelsregister des Gerichts der Hauptniederlassung eingetragen worden ist, im Falle des § 25 Abs. 3 mit dem Ende des Tages, an welchem die Kundmachung der Übernahme stattgefunden hat. Konnte der Gläubiger die Leistung erst in einem späteren Zeitpunkte verlangen, so beginnt die Verjährung mit diesem Zeitpunkte.

[Haftung des Erben bei dem Erwerb eines Handelsgeschäfts]

§ 27.

Wird ein zu einem Nachlasse gehörendes Handelsgeschäft von dem Erben fortgeführt, so finden auf die Haftung des Erben für die früheren Geschäftsverbindlichkeiten die Vorschriften des § 25 entsprechende Anwendung.

Die unbeschränkte Haftung nach § 25 Abs. 1 tritt nicht ein, wenn die Fortführung des Geschäfts vor dem Ablaufe von drei Monaten nach dem Zeitpunkt, in welchem der Erbe von dem Anfalle der Erbschaft Kenntnis erlangt hat, eingestellt wird. Auf den Lauf der Frist finden die für die Verjährung geltenden Vorschriften des § 206 des Bürgerlichen Gesetzbuchs entsprechende Anwendung. Ist bei dem Ablaufe der drei Monate das Recht zur Ausschlagung der Erbschaft noch nicht verloren, so endigt die Frist nicht vor dem Ablaufe der Ausschlagungsfrist.

[Eintritt eines Gesellschafters in ein Handelsgeschäft]

§ 28.

Tritt jemand als persönlich haftender Gesellschafter oder als Kommanditist in das Geschäft eines Einzelkaufmanns ein, so haftet die Gesellschaft, auch wenn sie die frühere Firma nicht fortführt, für alle im Betriebe des Geschäfts entstandenen Verbindlichkeiten des früheren Geschäftsinhabers. Die in dem Betriebe begründeten Forderungen gelten den Schuldnern gegenüber als auf die Gesellschaft übergegangen.

Eine abweichende Vereinbarung ist einem Dritten gegenüber nur wirksam, wenn sie in das Handelsregister eingetragen und bekanntgemacht oder von einem Gesellschafter dem Dritten mitgeteilt worden ist.

[Anmeldepflicht]

§ 29.

Jeder Kaufmann ist verpflichtet, seine Firma und den Ort seiner Handelsniederlassung bei dem Gericht, in dessen Bezirke sich die Niederlassung befindet, zur Eintragung in das Handelsregister anzumelden; er hat seine Firma zur Aufbewahrung bei dem Gerichte zu zeichnen.

[Ausschließlichkeit der Firma]

§ 30.

Jede neue Firma muß sich von allen an demselben Orte oder in derselben Gemeinde bereits bestehenden und in das Handelsregister eingetragenen Firmen deutlich unterscheiden.

Hat ein Kaufmann mit einem bereits eingetragenen Kaufmanne die gleichen Vornamen und den gleichen Familiennamen und will auch er sich dieser Namen als seiner Firma bedienen, so muß er der Firma einen Zusatz beifügen, durch den sie sich von der bereits eingetragenen Firma deutlich unterscheidet.

Besteht an dem Orte oder in der Gemeinde, wo eine Zweigniederlassung errichtet wird, bereits eine gleiche eingetragene Firma, so muß der Firma für die Zweigniederlassung ein der Vorschrift des Abs. 2 entsprechender Zusatz beigefügt werden.

Durch die Landesregierungen kann bestimmt werden, daß benachbarte Orte oder Gemeinden als ein Ort oder als eine Gemeinde im Sinne dieser Vorschriften anzusehen sind.

[Änderung u. Erlöschen der Firma]

§ 31.

Eine Änderung der Firma oder ihrer Inhaber sowie die Verlegung der Niederlassung an einen anderen Ort ist nach den Vorschriften des § 29 zur Eintragung in das Handelsregister anzumelden.

Das gleiche gilt, wenn die Firma erlischt. Kann die Anmeldung des Erlöschens einer eingetragenen Firma durch die hierzu Verpflichteten nicht auf dem im § 14 bezeichneten Wege herbeigeführt werden, so hat das Gericht das Erlöschen von Amts wegen einzutragen.

[Konkurs]
§ 32.

Wird über das Vermögen eines Kaufmanns der Konkurs eröffnet, so ist dies von Amts wegen in das Handelsregister einzutragen. Das gleiche gilt von der Aufhebung des Eröffnungsbeschlusses sowie von der Einstellung und Aufhebung des Konkurses. Eine öffentliche Bekanntmachung der Eintragungen findet nicht statt. Die Vorschriften des § 15 bleiben außer Anwendung.

[Juristische Personen: Anmeldung]
§ 33.

Eine juristische Person, deren Eintragung in das Handelsregister mit Rücksicht auf den Gegenstand oder auf die Art und den Umfang ihres Gewerbebetriebs zu erfolgen hat, ist von sämtlichen Mitgliedern des Vorstandes zur Eintragung anzumelden.

Der Anmeldung sind die Satzung der juristischen Person und die Urkunden über die Bestellung des Vorstandes in Urschrift oder in öffentlich beglaubigter Abschrift beizufügen. Bei der Anmeldung zum Handelsregister einer Zweigniederlassung bedarf es der Beifügung der Urkunden über die Bestellung des Vorstandes nicht.

Bei der Eintragung sind die Firma und der Sitz der juristischen Person, der Gegenstand des Unternehmens und die Mitglieder des Vorstandes anzugeben. Besondere Bestimmungen der Satzung über die Befugnis des Vorstandes zur Vertretung der juristischen Person oder über die Zeitdauer des Unternehmens sind gleichfalls einzutragen.

[Juristische Personen: Änderungen]
§ 34.

Jede Änderung der nach § 33 Abs. 3 einzutragenden Tatsachen oder der Satzung, die Auflösung der juristischen Person, falls sie nicht die Folge der Eröffnung des Konkurses ist, sowie die Personen der Liquidatoren und die besonderen Bestimmungen über ihre Vertretungsbefugnis sind zur Eintragung in das Handelsregister anzumelden.

Bei der Eintragung einer Änderung der Satzung genügt, soweit nicht die Änderung die im § 33 Abs. 3 bezeichneten Angaben betrifft, die Bezugnahme auf die bei dem Gericht eingereichten Urkunden über die Änderung.

Die Anmeldung hat durch den Vorstand oder, sofern die Eintragung erst nach der Anmeldung der ersten Liquidatoren geschehen soll, durch die Liquidatoren zu erfolgen.

Die Eintragung gerichtlich bestellter Vorstandsmitglieder oder Liquidatoren geschieht von Amts wegen.

Im Falle des Konkurses finden die Vorschriften des § 32 Anwendung.

[Juristische Personen: Zeichnungspflicht]
§ 35.

Die Mitglieder des Vorstandes und die Liquidatoren einer juristischen Person haben ihre Unterschrift zur Aufbewahrung bei dem Gerichte zu zeichnen.

[Reich, Land, Kommunalverband] § 36.

Ein Unternehmen des Reichs, eines Landes oder eines inländischen Kommunalverbandes braucht nicht in das Handelsregister eingetragen zu werden. Erfolgt die Anmeldung, so ist die Eintragung auf die Angabe der Firma sowie des Sitzes und des Gegenstandes des Unternehmens zu beschränken.

[Unbefugter Firmengebrauch] § 37.

Wer eine nach den Vorschriften dieses Abschnitts ihm nicht zustehende Firma gebraucht, ist von dem Registergerichte zur Unterlassung des Gebrauchs der Firma durch Ordnungsstrafen anzuhalten. Die Höhe der Strafen bestimmt sich nach § 14 Satz 2 [1]).

Wer in seinen Rechten dadurch verletzt wird, daß ein anderer eine Firma unbefugt gebraucht, kann von diesem die Unterlassung des Gebrauchs der Firma verlangen. Ein nach sonstigen Vorschriften begründeter Anspruch auf Schadensersatz bleibt unberührt [2]).

Vierter Abschnitt.

Handelsbücher.

[Buchführung] § 38.

Jeder Kaufmann ist verpflichtet, **Bücher** zu führen und in diesen seine Handelsgeschäfte und die Lage seines Vermögens nach den Grundsätzen ordnungsmäßiger Buchführung ersichtlich zu machen.

Er ist verpflichtet, eine Abschrift (Kopie oder Abdruck) der abgesendeten Handelsbriefe zurückzubehalten und diese Abschriften sowie die empfangenen Handelsbriefe geordnet aufzubewahren.

[Inventar u. Bilanz] § 39.

Jeder Kaufmann hat bei dem Beginne seines Handelsgewerbes seine Grundstücke, seine Forderungen und Schulden, den Betrag seines baren Geldes und seine sonstigen Vermögensgegenstände genau zu verzeichnen, dabei den Wert der einzelnen Vermögensgegenstände anzugeben und einen das Verhältnis des Vermögens und der Schulden darstellenden Abschluß zu machen.

Er hat demnächst für den Schluß eines jeden Geschäftsjahrs ein solches **Inventar** und eine solche **Bilanz** aufzustellen; die

1) Siehe Anm. zu § 14.

2) Weitergehenden Schutz gibt § 12 BGB., § 14 des Reichsges. zum Schutze der Warenbezeichnungen v. 12. Mai 1894 in der Fassung der Bek. v. 7. Dezember 1923 und § 16 des Reichsges. gegen den unlauteren Wettbewerb v. 7. Juni 1909.

Dauer des Geschäftsjahrs darf zwölf Monate nicht überschreiten. Die Aufstellung des Inventars und der Bilanz ist innerhalb der einem ordnungsmäßigen Geschäftsgang entsprechenden Zeit zu bewirken.

Hat der Kaufmann ein Warenlager, bei dem nach der Beschaffenheit des Geschäfts die Aufnahme des Inventars nicht füglich in jedem Jahre geschehen kann, so genügt es, wenn sie alle zwei Jahre erfolgt. Die Verpflichtung zur jährlichen Aufstellung der Bilanz wird hierdurch nicht berührt.

[Bewertung] **§ 40.**

Die Bilanz ist in Reichswährung aufzustellen.

Bei der Aufstellung des Inventars und der Bilanz sind sämtliche Vermögensgegenstände und Schulden nach dem Werte anzusetzen, der ihnen in dem Zeitpunkte beizulegen ist, für welchen die Aufstellung stattfindet.

Zweifelhafte Forderungen sind nach ihrem wahrscheinlichen Werte anzusetzen, uneinbringliche Forderungen abzuschreiben.

[Unterzeichnung] **§ 41.**

Das Inventar und die Bilanz sind von dem Kaufmanne zu unterzeichnen. Sind mehrere persönlich haftende Gesellschafter vorhanden, so haben sie alle zu unterzeichnen.

Das Inventar und die Bilanz können in ein dazu bestimmtes Buch eingeschrieben oder jedesmal besonders aufgestellt werden. Im letzteren Falle sind sie zu sammeln und in zusammenhängender Reihenfolge geordnet aufzubewahren.

[Besonderheiten für Reich, Land, Kommunalverband] **§ 42.**

Unberührt bleibt bei einem Unternehmen des Reichs, eines Landes oder eines inländischen Kommunalverbandes die Befugnis der Verwaltung, die Rechnungsabschlüsse in einer von den Vorschriften der §§ 39 bis 41 abweichenden Weise vorzunehmen.

[Buchführungsregeln] **§ 43.**

Bei der Führung der Handelsbücher und bei den sonst erforderlichen Aufzeichnungen hat sich der Kaufmann einer lebenden Sprache und der Schriftzeichen einer solchen zu bedienen.

Die Bücher sollen gebunden und Blatt für Blatt oder Seite für Seite mit fortlaufenden Zahlen versehen sein.

An Stellen, die der Regel nach zu beschreiben sind, dürfen keine leeren Zwischenräume gelassen werden. Der ursprüngliche Inhalt einer Eintragung darf nicht mittels Durchstreichens oder auf andere Weise unleserlich gemacht, es darf nichts radiert, auch dürfen solche

Veränderungen nicht vorgenommen werden, deren Beschaffenheit es ungewiß läßt, ob sie bei der ursprünglichen Eintragung oder erst später gemacht worden sind.

[Aufbewahrungspflicht] **§ 44.**

Die Kaufleute sind verpflichtet, ihre Handelsbücher bis zum Ablaufe von zehn Jahren, von dem Tage der darin vorgenommenen letzten Eintragung an gerechnet, aufzubewahren.

Dasselbe gilt in Ansehung der empfangenen Handelsbriefe und der Abschriften der abgesendeten Handelsbriefe sowie in Ansehung der Inventare und Bilanzen.

[Vorlegung von Handelsbüchern] **§ 45.**

Im Laufe eines Rechtsstreits kann das Gericht auf Antrag oder von Amts wegen die Vorlegung der Handelsbücher einer Partei anordnen.

Die Vorschriften der Zivilprozeßordnung über die Verpflichtung des Prozeßgegners zur Vorlegung von Urkunden bleiben unberührt.

§ 46.

Werden in einem Rechtsstreite Handelsbücher vorgelegt, so ist von ihrem Inhalte, soweit er den Streitpunkt betrifft, unter Zuziehung der Parteien Einsicht zu nehmen und geeignetenfalls ein Auszug zu fertigen. Der übrige Inhalt der Bücher ist dem Gericht insoweit offenzulegen, als es zur Prüfung ihrer ordnungsmäßigen Führung notwendig ist.

§ 47.

Bei Vermögensauseinandersetzungen, insbesondere in Erbschafts-, Gütergemeinschafts- und Gesellschaftsteilungssachen, kann das Gericht die Vorlegung der Handelsbücher zur Kenntnisnahme von ihrem ganzen Inhalt anordnen.

Fünfter Abschnitt.

Prokura und Handlungsvollmacht.

[Erteilung der Prokura. Gesamtprokura] **§ 48.**

Die **Prokura** kann nur von dem Inhaber des Handelsgeschäfts oder seinem gesetzlichen Vertreter und nur mittels ausdrücklicher Erklärung erteilt werden.

Die Erteilung kann an mehrere Personen gemeinschaftlich erfolgen (Gesamtprokura).

[Umfang der Prokura] **§ 49.**

Die Prokura ermächtigt zu allen Arten von gerichtlichen und außergerichtlichen Geschäften und Rechtshandlungen, die der Betrieb **eines** Handelsgewerbes mit sich bringt.

Zur Veräußerung und Belastung von Grundstücken ist der Prokurist nur ermächtigt, wenn ihm diese Befugnis besonders erteilt ist.

[Uneinschränkbarkeit des Umfangs] § 50.

Eine Beschränkung des Umfanges der Prokura ist Dritten gegenüber unwirksam.

Dies gilt insbesondere von der Beschränkung, daß die Prokura nur für gewisse Geschäfte oder gewisse Arten von Geschäften oder nur unter gewissen Umständen oder für eine gewisse Zeit oder an einzelnen Orten ausgeübt werden soll.

Eine Beschränkung der Prokura auf den Betrieb einer von mehreren Niederlassungen des Geschäftsinhabers ist Dritten gegenüber nur wirksam, wenn die Niederlassungen unter verschiedenen Firmen betrieben werden. Eine Verschiedenheit der Firmen im Sinne dieser Vorschrift wird auch dadurch begründet, daß für eine Zweigniederlassung der Firma ein Zusatz beigefügt wird, der sie als Firma der Zweigniederlassung bezeichnet.

[Zeichnung des Prokuristen] § 51.

Der Prokurist hat in der Weise zu zeichnen, daß er der Firma seinen Namen mit einem die Prokura andeutenden Zusatze beifügt.

[Widerruflichkeit, Unübertragbarkeit der Prokura] § 52.

Die Prokura ist ohne Rücksicht auf das der Erteilung zugrunde liegende Rechtsverhältnis jederzeit widerruflich, unbeschadet des Anspruchs auf die vertragsmäßige Vergütung.

Die Prokura ist nicht übertragbar.

Die Prokura erlischt nicht durch den Tod des Inhabers des Handelsgeschäfts.

[Anmeldung der Prokura] § 53.

Die Erteilung der Prokura ist von dem Inhaber des Handelsgeschäfts zur Eintragung in das Handelsregister anzumelden. Ist die Prokura als Gesamtprokura erteilt, so muß auch dies zur Eintragung angemeldet werden.

Der Prokurist hat die Firma nebst seiner Namensunterschrift zur Aufbewahrung bei dem Gerichte zu zeichnen.

Das Erlöschen der Prokura ist in gleicher Weise wie die Erteilung zur Eintragung anzumelden.

[Handlungsvollmacht] § 54.

Ist jemand ohne Erteilung der Prokura zum Betrieb eines Handelsgewerbes oder zur Vornahme einer bestimmten zu einem Handelsgewerbe gehörigen Art von Geschäften oder zur Vornahme einzelner zu einem Handelsgewerbe gehöriger Geschäfte ermächtigt, so erstreckt sich die Vollmacht (**Handlungsvollmacht**) auf alle Geschäfte und Rechtshandlungen, die der Betrieb eines derartigen Handelsgewerbes oder die Vornahme derartiger Geschäfte gewöhnlich mit sich bringt.

Zur Veräußerung oder Belastung von Grundstücken, zur Eingehung von Wechselverbindlichkeiten, zur Aufnahme von Darlehen und zur Prozeßführung ist der Handlungsbevollmächtigte nur ermächtigt, wenn ihm eine solche Befugnis besonders erteilt ist.

Sonstige Beschränkungen der Handlungsvollmacht braucht ein Dritter nur dann gegen sich gelten zu lassen, wenn er sie kannte oder kennen mußte.

[Fernreisende] § 55.

Die Vorschriften des § 54 finden auch auf Handlungsbevollmächtigte Anwendung, die als Handlungsreisende zur Vornahme von Geschäften an Orten verwendet werden, an denen sich eine Niederlassung des Geschäftsinhabers nicht befindet.

Die Reisenden gelten insbesondere für ermächtigt, den Kaufpreis aus den von ihnen abgeschlossenen Verkäufen einzuziehen und dafür Zahlungsfristen zu bewilligen.

Die Anzeige von Mängeln einer Ware, die Erklärung, daß eine Ware zur Verfügung gestellt werde, sowie andere Erklärungen solcher Art können dem anwesenden Reisenden gegenüber abgegeben werden.

[Ladenangestellte] § 56.

Wer in einem Laden oder in einem offenen Warenlager angestellt ist, gilt als ermächtigt zu Verkäufen und Empfangnahmen, die in einem derartigen Laden oder Warenlager gewöhnlich geschehen.

[Zeichnung des Handlungsbevollmächtigten] § 57.

Der Handlungsbevollmächtigte hat sich bei der Zeichnung jedes eine Prokura andeutenden Zusatzes zu enthalten; er hat mit einem das Vollmachtsverhältnis ausdrückenden Zusatze zu zeichnen.

[Unübertragbarkeit ohne Zustimmung] § 58.

Der Handlungsbevollmächtigte kann ohne Zustimmung des Inhabers des Handelsgeschäfts seine Handlungsvollmacht auf einen anderen nicht übertragen.

Sechster Abschnitt.

Handlungsgehilfen und Handlungslehrlinge[1]).

[Begriff des Handlungsgehilfen] **§ 59.**

Wer in einem Handelsgewerbe zur Leistung kaufmännischer Dienste gegen Entgelt angestellt ist (**Handlungsgehilfe**), hat, soweit nicht besondere Vereinbarungen über die Art und den Umfang seiner Dienstleistungen oder über die ihm zukommende Vergütung getroffen sind, die dem Ortsgebrauch entsprechenden Dienste zu leisten sowie die dem Ortsgebrauch entsprechende Vergütung zu beanspruchen. In Ermangelung eines Ortsgebrauchs gelten die den Umständen nach angemessenen Leistungen als vereinbart.

[Gesetzliches Konkurrenzverbot] **§ 60.**

Der Handlungsgehilfe darf ohne Einwilligung des Prinzipals weder ein Handelsgewerbe betreiben noch in dem Handelszweige des Prinzipals für eigene oder fremde Rechnung Geschäfte machen.

Die Einwilligung zum Betrieb eines Handelsgewerbes gilt als erteilt, wenn dem Prinzipal bei der Anstellung des Gehilfen bekannt ist, daß er das Gewerbe betreibt, und der Prinzipal die Aufgabe des Betriebs nicht ausdrücklich vereinbart.

[Folgen seiner Verletzung] **§ 61.**

Verletzt der Handlungsgehilfe die ihm nach § 60 obliegende Verpflichtung, so kann der Prinzipal Schadensersatz fordern; er kann statt dessen verlangen, daß der Handlungsgehilfe die für eigene Rechnung gemachten Geschäfte als für Rechnung des Prinzipals eingegangen gelten lasse und die aus Geschäften für fremde Rechnung bezogene Vergütung herausgebe oder seinen Anspruch auf die Vergütung abtrete.

Die Ansprüche verjähren in drei Monaten von dem Zeitpunkt an, in welchem der Prinzipal Kenntnis von dem Abschlusse des Geschäfts erlangt; sie verjähren ohne Rücksicht auf diese Kenntnis in fünf Jahren von dem Abschlusse des Geschäfts an.

[Fürsorgepflicht des Prinzipals] **§ 62.**

Der Prinzipal ist verpflichtet, die Geschäftsräume und die für den Geschäftsbetrieb bestimmten Vorrichtungen und Gerätschaften so einzurichten und zu unterhalten, auch den Geschäftsbetrieb und die Arbeitszeit so zu regeln, daß der Handlungsgehilfe gegen eine Gefährdung seiner Gesundheit, soweit die Natur des Betriebs es gestattet, geschützt und die Aufrechterhaltung der guten Sitten und des Anstandes gesichert ist.

---

[1]) Zahlreiche Ergänzungen ergeben sich aus den sonstigen „arbeitsrechtlichen" Gesetzen.

Ist der Handlungsgehilfe in die häusliche Gemeinschaft aufgenommen, so hat der Prinzipal in Ansehung des Wohn- und Schlafraums, der Verpflegung sowie der Arbeits- und Erholungszeit diejenigen Einrichtungen und Anordnungen zu treffen, welche mit Rücksicht auf die Gesundheit, die Sittlichkeit und die Religion des Handlungsgehilfen erforderlich sind.

Erfüllt der Prinzipal die ihm in Ansehung des Lebens und der Gesundheit des Handlungsgehilfen obliegenden Verpflichtungen nicht, so finden auf seine Verpflichtung zum Schadensersatze die für unerlaubte Handlungen geltenden Vorschriften der §§ 842 bis 846 des Bürgerlichen Gesetzbuchs entsprechende Anwendung.

Die dem Prinzipal hiernach obliegenden Verpflichtungen können nicht im voraus durch Vertrag aufgehoben oder beschränkt werden.

[Verhinderung durch unverschuldetes Unglück]

§ 63.

Wird der Handlungsgehilfe durch unverschuldetes Unglück an der Leistung der Dienste verhindert, so behält er seinen Anspruch auf Gehalt und Unterhalt, jedoch nicht über die Dauer von sechs Wochen hinaus.

Der Handlungsgehilfe ist nicht verpflichtet, sich den Betrag anrechnen zu lassen, der ihm für die Zeit der Verhinderung aus einer Kranken- oder Unfallversicherung zukommt. Eine Vereinbarung, welche dieser Vorschrift zuwiderläuft, ist nichtig.

[Gehaltszahlung]

§ 64.

Die Zahlung des dem Handlungsgehilfen zukommenden Gehalts hat am Schlusse jedes Monats zu erfolgen. Eine Vereinbarung, nach der die Zahlung des Gehalts *später* erfolgen soll, ist nichtig.

[Provision]

§ 65.

Ist bedungen, daß der Handlungsgehilfe für Geschäfte, die von ihm geschlossen oder vermittelt werden, Provision erhalten solle, so finden die für die Handlungsagenten geltenden Vorschriften des § 88 und des § 91 Satz 1 Anwendung.

[Gesetzliche Kündigungsfrist]

§ 66.

Das Dienstverhältnis zwischen dem Prinzipal und dem Handlungsgehilfen kann, wenn es für unbestimmte Zeit eingegangen ist, von jedem Teile für den Schluß eines Kalendervierteljahrs unter Einhaltung einer Kündigungsfrist von sechs Wochen gekündigt werden.

[Vereinbarte Kündigungsfrist]

§ 67.

Wird durch Vertrag eine kürzere oder längere Kündigungsfrist bedungen, so muß sie für beide Teile gleich sein; sie darf nicht weniger als einen Monat betragen.

Die Kündigung kann nur für den Schluß eines Kalendermonats zugelassen werden.

Die Vorschriften des Abs. 1 finden auch in dem Falle Anwendung, wenn das Dienstverhältnis für bestimmte Zeit mit der Vereinbarung eingegangen wird, daß es in Ermangelung einer vor dem Ablaufe der Vertragszeit erfolgten Kündigung als verlängert gelten soll.

Eine Vereinbarung, die diesen Vorschriften zuwiderläuft, ist nichtig.

[Fortfall des § 67]

§ 68.

Die Vorschriften des § 67 finden keine Anwendung, wenn der Handlungsgehilfe einen Gehalt von mindestens fünftausend Mark für das Jahr bezieht[1]).

Sie bleiben ferner außer Anwendung, wenn der Handlungsgehilfe für eine außereuropäische Handelsniederlassung angenommen ist und nach dem Vertrage der Prinzipal für den Fall, daß er das Dienstverhältnis kündigt, die Kosten der Rückreise des Handlungsgehilfen zu tragen hat.

[Besonderheiten bei vorübergehender Aushilfe]

§ 69.

Wird ein Handlungsgehilfe nur zu vorübergehender Aushilfe angenommen, so finden die Vorschriften des § 67 keine Anwendung, es sei denn, daß das Dienstverhältnis über die Zeit von drei Monaten hinaus fortgesetzt wird. Die Kündigungsfrist muß jedoch auch in einem solchen Falle für beide Teile gleich sein.

[Kündigung aus wichtigem Grund]

§ 70.

Das Dienstverhältnis kann von jedem Teile ohne Einhaltung einer Kündigungsfrist gekündigt werden, wenn ein wichtiger Grund vorliegt.

Wird die Kündigung durch vertragswidriges Verhalten des anderen Teiles veranlaßt, so ist dieser zum Ersatze des durch die Aufhebung des Dienstverhältnisses entstehenden Schadens verpflichtet.

[Beispiele für den Handlungsgehilfen]

§ 71.

Als ein wichtiger Grund, der den Handlungsgehilfen zur Kündigung ohne Einhaltung einer Kündigungsfrist berechtigt, ist es, sofern nicht besondere Umstände eine andere Beurteilung rechtfertigen, namentlich anzusehen:

1. wenn der Handlungsgehilfe zur Fortsetzung seiner Dienste unfähig wird;

---

[1]) Änderung durch die VO. v. 23. Oktober 1923 (RGBl. I S. 990): Die 5000 M. bilden die „Grundzahl", welche mit der jeweiligen Teuerungszahl vervielfacht wird. Umstellung auf Reichsmark ist bis jetzt noch nicht erfolgt.

2. wenn der Prinzipal den Gehalt oder den gebührenden Unterhalt nicht gewährt;
3. wenn der Prinzipal den ihm nach § 62 obliegenden Verpflichtungen nachzukommen verweigert;
4. wenn sich der Prinzipal Tätlichkeiten, erhebliche Ehrverletzungen oder unsittliche Zumutungen gegen den Handlungsgehilfen zuschulden kommen läßt oder es verweigert, den Handlungsgehilfen gegen solche Handlungen eines anderen Angestellten oder eines Familienangehörigen des Prinzipals zu schützen.

[Beispiele für den Prinzipal] **§ 72.**

Als ein wichtiger Grund, der den Prinzipal zur Kündigung ohne Einhaltung einer Kündigungsfrist berechtigt, ist es, sofern nicht besondere Umstände eine andere Beurteilung rechtfertigen, namentlich anzusehen:

1. wenn der Handlungsgehilfe im Dienste untreu ist oder das Vertrauen mißbraucht oder die ihm nach § 60 obliegende Verpflichtung verletzt;
2. wenn er seinen Dienst während einer den Umständen nach erheblichen Zeit unbefugt verläßt oder sich beharrlich weigert, seinen Dienstverpflichtungen nachzukommen;
3. wenn er durch anhaltende Krankheit, durch eine längere Freiheitsstrafe oder Abwesenheit oder durch eine die Zeit von acht Wochen übersteigende militärische Dienstleistung an der Verrichtung seiner Dienste verhindert wird;
4. wenn er sich Tätlichkeiten oder erhebliche Ehrverletzungen gegen den Prinzipal oder dessen Vertreter zuschulden kommen läßt.

Erfolgt die Kündigung, weil der Handlungsgehilfe durch unverschuldetes Unglück längere Zeit an der Verrichtung seiner Dienste verhindert ist, so wird dadurch der im § 63 bezeichnete Anspruch des Gehilfen nicht berührt.

[Zeugnis] **§ 73.**

Bei der Beendigung des Dienstverhältnisses kann der Handlungsgehilfe ein schriftliches Zeugnis über die Art und Dauer der Beschäftigung fordern. Das Zeugnis ist auf Verlangen des Handlungsgehilfen auch auf die Führung und die Leistungen auszudehnen.

Auf Antrag des Handlungsgehilfen hat die Ortspolizeibehörde das Zeugnis kosten- und stempelfrei zu beglaubigen.

[Vereinbartes Wettbewerbverbot: Form. Entschädigungspflicht] **§ 74[1]).**

Eine Vereinbarung zwischen dem Prinzipal und dem Handlungsgehilfen, die den Gehilfen für die Zeit nach Beendigung des Dienst-

[1]) Die §§ 74—76 und § 82a in der Fassung des Ges. v. 10. Juni 1914 (RGBl. S. 209).

verhältnisses in seiner gewerblichen Tätigkeit beschränkt **(Wettbewerbverbot)**, bedarf der Schriftform und der Aushändigung einer vom Prinzipal unterzeichneten, die vereinbarten Bestimmungen enthaltenden Urkunde an den Gehilfen.

Das Wettbewerbverbot ist nur verbindlich, wenn sich der Prinzipal verpflichtet, für die Dauer des Verbots eine Entschädigung zu zahlen, die für jedes Jahr des Verbots mindestens die Hälfte der von dem Handlungsgehilfen zuletzt bezogenen vertragsmäßigen Leistungen erreicht.

[Teilweise Unverbindlichkeit. Nichtigkeit]

§ 74a [1]).

Das Wettbewerbverbot ist insoweit unverbindlich, als es nicht zum Schutze eines berechtigten geschäftlichen Interesses des Prinzipals dient. Es ist ferner unverbindlich, soweit es unter Berücksichtigung der gewährten Entschädigung nach Ort, Zeit oder Gegenstand eine unbillige Erschwerung des Fortkommens des Gehilfen enthält. Das Verbot kann nicht auf einen Zeitraum von mehr als zwei Jahren von der Beendigung des Dienstverhältnisses an erstreckt werden.

Das Verbot ist nichtig, wenn die dem Gehilfen zustehenden jährlichen vertragsmäßigen Leistungen den Betrag von fünfzehnhundert Mark [2]) nicht übersteigen. Das gleiche gilt, wenn der Gehilfe zur Zeit des Abschlusses minderjährig ist oder wenn sich der Prinzipal die Erfüllung auf Ehrenwort oder unter ähnlichen Versicherungen versprechen läßt. Nichtig ist auch die Vereinbarung, durch die ein Dritter an Stelle des Gehilfen die Verpflichtung übernimmt, daß sich der Gehilfe nach der Beendigung des Dienstverhältnisses in seiner gewerblichen Tätigkeit beschränken werde.

Unberührt bleiben die Vorschriften des § 138 des Bürgerlichen Gesetzbuchs über die Nichtigkeit von Rechtsgeschäften, die gegen die guten Sitten verstoßen.

[Zahlung u. Berechnung der Entschädigung]

§ 74b [3]).

Die nach § 74 Abs. 2 dem Handlungsgehilfen zu gewährende Entschädigung ist am Schlusse jedes Monats zu zahlen.

Soweit die dem Gehilfen zustehenden vertragsmäßigen Leistungen in einer Provision oder in anderen wechselnden Bezügen bestehen, sind sie bei der Berechnung der Entschädigung nach dem Durchschnitt der letzten drei

---

1) Siehe Anm. zu § 74.

2) Änderung durch die VO. v. 23. Oktober 1923 (RGBl. I S. 990): Die 1500 M. bilden die „Grundzahl", welche mit der jeweiligen Teuerungszahl vervielfacht wird. Die Umstellung auf Reichsmark ist bis jetzt noch nicht erfolgt.

3) Siehe Anm. zu § 74.

Jahre in Ansatz zu bringen. Hat die für die Bezüge bei der Beendigung des Dienstverhältnisses maßgebende Vertragsbestimmung noch nicht drei Jahre bestanden, so erfolgt der Ansatz nach dem Durchschnitt des Zeitraums, für den die Bestimmung in Kraft war.

Soweit Bezüge zum Ersatze besonderer Auslagen dienen sollen, die infolge der Dienstleistung entstehen, bleiben sie außer Ansatz.

[Anrechnung sonstigen Erwerbs]

§ 74c[1]).

Der Handlungsgehilfe muß sich auf die fällige Entschädigung anrechnen lassen, was er während des Zeitraums, für den die Entschädigung gezahlt wird, durch anderweite Verwertung seiner Arbeitskraft erwirbt oder zu erwerben böswillig unterläßt, soweit die Entschädigung unter Hinzurechnung dieses Betrags den Betrag der zuletzt von ihm bezogenen vertragsmäßigen Leistungen um mehr als ein Zehntel übersteigen würde. Ist der Gehilfe durch das Wettbewerbverbot gezwungen worden, seinen Wohnsitz zu verlegen, so tritt an die Stelle des Betrags von einem Zehntel der Betrag von einem Viertel. Für die Dauer der Verbüßung einer Freiheitsstrafe kann der Gehilfe eine Entschädigung nicht verlangen.

Der Gehilfe ist verpflichtet, dem Prinzipal auf Erfordern über die Höhe seines Erwerbes Auskunft zu erteilen.

[Unwirksamwerden des Wettbewerbsverbotes]

§ 75[2]).

Löst der Gehilfe das Dienstverhältnis gemäß den Vorschriften der §§ 70, 71 wegen vertragswidrigen Verhaltens des Prinzipals auf, so wird das Wettbewerbverbot unwirksam, wenn der Gehilfe vor Ablauf eines Monats nach der Kündigung schriftlich erklärt, daß er sich an die Vereinbarung nicht gebunden erachte.

In gleicher Weise wird das Wettbewerbverbot unwirksam, wenn der Prinzipal das Dienstverhältnis kündigt, es sei denn, daß für die Kündigung ein erheblicher Anlaß in der Person des Gehilfen vorliegt oder daß sich der Prinzipal bei der Kündigung bereit erklärt, während der Dauer der Beschränkung dem Gehilfen die vollen zuletzt von ihm bezogenen vertragsmäßigen Leistungen zu gewähren. Im letzteren Falle finden die Vorschriften des § 74b entsprechende Anwendung.

Löst der Prinzipal das Dienstverhältnis gemäß den Vorschriften der §§ 70, 72 wegen vertragswidrigen Verhaltens des Gehilfen auf, so hat der Gehilfe keinen Anspruch auf die Entschädigung.

[Verzicht des Prinzipals auf das Wettbewerbverbot]

§ 75a[3]).

Der Prinzipal kann vor der Beendigung des Dienstverhältnisses

---

1) Siehe Anm. zu § 74.
2) Siehe Anm. zu § 74.
3) Siehe Anm. zu § 74.

durch schriftliche Erklärung auf das Wettbewerbverbot mit der Wirkung verzichten, daß er mit dem Ablauf eines Jahres seit der Erklärung von der Verpflichtung zur Zahlung der Entschädigung frei wird.

[Ausnahmen von der Entschädigungspflicht]

§ 75b [1]).

Ist der Gehilfe für eine Tätigkeit außerhalb Europas angenommen, so ist die Verbindlichkeit des Wettbewerbverbots nicht davon abhängig, daß sich der Prinzipal zur Zahlung der im § 74 Abs. 2 vorgesehenen Entschädigung verpflichtet. Das gleiche gilt, wenn die dem Gehilfen zustehenden vertragsmäßigen Leistungen den Betrag von achttausend Mark [2]) für das Jahr übersteigen; auf die Berechnung des Betrages der Leistungen finden die Vorschriften des § 74 b Abs. 2, 3 entsprechende Anwendung.

[Vertragsstrafe des Handlungsgehilfen beim Wettbewerbverbot]

§ 75c [3]).

Hat der Handlungsgehilfe für den Fall, daß er die in der Vereinbarung übernommene Verpflichtung nicht erfüllt, eine Strafe versprochen, so kann der Prinzipal Ansprüche nur nach Maßgabe der Vorschriften des § 340 des Bürgerlichen Gesetzbuchs geltend machen. Die Vorschriften des Bürgerlichen Gesetzbuchs über die Herabsetzung einer unverhältnismäßig hohen Vertragsstrafe bleiben unberührt.

Ist die Verbindlichkeit der Vereinbarung nicht davon abhängig, daß sich der Prinzipal zur Zahlung einer Entschädigung an den Gehilfen verpflichtet, so kann der Prinzipal, wenn sich der Gehilfe einer Vertragsstrafe der im Abs. 1 bezeichneten Art unterworfen hat, nur die verwirkte Strafe verlangen; der Anspruch auf Erfüllung oder auf Ersatz eines weiteren Schadens ist ausgeschlossen.

[§§ 74—75c sind zwingend zugunsten des Handlungsgehilfen]

§ 75d [4]).

Auf eine Vereinbarung, durch die von den Vorschriften der §§ 74 bis 75c zum Nachteil des Handlungsgehilfen abgewichen wird, kann sich der Prinzipal nicht berufen. Das gilt auch von Vereinbarungen, die bezwecken, die gesetzlichen Vorschriften über das Mindestmaß der Entschädigung durch Verrechnungen oder auf sonstige Weise zu umgehen.

---

[1]) Siehe Anm. zu § 74.

[2]) Änderung durch die VO. v. 23. Oktober 1923 (RGBl. I S. 990): Die 8000 M. bilden die Grundzahl, welche mit der jeweiligen Teuerungszahl vervielfacht wird. Eine Umstellung auf Reichsmark ist bis jetzt noch nicht erfolgt.

[3]) Siehe Anm. zu § 74.

[4]) Siehe Anm. zu § 74.

[Vorzugsrechte des Entschädigungsanspruchs] **§ 75e[1]).**

Die Entschädigung, die der Handlungsgehilfe auf Grund der Vorschriften der §§ 74 bis 75d für die Zeit nach der Beendigung des Dienstverhältnisses beanspruchen kann, gehört zu den Dienstbezügen im Sinne des § 61 Nr. 1 der Konkursordnung.

Der Anspruch auf die Entschädigung kann zum Zwecke der Sicherstellung oder Befriedigung eines Gläubigers erst dann gepfändet werden, wenn der Tag, an dem sie zu entrichten war, abgelaufen ist, ohne daß der Gehilfe sie eingefordert hat. Die Pfändung ist jedoch zulässig, soweit die Entschädigung allein oder zusammen mit den in den §§ 1, 3 des Gesetzes, betreffend die Beschlagnahme des Arbeits- oder Dienstlohns, bezeichneten Bezügen die Summe von fünfzehnhundert Mark für das Jahr übersteigt. Die Vorschriften des § 2, des § 4 Nr. 2, 3 und des § 4a des bezeichneten Gesetzes finden entsprechende Anwendung.

[Geheime Konkurrenzklausel] **§ 75f[2]).**

Auf eine Vereinbarung, durch die sich ein Prinzipal einem anderen Prinzipal gegenüber verpflichtet, einen Handlungsgehilfen, der bei diesem im Dienste ist oder gewesen ist, nicht oder nur unter bestimmten Voraussetzungen anzustellen, findet die Vorschrift des § 152 Abs. 2 der Gewerbeordnung Anwendung.

[Handlungslehrlinge] **§ 76[3]).**

Die Vorschriften der §§ 60 bis 63, 75f gelten auch für **Handlungslehrlinge.** Vereinbarungen, durch die diese für die Zeit nach der Beendigung des Lehr- oder Dienstverhältnisses in ihrer gewerblichen Tätigkeit beschränkt werden, sind nichtig.

Der Lehrherr ist verpflichtet, dafür zu sorgen, daß der Lehrling in den bei dem Betriebe des Geschäfts vorkommenden kaufmännischen Arbeiten unterwiesen wird; er hat die Ausbildung des Lehrlinges entweder selbst oder durch einen geeigneten, ausdrücklich dazu bestimmten Vertreter zu leiten. Die Unterweisung hat in der durch den Zweck der Ausbildung gebotenen Reihenfolge und Ausdehnung zu geschehen.

Der Lehrherr darf dem Lehrlinge die zu seiner Ausbildung erforderliche Zeit und Gelegenheit durch Verwendung zu anderen Dienstleistungen nicht entziehen; auch hat er ihm die zum Besuche des Gottesdienstes an Sonntagen und Festtagen erforderliche Zeit und Gelegenheit zu gewähren. Er hat den Lehrling zur Arbeitsamkeit und zu guten Sitten anzuhalten.

---

1) Siehe Anm. zu § 74.
2) Siehe Anm. zu § 74.
3) Siehe Anm. zu § 74.

In betreff der Verpflichtung des Lehrherrn, dem Lehrlinge die zum Besuch einer Fortbildungsschule erforderliche Zeit zu gewähren, bewendet es bei den Vorschriften des § 120 der Gewerbeordnung.

[Dauer der Lehrzeit]

§ 77.

Die Dauer der Lehrzeit bestimmt sich nach dem Lehrvertrag, in Ermangelung vertragsmäßiger Festsetzung nach den örtlichen Verordnungen oder dem Ortsgebrauche.

Das Lehrverhältnis kann, sofern nicht eine längere Probezeit vereinbart ist, während des ersten Monats nach dem Beginne der Lehrzeit ohne Einhaltung einer Kündigungsfrist gekündigt werden. Eine Vereinbarung, nach der die Probezeit mehr als drei Monate betragen soll, ist nichtig.

Nach dem Ablaufe der Probezeit finden auf die Kündigung des Lehrverhältnisses die Vorschriften der §§ 70 bis 72 Anwendung. Als ein wichtiger Grund zur Kündigung durch den Lehrling ist es insbesondere auch anzusehen, wenn der Lehrherr seine Verpflichtungen gegen den Lehrling in einer dessen Gesundheit, Sittlichkeit oder Ausbildung gefährdenden Weise vernachlässigt.

Im Falle des Todes des Lehrherrn kann das Lehrverhältnis innerhalb eines Monats ohne Einhaltung einer Kündigungsfrist gekündigt werden.

[Kündigungsrecht wegen Berufswechsels]

§ 78.

Wird von dem gesetzlichen Vertreter des Lehrlinges oder, sofern dieser volljährig ist, von ihm selbst dem Lehrherrn die schriftliche Erklärung abgegeben, daß der Lehrling zu einem anderen Gewerbe oder zu einem anderen Beruf übergehen werde, so endigt, wenn nicht der Lehrling früher entlassen wird, das Lehrverhältnis nach dem Ablauf eines Monats.

Tritt der Lehrling der abgegebenen Erklärung zuwider vor dem Ablaufe von neun Monaten nach der Beendigung des Lehrverhältnisses in ein anderes Geschäft als Handlungslehrling oder als Handlungsgehilfe ein, so ist er dem Lehrherrn zum Ersatze des diesem durch die Beendigung des Lehrverhältnisses entstandenen Schadens verpflichtet. Mit ihm haftet als Gesamtschuldner der neue Lehrherr oder Prinzipal, sofern er von dem Sachverhalte Kenntnis hatte.

[Wirkung des schriftlichen Lehrvertrages]

§ 79.

Ansprüche wegen unbefugten Austritts aus der Lehre kann der Lehrherr gegen den Lehrling nur geltend machen, wenn der Lehrvertrag schriftlich geschlossen ist.

[Zeugnis] **§ 80.**

Bei der Beendigung des Lehrverhältnisses hat der Lehrherr dem Lehrling ein schriftliches Zeugnis über die Dauer der Lehrzeit und die während dieser erworbenen Kenntnisse und Fähigkeiten sowie über sein Betragen auszustellen.

Auf Antrag des Lehrlinges hat die Ortspolizeibehörde das Zeugnis kosten- und stempelfrei zu beglaubigen.

[Lehrherr muß im Besitz der bürgerlichen Ehrenrechte sein] **§ 81.**

Personen, die nicht im Besitze der bürgerlichen Ehrenrechte sind, dürfen Handlungslehrlinge weder halten noch sich mit der Anleitung von Handlungslehrlingen befassen. Der Lehrherr darf solche Personen zur Anleitung von Handlungslehrlingen nicht verwenden.

Die Entlassung von Handlungslehrlingen, welche diesem Verbote zuwider beschäftigt werden, kann von der Polizeibehörde erzwungen werden.

[Geldstrafen für den Lehrherrn] **§ 82.**

Wer die ihm nach § 62 Abs. 1, 2 oder nach § 76 Abs. 2, 3 dem Lehrlinge gegenüber obliegenden Pflichten in einer dessen Gesundheit, Sittlichkeit oder Ausbildung gefährdenden Weise verletzt, wird mit Geldstrafe bis zu einhundertfünfzig Reichsmark[1]) bestraft.

Die gleiche Strafe trifft denjenigen, welcher entgegen der Vorschrift des § 81 Handlungslehrlinge hält, ausbildet oder ausbilden läßt.

[Handlungsvolontär und vereinbartes Wettbewerbverbot] **§ 82a[2]).**

Auf Wettbewerbverbote gegenüber Personen, die, ohne als Lehrlinge angenommen zu sein, zum Zwecke ihrer Ausbildung unentgeltlich mit kaufmännischen Diensten beschäftigt werden **(Volontäre)**, finden die für Handlungsgehilfen geltenden Vorschriften insoweit Anwendung, als sie nicht auf das dem Gehilfen zustehende Entgelt Bezug nehmen.

[Sonstige Angestellte] **§ 83.**

Hinsichtlich der Personen, welche in dem Betrieb eines Handelsgewerbes andere als kaufmännische Dienste leisten, bewendet es bei den für das Arbeitsverhältnis dieser Personen geltenden Vorschriften.

---

[1]) „Reichsmark" ergibt sich aus der VO. über Vermögensstrafen und Bußen v. 6. Februar 1924 (RGBl. I S. 44) in Verbindung mit der 2. DurchfVO. z. Münzges. v. 12. Dezember 1924 (RGBl. I S. 775).

[2]) Siehe Anm. zu § 74.

Siebenter Abschnitt.

Handlungsagenten [1]).

[Begriff des Handlungsagenten. Pflichten]

§ 84.

Wer, ohne als Handlungsgehilfe angestellt zu sein, ständig damit betraut ist, für das Handelsgewerbe eines anderen Geschäfte zu vermitteln oder im Namen des anderen abzuschließen **(Handlungsagent)** [1]), hat bei seinen Verrichtungen das Interesse des Geschäftsherrn mit der Sorgfalt eines ordentlichen Kaufmanns wahrzunehmen.

Er ist verpflichtet, dem Geschäftsherrn die erforderlichen Nachrichten zu geben, namentlich ihm von jedem Geschäftsabschluß unverzüglich Anzeige zu machen.

[Vollmachtsüberschreitung durch Vermittelungsagenten]

§ 85.

Hat ein Handlungsagent, der nur mit der Vermittelung von Geschäften betraut ist, ein Geschäft im Namen des Geschäftsherrn mit einem Dritten abgeschlossen, so gilt es als von dem Geschäftsherrn genehmigt, wenn dieser nicht unverzüglich, nachdem er von dem Abschlusse Kenntnis erlangt hat, dem Dritten gegenüber erklärt, daß er das Geschäft ablehne.

[Gesetzliche Vollmacht]

§ 86.

Zur Annahme von Zahlungen für den Geschäftsherrn sowie zur nachträglichen Bewilligung von Zahlungsfristen ist der Handlungsagent nur befugt, wenn ihm die Ermächtigung dazu besonders erteilt ist.

Die Anzeige von Mängeln einer Ware, die Erklärung, daß eine Ware zur Verfügung gestellt werde, sowie andere Erklärungen solcher Art können dem Handlungsagenten gegenüber abgegeben werden.

[Für den Handlungsreisenden gilt § 55]

§ 87.

Ist der Handlungsagent als Handlungsreisender tätig, so finden die Vorschriften des § 55 Anwendung.

[Provision]

§ 88.

Soweit nicht über die dem Handlungsagenten zu gewährende Vergütung ein anderes vereinbart ist, gebührt ihm eine Provision

[1]) Besondere Vorschriften für Versicherungsagenten in §§ 43 ff. des Reichsg. über den Versicherungsvertrag v. 30. Mai 1908 (RGBl. S. 263).

für jedes zur Ausführung gelangte Geschäft, welches durch seine Tätigkeit zustande gekommen ist. Besteht die Tätigkeit des Handlungsagenten in der Vermittelung oder Abschließung von Verkäufen, so ist im Zweifel der Anspruch auf die Provision erst nach dem Eingange der Zahlung und nur nach dem Verhältnisse des eingegangenen Betrags erworben.

Ist die Ausführung eines Geschäfts infolge des Verhaltens des Geschäftsherrn ganz oder teilweise unterblieben, ohne daß hierfür wichtige Gründe in der Person desjenigen vorlagen, mit welchem das Geschäft abgeschlossen ist, so hat der Handlungsagent die volle Provision zu beanspruchen.

Ist die Höhe der Provision nicht bestimmt, so ist die übliche Provision zu entrichten.

Die Abrechnung über die zu zahlenden Provisionen findet, soweit nicht ein anderes vereinbart ist, am Schlusse eines jeden Kalenderhalbjahrs statt.

[Bezirksagent] **§ 89.**

Ist der Handlungsagent ausdrücklich für einen bestimmten Bezirk bestellt, so gebührt ihm die Provision im Zweifel auch für solche Geschäfte, welche in dem Bezirk ohne seine Mitwirkung durch den Geschäftsherrn oder für diesen geschlossen sind.

[Regelmäßige Kosten] **§ 90.**

Für die im regelmäßigen Geschäftsbetrieb entstandenen Kosten und Auslagen kann der Handlungsagent in Ermangelung einer entgegenstehenden Vereinbarung oder eines abweichenden Handelsgebrauchs Ersatz nicht verlangen.

[Recht auf Buchauszug] **§ 91.**

Der Handlungsagent kann bei der Abrechnung mit dem Geschäftsherrn die Mitteilung eines Buchauszugs über die durch seine Tätigkeit zustande gekommenen Geschäfte fordern. Das gleiche Recht steht ihm in Ansehung solcher Geschäfte zu, für die ihm nach § 89 die Provision gebührt.

[Kündigung] **§ 92.**

Das Vertragsverhältnis zwischen dem Geschäftsherrn und dem Handlungsagenten kann, wenn es für unbestimmte Zeit eingegangen ist, von jedem Teile für den Schluß eines Kalendervierteljahrs unter Einhaltung einer Kündigungsfrist von sechs Wochen gekündigt werden.

Das Vertragsverhältnis kann von jedem Teile ohne Einhaltung einer Kündigungsfrist gekündigt werden, wenn ein wichtiger Grund vorliegt.

Achter Abschnitt.

Handelsmäkler[1]).

[Begriff des Handelsmäklers] **§ 93.**

Wer gewerbsmäßig für andere Personen, ohne von ihnen auf Grund eines Vertragsverhältnisses ständig damit betraut zu sein, die Vermittelung von Verträgen über Anschaffung oder Veräußerung von Waren oder Wertpapieren, über Versicherungen, Güterbeförderungen, Bodmerei, Schiffsmiete oder sonstige Gegenstände des Handelsverkehrs übernimmt, hat die Rechte und Pflichten eines **Handelsmäklers.**

Auf die Vermittelung anderer als der bezeichneten Geschäfte, insbesondere auf die Vermittelung von Geschäften über unbewegliche Sachen, finden, auch wenn die Vermittelung durch einen Handelsmäkler erfolgt, die Vorschriften dieses Abschnitts keine Anwendung.

[Schlußnote] **§ 94.**

Der Handelsmäkler hat, sofern nicht die Parteien ihm dies erlassen oder der Ortsgebrauch mit Rücksicht auf die Gattung der Ware davon entbindet, unverzüglich nach dem Abschlusse des Geschäfts jeder Partei eine von ihm unterzeichnete Schlußnote zuzustellen, welche die Parteien, den Gegenstand und die Bedingungen des Geschäfts, insbesondere bei Verkäufen von Waren oder Wertpapieren deren Gattung und Menge sowie den Preis und die Zeit der Lieferung, enthält.

Bei Geschäften, die nicht sofort erfüllt werden sollen, ist die Schlußnote den Parteien zu ihrer Unterschrift zuzustellen und jeder Partei die von der anderen unterschriebene Schlußnote zu übersenden.

Verweigert eine Partei die Annahme oder Unterschrift der Schlußnote, so hat der Handelsmäkler davon der anderen Partei unverzüglich Anzeige zu machen.

[Vorbehalt der Aufgabe] **§ 95.**

Nimmt eine Partei eine Schlußnote an, in der sich der Handelsmäkler die Bezeichnung der anderen Partei vorbehalten hat, so ist sie an das Geschäft mit der Partei, welche ihr nachträglich bezeichnet wird, gebunden, es sei denn, daß gegen diese begründete Einwendungen zu erheben sind.

Die Bezeichnung der anderen Partei hat innerhalb der ortsüblichen Frist, in Ermangelung einer solchen innerhalb einer den Umständen nach angemessenen Frist zu erfolgen.

[1]) Besondere Vorschriften für die Kursmakler im Börsengesetz v. 8. Mai 1908 (RGBl. S. 183, 215) §§ 30ff.

Unterbleibt die Bezeichnung oder sind gegen die bezeichnete Person oder Firma begründete Einwendungen zu erheben, so ist die Partei befugt, den Handelsmäkler auf die Erfüllung des Geschäfts in Anspruch zu nehmen. Der Anspruch ist ausgeschlossen, wenn sich die Partei auf die Aufforderung des Handelsmäklers nicht unverzüglich darüber erklärt, ob sie Erfüllung verlange.

[Aufbewahrung der Probe] **§ 96.**

Der Handelsmäkler hat, sofern nicht die Parteien ihm dies erlassen oder der Ortsgebrauch mit Rücksicht auf die Gattung der Ware davon entbindet, von jeder durch seine Vermittelung nach Probe verkauften Ware die Probe, falls sie ihm übergeben ist, so lange aufzubewahren, bis die Ware ohne Einwendung gegen ihre Beschaffenheit angenommen oder das Geschäft in anderer Weise erledigt wird. Er hat die Probe durch ein Zeichen kenntlich zu machen.

[Keine Vollmacht zu Empfangnahmen] **§ 97.**

Der Handelsmäkler gilt nicht als ermächtigt, eine Zahlung oder eine andere im Vertrage bedungene Leistung in Empfang zu nehmen.

[Haftung gegenüber beiden Parteien] **§ 98.**

Der Handelsmäkler haftet jeder der beiden Parteien für den durch sein Verschulden entstehenden Schaden.

[Mäklerlohn] **§ 99.**

Ist unter den Parteien nichts darüber vereinbart, wer den Mäklerlohn bezahlen soll, so ist er in Ermangelung eines abweichenden Ortsgebrauchs von jeder Partei zur Hälfte zu entrichten.

[Tagebuch] **§ 100.**

Der Handelsmäkler ist verpflichtet, ein Tagebuch zu führen und in dieses alle abgeschlossenen Geschäfte täglich einzutragen. Die Eintragungen sind nach der Zeitfolge zu bewirken; sie haben die im § 94 Abs. 1 bezeichneten Angaben zu enthalten. Das Eingetragene ist von dem Handelsmäkler täglich zu unterzeichnen.

Die Vorschriften der §§ 43, 44 über die Einrichtung und Aufbewahrung der Handelsbücher finden auf das Tagebuch des Handelsmäklers Anwendung.

[Auszüge aus dem Tagebuch] **§ 101.**

Der Handelsmäkler ist verpflichtet, den Parteien jederzeit auf Verlangen Auszüge aus dem Tagebuche zu geben, die von ihm unterzeichnet sind und alles enthalten, was von ihm in Ansehung des vermittelten Geschäfts eingetragen ist.

[Vorlegung des Tagebuchs im Rechtsstreit] **§ 102.**

Im Laufe eines Rechtsstreits kann das Gericht auch ohne Antrag einer Partei die Vorlegung des Tagebuchs anordnen, um es mit der Schlußnote, den Auszügen oder anderen Beweismitteln zu vergleichen.

[Geldstrafen] **§ 103.**

Handelsmäkler, die den Vorschriften über die Führung und Aufbewahrung des Tagebuchs zuwiderhandeln, werden mit Geldstrafe von mindestens drei und höchstens zehntausend Reichsmark[1]) bestraft.

[Krämermäkler] **§ 104.**

Auf Personen, welche die Vermittelung von Warengeschäften im Kleinverkehre besorgen, finden die Vorschriften über Schlußnoten und Tagebücher keine Anwendung.

Zweites Buch.

Handelsgesellschaften und stille Gesellschaft.

Erster Abschnitt.

Offene Handelsgesellschaft.

Erster Titel.

Errichtung der Gesellschaft.

[Begriff der offenen Handelsgesellschaft] **§ 105.**

Eine Gesellschaft, deren Zweck auf den Betrieb eines Handelsgewerbes unter gemeinschaftlicher Firma gerichtet ist, ist eine **offene Handelsgesellschaft,** wenn bei keinem der Gesellschafter die Haftung gegenüber den Gesellschaftsgläubigern beschränkt ist.

Auf die offene Handelsgesellschaft finden, soweit nicht in diesem Abschnitt ein anderes vorgeschrieben ist, die Vorschriften des Bürgerlichen Gesetzbuchs über die Gesellschaft Anwendung.

[Anmeldung beim Handelsregister] **§ 106.**

Die Gesellschaft ist bei dem Gericht, in dessen Bezirke sie ihren Sitz hat, zur Eintragung in das Handelsregister anzumelden.

---

1) Der Betrag ergibt sich aus den in Anm. zu § 82 angeführten Vorschriften.

Die Anmeldung hat zu enthalten:
1. den Namen, Vornamen, Stand und Wohnort jedes Gesellschafters;
2. die Firma der Gesellschaft und den Ort, wo sie ihren Sitz hat;
3. den Zeitpunkt, mit welchem die Gesellschaft begonnen hat.

[Anmeldung von Änderungen] **§ 107.**

Wird die Firma einer Gesellschaft geändert oder der Sitz der Gesellschaft an einen anderen Ort verlegt oder tritt ein neuer Gesellschafter in die Gesellschaft ein, so ist dies ebenfalls zur Eintragung in das Handelsregister anzumelden.

[Anmeldepflichtige] **§ 108.**

Die Anmeldungen sind von sämtlichen Gesellschaftern zu bewirken.

Die Gesellschafter, welche die Gesellschaft vertreten sollen, haben die Firma nebst ihrer Namensunterschrift zur Aufbewahrung bei dem Gerichte zu zeichnen.

Zweiter Titel.

Rechtsverhältnis der Gesellschafter untereinander.

[Rechtsverhältnisse nach innen: Allgemeines] **§ 109.**

Das Rechtsverhältnis der Gesellschafter untereinander richtet sich zunächst nach dem Gesellschaftsvertrage; die Vorschriften der §§ 110 bis 122 finden nur insoweit Anwendung, als nicht durch den Gesellschaftsvertrag ein anderes bestimmt ist.

[Aufwendungen] **§ 110.**

Macht der Gesellschafter in den Gesellschaftsangelegenheiten Aufwendungen, die er den Umständen nach für erforderlich halten darf, oder erleidet er unmittelbar durch seine Geschäftsführung oder aus Gefahren, die mit ihr untrennbar verbunden sind, Verluste, so ist ihm die Gesellschaft zum Ersatze verpflichtet.

Aufgewendetes Geld hat die Gesellschaft von der Zeit der Aufwendung an zu verzinsen.

[Geldeinlagen u. Geldentnahme] **§ 111.**

Ein Gesellschafter, der seine Geldeinlage nicht zur rechten Zeit einzahlt oder eingenommenes Gesellschaftsgeld nicht zur rechten Zeit an die Gesellschaftskasse abliefert oder unbefugt Geld aus der Gesellschaftskasse für sich entnimmt, hat Zinsen von dem Tage an zu entrichten, an welchem die Zahlung oder die Ablieferung hätte geschehen sollen oder die Herausnahme des Geldes erfolgt ist.

Die Geltendmachung eines weiteren Schadens ist nicht ausgeschlossen.

[Gesetzliches Wettbewerbverbot] **§ 112.**

Ein Gesellschafter darf ohne Einwilligung der anderen Gesellschafter weder in dem Handelszweige der Gesellschaft Geschäfte machen noch an einer anderen gleichartigen Handelsgesellschaft als persönlich haftender Gesellschafter teilnehmen.

Die Einwilligung zur Teilnahme an einer anderen Gesellschaft gilt als erteilt, wenn den übrigen Gesellschaftern bei Eingehung der Gesellschaft bekannt ist, daß der Gesellschafter an einer anderen Gesellschaft als persönlich haftender Gesellschafter teilnimmt, und gleichwohl die Aufgabe dieser Beteiligung nicht ausdrücklich bedungen wird.

[Folgen seiner Verletzung] **§ 113.**

Verletzt ein Gesellschafter die ihm nach § 112 obliegende Verpflichtung, so kann die Gesellschaft Schadensersatz fordern; sie kann statt dessen von dem Gesellschafter verlangen, daß er die für eigene Rechnung gemachten Geschäfte als für Rechnung der Gesellschaft eingegangen gelten lasse und die aus Geschäften für fremde Rechnung bezogene Vergütung herausgebe oder seinen Anspruch auf die Vergütung abtrete.

Über die Geltendmachung dieser Ansprüche beschließen die übrigen Gesellschafter.

Die Ansprüche verjähren in drei Monaten von dem Zeitpunkt an, in welchem die übrigen Gesellschafter von dem Abschlusse des Geschäfts oder von der Teilnahme des Gesellschafters an der anderen Gesellschaft Kenntnis erlangen; sie verjähren ohne Rücksicht auf diese Kenntnis in fünf Jahren von ihrer Entstehung an.

Das Recht der Gesellschafter, die Auflösung der Gesellschaft zu verlangen, wird durch diese Vorschriften nicht berührt.

[Recht und Pflicht zur Geschäftsführung] **§ 114.**

Zur Führung der Geschäfte der Gesellschaft sind alle Gesellschafter berechtigt und verpflichtet.

Ist im Gesellschaftsvertrage die Geschäftsführung einem Gesellschafter oder mehreren Gesellschaftern übertragen, so sind die übrigen Gesellschafter von der Geschäftsführung ausgeschlossen.

[Einzelgeschäftsführung. Widerspruchsrecht] **§ 115.**

Steht die Geschäftsführung allen oder mehreren Gesellschaftern zu, so ist jeder von ihnen allein zu handeln berechtigt; widerspricht jedoch ein anderer geschäftsführender Gesellschafter der Vornahme einer Handlung, so muß diese unterbleiben.

Ist im Gesellschaftsvertrage bestimmt, daß die Gesellschafter, denen die Geschäftsführung zusteht, nur zusammen handeln können, so bedarf es für jedes Geschäft der Zustimmung aller geschäftsführenden Gesellschafter, es sei denn, daß Gefahr im Verzug ist.

[Umfang der Befugnis zur Geschäftsführung]

§ 116.

Die Befugnis zur Geschäftsführung erstreckt sich auf alle Handlungen, die der gewöhnliche Betrieb des Handelsgewerbes der Gesellschaft mit sich bringt.

Zur Vornahme von Handlungen, die darüber hinausgehen, ist ein Beschluß sämtlicher Gesellschafter erforderlich.

Zur Bestellung eines Prokuristen bedarf es der Zustimmung aller geschäftsführenden Gesellschafter, es sei denn, daß Gefahr im Verzug ist. Der Widerruf der Prokura kann von jedem der zur Erteilung oder zur Mitwirkung bei der Erteilung befugten Gesellschafter erfolgen.

[Entziehung der Befugnis zur Geschäftsführung]

§ 117.

Die Befugnis zur Geschäftsführung kann einem Gesellschafter auf Antrag der übrigen Gesellschafter durch gerichtliche Entscheidung entzogen werden, wenn ein wichtiger Grund vorliegt; ein solcher Grund ist insbesondere grobe Pflichtverletzung oder Unfähigkeit zur ordnungsmäßigen Geschäftsführung.

[Informations- u. Kontrollrecht]

§ 118.

Ein Gesellschafter kann, auch wenn er von der Geschäftsführung ausgeschlossen ist, sich von den Angelegenheiten der Gesellschaft persönlich unterrichten, die Handelsbücher und die Papiere der Gesellschaft einsehen und sich aus ihnen eine Bilanz anfertigen.

Eine dieses Recht ausschließende oder beschränkende Vereinbarung steht der Geltendmachung des Rechtes nicht entgegen, wenn Grund zu der Annahme unredlicher Geschäftsführung besteht.

[Beschlußfassung]

§ 119.

Für die von den Gesellschaftern zu fassenden Beschlüsse bedarf es der Zustimmung aller zur Mitwirkung bei der Beschlußfassung berufenen Gesellschafter.

Hat nach dem Gesellschaftsvertrage die Mehrheit der Stimmen zu entscheiden, so ist die Mehrheit im Zweifel nach der Zahl der Gesellschafter zu berechnen.

[Feststellung von Gewinn u. Verlust]

§ 120.

Am Schlusse jedes Geschäftsjahrs wird auf Grund der Bilanz der Gewinn oder der Verlust des Jahres ermittelt und für jeden Gesellschafter sein Anteil daran berechnet.

Der einem Gesellschafter zukommende Gewinn wird dem Kapitalanteile des Gesellschafters zugeschrieben; der auf einen Gesellschafter entfallende Verlust sowie das während des Geschäftsjahrs auf den Kapitalanteil entnommene Geld wird davon abgeschrieben.

[Berechnung des Gewinn- und Verlustanteils]

§ 121.

Von dem Jahresgewinne gebührt jedem Gesellschafter zunächst ein Anteil in Höhe von vier vom Hundert seines Kapitalanteils. Reicht der Jahresgewinn hierzu nicht aus, so bestimmen sich die Anteile nach einem entsprechend niedrigeren Satze.

Bei der Berechnung des nach Abs. 1 einem Gesellschafter zukommenden Gewinnanteils werden Leistungen, die der Gesellschafter im Laufe des Geschäftsjahrs als Einlage gemacht hat, nach dem Verhältnisse der seit der Leistung abgelaufenen Zeit berücksichtigt. Hat der Gesellschafter im Laufe des Geschäftsjahrs Geld auf seinen Kapitalanteil entnommen, so werden die entnommenen Beträge nach dem Verhältnisse der bis zur Entnahme abgelaufenen Zeit berücksichtigt.

Derjenige Teil des Jahresgewinns, welcher die nach den Abs. 1, 2 zu berechnenden Gewinnanteile übersteigt, sowie der Verlust eines Geschäftsjahrs wird unter die Gesellschafter nach Köpfen verteilt.

[Geldentnahmen]

§ 122.

Jeder Gesellschafter ist berechtigt, aus der Gesellschaftskasse Geld bis zum Betrage von vier vom Hundert seines für das letzte Geschäftsjahr festgestellten Kapitalanteils zu seinen Lasten zu erheben und, soweit es nicht zum offenbaren Schaden der Gesellschaft gereicht, auch die Auszahlung seines den bezeichneten Betrag übersteigenden Anteils am Gewinne des letzten Jahres zu verlangen.

Im übrigen ist ein Gesellschafter nicht befugt, ohne Einwilligung der anderen Gesellschafter seinen Kapitalanteil zu vermindern.

Drittel Titel.

Rechtsverhältnis der Gesellschafter zu Dritten.

[Beginn der Wirksamkeit gegenüber Dritten]

§ 123.

Die Wirksamkeit der offenen Handelsgesellschaft tritt im Verhältnisse zu Dritten mit dem Zeitpunkt ein, in welchem die Gesellschaft in das Handelsregister eingetragen wird.

Beginnt die Gesellschaft ihre Geschäfte schon vor der Eintragung, so tritt die Wirksamkeit mit dem Zeitpunkte des Geschäftsbeginns ein, soweit nicht aus dem § 2 sich ein anderes ergibt.

Eine Vereinbarung, daß die Gesellschaft erst mit einem späteren Zeitpunkt ihren Anfang nehmen soll, ist Dritten gegenüber unwirksam.

[Kollektive Einheit] **§ 124.**

Die offene Handelsgesellschaft kann unter ihrer Firma Rechte erwerben und Verbindlichkeiten eingehen, Eigentum und andere dingliche Rechte an Grundstücken erwerben, vor Gericht klagen und verklagt werden.

Zur Zwangsvollstreckung in das Gesellschaftsvermögen ist ein gegen die Gesellschaft gerichteter vollstreckbarer Schuldtitel erforderlich.

[Befugnis zur Vertretung] **§ 125.**

Zur Vertretung der Gesellschaft ist jeder Gesellschafter ermächtigt, wenn er nicht durch den Gesellschaftsvertrag von der Vertretung ausgeschlossen ist.

Im Gesellschaftsvertrage kann bestimmt werden, daß alle oder mehrere Gesellschafter nur in Gemeinschaft zur Vertretung der Gesellschaft ermächtigt sein sollen **(Gesamtvertretung).** Die zur Gesamtvertretung berechtigten Gesellschafter können einzelne von ihnen zur Vornahme bestimmter Geschäfte oder bestimmter Arten von Geschäften ermächtigen. Ist der Gesellschaft gegenüber eine Willenserklärung abzugeben, so genügt die Abgabe gegenüber einem der zur Mitwirkung bei der Vertretung befugten Gesellschafter.

Im Gesellschaftsvertrage kann bestimmt werden, daß die Gesellschafter, wenn nicht mehrere zusammen handeln, nur in Gemeinschaft mit einem Prokuristen zur Vertretung der Gesellschaft ermächtigt sein sollen. Die Vorschriften des Abs. 2 Satz 2, 3 finden in diesem Falle entsprechende Anwendung.

Der Ausschluß eines Gesellschafters von der Vertretung, die Anordnung einer Gesamtvertretung oder eine gemäß Abs. 3 Satz 1 getroffene Bestimmung sowie jede Änderung in der Vertretungsmacht eines Gesellschafters ist von sämtlichen Gesellschaftern zur Eintragung in das Handelsregister anzumelden.

[Umfang der Vertretungsmacht] **§ 126.**

Die Vertretungsmacht der Gesellschafter erstreckt sich auf alle gerichtlichen und außergerichtlichen Geschäfte und Rechtshandlungen einschließlich der Veräußerung und Belastung von Grundstücken sowie der Erteilung und des Widerrufs einer Prokura.

Eine Beschränkung des Umfanges der Vertretungsmacht ist Dritten gegenüber unwirksam; dies gilt insbesondere von der Beschränkung, daß sich die Vertretung nur auf gewisse Geschäfte oder Arten von Geschäften erstrecken oder daß sie nur unter gewissen Umständen oder für eine gewisse Zeit oder an einzelnen Orten stattfinden soll.

In betreff der Beschränkung auf den Betrieb einer von mehreren Niederlassungen der Gesellschaft finden die Vorschriften des § 50 Abs. 3 entsprechende Anwendung.

[Entziehung der Vertretungsmacht] § 127.

Die Vertretungsmacht kann einem Gesellschafter auf Antrag der übrigen Gesellschafter durch gerichtliche Entscheidung entzogen werden, wenn ein wichtiger Grund vorliegt; ein solcher Grund ist insbesondere grobe Pflichtverletzung oder Unfähigkeit zur ordnungsmäßigen Vertretung der Gesellschaft.

[Haftung der Gesellschafter als einzelne] § 128.

Die Gesellschafter haften für die Verbindlichkeiten der Gesellschaft den Gläubigern als Gesamtschuldner persönlich. Eine entgegenstehende Vereinbarung ist Dritten gegenüber unwirksam.

[Einwendungen des Gesellschafters] § 129.

Wird ein Gesellschafter wegen einer Verbindlichkeit der Gesellschaft in Anspruch genommen, so kann er Einwendungen, die nicht in seiner Person begründet sind, nur insoweit geltend machen, als sie von der Gesellschaft erhoben werden können.

Der Gesellschafter kann die Befriedigung des Gläubigers verweigern, solange der Gesellschaft das Recht zusteht, das ihrer Verbindlichkeit zugrunde liegende Rechtsgeschäft anzufechten.

Die gleiche Befugnis hat der Gesellschafter, solange sich der Gläubiger durch Aufrechnung gegen eine fällige Forderung der Gesellschaft befriedigen kann.

Aus einem gegen die Gesellschaft gerichteten vollstreckbaren Schuldtitel findet die Zwangsvollstreckung gegen die Gesellschafter nicht statt.

[Haftung des eintretenden Gesellschafters] § 130.

Wer in eine bestehende Gesellschaft eintritt, haftet gleich den anderen Gesellschaftern nach Maßgabe der §§ 128, 129 für die vor seinem Eintritte begründeten Verbindlichkeiten der Gesellschaft, ohne Unterschied, ob die Firma eine Änderung erleidet oder nicht.

Eine entgegenstehende Vereinbarung ist Dritten gegenüber unwirksam.

Vierter Titel.

Auflösung der Gesellschaft und Ausscheiden von Gesellschaftern.

[Auflösungsgründe] § 131.

Die offene Handelsgesellschaft wird aufgelöst:

1. durch den Ablauf der Zeit, für welche sie eingegangen ist;
2. durch Beschluß der Gesellschafter;
3. durch die Eröffnung des Konkurses über das Vermögen der Gesellschaft;
4. durch den Tod eines Gesellschafters, sofern nicht aus dem Gesellschaftsvertrage sich ein anderes ergibt;
5. durch die Eröffnung des Konkurses über das Vermögen eines Gesellschafters;
6. durch Kündigung und durch gerichtliche Entscheidung.

[Kündigung bei unbestimmter Zeit] **§ 132.**

Die Kündigung eines Gesellschafters kann, wenn die Gesellschaft für unbestimmte Zeit eingegangen ist, nur für den Schluß eines Geschäftsjahrs erfolgen; sie muß mindestens sechs Monate vor diesem Zeitpunkte stattfinden.

[Auflösung durch gerichtliche Entscheidung] **§ 133.**

Auf Antrag eines Gesellschafters kann die Auflösung der Gesellschaft vor dem Ablaufe der für ihre Dauer bestimmten Zeit oder bei einer für unbestimmte Zeit eingegangenen Gesellschaft ohne Kündigung durch gerichtliche Entscheidung ausgesprochen werden, wenn ein wichtiger Grund vorliegt.

Ein solcher Grund ist insbesondere vorhanden, wenn ein anderer Gesellschafter eine ihm nach dem Gesellschaftsvertrag obliegende wesentliche Verpflichtung vorsätzlich oder aus grober Fahrlässigkeit verletzt oder wenn die Erfüllung einer solchen Verpflichtung unmöglich wird.

Eine Vereinbarung, durch welche das Recht des Gesellschafters, die Auflösung der Gesellschaft zu verlangen, ausgeschlossen oder diesen Vorschriften zuwider beschränkt wird, ist nichtig.

[Gesellschaft auf Lebenszeit. Stillschweigend fortgesetzte Gesellschaft] **§ 134.**

Eine Gesellschaft, die für die Lebenszeit eines Gesellschafters eingegangen ist oder nach dem Ablaufe der für ihre Dauer bestimmten Zeit stillschweigend fortgesetzt wird, steht im Sinne der Vorschriften der §§ 132, 133 einer für unbestimmte Zeit eingegangenen Gesellschaft gleich.

[Kündigungsrecht des Privatgläubigers] **§ 135.**

Hat ein Privatgläubiger eines Gesellschafters, nachdem innerhalb der letzten sechs Monate eine Zwangsvollstreckung in das bewegliche Vermögen des Gesellschafters ohne Erfolg versucht ist, auf Grund eines nicht bloß vorläufig vollstreckbaren Schuldtitels die Pfändung und Überweisung des Anspruchs auf dasjenige erwirkt, was dem Gesellschafter bei der Auseinandersetzung zukommt, so kann er die Gesellschaft ohne Rücksicht darauf, ob sie für bestimmte oder unbestimmte Zeit eingegangen ist, sechs Monate vor dem Ende des Geschäftsjahrs für diesen Zeitpunkt kündigen.

[Fortbestand der Geschäftsführungsbefugnis]

§ 136.

Wird die Gesellschaft in anderer Weise als durch Kündigung aufgelöst, so gilt die Befugnis eines Gesellschafters zur Geschäftsführung zu seinen Gunsten gleichwohl als fortbestehend, bis er von der Auflösung Kenntnis erlangt oder die Auflösung kennen muß.

[Fürsorgen beim Tode oder Konkurs eines Gesellschafters]

§ 137.

Wird die Gesellschaft durch den Tod eines Gesellschafters aufgelöst, so hat der Erbe des verstorbenen Gesellschafters den übrigen Gesellschaftern den Tod unverzüglich anzuzeigen und bei Gefahr im Verzuge die von seinem Erblasser zu besorgenden Geschäfte fortzuführen, bis die übrigen Gesellschafter in Gemeinschaft mit ihm anderweit Fürsorge treffen können. Die übrigen Gesellschafter sind in gleicher Weise zur einstweiligen Fortführung der von ihnen zu besorgenden Geschäfte verpflichtet. Die Gesellschaft gilt insoweit als fortbestehend.

Die Vorschriften des Abs. 1 Satz 2, 3 finden auch im Falle der Auflösung der Gesellschaft durch die Eröffnung des Konkurses über das Vermögen eines Gesellschafters Anwendung.

[Fortsetzung der Gesellschaft beim Ausscheiden eines Gesellschafters]

§ 138.

Ist im Gesellschaftsvertrage bestimmt, daß, wenn ein Gesellschafter kündigt oder stirbt oder wenn der Konkurs über sein Vermögen eröffnet wird, die Gesellschaft unter den übrigen Gesellschaftern fortbestehen soll, so scheidet mit dem Zeitpunkt, in welchem mangels einer solchen Bestimmung die Gesellschaft aufgelöst werden würde, der Gesellschafter, in dessen Person das Ereignis eintritt, aus der Gesellschaft aus.

[Fortsetzung mit den Erben. Umwandlung in eine Kommanditgesellschaft]

§ 139.

Ist im Gesellschaftsvertrage bestimmt, daß im Falle des Todes eines Gesellschafters die Gesellschaft mit dessen Erben fortgesetzt werden soll, so kann jeder Erbe sein Verbleiben in der Gesellschaft davon abhängig machen, daß ihm unter Belassung des bisherigen Gewinnanteils die Stellung eines Kommanditisten eingeräumt und der auf ihn fallende Teil der Einlage des Erblassers als seine Kommanditeinlage anerkannt wird.

Nehmen die übrigen Gesellschafter einen dahingehenden Antrag des Erben nicht an, so ist dieser befugt, ohne Einhaltung einer Kündigungsfrist sein Ausscheiden aus der Gesellschaft zu erklären.

Die bezeichneten Rechte können von dem Erben nur innerhalb einer Frist von drei Monaten nach dem Zeitpunkt, in welchem er von dem Anfalle der Erbschaft Kenntnis erlangt hat, geltend gemacht werden. Auf den Lauf der Frist finden die für die Verjährung geltenden Vorschriften des § 206 des Bürgerlichen Gesetzbuchs entsprechende Anwendung. Ist bei dem Ablaufe der drei Monate das Recht zur Ausschlagung der Erbschaft noch nicht verloren, so endigt die Frist nicht vor dem Ablaufe der Ausschlagungsfrist.

Scheidet innerhalb der Frist des Abs. 3 der Erbe aus der Gesellschaft aus oder wird innerhalb der Frist die Gesellschaft aufgelöst oder dem Erben die Stellung eines Kommanditisten eingeräumt, so haftet er für die bis dahin entstandenen Gesellschaftsschulden nur nach Maßgabe der die Haftung des Erben für die Nachlaßverbindlichkeiten betreffenden Vorschriften des bürgerlichen Rechtes.

Der Gesellschaftsvertrag kann die Anwendung der Vorschriften der Abs. 1 bis 4 nicht ausschließen; es kann jedoch für den Fall, daß der Erbe sein Verbleiben in der Gesellschaft von der Einräumung der Stellung eines Kommanditisten abhängig macht, sein Gewinnanteil anders als der des Erblassers bestimmt werden.

[Ausschluß eines Gesellschafters]

§ 140.

Tritt in der Person eines Gesellschafters ein Umstand ein, der nach § 133 für die übrigen Gesellschafter das Recht begründet, die Auflösung der Gesellschaft zu verlangen, so kann vom Gericht anstatt der Auflösung die Ausschließung dieses Gesellschafters aus der Gesellschaft ausgesprochen werden, sofern die übrigen Gesellschafter dies beantragen.

Für die Auseinandersetzung zwischen der Gesellschaft und dem ausgeschlossenen Gesellschafter ist die Vermögenslage der Gesellschaft in dem Zeitpunkte maßgebend, in welchem die Klage auf Ausschließung erhoben ist.

[Fortsetzung bei Kündigung eines Privatgläubigers u. bei Konkurs eines Gesellschafters]

§ 141.

Macht ein Privatgläubiger eines Gesellschafters von dem ihm nach § 135 zustehenden Rechte Gebrauch, so können die übrigen Gesellschafter auf Grund eines von ihnen gefaßten Beschlusses dem Gläubiger erklären, daß die Gesellschaft unter ihnen fortbestehen solle. In diesem Falle scheidet der betreffende Gesellschafter mit dem Ende des Geschäftsjahrs aus der Gesellschaft aus.

Diese Vorschriften finden im Falle der Eröffnung des Konkurses über das Vermögen eines Gesellschafters mit der Maßgabe Anwendung, daß die Erklärung gegenüber dem Konkursverwalter zu erfolgen hat und daß der Gemeinschuldner mit dem Zeitpunkte der Eröffnung des Konkurses als aus der Gesellschaft ausgeschieden gilt.

[Zweigliedrige Gesellschaft] **§ 142.**

Sind nur zwei Gesellschafter vorhanden, so kann, wenn in der Person des einen von ihnen die Voraussetzungen vorliegen, unter welchen bei einer größeren Zahl von Gesellschaftern seine Ausschließung aus der Gesellschaft zulässig sein würde, der andere Gesellschafter auf seinen Antrag vom Gerichte für berechtigt erklärt werden, das Geschäft ohne Liquidation mit Aktiven und Passiven zu übernehmen.

Macht bei einer aus zwei Gesellschaftern bestehenden Gesellschaft ein Privatgläubiger des einen Gesellschafters von der ihm nach § 135 zustehenden Befugnis Gebrauch oder wird über das Vermögen des einen Gesellschafters der Konkurs eröffnet, so ist der andere Gesellschafter berechtigt, das Geschäft in der bezeichneten Weise zu übernehmen.

Auf die Auseinandersetzung finden die für den Fall des Ausscheidens eines Gesellschafters aus der Gesellschaft geltenden Vorschriften entsprechende Anwendung.

[Anmeldungen] **§ 143.**

Die Auflösung der Gesellschaft ist, wenn sie nicht infolge der Eröffnung des Konkurses über das Vermögen der Gesellschaft eintritt, von sämtlichen Gesellschaftern zur Eintragung in das Handelsregister anzumelden.

Das gleiche gilt von dem Ausscheiden eines Gesellschafters aus der Gesellschaft.

Ist anzunehmen, daß der Tod eines Gesellschafters die Auflösung oder das Ausscheiden zur Folge gehabt hat, so kann, auch ohne daß die Erben bei der Anmeldung mitwirken, die Eintragung erfolgen, soweit einer solchen Mitwirkung besondere Hindernisse entgegenstehen.

[Fortsetzung nach Konkurs der Gesellschaft] **§ 144.**

Ist die Gesellschaft durch die Eröffnung des Konkurses über ihr Vermögen aufgelöst, der Konkurs aber nach Abschluß eines Zwangsvergleichs aufgehoben oder auf Antrag des Gemeinschuldners eingestellt, so können die Gesellschafter die Fortsetzung der Gesellschaft beschließen.

Die Fortsetzung ist von sämtlichen Gesellschaftern zur Eintragung in das Handelsregister anzumelden.

Fünfter Titel.
Liquidation der Gesellschaft.

[Liquidation] **§ 145.**

Nach der Auflösung der Gesellschaft findet die **Liquidation** statt, sofern nicht eine andere Art der Auseinandersetzung von den Gesellschaftern vereinbart oder über das Vermögen der Gesellschaft der Konkurs eröffnet ist.

Ist die Gesellschaft durch Kündigung des Gläubigers eines Gesellschafters oder durch die Eröffnung des Konkurses über das Vermögen eines Gesellschafters aufgelöst, so kann die Liquidation nur mit Zustimmung des Gläubigers oder des Konkursverwalters unterbleiben.

[Liquidatoren] **§ 146.**

Die Liquidation erfolgt, sofern sie nicht durch Beschluß der Gesellschafter oder durch den Gesellschaftsvertrag einzelnen Gesellschaftern oder anderen Personen übertragen ist, durch sämtliche Gesellschafter als Liquidatoren. Mehrere Erben eines Gesellschafters haben einen gemeinsamen Vertreter zu bestellen.

Auf Antrag eines Beteiligten kann aus wichtigen Gründen die Ernennung von Liquidatoren durch das Gericht erfolgen, in dessen Bezirke die Gesellschaft ihren Sitz hat; das Gericht kann in einem solchen Falle Personen zu Liquidatoren ernennen, die nicht zu den Gesellschaftern gehören. Als Beteiligter gilt außer den Gesellschaftern im Falle des § 135 auch der Gläubiger, durch den die Kündigung erfolgt ist.

Ist über das Vermögen eines Gesellschafters der Konkurs eröffnet, so tritt der Konkursverwalter an die Stelle des Gesellschafters.

[Abberufung von Liquidatoren] **§ 147.**

Die Abberufung von Liquidatoren geschieht durch einstimmigen Beschluß der nach § 146 Abs. 2, 3 Beteiligten; sie kann auf Antrag eines Beteiligten aus wichtigen Gründen auch durch das Gericht erfolgen.

[Anmeldung der Liquidatoren] **§ 148.**

Die Liquidatoren sind von sämtlichen Gesellschaftern zur Eintragung in das Handelsregister anzumelden. Das gleiche gilt von jeder Änderung in den Personen der Liquidatoren oder in ihrer Vertretungsmacht. Im Falle des Todes eines Gesellschafters kann, wenn anzunehmen ist, daß die Anmeldung den Tatsachen entspricht, die Eintragung erfolgen, auch ohne daß die Erben bei der Anmeldung mitwirken, soweit einer solchen Mitwirkung besondere Hindernisse entgegenstehen.

Die Eintragung gerichtlich gestellter Liquidatoren sowie die Eintragung der gerichtlichen Abberufung von Liquidatoren geschieht von Amts wegen.

Die Liquidatoren haben die Firma nebst ihrer Namensunterschrift zur Aufbewahrung bei dem Gerichte zu zeichnen.

[Umfang der Geschäftsführung und Vertretung]

§ 149.

Die Liquidatoren haben die laufenden Geschäfte zu beendigen, die Forderungen einzuziehen, das übrige Vermögen in Geld umzusetzen und die Gläubiger zu befriedigen; zur Beendigung schwebender Geschäfte können sie auch neue Geschäfte eingehen. Die Liquidatoren vertreten innerhalb ihres Geschäftskreises die Gesellschaft gerichtlich und außergerichtlich.

[Gesamtgeschäftsführung. Gesamtvertretung]

§ 150.

Sind mehrere Liquidatoren vorhanden, so können sie die zur Liquidation gehörenden Handlungen nur in Gemeinschaft vornehmen, sofern nicht bestimmt ist, daß sie einzeln handeln können; eine solche Bestimmung ist in das Handelsregister einzutragen.

Durch die Vorschrift des Abs. 1 wird nicht ausgeschlossen, daß die Liquidatoren einzelne von ihnen zur Vornahme bestimmter Geschäfte oder bestimmter Arten von Geschäften ermächtigen. Ist der Gesellschaft gegenüber eine Willenserklärung abzugeben, so findet die Vorschrift des § 125 Abs. 2 Satz 3 entsprechende Anwendung.

[Uneinschränkbarkeit der Vertretungsmacht]

§ 151.

Eine Beschränkung des Umfanges der Befugnisse der Liquidatoren ist Dritten gegenüber unwirksam.

[Folgepflicht gegenüber den Beteiligten]

§ 152.

Gegenüber den nach § 146 Abs. 2, 3 Beteiligten haben die Liquidatoren, auch wenn sie vom Gerichte bestellt sind, den Anordnungen Folge zu leisten, welche die Beteiligten in betreff der Geschäftsführung einstimmig beschließen.

[Unterschrift]

§ 153.

Die Liquidatoren haben ihre Unterschrift in der Weise abzugeben, daß sie der bisherigen, als Liquidationsfirma zu bezeichnenden Firma ihren Namen beifügen.

[Liquidationsbilanz]

§ 154.

Die Liquidatoren haben bei dem Beginne sowie bei der Beendigung der Liquidation eine Bilanz aufzustellen.

[Verteilung des Gesellschaftsvermögens]

§ 155.

Das nach Berichtigung der Schulden verbleibende Vermögen der

Gesellschaft ist von den Liquidatoren nach dem Verhältnisse der Kapitalanteile, wie sie sich auf Grund der Schlußbilanz ergeben, unter die Gesellschafter zu verteilen.

Das während der Liquidation entbehrliche Geld wird vorläufig verteilt. Zur Deckung noch nicht fälliger oder streitiger Verbindlichkeiten sowie zur Sicherung der den Gesellschaftern bei der Schlußverteilung zukommenden Beträge ist das Erforderliche zurückzubehalten. Die Vorschriften des § 122 Abs. 1 finden während der Liquidation keine Anwendung.

Entsteht über die Verteilung des Gesellschaftsvermögens Streit unter den Gesellschaftern, so haben die Liquidatoren die Verteilung bis zur Entscheidung des Streites auszusetzen.

[Rechtsverhältnisse bei der Liquidationsgesellschaft]

§ 156.

Bis zur Beendigung der Liquidation kommen in Bezug auf das Rechtsverhältnis der bisherigen Gesellschafter untereinander sowie der Gesellschaft zu Dritten die Vorschriften des zweiten und dritten Titels zur Anwendung, soweit sich nicht aus dem gegenwärtigen Titel oder aus dem Zwecke der Liquidation ein anderes ergibt.

[Löschung der Firma]

§ 157.

Nach der Beendigung der Liquidation ist das Erlöschen der Firma von den Liquidatoren zur Eintragung in das Handelsregister anzumelden.

Die Bücher und Papiere der aufgelösten Gesellschaft werden einem der Gesellschafter oder einem Dritten in Verwahrung gegeben. Der Gesellschafter oder der Dritte wird in Ermangelung einer Verständigung durch das Gericht bestimmt, in dessen Bezirke die Gesellschaft ihren Sitz hat.

Die Gesellschafter und deren Erben behalten das Recht auf Einsicht und Benutzung der Bücher und Papiere.

[Andere Art der Auseinandersetzung]

§ 158.

Vereinbaren die Gesellschafter statt der Liquidation eine andere Art der Auseinandersetzung, so finden, solange noch ungeteiltes Gesellschaftsvermögen vorhanden ist, im Verhältnisse zu Dritten die für die Liquidation geltenden Vorschriften entsprechende Anwendung.

Sechster Titel.

Verjährung.

[Verjährung]

§ 159.

Die Ansprüche gegen einen Gesellschafter aus Verbindlichkeiten der Gesellschaft verjähren in fünf Jahren nach der Auflösung der Gesellschaft oder nach dem Ausscheiden des Gesellschafters, sofern nicht der Anspruch gegen die Gesellschaft einer kürzeren Verjährung unterliegt.

Die Verjährung beginnt mit dem Ende des Tages, an welchem die Auflösung der Gesellschaft oder das Ausscheiden des Gesellschafters in das Handelsregister des für den Sitz der Gesellschaft zuständigen Gerichts eingetragen wird.

Wird der Anspruch des Gläubigers gegen die Gesellschaft erst nach der Eintragung fällig, so beginnt die Verjährung mit dem Zeitpunkte der Fälligkeit.

[Unterbrechung der Verjährung] **§ 160.**

Die Unterbrechung der Verjährung gegenüber der aufgelösten Gesellschaft wirkt auch gegenüber den Gesellschaftern, welche der Gesellschaft zur Zeit der Auflösung angehört haben.

Zweiter Abschnitt.

Kommanditgesellschaft.

[Begriff der Kommanditgesellschaft. Abart der offenen Handelsgesellschaft] **§ 161.**

Eine Gesellschaft, deren Zweck auf den Betrieb eines Handelsgewerbes unter gemeinschaftlicher Firma gerichtet ist, ist eine **Kommanditgesellschaft,** wenn bei einem oder bei einigen von den Gesellschaftern die Haftung gegenüber den Gesellschaftsgläubigern auf den Betrag einer bestimmten Vermögenseinlage beschränkt ist **(Kommanditisten),** während bei dem anderen Teile der Gesellschafter eine Beschränkung der Haftung nicht stattfindet **(persönlich haftende Gesellschafter).**

Soweit nicht in diesem Abschnitt ein anderes vorgeschrieben ist, finden auf die Kommanditgesellschaft die für die offene Handelsgesellschaft geltenden Vorschriften Anwendung.

[Anmeldung] **§ 162.**

Die Anmeldung der Gesellschaft hat außer den im § 106 Abs. 2 vorgesehenen Angaben die Bezeichnung der Kommanditisten und den Betrag der Einlage eines jeden von ihnen zu enthalten.

Bei der Bekanntmachung der Eintragung ist nur die Zahl der Kommanditisten anzugeben; der Name, der Stand und der Wohnort der Kommanditisten sowie der Betrag ihrer Einlagen werden nicht bekanntgemacht.

Diese Vorschriften finden im Falle des Eintritts eines Kommanditisten in eine bestehende Handelsgesellschaft und im Falle des Ausscheidens eines Kommanditisten aus einer Kommanditgesellschaft entsprechende Anwendung.

[Rechtsverhältnisse nach innen] **§ 163.**

Für das Verhältnis der Gesellschafter untereinander gelten in Ermangelung abweichender Bestimmungen des Gesellschaftsvertrags die besonderen Vorschriften der §§ 164 bis 169.

[Ausschluß des Kommanditisten von der Geschäftsführung] **§ 164.**

Die Kommanditisten sind von der Führung der Geschäfte der Gesellschaft ausgeschlossen; sie können einer Handlung der persönlich haftenden Gesellschafter nicht widersprechen, es sei denn, daß die Handlung über den gewöhnlichen Betrieb des Handelsgewerbes der Gesellschaft hinausgeht. Die Vorschriften des § 116 Abs. 3 bleiben unberührt.

[Gesetzliches Wettbewerbverbot gilt nicht für den Kommanditisten] **§ 165.**

Die §§ 112, 113 finden auf die Kommanditisten keine Anwendung.

[Kontrollrechte des Kommanditisten] **§ 166.**

Der Kommanditist ist berechtigt, die abschriftliche Mitteilung der jährlichen Bilanz zu verlangen und ihre Richtigkeit unter Einsicht der Bücher und Papiere zu prüfen.

Die im § 118 dem von der Geschäftsführung ausgeschlossenen Gesellschafter eingeräumten weiteren Rechte stehen dem Kommanditisten nicht zu.

Auf Antrag eines Kommanditisten kann das Gericht, wenn wichtige Gründe vorliegen, die Mitteilung einer Bilanz oder sonstiger Aufklärungen sowie die Vorlegung der Bücher und Papiere jederzeit anordnen.

[Feststellung des Gewinn- und Verlustanteils für den Kommanditisten] **§ 167.**

Die Vorschriften des § 120 über die Berechnung des Gewinns oder Verlustes gelten auch für den Kommanditisten.

Jedoch wird der einem Kommanditisten zukommende Gewinn seinem Kapitalanteile nur so lange zugeschrieben, als dieser den Betrag der bedungenen Einlage nicht erreicht.

An dem Verluste nimmt der Kommanditist nur bis zum Betrage seines Kapitalanteils und seiner noch rückständigen Einlage teil.

[Berechnung des Gewinn- und Verlustanteils]

§ 168.

Die Anteile der Gesellschafter am Gewinne bestimmen sich, soweit der Gewinn den Betrag von vier vom Hundert der Kapitalanteile nicht übersteigt, nach den Vorschriften des § 121 Abs. 1, 2.

In Ansehung des Gewinns, welcher diesen Betrag übersteigt, sowie in Ansehung des Verlustes gilt, soweit nicht ein anderes vereinbart ist, ein den Umständen nach angemessenes Verhältnis der Anteile als bedungen.

[Kein Anspruch des Kommanditisten auf Geldentnahme. Nur Anspruch auf Gewinnauszahlung]

§ 169.

Der § 122 findet auf den Kommanditisten keine Anwendung. Dieser hat nur Anspruch auf Auszahlung des ihm zukommenden Gewinns; er kann auch die Auszahlung des Gewinns nicht fordern, solange sein Kapitalanteil durch Verlust unter den auf die bedungene Einlage geleisteten Betrag herabgemindert ist oder durch die Auszahlung unter diesen Betrag herabgemindert werden würde.

Der Kommanditist ist nicht verpflichtet, den bezogenen Gewinn wegen späterer Verluste zurückzuzahlen.

[Ausschluß des Kommanditisten von der Vertretung]

§ 170.

Der Kommanditist ist zur Vertretung der Gesellschaft nicht ermächtigt.

[Haftung des Kommanditisten gegenüber den Gesellschaftsgläubigern]

§ 171.

Der Kommanditist haftet den Gläubigern der Gesellschaft bis zur Höhe seiner Einlage unmittelbar; die Haftung ist ausgeschlossen, soweit die Einlage geleistet ist.

Ist über das Vermögen der Gesellschaft der Konkurs eröffnet, so wird während der Dauer des Verfahrens das den Gesellschaftsgläubigern nach Abs. 1 zustehende Recht durch den Konkursverwalter ausgeübt.

[Wirkung der Eintragung der Einlage. Die Einlage als Haftungsobjekt]

§ 172.

Im Verhältnisse zu den Gläubigern der Gesellschaft wird nach der Eintragung in das Handelsregister die Einlage eines Kommanditisten durch den in der Eintragung angegebenen Betrag bestimmt.

Auf eine nicht eingetragene Erhöhung der aus dem Handelsregister ersichtlichen Einlage können sich die Gläubiger nur berufen, wenn die Erhöhung in handelsüblicher Weise kundgemacht oder ihnen in anderer Weise von der Gesellschaft mitgeteilt worden ist.

Eine Vereinbarung der Gesellschafter, durch die einem Kommanditisten die Einlage erlassen oder gestundet wird, ist den Gläubigern gegenüber unwirksam.

Soweit die Einlage eines Kommanditisten zurückbezahlt wird, gilt sie den Gläubigern gegenüber als nicht geleistet. Das gleiche gilt, soweit ein Kommanditist Gewinnanteile entnimmt, während sein Kapitalanteil durch Verlust unter den Betrag der geleisteten Einlage herabgemindert ist, oder soweit durch die Entnahme der Kapitalanteil unter den bezeichneten Betrag herabgemindert wird.

Was ein Kommanditist auf Grund einer in gutem Glauben errichteten Bilanz in gutem Glauben als Gewinn bezieht, ist er in keinem Falle zurückzuzahlen verpflichtet.

[Haftung eines eintretenden Kommanditisten]

§ 173.

Wer in eine bestehende Handelsgesellschaft als Kommanditist eintritt, haftet nach Maßgabe der §§ 171, 172 für die vor seinem Eintritte begründeten Verbindlichkeiten der Gesellschaft, ohne Unterschied, ob die Firma eine Änderung erleidet oder nicht.

Eine entgegenstehende Vereinbarung ist Dritten gegenüber unwirksam.

[Herabsetzung der Einlage]

§ 174.

Eine Herabsetzung der Einlage eines Kommanditisten ist, solange sie nicht in das Handelsregister des Gerichts, in dessen Bezirke die Gesellschaft ihren Sitz hat, eingetragen ist, den Gläubigern gegenüber unwirksam; Gläubiger, deren Forderungen zur Zeit der Eintragung begründet waren, brauchen die Herabsetzung nicht gegen sich gelten zu lassen.

[Anmeldungen in bezug auf die Einlage]

§ 175.

Die Erhöhung sowie die Herabsetzung einer Einlage ist durch die sämtlichen Gesellschafter zur Eintragung in das Handelsregister anzumelden. Die Bekanntmachung der Eintragung erfolgt gemäß § 162 Abs. 2. Auf die Eintragung in das Handelsregister des Sitzes der Gesellschaft finden die Vorschriften des § 14 keine Anwendung.

[Ausnahmsweise unbeschränkte Haftung des Kommanditisten]

§ 176.

Hat die Gesellschaft ihre Geschäfte begonnen, bevor sie in das Handelsregister des Gerichts, in dessen Bezirke sie ihren Sitz hat, eingetragen ist, so haftet jeder Kommanditist, der dem Geschäftsbeginne zugestimmt hat, für die bis zur Eintragung begründeten Verbindlichkeiten der Gesellschaft gleich einem persönlich haftenden Gesellschafter, es sei denn, daß seine Beteiligung als Kommanditist dem Gläubiger bekannt war. Diese Vorschrift kommt nicht zur Anwendung, soweit sich aus dem § 2 ein anderes ergibt.

Tritt ein Kommanditist in eine bestehende Handelsgesellschaft ein, so findet die Vorschrift des Abs. 1 Satz 1 für die in der Zeit zwischen einem Eintritt und dessen Eintragung in das Handelsregister begründeten Verbindlichkeiten der Gesellschaft entsprechende Anwendung.

[Tod des Kommanditisten kein Auflösungsgrund] **§ 177.**

Der Tod eines Kommanditisten hat die Auflösung der Gesellschaft nicht zur Folge.

Dritter Abschnitt.

Aktiengesellschaft.

Erster Titel.

Allgemeine Vorschriften.

[Grundlagen der Aktiengesellschaft] **§ 178.**

Die sämtlichen Gesellschafter der **Aktiengesellschaft** sind mit Einlagen auf das in Aktien zerlegte Grundkapital der Gesellschaft beteiligt, ohne persönlich für deren Verbindlichkeiten zu haften.

[Aktien. Interimsscheine] **§ 179.**

Die Aktien sind unteilbar.

Sie können auf den Inhaber oder auf Namen lauten.

Aktien, die vor der vollen Leistung des Nennbetrags oder, falls der Ausgabepreis höher ist, vor der vollen Leistung dieses Betrags ausgegeben werden, dürfen nicht auf den Inhaber lauten. Das gleiche gilt von Anteilscheinen, die den Aktionären vor der Ausgabe der Aktien ausgestellt werden (Interimsscheine).

Werden auf Namen lautende Aktien vor der vollen Leistung der Einzahlungen ausgegeben, so ist der Betrag der geleisteten Einzahlungen in den Urkunden anzugeben.

[Nennbeträge] **§ 180.**

Die Aktien müssen auf einen Betrag von mindestens einhundert Reichsmark gestellt werden und müssen durch hundert teilbar sein.[1])

---

[1]) Die Fassung ist abzuleiten aus § 18 der VO. über die Goldbilanzen v. 28. Dezember 1923 (RGBl. I S. 1253) und §§ 43, 45 der 2. DurchfVO. z. GBV. in Verbindung mit § 3 der 2. DurchfVO. zum Münzges. v. 12. Dezember 1924. — Die angegebenen Beträge gelten für „Neugründungen".

Für ein gemeinnütziges Unternehmen kann im Falle eines besonderen örtlichen Bedürfnisses der Bundesrat[1]) die Ausgabe von Aktien über zwanzig Reichsmark, die auf Namen lauten, zulassen[2]). Die gleiche Genehmigung kann erteilt werden, wenn für ein Unternehmen das Reich, ein Land oder ein Kommunalverband oder eine sonstige öffentliche Körperschaft auf die Aktien einen bestimmten Ertrag bedingungslos und ohne Zeitbeschränkung gewährleistet hat.

Auf Namen lautende Aktien, deren Übertragung an die Zustimmung der Gesellschaft gebunden ist, dürfen auf einen Betrag von weniger als einhundert, jedoch nur auf zwanzig Reichsmark gestellt werden[3]).

Im Falle des Abs. 2 soll die erteilte Genehmigung, im Falle des Abs. 3 sollen die Beschränkungen, denen nach § 222 Abs. 4 die Aktionäre in Ansehung der Übertragung ihrer Rechte unterliegen, in den Aktien ersichtlich gemacht werden.

Diese Vorschriften gelten auch für Interimsscheine.

§ 181.

[Unterzeichnung der Aktien]

Zur Unterzeichnung von Aktien und Interimsscheinen genügt eine im Wege der mechanischen Vervielfältigung hergestellte Namensunterschrift. Die Gültigkeit der Unterzeichnung kann durch eine in die Urkunde aufgenommene Bestimmung von der Beobachtung einer besonderen Form abhängig gemacht werden.

§ 182.

[Feststellung der Satzung (Gesellschaftsvertrag). Form und Inhalt. Aktienübernahme]

Der Inhalt des Gesellschaftsvertrags muß von mindestens fünf Personen, welche Aktien übernehmen, in gerichtlicher oder notarieller Verhandlung festgestellt werden. In der Verhandlung ist der Betrag und, wenn verschiedene Gattungen von Aktien ausgegeben werden, die Gattung der von jedem übernommenen Aktien anzugeben.

Der Gesellschaftsvertrag muß bestimmen:

1. die Firma und den Sitz der Gesellschaft;
2. den Gegenstand des Unternehmens;
3. die Höhe des Grundkapitals und der einzelnen Aktien;
4. die Art der Bestellung und Zusammensetzung des Vorstandes;
5. die Form, in der die Berufung der Generalversammlung der Aktionäre geschieht;
6. die Form, in der die von der Gesellschaft ausgehenden Bekanntmachungen erfolgen.

---

[1]) Jetzt der Reichsrat.

[2]) Siehe Anm. S. 48.

[3]) Siehe Anm. S. 48.

Bekanntmachungen, die durch öffentliche Blätter erfolgen sollen, sind in den Deutschen Reichsanzeiger einzurücken. Andere Blätter außer diesem bestimmt der Gesellschaftsvertrag.

[Inhaber- oder Namenaktien] **§ 183.**

Ist im Gesellschaftsvertrage nichts darüber bestimmt, ob die Aktien auf den Inhaber oder auf Namen lauten sollen, so sind sie auf Namen zu stellen.

Im Gesellschaftsvertrage kann bestimmt werden, daß auf Verlangen des Aktionärs die Umwandlung seiner auf Namen lautenden Aktie in eine Inhaberaktie oder umgekehrt stattzufinden hat.

[Verbot der Unterpariemission] **§ 184.**

Für einen geringeren als den Nennbetrag dürfen Aktien nicht ausgegeben werden.

Die Ausgabe für einen höheren Betrag ist statthaft, wenn sie im Gesellschaftsvertrage zugelassen ist.

[Vorzugsaktien] **§ 185.**

Im Gesellschaftsvertrage können für einzelne Gattungen von Aktien verschiedene Rechte, insbesondere in betreff der Verteilung des Gewinns oder des Gesellschaftsvermögens, festgesetzt werden.

[Sondervorteile. Sacheinlagen. Übernahmen. Gründungsaufwand] **§ 186.**

Jeder zugunsten einzelner Aktionäre bedungene besondere Vorteil muß im Gesellschaftsvertrag unter Bezeichnung des Berechtigten festgesetzt werden.

Werden auf das Grundkapital von Aktionären Einlagen gemacht, die nicht durch Barzahlung zu leisten sind, oder werden vorhandene oder herzustellende Anlagen oder sonstige Vermögensgegenstände von der zu errichtenden Gesellschaft übernommen, so müssen der Gegenstand der Einlage oder der Übernahme, die Person, von welcher die Gesellschaft den Gegenstand erwirbt, und der Betrag der für die Einlage zu gewährenden Aktien oder die für den übernommenen Gegenstand zu gewährende Vergütung im Gesellschaftsvertrage festgesetzt werden.

Von diesen Festsetzungen gesondert ist der Gesamtaufwand, welcher zu Lasten der Gesellschaft an Aktionäre oder andere als Entschädigung oder Belohnung für die Gründung oder deren Vorbereitung gewährt wird, im Gesellschaftsvertrage festzusetzen.

Jedes Abkommen über die vorbezeichneten Gegenstände, welches nicht die vorgeschriebene Festsetzung im Gesellschaftsvertrage gefunden hat, ist der Gesellschaft gegenüber unwirksam.

[Begriff des Gründers] **§ 187.**

Die Aktionäre, welche den Gesellschaftsvertrag festgestellt haben oder andere als durch Barzahlung zu leistende Einlagen machen, gelten als die Gründer der Gesellschaft.

[Simultan-(Einheits-)Gründung] **§ 188.**

Übernehmen die Gründer alle Aktien, so gilt mit der Übernahme der Aktien die Gesellschaft als errichtet.

Soweit die Übernahme nicht schon bei der Feststellung des Gesellschaftsvertrags erfolgt, kann sie in einer besonderen gerichtlichen oder notariellen Verhandlung unter Angabe der Beträge, welche die einzelnen Gründer noch übernehmen, bewirkt werden.

[Sukzessiv-(Zeichnungs-)Gründung[1])] **§ 189.**

Übernehmen die Gründer nicht alle Aktien, so hat der Errichtung der Gesellschaft die **Zeichnung** der übrigen Aktien vorherzugehen.

Die Zeichnung erfolgt durch schriftliche Erklärung, aus der die Beteiligung nach der Anzahl und, falls verschiedene Aktien ausgegeben werden, nach dem Betrag oder der Gattung der Aktien hervorgehen muß.

Die Erklärung (Zeichnungsschein) soll doppelt ausgestellt werden; sie hat zu enthalten:

1. den Tag der Feststellung des Gesellschaftsvertrags, die im § 182 Abs. 2 und im § 186 vorgesehenen Festsetzungen und, wenn mehrere Gattungen von Aktien mit verschiedener Berechtigung ausgegeben werden, den Gesamtbetrag einer jeden;
2. den Namen, Stand und Wohnort der Gründer;
3. den Betrag, für welchen die Ausgabe der Aktie stattfindet, und den Betrag der festgesetzten Einzahlungen;
4. den Zeitpunkt, in welchem die Zeichnung unverbindlich wird, sofern nicht bis dahin die Errichtung der Gesellschaft beschlossen ist.

Zeichnungsscheine, welche diesen Inhalt nicht vollständig haben oder außer dem unter Nr. 4 bezeichneten Vorbehalte Beschränkungen in der Verpflichtung des Zeichners enthalten, sind nichtig. Erfolgt ungeachtet eines hiernach nichtigen oder wegen verspäteter Errichtung der Gesellschaft unverbindlichen Zeichnungsscheins die Eintragung der Gesellschaft in das Handelsregister, so ist der Zeichner, wenn er auf Grund einer dem Abs. 2 entsprechenden Erklärung in der Generalversammlung, die zur Beschlußfassung über die Errichtung der Gesellschaft berufen wird, stimmt oder später als Aktionäre Rechte ausübt oder Verpflichtungen erfüllt, der Gesellschaft wie aus einem gültigen Zeichnungsscheine verpflichtet.

Jede nicht in dem Zeichnungsschein enthaltene Beschränkung ist der Gesellschaft gegenüber unwirksam.

---

[1]) Die Sukzessiv-(Zeichnungs-)Gründung kommt im heutigen Wirtschaftsleben fast gar nicht vor.

[Erster Aufsichtsrat u. Vorstand] **§ 190.**

Übernehmen die Gründer alle Aktien, so haben sie gleichzeitig mit der Errichtung der Gesellschaft oder in einer besonderen gerichtlichen oder notariellen Verhandlung den ersten Aufsichtsrat der Gesellschaft zu bestellen.

Übernehmen die Gründer nicht alle Aktien, so haben sie nach der Zeichnung des Grundkapitals eine Generalversammlung zur Wahl des Aufsichtsrats zu berufen.

Diese Vorschriften finden auch auf die Bestellung des ersten Vorstandes Anwendung, sofern nicht nach dem Gesellschaftsvertrage die Bestellung in anderer Weise als durch Wahl der Generalversammlung zu geschehen hat.

[Gründerbericht] **§ 191.**

Die Gründer haben im Falle des § 186 Abs. 2 in einer schriftlichen Erklärung die wesentlichen Umstände darzulegen, von welchen die Angemessenheit der für die eingelegten oder übernommenen Gegenstände gewährten Beträge abhängt.

Sie haben hierbei die vorausgegangenen Rechtsgeschäfte, die auf den Erwerb durch die Gesellschaft hingezielt haben, ferner die Erwerbs- und Herstellungspreise aus den letzten beiden Jahren und im Falle des Überganges eines Unternehmens auf die Gesellschaft die Betriebserträgnisse aus den letzten beiden Geschäftsjahren anzugeben.

[Prüfung des Gründungsherganges. Revisoren] **§ 192.**

Die Mitglieder des Vorstandes und des Aufsichtsrats haben den Hergang der Gründung zu prüfen.

Gehört ein Mitglied des Vorstandes oder des Aufsichtsrats zu den Gründern oder hat sich ein Mitglied einen besonderen Vorteil oder für die Gründung oder deren Vorbereitung eine Entschädigung oder Belohnung ausbedungen oder liegt ein Fall des § 186 Abs. 2 vor, so hat außerdem eine Prüfung durch besondere Revisoren stattzufinden.

Die Revisoren werden durch das für die Vertretung des Handelsstandes berufene Organ, in Ermangelung eines solchen durch das Gericht bestellt, in dessen Bezirke die Gesellschaft ihren Sitz hat.

[Umfang der Prüfung. Prüfungsbericht] **§ 193.**

Die Prüfung hat sich insbesondere auf die Richtigkeit und Vollständigkeit der Angaben zu erstrecken, die in Ansehung der Zeichnung und Einzahlung des Grundkapitals sowie in Ansehung der im § 186 vorgesehenen Festsetzungen von den Gründern gemacht sind. Der Inhalt der im § 191 bestimmten Erklärung ist auch in der Richtung zu prüfen, ob bezüglich der Angemessenheit der für die eingelegten oder übernommenen Gegenstände gewährten Beträge Bedenken obwalten.

Über die Prüfung ist unter Darlegung der im Abs. 1 bezeichneten Umstände schriftlich Bericht zu erstatten.

Sind die Revisoren durch das für die Vertretung des Handelsstandes berufene Organ bestellt, so haben sie diesem ein Exemplar des Berichts einzureichen. Die Einsicht des eingereichten Berichts ist jedem gestattet.

[Meinungsverschiedenheiten. Vergütung]

§ 194.

Ergeben sich zwischen den im § 192 Abs. 2, 3 bezeichneten Revisoren und den Gründern Meinungsverschiedenheiten über den Umfang der von den Gründern zu gewährenden Aufklärungen und Nachweise, so entscheidet endgültig diejenige Stelle, von welcher die Revisoren ernannt sind. Solange sich die Gründer weigern, der Entscheidung nachzukommen, unterbleibt die Erstattung des Prüfungsberichts.

Die Revisoren haben Anspruch auf Ersatz angemessener barer Auslagen und auf Vergütung für ihre Tätigkeit. Die Auslagen und die Vergütung werden durch die im Abs. 1 bezeichnete Stelle festgesetzt.

[Anmeldung beim Handelsregister]

§ 195.

Die Gesellschaft ist bei dem Gericht, in dessen Bezirke sie ihren Sitz hat, von sämtlichen Gründern und Mitgliedern des Vorstandes und des Aufsichtsrats zur Eintragung in das Handelsregister anzumelden.

Der Anmeldung sind beizufügen:

1. der Gesellschaftsvertrag und die im § 182 Abs. 1 und im § 188 Abs. 2 bezeichneten Verhandlungen;
2. im Falle des § 186 die Verträge, welche den dort bezeichneten Festsetzungen zugrunde liegen oder zu ihrer Ausführung geschlossen sind, die im § 191 vorgesehene Erklärung und eine Berechnung des der Gesellschaft zur Last fallenden Gründungsaufwandes, in der die Vergütungen nach Art und Höhe und die Empfänger einzeln aufzuführen sind;
3. wenn nicht alle Aktien von den Gründern übernommen sind, zum Nachweise der Zeichnung des Grundkapitals die Duplikate der Zeichnungsscheine und ein von den Gründern unterschriebenes Verzeichnis aller Aktionäre, welches die auf jeden entfallenen Aktien sowie die auf die letzteren geschehenen Einzahlungen angibt;
4. die Urkunden über die Bestellung des Vorstandes und des Aufsichtsrats;
5. die gemäß § 193 Abs. 2 erstatteten Berichte nebst ihren urkundlichen Grundlagen sowie im Falle des § 193 Abs. 3 die Bescheini-

gung, daß der Prüfungsbericht der Revisoren bei dem zur Vertretung des Handelsstandes berufenen Organ eingereicht ist;

6. wenn der Gegenstand des Unternehmens der staatlichen Genehmigung bedarf, sowie in den Fällen des § 180 Abs. 2 die Genehmigungsurkunde.

In der Anmeldung ist die Erklärung abzugeben, daß auf jede Aktie, soweit nicht andere als durch Barzahlung zu leistende Einlagen bedungen sind, der eingeforderte Betrag bar eingezahlt und im Besitze des Vorstandes ist. Der Betrag, zu welchem die Aktien ausgegeben werden, und der hierauf bar eingezahlte Betrag sind anzugeben; dieser muß mindestens ein Viertel des Nennbetrags und im Falle der Ausgabe von Aktien für einen höheren als den Nennbetrag auch den Mehrbetrag umfassen. Als Barzahlung gilt nur die Zahlung in deutschem Gelde, in Reichskassenscheinen sowie in gesetzlich zugelassenen Noten deutscher Banken[1]).

Die Mitglieder des Vorstandes haben ihre Namensunterschrift zur Aufbewahrung bei dem Gerichte zu zeichnen.

Die der Anmeldung beigefügten Schriftstücke werden bei dem Gericht in Urschrift oder in beglaubigter Abschrift aufbewahrt.

[Konstituierende Generalversammlung bei der Sukzessivgründung]

§ 196.

Haben die Gründer nicht alle Aktien übernommen, so beruft das im § 195 bezeichnete Gericht eine Generalversammlung der in dem Verzeichnis aufgeführten Aktionäre zur Beschlußfassung über die Errichtung der Gesellschaft.

Die Versammlung findet unter der Leitung des Gerichts statt.

Der Vorstand und der Aufsichtsrat haben sich über die Ergebnisse der ihnen in Ansehnung der Gründung obliegenden Prüfung auf Grund der im § 193 Abs. 2 bezeichneten Berichte und ihrer urkundlichen Grundlagen zu erklären. Jedes Mitglied des Vorstandes und des Aufsichtsrats kann bis zur Beschlußfassung die Unterzeichnung der Anmeldung zurückziehen.

Die der Errichtung der Gesellschaft zustimmende Mehrheit muß mindestens ein Viertel aller in dem Verzeichnis aufgeführten Aktionäre umfassen; der Betrag ihrer Anteile muß mindestens ein Viertel des gesamten Grundkapitals darstellen. Auch wenn diese Mehrheit erreicht wird, gilt die Errichtung als abgelehnt, sofern hinsichtlich eines Teiles der Aktionäre die Voraussetzungen des § 186 vorliegen und sich die Mehrheit der von anderen Aktionären abgegebenen Stimmen gegen die Errichtung erklärt.

Die Zustimmung aller erschienenen Aktionäre ist erforderlich, wenn die

---

[1]) Nach § 1 der VO. zur Erleichterung der Einzahlung auf Aktien v. 24. Mai 1917 (RGBl. S. 431) genügt ein bestätigter Reichsbankscheck oder Gutschrift auf Reichsbank- oder Postscheckkonto.

im § 182 Abs. 2 Nr. 1 bis 4, im § 183, im § 184 Abs. 2 sowie die im § 185 bezeichneten Bestimmungen des Gesellschaftsvertrags abgeändert oder die im § 186 vorgesehenen Festsetzungen zu Lasten der Gesellschaft erweitert werden sollen. Dasselbe gilt, wenn die Dauer der Gesellschaft über die im Gesellschaftsvertrage bestimmte Zeit verlängert oder die im Gesellschaftsvertrage für Beschlüsse der Generalversammlung vorgesehenen erschwerenden Erfordernisse beseitigt werden sollen.

Die Beschlußfassung ist zu vertagen, wenn es von den Aktionären mit einfacher Stimmenmehrheit verlangt wird.

[Generalversammlungen vor der Eintragung]

§ 197.

Soweit nicht in den §§ 190, 196 ein anderes bestimmt ist, finden auf die Berufung und Beschlußfassung der vor der Eintragung der Gesellschaft stattfindenden Generalversammlungen die Vorschriften entsprechende Anwendung, welche für die Gesellschaft nach der Eintragung maßgebend sind.

[Inhalt der Eintragung]

§ 198.

Bei der Eintragung der Gesellschaft in das Handelsregister sind die Firma und der Sitz der Gesellschaft, der Gegenstand des Unternehmens, die Höhe des Grundkapitals, der Tag der Feststellung des Gesellschaftsvertrags und die Mitglieder des Vorstandes anzugeben.

Enthält der Gesellschaftsvertrag besondere Bestimmungen über die Zeitdauer der Gesellschaft oder über die Befugnis der Mitglieder des Vorstandes oder der Liquidatoren zur Vertretung der Gesellschaft, so sind auch diese Bestimmungen einzutragen.

[Bekanntmachung]

§ 199.

In die Veröffentlichung, durch welche die Eintragung bekanntgemacht wird, sind außer dem Inhalte der Eintragung aufzunehmen:

1. die sonstigen im § 182 Abs. 2, 3 und in den §§ 183, 185, 186 bezeichneten Festsetzungen;
2. der Betrag, zu welchem die Aktien ausgegeben werden;
3. der Name, Stand und Wohnort der Gründer und die Angabe, ob sie die sämtlichen Aktien übernommen haben;
4. der Name, Stand und Wohnort der Mitglieder des ersten Aufsichtsrats.

Zugleich ist bekanntzumachen, daß von den mit der Anmeldung der Gesellschaft eingereichten Schriftstücken, insbesondere von dem Prüfungsberichte des Vorstandes, des Aufsichtsrats und der Revisoren, bei dem Gericht Einsicht genommen werden kann. Im Falle des § 193 Abs. 3 ist ferner bekanntzumachen, daß von dem Prüfungsberichte der Revisoren auch bei dem zur Vertretung des Handelsstandes berufenen Organ Einsicht genommen werden kann.

[Entstehung d. Aktiengesellschaft] **§ 200.**

Vor der Eintragung in das Handelsregister des Sitzes der Gesellschaft besteht die Aktiengesellschaft als solche nicht. Wird vorher im Namen der Gesellschaft gehandelt, so haftet der Handelnde persönlich; handeln mehrere, so haften sie als Gesamtschuldner.

Die Anteilsrechte können vor der Eintragung der Gesellschaft in das Handelsregister mit Wirksamkeit gegenüber der Gesellschaft nicht übertragen, Aktien oder Interimsscheine können vorher nicht ausgegeben werden.

[Zweigniederlassung] **§ 201.**

Die Anmeldung der Gesellschaft zur Eintragung in das Handelsregister eines Gerichts, in dessen Bezirke sie eine Zweigniederlassung besitzt, ist durch sämtliche Mitglieder des Vorstandes zu bewirken.

Der Anmeldung ist der Gesellschaftsvertrag in Urschrift oder in öffentlich beglaubigter Abschrift beizufügen; die Vorschriften des § 195 Abs. 2, 3 finden keine Anwendung.

Die Eintragung hat die im § 198 bezeichneten Angaben zu enthalten.

In die Veröffentlichung, durch welche die Eintragung bekanntgemacht wird, sind außer dem Inhalte der Eintragung auch die sonstigen im § 182 Abs. 2, 3 und in den §§ 183, 185 bezeichneten Festsetzungen aufzunehmen. Erfolgt die Eintragung innerhalb der ersten zwei Jahre, nachdem die Gesellschaft in das Handelsregister ihres Sitzes eingetragen worden ist, so sind alle im § 199 bezeichneten Angaben zu veröffentlichen; in diesem Falle ist der Anmeldung ein Exemplar der für den Sitz der Gesellschaft ergangenen gerichtlichen Bekanntmachung beizufügen.

Befindet sich der Sitz der Gesellschaft im Auslande, so ist das Bestehen der Aktiengesellschaft als solcher und, sofern der Gegenstand des Unternehmens oder die Zulassung zum Gewerbebetrieb im Inlande der staatlichen Genehmigung bedarf, auch diese mit der Anmeldung nachzuweisen. Die Angaben, deren öffentliche Bekanntmachung nach Abs. 4 zu erfolgen hat, sind in die Anmeldung aufzunehmen.

[Haftung der Gründer u. Gründergenossen] **§ 202.**

Der Gesellschaft sind die Gründer für die Richtigkeit und Vollständigkeit der Angaben, welche sie in Ansehung der Zeichnung und Einzahlung des Grundkapitals sowie in Ansehung der im § 186 vorgesehenen Festsetzungen zum Zwecke der Eintragung der Gesellschaft in das Handelsregister machen, als Gesamtschuldner verhaftet; sie haben, unbeschadet der Verpflichtung zum Ersatze des sonst etwa entstehenden Schadens, insbesondere einen an der Zeichnung des Grundkapitals fehlenden Betrag zu übernehmen, fehlende Einzahlungen zu leisten und eine Vergütung, die nicht unter den zu bezeichnenden Gründungsaufwand aufgenommen ist, zu ersetzen. Wird die Gesellschaft von Gründern durch Einlagen oder Übernahmen der im § 186 bezeichneten Art böslicherweise geschädigt, so sind ihr alle Gründer für den Ersatz des entstehenden Schadens als Gesamtschuldner verpflichtet.

Von dieser Verbindlichkeit ist ein Gründer befreit, wenn er die Unrichtigkeit oder Unvollständigkeit der Angabe oder die bösliche Schädigung weder kannte noch bei Anwendung der Sorgfalt eines ordentlichen Geschäftsmanns kennen mußte.

Entsteht durch Zahlungsunfähigkeit eines Aktionärs der Gesellschaft ein Ausfall, so sind ihr die Gründer, welche die Beteiligung des Aktionärs in Kenntnis seiner Zahlungsunfähigkeit angenommen haben, als Gesamtschuldner zum Ersatze verpflichtet.

Mit den Gründern sind der Gesellschaft zum Schadensersatz als Gesamtschuldner verpflichtet:

1. wenn eine Vergütung nicht unter den zu bezeichnenden Gründungsaufwand aufgenommen ist, der Empfänger, welcher zur Zeit des Empfanges wußte oder nach den Umständen annehmen mußte, daß die Verheimlichung beabsichtigt oder erfolgt war, und jeder Dritte, welcher zur Verheimlichung wissentlich mitgewirkt hat;
2. im Falle einer böslichen Schädigung durch Einlagen oder Übernahmen jeder Dritte, welcher zu dieser Schädigung wissentlich mitgewirkt hat.

[Haftung der Emittenten]

§ 203.

Wer vor der Eintragung der Gesellschaft in das Handelsregister oder in den ersten zwei Jahren nach der Eintragung eine öffentliche Ankündigung der Aktien erläßt, um sie in den Verkehr einzuführen, ist der Gesellschaft im Falle der Unrichtigkeit oder Unvollständigkeit von Angaben, welche die Gründer in Ansehung der Zeichnung oder Einzahlung des Grundkapitals oder in Ansehung der im § 186 vorgesehenen Festsetzungen zum Zwecke der Eintragung der Gesellschaft in das Handelsregister machen, sowie im Falle einer böslichen Schädigung der Gesellschaft durch Einlagen oder Übernahmen für den Ersatz des ihr daraus entstehenden Schadens mit den im § 202 bezeichneten Personen als Gesamtschuldner verhaftet, wenn er die Unrichtigkeit oder Unvollständigkeit der Angaben oder die bösliche Schädigung kannte oder bei Anwendung der Sorgfalt eines ordentlichen Geschäftsmanns kennen mußte[1].

[Haftung der Vorstands- u. Aufsichtsratsmitglieder]

§ 204.

Mitglieder des Vorstandes und des Aufsichtsrats, die bei der ihnen durch die §§ 192, 193 auferlegten Prüfung die Sorgfalt

[1]) Über die Haftung der Emittenten siehe noch Börsenges. §§ 43 ff.

eines ordentlichen Geschäftsmanns außer Acht lassen, haften der Gesellschaft als Gesamtschuldner für den ihr daraus entstehenden Schaden, soweit der Ersatz des Schadens von den nach den §§ 202, 203 verpflichteten Personen nicht zu erlangen ist.

[Vergleiche und Verzichte] § 205.

Vergleiche oder Verzichtleistungen, welche die der Gesellschaft aus der Gründung zustehenden Ansprüche gegen die nach den §§ 202 bis 204 verpflichteten Personen betreffen, sind erst nach dem Ablaufe von fünf Jahren seit der Eintragung der Gesellschaft in das Handelsregister und nur mit Zustimmung der Generalversammlung zulässig; sie sind unzulässig, soweit in der Versammlung eine Minderheit, deren Anteile den fünften Teil des Grundkapitals darstellen, Widerspruch erhebt. Die zeitliche Beschränkung findet keine Anwendung, sofern sich der Verpflichtete im Falle der Zahlungsunfähigkeit zur Abwendung oder Beseitigung des Konkursverfahrens mit seinen Gläubigern vergleicht.

[Verjährung] § 206.

Die Ansprüche der Gesellschaft gegen die nach den §§ 202 bis 204 verpflichteten Personen verjähren in fünf Jahren von der Eintragung der Gesellschaft in das Handelsregister an.

[Nachgründung] § 207.

Verträge der Gesellschaft, nach denen sie vorhandene oder herzustellende Anlagen, die dauernd zu ihrem Geschäftsbetriebe bestimmt sind, oder unbewegliche Gegenstände für eine den zehnten Teil des Grundkapitals übersteigende Vergütung erwerben soll, bedürfen zu ihrer Wirksamkeit der Zustimmung der Generalversammlung, falls sie vor dem Ablaufe von zwei Jahren seit der Eintragung der Gesellschaft in das Handelsregister geschlossen werden.

Vor der Beschlußfassung hat der Aufsichtsrat den Vertrag zu prüfen und über die Ergebnisse seiner Prüfung schriftlich Bericht zu erstatten.

Der Beschluß, durch welchen dem Vertrage die Zustimmung erteilt wird, bedarf einer Mehrheit, die mindestens drei Vierteile des bei der Beschlußfassung vertretenen Grundkapitals umfaßt. Wird der Vertrag im ersten Jahre nach der Eintragung der Gesellschaft in das Handelsregister geschlossen, so müssen außerdem die Anteile der zustimmenden Mehrheit mindestens ein Viertel des gesamten Grundkapitals darstellen.

Nach erfolgter Zustimmung der Generalversammlung hat der Vorstand den Vertrag in Urschrift oder in öffentlich beglaubigter Abschrift mit dem Berichte des Aufsichtsrats nebst dessen urkundlichen Grundlagen zum Handelsregister einzureichen. Zum Handelsregister einer Zweigniederlassung findet die Einreichung nicht statt.

Bildet der Erwerb von Grundstücken den Gegenstand des Unternehmens, so finden auf einen solchen Erwerb die Vorschriften der Abs. 1 bis 4 keine Anwendung. Das gleiche gilt für den Erwerb von Grundstücken im Wege der Zwangsversteigerung.

[Erweiterung der Gründerverantwortlichkeit] § 208.

Erwirbt die Gesellschaft vor dem Ablaufe der im § 207 Abs. 1 bezeichneten Frist Vermögensgegenstände in Ausführung einer vor ihrer Eintragung in das Handelsregister von Gründern getroffenen Vereinbarung, so kommen in betreff der Rechte der Gesellschaft auf Entschädigung und in betreff der ersatzpflichtigen Personen die Vorschriften der §§ 202, 205, 206 zur Anwendung.

[Nichtige Aktien u. Interimsscheine] § 209.

Aktien oder Interimsscheine, die auf einen geringeren als den nach § 180 zulässigen Betrag gestellt werden, sind nichtig. Die Ausgeber haften den Besitzern für den durch die Ausgabe verursachten Schaden als Gesamtschuldner.

Das gleiche gilt im Falle der Ausgabe von Interimsscheinen, die auf den Inhaber lauten, sowie im Falle der Ausgabe von Aktien oder Interimsscheinen vor der Eintragung der Gesellschaft in das Handelsregister.

Zweiter Titel.

Rechtsverhältnisse der Gesellschaft und der Gesellschafter.

[Rechtsfähigkeit. Handelsgesellschaft] § 210.

Die Aktiengesellschaft als solche hat selbständig ihre Rechte und Pflichten; sie kann Eigentum und andere dingliche Rechte an Grundstücken erwerben, vor Gericht klagen und verklagt werden.

Die Aktiengesellschaft gilt als Handelsgesellschaft, auch wenn der Gegenstand des Unternehmens nicht in dem Betrieb eines Handelsgewerbes besteht.

[Begrenzung der Verpflichtung zu Kapitaleinlagen] § 211.

Die Verpflichtung des Aktionärs zur Leistung von Kapitaleinlagen wird durch den Nennbetrag der Aktie und, falls der Ausgabepreis höher ist, durch diesen begrenzt.

[Nebenleistungs-Aktienges.] § 212.

Neben den Kapitaleinlagen kann im Gesellschaftsvertrage den Aktionären die Verpflichtung zu wiederkehrenden, nicht in Geld bestehenden Leistungen auferlegt werden, sofern die Übertragung der Anteilsrechte an die Zustimmung der Gesellschaft gebunden ist. Die Verpflichtung und der Umfang der Leistungen müssen aus den Aktien oder Interimsscheinen zu ersehen sein.

Im Gesellschaftsvertrage können für den Fall, daß die Verpflichtung nicht oder nicht gehörig erfüllt wird, Vertragsstrafen festgesetzt werden.

Im Gesellschaftsvertrage kann bestimmt werden, daß die Gesellschaft die Zustimmung zur Übertragung der Anteilsrechte nur aus wichtigen Gründen verweigern darf.

[Einlagen nicht rückforderbar. Anspruch auf Reingewinn]

§ 213.

Die Aktionäre können ihre Einlagen nicht zurückfordern; sie haben, solange die Gesellschaft besteht, nur Anspruch auf den Reingewinn, soweit dieser nicht nach dem Gesetz oder dem Gesellschaftsvertrage von der Verteilung ausgeschlossen ist.

[Gewinnverteilung nach Aktienbeträgen]

§ 214.

Die Anteile am Gewinne bestimmen sich nach dem Verhältnisse der Aktienbeträge.

Sind die Einzahlungen nicht auf alle Aktien in demselben Verhältnisse geleistet, so erhalten die Aktionäre aus dem verteilbaren Gewinne vorweg einen Betrag von vier vom Hundert der geleisteten Einzahlungen; reicht der Jahresgewinn hierzu nicht aus, so bestimmt sich der Betrag nach einem entsprechend niedrigeren Satze. Einzahlungen, die im Laufe des Geschäftsjahrs zu leisten waren, werden nach dem Verhältnisse der Zeit berücksichtigt, welche seit dem für die Leistung bestimmten Zeitpunkte verstrichen ist.

Im Gesellschaftsvertrage kann eine andere Art der Gewinnverteilung vorgesehen werden.

[Verbot von Zinsen. Bauzinsen]

§ 215.

Zinsen von bestimmter Höhe dürfen für die Aktionäre weder bedungen noch ausbezahlt werden; es darf nur dasjenige unter sie verteilt werden, was sich nach der jährlichen Bilanz als Reingewinn ergibt.

Für den Zeitraum, welchen die Vorbereitung des Unternehmens bis zum Anfange des vollen Betriebs erfordert, können den Aktionären Zinsen von bestimmter Höhe bedungen werden; der Gesellschaftsvertrag muß den Zeitpunkt bezeichnen, in welchem die Entrichtung von Zinsen spätestens aufhört.

[Vergütung für wiederkehrende Leistungen]

§ 216.

Für wiederkehrende Leistungen, zu denen die Aktionäre nach dem

Gesellschaftsvertrage neben den Kapitaleinlagen verpflichtet sind, darf eine den Wert der Leistungen nicht übersteigende Vergütung ohne Rücksicht darauf bezahlt werden, ob die jährliche Bilanz einen Reingewinn ergibt.

[Ausnahmsweise Haftung der Aktionäre für Gesellschaftsverbindlichkeiten]

§ 217.

Die Aktionäre haften für die Verbindlichkeiten der Gesellschaft, soweit sie den Vorschriften dieses Gesetzbuchs entgegen Zahlungen von der Gesellschaft empfangen haben. Was ein Aktionär in gutem Glauben als Gewinnanteil oder als Zinsen bezogen hat, ist er in keinem Falle zurückzuzahlen verpflichtet.

Ist über das Vermögen der Gesellschaft der Konkurs eröffnet, so wird während der Dauer des Verfahrens das den Gesellschaftsgläubigern gegen die Aktionäre zustehende Recht durch den Konkursverwalter ausgeübt.

Die nach diesen Vorschriften begründeten Ansprüche verjähren in fünf Jahren vom Empfange der Zahlung an.

[Nicht rechtzeitige Einzahlung]

§ 218.

Ein Aktionär, der den auf die Aktie eingeforderten Betrag nicht zur rechten Zeit einzahlt, hat Zinsen von dem Tage an zu entrichten, an welchem die Zahlung hätte geschehen sollen. Die Geltendmachung eines weiteren Schadens ist nicht ausgeschlossen.

Im Gesellschaftsvertrage können für den Fall, daß die Einzahlung nicht rechtzeitig erfolgt, Vertragsstrafen festgesetzt werden.

Ist im Gesellschaftsvertrage nicht ein anderes bestimmt, so hat die Aufforderung zur Einzahlung in der Weise zu geschehen, in welcher die Bekanntmachungen der Gesellschaft nach dem Gesellschaftsvertrag erfolgen.

[Verlustigerklärung]

§ 219.

Erfolgt die Einzahlung nicht rechtzeitig, so kann den säumigen Aktionären für die Zahlung eine Frist mit der Androhung bestimmt werden, daß sie nach dem Ablaufe der Frist ihres Anteilrechts und der geleisteten Einzahlungen verlustig erklärt werden.

Die Aufforderung muß dreimal in den im § 182 Abs. 3 bezeichneten Blättern (Gesellschaftsblättern) bekanntgemacht werden; die erste Bekanntmachung muß mindestens drei Monate, die letzte Bekanntmachung mindestens einen Monat vor dem Ablaufe der für die Einzahlung gesetzten Nachfrist erfolgen. Sind die Anteilsrechte nicht ohne Zustimmung der Gesellschaft übertragbar, so genügt an Stelle der öffentlichen Bekanntmachungen der einmalige Erlaß besonderer Aufforderungen an die säumigen Aktionäre; in diesen Aufforderungen muß eine Nachfrist gewährt werden, die mindestens einen Monat von dem Empfange der Aufforderung an beträgt.

Zahlt ein Aktionär den auf die Aktie zu leistenden Betrag ungeachtet der Aufforderung nicht ein, so ist er seines Anteilsrechts und der geleisteten Einzahlungen zugunsten der Gesellschaft verlustig zu erklären. Die Erklärung erfolgt mittels Bekanntmachung in den Gesellschaftsblättern.

An Stelle der bisherigen Urkunde ist eine neue auszugeben, die außer den früher geleisteten Teilzahlungen den eingeforderten Betrag zu umfassen hat. Wegen des Ausfalls, den die Gesellschaft an diesem Betrag oder an den später eingeforderten Beträgen erleidet, bleibt ihr der ausgeschlossene Aktionär verhaftet.

[Haftung der Rechtsvorgänger] **§ 220.**

Soweit der ausgeschlossene Aktionär den eingeforderten Betrag nicht zahlt, ist dafür der Gesellschaft der letzte und jeder frühere in dem Aktienbuche verzeichnete Rechtsvorgänger verhaftet, ein früherer Rechtsvorgänger, soweit die Zahlung von dessen Rechtsnachfolger nicht zu erlangen ist. Dies wird vermutet, wenn von dem letzteren die Zahlung nicht bis zum Ablaufe von einem Monate geleistet wird, nachdem an ihn die Zahlungsaufforderung und an den Rechtsvorgänger die Benachrichtigung von dieser erfolgt ist. Der Rechtsvorgänger erhält gegen Zahlung des rückständigen Betrags die neu auszugebende Urkunde.

Die Haftpflicht des Rechtsvorgängers ist auf die innerhalb der Frist von zwei Jahren auf die Aktien eingeforderten Beträge beschränkt. Die Frist beginnt mit dem Tage, an welchem die Übertragung des Anteilsrechts zum Aktienbuche der Gesellschaft angemeldet wird.

Ist die Zahlung des rückständigen Betrags von Rechtsvorgängern nicht zu erlangen, so kann die Gesellschaft das Anteilsrecht zum Börsenpreis und in Ermangelung eines solchen durch öffentliche Versteigerung verkaufen.

[Verbot der Befreiung u. Aufrechnung] **§ 221.**

Die Aktionäre und deren Rechtsvorgänger können von den in den §§ 211, 220 bezeichneten Leistungen nicht befreit werden. Sie können gegen diese Leistungen eine Forderung an die Gesellschaft nicht aufrechnen.

[Übertragung von Namenaktien. Aktienbuch] **§ 222.**

Auf Namen lautende Aktien sind mit genauer Bezeichnung des Inhabers nach Namen, Wohnort und Stand in das **Aktienbuch** der Gesellschaft einzutragen.

Sie können, soweit nicht der Gesellschaftsvertrag ein anderes bestimmt, ohne Zustimmung der Gesellschaft auf andere übertragen werden.

Die Übertragung kann durch Indossament geschehen. In betreff der Form des Indossaments, in betreff der Legitimation des Inhabers und in betreff seiner Verpflichtung zur Herausgabe finden die Vorschriften der Artikel 11 bis 13, des Artikels 36 Satz 1 bis 4 und des Artikels 74 der Wechselordnung entsprechende Anwendung.

Zur Übertragung von Aktien, die gemäß § 180 Abs. 3 auf einen Betrag von weniger als einhundert Reichsmark[1]) gestellt sind, ist die Zustimmung des Aufsichtsrats und der Generalversammlung erforderlich. Die Übertragung dieser Aktien kann nur mittels einer die Person des Erwerbers bezeichnenden, gerichtlich oder notariell beglaubigten Erklärung erfolgen.

[Eintragung des Übergangs] **§ 223.**

Geht eine auf Namen lautende Aktie auf einen anderen über, so ist dies, unter Vorlegung der Aktie und des Nachweises des Überganges, bei der Gesellschaft anzumelden und im Aktienbuche zu vermerken.

Die Echtheit der auf der Aktie befindlichen Indossamente oder der Abtretungserklärungen zu prüfen, ist die Gesellschaft nicht verpflichtet.

Im Verhältnisse zu der Gesellschaft gilt nur derjenige als Aktionär, welcher als solcher im Aktienbuche verzeichnet ist.

[Entsprechende Anwendung für Interimsscheine] **§ 224.**

Die Vorschriften der §§ 222, 223 finden auch auf die Eintragung der Interimsscheine und deren Übergang auf andere Anwendung.

[Mitberechtigte an einer Aktie] **§ 225.**

Steht eine Aktie mehreren Mitberechtigten zu, so können sie die Rechte aus der Aktie nur durch einen gemeinschaftlichen Vertreter ausüben.

Für die auf die Aktie zu bewirkenden Leistungen haften sie als Gesamtschuldner.

Hat die Gesellschaft eine Willenserklärung dem Aktionär gegenüber abzugeben, so genügt, falls ein gemeinschaftlicher Vertreter der Mitberechtigten nicht vorhanden ist, die Abgabe der Erklärung gegenüber einem Mitberechtigten. Auf mehrere Erben eines Aktionärs findet diese Vorschrift nur in Ansehung von Willenserklärungen Anwendung, die nach dem Ablauf eines Monats seit dem Anfalle der Erbschaft abgegeben werden.

[Erwerb eigener Aktien] **§ 226.**

Die Aktiengesellschaft soll eigene Aktien im regelmäßigen Ge-

---

1) Siehe Anm. zu § 180.

schäftsbetriebe, sofern nicht eine Kommission zum Einkauf ausgeführt wird, weder erwerben noch zum Pfande nehmen.

Eigene Interimsscheine kann sie im regelmäßigen Geschäftsbetrieb auch in Ausführung einer Einkaufskommission weder erwerben noch zum Pfande nehmen. Das gleiche gilt von eigenen Aktien, auf welche der Nennbetrag oder, falls der Ausgabepreis höher ist, dieser noch nicht voll geleistet ist.

[Einziehung von Aktien]

§ 227.

Die **Einziehung** (Amortisation) von Aktien kann nur erfolgen, wenn sie im Gesellschaftsvertrag angeordnet oder gestattet ist. Die Bestimmung muß in dem ursprünglichen Gesellschaftsvertrag oder durch eine vor der Zeichnung der Aktien bewirkte Änderung des Gesellschaftsvertrags getroffen sein, es sei denn, daß die Einziehung nicht mittels Auslosung, Kündigung oder in ähnlicher Weise, sondern mittels Ankaufs der Aktien geschehen soll.

Jede Art der Einziehung darf, sofern sie nicht nach den für die Herabsetzung des Grundkapitals maßgebenden Vorschriften stattfindet, nur aus dem nach der jährlichen Bilanz verfügbaren Gewinn erfolgen.

[Kraftloserklärung]

§ 228.

Ist eine Aktie oder ein Interimsschein abhanden gekommen oder vernichtet, so kann die Urkunde, wenn nicht das Gegenteil darin bestimmt ist, im Wege des Aufgebotsverfahrens für kraftlos erklärt werden. Die Vorschriften des § 799 Abs. 2 und des § 800 des Bürgerlichen Gesetzbuchs finden entsprechende Anwendung.

Sind Gewinnanteilscheine auf den Inhaber ausgegeben, so erlischt mit der Kraftloserklärung der Aktie oder des Interimsscheins auch der Anspruch aus den noch nicht fälligen Gewinnanteilscheinen.

[Ersatzurkunden]

§ 229.

Ist eine Aktie oder ein Interimsschein infolge einer Beschädigung oder einer Verunstaltung zum Umlaufe nicht mehr geeignet, so kann der Berechtigte, sofern der wesentliche Inhalt und die Unterscheidungsmerkmale der Urkunde noch mit Sicherheit erkennbar sind, von der Gesellschaft die Erteilung einer neuen Urkunde gegen Aushändigung der beschädigten oder verunstalteten verlangen. Die Kosten hat er zu tragen und vorzuschießen.

[Erneuerungsschein u. Haupturkunde]

§ 230.

Neue Gewinnanteilscheine dürfen an den Inhaber des Erneuerungsscheins nicht ausgegeben werden, wenn der Besitzer der Aktie oder des Interimsscheins der Ausgabe widersprochen hat. Die Scheine sind in diesem Falle dem Besitzer der Aktie oder des Interimsscheins auszuhändigen, wenn er die Haupturkunde vorlegt.

Dritter Titel.

Verfassung und Geschäftsführung.

[Vorstand] § 231.

Die Aktiengesellschaft wird durch den **Vorstand** gerichtlich und außergerichtlich vertreten.

Der Vorstand kann aus einer oder mehreren Personen bestehen.

Die Bestellung zum Mitgliede des Vorstandes ist jederzeit widerruflich, unbeschadet des Anspruchs auf die vertragsmäßige Vergütung.

[Mehrere Vorstandsmitglieder] § 232.

Zu Willenserklärungen, insbesondere zur Zeichnung des Vorstandes für die Gesellschaft, bedarf es der Mitwirkung sämtlicher Mitglieder des Vorstandes, sofern nicht im Gesellschaftsvertrag ein anderes bestimmt ist. Der Vorstand kann jedoch einzelne Mitglieder zur Vornahme bestimmter Geschäfte oder bestimmter Arten von Geschäften ermächtigen. Ist eine Willenserklärung der Gesellschaft gegenüber abzugeben, so genügt die Abgabe gegenüber einem Mitgliede des Vorstandes.

Steht nicht jedem einzelnen Vorstandsmitgliede die selbständige Vertretung der Gesellschaft nach dem Gesellschaftsvertrage zu, so kann durch diesen bestimmt werden, daß die Vorstandsmitglieder, wenn nicht mehrere zusammen handeln, in Gemeinschaft mit einem Prokuristen zur Vertretung der Gesellschaft befugt sein sollen. Auch kann durch den Gesellschaftsvertrag der Aufsichtsrat ermächtigt werden, einzelnen Mitgliedern des Vorstandes die Befugnis zu erteilen, die Gesellschaft allein oder in Gemeinschaft mit einem Prokuristen zu vertreten. Die Vorschriften des Abs. 1 Satz 2, 3 finden in diesen Fällen entsprechende Anwendung.

[Zeichnung durch den Vorstand] § 233.

Der Vorstand hat in der Weise zu zeichnen, daß die Zeichnenden zu der Firma der Gesellschaft oder zu der Benennung des Vorstandes ihre Namensunterschrift hinzufügen.

[Anmeldungen] § 234.

Jede Änderung des Vorstandes oder der Vertretungsbefugnis eines Vorstandsmitgliedes sowie eine auf Grund des § 232 Abs. 2 Satz 2 von dem Aufsichtsrate getroffene Anordnung ist durch den Vorstand zur Eintragung in das Handelsregister anzumelden.

Der Anmeldung ist eine öffentlich beglaubigte Abschrift der Urkunden über die Änderung oder Anordnung beizufügen. Diese Vorschrift findet auf die Anmeldung zum Handelsregister einer Zweigniederlassung keine Anwendung.

Die Vorstandsmitglieder haben ihre Unterschrift zur Aufbewahrung bei dem Gerichte zu zeichnen.

[Uneinschränkbarkeit der Vertretungsmacht Dritten gegenüber] **§ 235.**

Der Vorstand ist der Gesellschaft gegenüber verpflichtet, die Beschränkungen einzuhalten, welche im Gesellschaftsvertrag oder durch Beschlüsse der Generalversammlung für den Umfang seiner Befugnis, die Gesellschaft zu vertreten, festgesetzt sind.

Dritten gegenüber ist eine Beschränkung der Vertretungsbefugnis des Vorstandes unwirksam. Dies gilt insbesondere für den Fall, daß die Vertretung sich nur auf gewisse Geschäfte oder Arten von Geschäften erstrecken oder nur unter gewissen Umständen oder für eine gewisse Zeit oder an einzelnen Orten stattfinden soll oder daß für einzelne Geschäfte die Zustimmung der Generalversammlung, des Aufsichtsrats oder eines anderen Organs der Gesellschaft erfordert wird.

[Gesetzliches Wettbewerbsverbot für die Vorstandsmitglieder] **§ 236.**

Die Mitglieder des Vorstandes dürfen ohne Einwilligung der Gesellschaft weder ein Handelsgewerbe betreiben noch in dem Handelszweige der Gesellschaft für eigene oder fremde Rechnung Geschäfte machen, auch nicht an einer anderen Handelsgesellschaft als persönlich haftende Gesellschafter teilnehmen. Die Einwilligung wird durch dasjenige Organ der Gesellschaft erteilt, welchem die Bestellung des Vorstandes obliegt.

Verletzt ein Vorstandsmitglied die ihm nach Abs. 1 obliegende Verpflichtung, so kann die Gesellschaft Schadensersatz fordern; sie kann statt dessen von dem Mitgliede verlangen, daß es die für eigene Rechnung gemachten Geschäfte als für Rechnung der Gesellschaft eingegangen gelten lasse und die aus Geschäften für fremde Rechnung bezogene Vergütung herausgebe oder seinen Anspruch auf die Vergütung abtrete.

Die Ansprüche der Gesellschaft verjähren in drei Monaten von dem Zeitpunkt an, in welchem die übrigen Vorstandsmitglieder und der Aufsichtsrat von dem Abschlusse des Geschäfts oder von der Teilnahme des Vorstandsmitgliedes an der anderen Gesellschaft Kenntnis erlangen; sie verjähren ohne Rücksicht auf diese Kenntnis in fünf Jahren von ihrer Entstehung an.

[Tantieme d. Vorstandsmitglieder] **§ 237.**

Wird den Mitgliedern des Vorstandes ein Anteil am Jahresgewinne gewährt, so ist der Anteil von dem nach Vornahme sämtlicher Abschreibungen und Rücklagen verbleibenden Reingewinne zu berechnen.

[Prokuristenbestellung] **§ 238.**

Sofern nicht durch den Gesellschaftsvertrag oder durch Beschluß der Generalversammlung ein anderes bestimmt ist, darf der Vorstand einen Prokuristen nur mit Zustimmung des Aufsichtsrats bestellen. Diese Beschränkung hat Dritten gegenüber keine Wirkung.

[Buchführungspflicht d. Vorstandes] **§ 239.**

Der Vorstand hat Sorge dafür zu tragen, daß die erforderlichen Bücher der Gesellschaft geführt werden.

[Pflichten des Vorstandes bei Verlust des halben Grundkapitals, bei Zahlungsunfähigkeit u. Überschuldung] **§ 240.**

Erreicht der Verlust, der sich bei der Aufstellung der Jahresbilanz oder einer Zwischenbilanz ergibt, die Hälfte des Grundkapitals, so hat der Vorstand unverzüglich die Generalversammlung zu berufen und dieser davon Anzeige zu machen.

Wird die Gesellschaft zahlungsunfähig, so hat der Vorstand ohne schuldhaftes Zögern, spätestens aber zwei Wochen nach Eintritt der Zahlungsunfähigkeit, die Eröffnung des Konkursverfahrens oder die Eröffnung des gerichtlichen Vergleichsverfahrens zu beantragen; entsprechendes gilt, wenn sich bei der Aufstellung der Jahresbilanz oder einer Zwischenbilanz ergibt, daß das Vermögen nicht mehr die Schulden deckt. Eine schuldhafte Verzögerung des Antrags liegt nicht vor, wenn der Vorstand die Eröffnung des gerichtlichen Vergleichsverfahrens mit der Sorgfalt eines ordentlichen Geschäftsmanns betreibt[1]).

[Haftung der Vorstandsmitglieder] **§ 241.**

Die Mitglieder des Vorstandes haben bei ihrer Geschäftsführung die Sorgfalt eines ordentlichen Geschäftsmanns anzuwenden.

Mitglieder, die ihre Obliegenheiten verletzen, haften der Gesellschaft als Gesamtschuldner für den daraus entstehenden Schaden.

Insbesondere sind sie zum Ersatze verpflichtet, wenn entgegen den Vorschriften dieses Gesetzbuchs:

1. Einlagen an die Aktionäre zurückgezahlt,
2. den Aktionären Zinsen oder Gewinnanteile gezahlt,
3. eigene Aktien oder Interimsscheine der Gesellschaft erworben, zum Pfande genommen oder eingezogen,

---

[1]) In der Fassung des Ges. v. 25. März 1930 (RGBl. I S. 93).

4. Aktien vor der vollen Leistung des Nennbetrags oder, falls der Ausgabepreis höher ist, vor der vollen Leistung dieses Betrags ausgegeben werden,
5. die Verteilung des Gesellschaftsvermögens oder eine teilweise Zurückzahlung des Grundkapitals erfolgt,
6. Zahlungen geleistet werden, nachdem die Zahlungsunfähigkeit der Gesellschaft eingetreten ist oder ihre Überschuldung sich ergeben hat. Dies gilt nicht von Zahlungen, die auch nach diesem Zeitpunkt mit der Sorgfalt eines ordentlichen Geschäftsmannes vereinbar sind[1]).

In den Fällen des Abs. 3 kann der Ersatzanspruch auch von den Gläubigern der Gesellschaft, soweit sie von dieser ihre Befriedigung nicht erlangen können, geltend gemacht werden. Die Ersatzpflicht wird ihnen gegenüber weder durch einen Verzicht der Gesellschaft noch dadurch aufgehoben, daß die Handlung auf einem Beschlusse der Generalversammlung beruht.

Die Ansprüche auf Grund dieser Vorschriften verjähren in fünf Jahren.

[Stellvertretende Vorstandsmitglieder]

§ 242.

Die für die Mitglieder des Vorstandes geltenden Vorschriften finden auch auf die Stellvertreter von Mitgliedern Anwendung.

[Wahl des Aufsichtsrats]

§ 243.

Der Aufsichtsrat besteht, sofern nicht der Gesellschaftsvertrag eine höhere Zahl festsetzt, aus drei von der Generalversammlung zu wählenden Mitgliedern[2]).

Die Wahl des ersten Aufsichtsrats gilt für die Zeit bis zur Beendigung der ersten Generalversammlung, welche nach dem Ablauf eines Jahres seit der Eintragung der Gesellschaft in das Handelsregister zur Beschlußfassung über die Jahresbilanz abgehalten wird.

Später kann der Aufsichtsrat nicht für eine längere Zeit als bis zur Beendigung derjenigen Generalversammlung gewählt werden, welche über die Bilanz für das vierte Geschäftsjahr nach der Ernennung beschließt; das Geschäftsjahr, in welchem die Ernennung erfolgt, wird hierbei nicht mitgerechnet.

Die Bestellung zum Mitgliede des Aufsichtsrats kann auch vor dem Ablaufe des Zeitraums, für den das Mitglied gewählt ist, durch die Generalversammlung widerrufen werden. Sofern nicht der Gesellschaftsvertrag ein anderes bestimmt, bedarf der Beschluß

---

[1]) Satz 2 ist ein Zusatz des Ges. v. 25. März 1930 (RGBl. I S. 93).

[2]) Nach dem Ges. über die Entsendung von Betriebsratsmitgliedern in den Aufsichtsrat v. 15. Februar 1922 (RGBl. S. 209) hat der Betriebsrat das Recht, Betriebsratsmitglieder in den Aufsichtsrat zu entsenden.

einer Mehrheit, die mindestens drei Vierteile des bei der Beschlußfassung vertretenen Grundkapitals umfaßt.

[Bekanntmachung] **§ 244.**

Jede Änderung in den Personen der Mitglieder des Aufsichtsrats ist von dem Vorstand unverzüglich in den Gesellschaftsblättern bekanntzumachen. Der Vorstand hat die Bekanntmachung zum Handelsregister einzureichen.

[Vergütung der Aufsichtsratsmitglieder] **§ 245.**

Erhalten die Mitglieder des Aufsichtsrats für ihre Tätigkeit eine Vergütung, die in einem Anteil am Jahresgewinne besteht, so ist der Anteil von dem Reingewinne zu berechnen, welcher nach Vornahme sämtlicher Abschreibungen und Rücklagen sowie nach Abzug eines für die Aktionäre bestimmten Betrags von mindestens vier vom Hundert des eingezahlten Grundkapitals verbleibt.

Ist die den Mitgliedern des Aufsichtsrats zukommende Vergütung im Gesellschaftsvertrage festgesetzt, so kann eine Abänderung des Gesellschaftsvertrags, durch welche die Vergütung herabgesetzt wird, von der Generalversammlung mit einfacher Stimmenmehrheit beschlossen werden.

Den Mitgliedern des ersten Aufsichtsrats kann eine Vergütung für ihre Tätigkeit nur durch einen Beschluß der Generalversammlung bewilligt werden. Der Beschluß kann nicht früher als in derjenigen Generalversammlung gefaßt werden, mit deren Beendigung die Zeit, für welche der erste Aufsichtsrat gewählt ist, abläuft.

[Pflichten des Aufsichtsrats] **§ 246.**

Der Aufsichtsrat hat die Geschäftsführung der Gesellschaft in allen Zweigen der Verwaltung zu überwachen und sich zu dem Zwecke von dem Gange der Angelegenheiten der Gesellschaft zu unterrichten. Er kann jederzeit über diese Angelegenheiten Berichterstattung von dem Vorstande verlangen und selbst oder durch einzelne von ihm zu bestimmende Mitglieder die Bücher und Schriften der Gesellschaft einsehen sowie den Bestand der Gesellschaftskasse und die Bestände an Wertpapieren und Waren untersuchen. Er hat die Jahresrechnungen, die Bilanzen und die Vorschläge zur Gewinnverteilung zu prüfen und darüber der Generalversammlung Bericht zu erstatten.

Er hat eine Generalversammlung zu berufen, wenn dies im Interesse der Gesellschaft erforderlich ist.

Weitere Obliegenheiten des Aufsichtsrats werden durch den Gesellschaftsvertrag bestimmt.

Die Mitglieder des Aufsichtsrats können die Ausübung ihrer Obliegenheiten nicht anderen übertragen.

[Vertretungsmacht d. Aufsichtsrats] **§ 247.**

Der Aufsichtsrat ist befugt, die Gesellschaft bei der Vornahme von Rechtsgeschäften mit den Vorstandsmitgliedern zu vertreten und gegen die letzteren die von der Generalversammlung beschlossenen Rechtsstreitigkeiten zu führen.

Handelt es sich um die Verantwortlichkeit der Mitglieder des Aufsichtsrats, so kann dieser ohne und selbst gegen den Beschluß der Generalversammlung gegen die Mitglieder des Vorstandes klagen.

[Unvereinbarkeit von Ämtern] **§ 248.**

Die Mitglieder des Aufsichtsrats können nicht zugleich Mitglieder des Vorstandes oder dauernd Stellvertreter von Vorstandsmitgliedern sein, auch nicht als Beamte die Geschäfte der Gesellschaft führen.

Nur für einen im voraus begrenzten Zeitraum kann der Aufsichtsrat einzelne seiner Mitglieder zu Stellvertretern von behinderten Mitgliedern des Vorstandes bestellen; während dieses Zeitraums und bis zur Entlastung des Vertreters darf der letztere eine Tätigkeit als Mitglied des Aufsichtsrats nicht ausüben. Auf die in solcher Weise bestellten Vertreter finden die Vorschriften des § 236 keine Anwendung.

Scheiden aus dem Vorstande Mitglieder aus, so können sie nicht vor der Entlastung in den Aufsichtsrat gewählt werden.

[Haftung der Aufsichtsratsmitglieder] **§ 249.**

Die Mitglieder des Aufsichtsrats haben bei der Erfüllung ihrer Obliegenheiten die Sorgfalt eines ordentlichen Geschäftsmanns anzuwenden.

Mitglieder, die ihre Obliegenheiten verletzen, haften der Gesellschaft mit den Vorstandsmitgliedern als Gesamtschuldner für den daraus entstehenden Schaden.

Insbesondere sind sie zum Ersatze verpflichtet, wenn mit ihrem Wissen und ohne ihr Einschreiten die im § 241 Abs. 3 bezeichneten Handlungen vorgenommen werden. Auf die Geltendmachung des Ersatzanspruchs finden die Vorschriften des § 241 Abs. 4 Anwendung.

Die Ansprüche auf Grund der Vorschriften der Abs. 1 bis 3 verjähren in fünf Jahren.

[Generalversammlung] **§ 250.**

Die Rechte, welche den Aktionären in den Angelegenheiten der Gesellschaft, insbesondere in Bezug auf die Führung der Geschäfte, zustehen, werden durch Beschlußfassung in der **Generalversammlung** ausgeübt.

[Beschlußfassung in der Generalversammlung] **§ 251.**

Die Beschlüsse der Generalversammlung bedürfen der Mehrheit

der abgegebenen Stimmen (einfache Stimmenmehrheit), soweit nicht durch das Gesetz oder den Gesellschaftsvertrag eine größere Mehrheit oder sonstige Erfordernisse vorgeschrieben sind.

Für Wahlen können im Gesellschaftsvertrag andere Bestimmungen getroffen werden.

[Stimmrecht. Stimmenthaltungsvorschriften]

§ 252.

Jede Aktie gewährt das Stimmrecht. Das Stimmrecht wird nach den Aktienbeträgen ausgeübt. Der Gesellschaftsvertrag kann für den Fall, daß ein Aktionär mehrere Aktien besitzt, die Ausübung des Stimmrechts durch Festsetzung eines Höchstbetrags oder von Abstufungen beschränken. Werden mehrere Gattungen von Aktien ausgegeben, so kann der Gesellschaftsvertrag den Aktien der einen Gattung ein höheres Stimmrecht beilegen als den Aktien einer anderen Gattung.

Das Stimmrecht kann durch einen Bevollmächtigten ausgeübt werden. Für die Vollmacht ist die schriftliche Form erforderlich und genügend; die Vollmacht bleibt in der Verwahrung der Gesellschaft.

Wer durch die Beschlußfassung entlastet oder von einer Verpflichtung befreit werden soll, hat hierbei kein Stimmrecht und darf ein solches auch nicht für andere ausüben. Dasselbe gilt von einer Beschlußfassung, welche die Vornahme eines Rechtsgeschäfts mit einem Aktionär oder die Einleitung oder Erledigung eines Rechtsstreits zwischen ihm und der Gesellschaft betrifft.

Im übrigen richten sich die Bedingungen und die Form der Ausübung des Stimmrechts nach dem Gesellschaftsvertrage.

[Berufung d. Generalversammlung]

§ 253.

Die Generalversammlung wird durch den Vorstand berufen, soweit nicht nach dem Gesetz oder dem Gesellschaftsvertrag auch andere Personen dazu befugt sind.

Die Generalversammlung ist, außer den im Gesetz oder im Gesellschaftsvertrag ausdrücklich bestimmten Fällen, zu berufen, wenn das Interesse der Gesellschaft es erfordert.

[Minderheitsrechte auf Berufung und Tagesordnung]

§ 254.

Die Generalversammlung ist zu berufen, wenn Aktionäre, deren Anteile zusammen den zwanzigsten Teil des Grundkapitals erreichten, die Berufung schriftlich unter Angabe des Zweckes und der Gründe verlangen. Ist in dem Gesellschaftsvertrage das Recht, die Berufung der Generalversammlung zu verlangen, an den Besitz eines geringeren Anteils am Grundkapitale geknüpft, so hat es hierbei sein Bewenden.

In gleicher Weise haben die Aktionäre das Recht, zu verlangen, daß Gegenstände zur Beschlußfassung einer Generalversammlung angekündigt werden.

Wird dem Verlangen weder durch den Vorstand noch durch den Aufsichtsrat entsprochen, so kann das Gericht des Sitzes der Gesellschaft die Aktionäre, welche das Verlangen gestellt haben, zur Berufung der Generalversammlung oder zur Ankündigung des Gegenstandes ermächtigen. Zugleich kann das Gericht über die Führung des Vorsitzes in der Versammlung Bestimmung treffen. Auf die Ermächtigung muß bei der Berufung oder Ankündigung Bezug genommen werden.

Die Generalversammlung beschließt darüber, ob die entstandenen Kosten von der Gesellschaft getragen werden sollen.

[Einberufungsfrist. Hinterlegung von Aktien]

§ 255.

Die Berufung der Generalversammlung hat in der durch den Gesellschaftsvertrag bestimmten Weise mindestens zwei Wochen vor dem Tage der Versammlung zu erfolgen. Der Tag der Berufung und der Tag der Generalversammlung sind hierbei nicht mitzurechnen.

Ist im Gesellschaftsvertrage die Ausübung des Stimmrechts davon abhängig gemacht, daß die Aktien bis zu einem bestimmten Zeitpunkte vor der Generalversammlung hinterlegt werden, so ist die Frist derart zu bemessen, daß für die Hinterlegung mindestens zwei Wochen frei bleiben. In diesem Falle genügt auch die Hinterlegung bei einem Notar.

Ist im Gesellschaftsvertrag eine Bestimmung der im Abs. 2 bezeichneten Art nicht getroffen, so müssen die Anmeldungen zur Teilnahme an der Generalversammlung zugelassen werden, wenn sie nicht später als am dritten Tage vor der Versammlung erfolgen.

[Ankündigung der Tagesordnung]

§ 256.

Der Zweck der Generalversammlung soll bei der Berufung bekannt gemacht werden. Jedem Aktionär ist auf Verlangen eine Abschrift der Anträge zu erteilen.

Über Gegenstände, deren Verhandlung nicht ordnungsmäßig mindestens eine Woche vor dem Tage der Generalversammlung angekündigt ist, können Beschlüsse nicht gefaßt werden; ist für die Beschlußfassung nach den Vorschriften dieses Gesetzbuchs oder des Gesellschaftsvertrags die einfache Stimmenmehrheit nicht ausreichend, so muß die Ankündigung mindestens zwei Wochen vor dem Tage der Generalversammlung erfolgen. An die Stelle des Tages der Generalversammlung tritt, falls die Ausübung des Stimmrechts von der Hinterlegung der Aktien abhängig ist, der Tag, bis zu dessen Ablaufe die Hinterlegung zu geschehen hat.

Zur Beschlußfassung über den in der Generalversammlung gestellten

Antrag auf Berufung einer außerordentlichen Generalversammlung sowie zur Stellung von Anträgen und zu Verhandlungen ohne Beschlußfassung bedarf es der Ankündigung nicht.

[Besondere Mitteilung] **§ 257.**

Jeder Aktionär, der eine Aktie bei der Gesellschaft hinterlegt, kann verlangen, daß ihm die Berufung der Generalversammlung und die Gegenstände der Verhandlung, sobald deren öffentliche Bekanntmachung erfolgt, durch eingeschriebenen Brief besonders mitgeteilt werden. Die gleiche Mitteilung kann er über die in der Generalversammlung gefaßten Beschlüsse verlangen.

[Teilnehmerverzeichnis] **§ 258.**

In der Generalversammlung ist ein Verzeichnis der erschienenen Aktionäre oder Vertreter von Aktionären mit Angabe ihres Namens und Wohnorts sowie des Betrags der von jedem vertretenen Aktien aufzustellen. Das Verzeichnis ist vor der ersten Abstimmung zur Einsicht auszulegen; es ist von dem Vorsitzenden zu unterzeichnen.

[Protokoll] **§ 259.**

Jeder Beschluß der Generalversammlung bedarf zu seiner Gültigkeit der Beurkundung durch ein über die Verhandlung gerichtlich oder notariell aufgenommenes Protokoll.

In dem Protokolle sind der Ort und der Tag der Verhandlung, der Name des Richters oder Notars sowie die Art und das Ergebnis der Beschlußfassungen anzugeben.

Das nach § 258 aufgestellte Verzeichnis der Teilnehmer an der Generalversammlung sowie die Belege über die ordnungsmäßige Berufung sind dem Protokolle beizufügen. Die Beifügung der Belege über die Berufung der Generalversammlung kann unterbleiben, wenn die Belege unter Angabe ihres Inhalts in dem Protokoll aufgeführt werden.

Das Protokoll muß von dem Richter oder Notar vollzogen werden. Die Zuziehung von Zeugen ist nicht erforderlich.

Eine öffentlich beglaubigte Abschrift des Protokolls ist unverzüglich nach der Generalversammlung von dem Vorstande zum Handelsregister einzureichen.

[Bilanz. Gewinnverteilung. Entlastung] **§ 260.**

Die Generalversammlung beschließt über die Genehmigung der Jahresbilanz und die Gewinnverteilung sowie über die Entlastung des Vorstandes und des Aufsichtsrats.

Der Vorstand hat in den ersten drei Monaten des Geschäftsjahrs für das verflossene Geschäftsjahr eine Bilanz, eine Gewinn- und

Verlustrechnung sowie einen den Vermögensstand und die Verhältnisse der Gesellschaft entwickelnden Bericht dem Aufsichtsrat und mit dessen Bemerkungen der Generalversammlung vorzulegen. Im Gesellschaftsvertrage kann eine andere Frist, jedoch nicht über die Dauer von sechs Monaten hinaus, bestimmt werden.

[Grundsätze f. d. Bilanzaufstellung] **§ 261.**

Für die Aufstellung der Bilanz kommen die Vorschriften des § 40 mit folgenden Maßgaben zur Anwendung:

1. Wertpapiere und Waren, die einen Börsen- oder Marktpreis haben, dürfen höchstens zu dem Börsen- oder Marktpreise des Zeitpunktes, für welchen die Bilanz aufgestellt wird, sofern dieser Preis jedoch den Anschaffungs- oder Herstellungspreis übersteigt, höchstens zu dem letzteren angesetzt werden;
2. andere Vermögensgegenstände sind höchstens zu dem Anschaffungs- oder Herstellungspreis anzusetzen;
3. Anlagen und sonstige Gegenstände, die nicht zur Weiterveräußerung, vielmehr dauernd zum Geschäftsbetriebe der Gesellschaft bestimmt sind, dürfen ohne Rücksicht auf einen geringeren Wert zu dem Anschaffungs- oder Herstellungspreis angesetzt werden, sofern ein der Abnutzung gleichkommender Betrag in Abzug gebracht oder ein ihr entsprechender Erneuerungsfonds in Ansatz gebracht wird;
4. die Kosten der Errichtung und Verwaltung dürfen nicht als Aktiva in die Bilanz eingesetzt werden;
5. **der Betrag des Grundkapitals und der Betrag eines jeden Reserve- und Erneuerungsfonds sind unter die Passiva aufzunehmen;**
6. der aus der Vergleichung sämtlicher Aktiva und sämtlicher Passiva sich ergebende Gewinn oder Verlust muß am Schlusse der Bilanz besonders angegeben werden.

[Zwangsreservefonds] **§ 262.**

Zur Deckung eines aus der Bilanz sich ergebenden Verlustes ist ein Reservefonds zu bilden. In diesen ist einzustellen:

1. von dem jährlichen Reingewinne mindestens der zwanzigste Teil so lange, als der Reservefonds den zehnten oder den im Gesellschaftsvertrage bestimmten höheren Teil des Grundkapitals nicht überschreitet;
2. der Betrag, welcher bei der Errichtung der Gesellschaft oder

bei einer Erhöhung des Grundkapitals durch Ausgabe der Aktien für einen höheren als den Nennbetrag über diesen und über den Betrag der durch die Ausgabe der Aktien entstehenden Kosten hinaus erzielt wird;

3. der Betrag von Zuzahlungen, die ohne Erhöhung des Grundkapitals von Aktionären gegen Gewährung von Vorzugsrechten für ihre Aktien geleistet werden, soweit nicht eine Verwendung dieser Zahlungen zu außerordentlichen Abschreibungen oder zur Deckung außerordentlicher Verluste beschlossen wird.

[Auslegung d. Vorlagen. Abschriften] **§ 263.**

Die im § 260 Abs. 2 bezeichneten Vorlagen sind mindestens während der letzten zwei Wochen vor dem Tage der Generalversammlung in dem Geschäftsraume der Gesellschaft zur Einsicht der Aktionäre auszulegen.

Auf Verlangen ist jedem Aktionär spätestens zwei Wochen vor dem Tage der Generalversammlung eine Abschrift der Bilanz, der Gewinn- und Verlustrechnung, der Bemerkungen des Aufsichtsrats und des Geschäftsberichts zu erteilen.

An die Stelle des Tages der Generalversammlung tritt, falls die Ausübung des Stimmrechts von der Hinterlegung der Aktien abhängig ist, der Tag, bis zu dessen Ablauf die Hinterlegung zu geschehen hat.

[Minderheitsrecht auf Vertagung] **§ 264.**

Die Verhandlung über die Genehmigung der Bilanz ist zu vertagen, wenn dies in der Generalversammlung mit einfacher Stimmenmehrheit beschlossen oder von einer Minderheit, deren Anteile den zehnten Teil des Grundkapitals erreichen, verlangt wird, auf Verlangen der Minderheit jedoch nur, soweit von ihr bestimmte Ansätze der Bilanz bemängelt werden.

Ist die Verhandlung auf Verlangen der Minderheit vertagt, so kann von dieser eine erneute Vertagung nur gefordert werden, wenn über die in der früheren Verhandlung bemängelten Ansätze der Bilanz die erforderliche Aufklärung nicht erteilt worden ist.

[Bekanntmachung der Bilanz] **§ 265.**

Nach der Genehmigung durch die Generalversammlung ist die Bilanz sowie die Gewinn- und Verlustrechnung unverzüglich durch den Vorstand in den Gesellschaftsblättern bekanntzumachen.

Die Bekanntmachung sowie der im § 260 bezeichnete Geschäftsbericht nebst den Bemerkungen des Aufsichtsrats ist zum Handelsregister einzureichen. Zum Handelsregister einer Zweigniederlassung findet die Einreichung nicht statt.

[Revisoren. Minderheitsrecht] **§ 266.**

Die Generalversammlung kann mit einfacher Stimmenmehrheit die Bestellung von Revisoren zur Prüfung der Bilanz oder zur Prüfung von Vorgängen bei der Gründung oder der Geschäftsführung beschließen.

Ist in der Generalversammlung ein Antrag auf Bestellung von Revisoren zur Prüfung eines Vorganges bei der Gründung oder eines nicht länger als zwei Jahre zurückliegenden Vorganges bei der Geschäftsführung abgelehnt worden, so können auf Antrag von Aktionären, deren Anteile zusammen den zehnten Teil des Grundkapitals erreichen, Revisoren durch das Gericht, in dessen Bezirke die Gesellschaft ihren Sitz hat, ernannt werden.

Dem Antrag ist nur stattzugeben, wenn glaubhaft gemacht wird, daß bei dem Vorgang Unredlichkeiten oder grobe Verletzungen des Gesetzes oder des Gesellschaftsvertrags stattgefunden haben. Die Antragsteller haben die Aktien bis zur Entscheidung über den Antrag zu hinterlegen und glaubhaft zu machen, daß sie seit mindestens sechs Monaten, von der Generalversammlung zurückgerechnet, Besitzer der Aktien sind.

Vor der Ernennung sind der Vorstand und der Aufsichtsrat zu hören. Die Ernennung kann auf Verlangen von einer nach freiem Ermessen zu bestimmenden Sicherheitsleistung abhängig gemacht werden.

[Tätigkeit der Revisoren] **§ 267.**

Der Vorstand hat in den Fällen des § 266 den Revisoren die Einsicht der Bücher und Schriften der Gesellschaft und die Untersuchung des Bestandes der Gesellschaftskasse sowie der Bestände an Wertpapieren und Waren zu gestatten.

Der Bericht über das Ergebnis der Prüfung ist von den Revisoren unverzüglich dem Handelsregister einzureichen und von dem Vorstande bei der Berufung der nächsten Generalversammlung als Gegenstand der Beschlußfassung anzukündigen. Zum Handelsregister einer Zweigniederlassung findet die Einreichung des Berichts nicht statt.

Im Falle des § 266 Abs. 2 beschließt die Generalversammlung, ob die entstandenen Kosten von der Gesellschaft zu tragen sind. Wird der Antrag auf Ernennung von Revisoren durch das Gericht zurückgewiesen oder erweist er sich nach dem Ergebnisse der Prüfung als unbegründet, so sind die Aktionäre, welchen eine bösliche Handlungsweise zur Last fällt, für einen der Gesellschaft durch den Antrag entstehenden Schaden als Gesamtschuldner haftbar.

[Ersatzklagen. Minderheitsrecht] **§ 268.**

Die Ansprüche der Gesellschaft aus der Gründung gegen die nach den §§ 202 bis 204, 208 verpflichteten Personen oder aus der

Geschäftsführung gegen die Mitglieder des Vorstandes und des Aufsichtsrats müssen geltend gemacht werden, wenn es in der Generalversammlung mit einfacher Stimmenmehrheit beschlossen oder von einer Minderheit, deren Anteile den zehnten Teil des Grundkapitals erreichen, verlangt wird.

Zur Führung des Rechtsstreits kann die Generalversammlung besondere Vertreter wählen. Ist die Geltendmachung des Anspruchs von der Minderheit verlangt, so können die von dieser bezeichneten Personen durch das Gericht des Sitzes der Gesellschaft als deren Vertreter zur Führung des Rechtsstreits bestellt werden. Im übrigen bewendet es bei den Vorschriften des § 247; diese kommen auch dann zur Anwendung, wenn die Geltendmachung des Anspruchs von der Minderheit verlangt ist.

[Prozeßvoraussetzungen bei Minderheitsverlangen]

§ 269.

Die Geltendmachung eines Anspruchs auf Verlangen der Minderheit muß binnen drei Monaten von dem Tage der Generalversammlung an erfolgen. Der Klage ist das Protokoll der Generalversammlung, soweit es die Geltendmachung des Anspruchs betrifft, in öffentlich beglaubigter Abschrift beizufügen.

Die Minderheit hat eine den zehnten Teil des Grundkapitals der Gesellschaft erreichende Anzahl von Aktien für die Dauer des Rechtsstreits zu hinterlegen; es ist glaubhaft zu machen, daß sich die Aktien seit mindestens sechs Monaten, von der Generalversammlung zurückgerechnet, im Besitze der die Minderheit bildenden Aktionäre befinden.

Dem Beklagten ist auf Verlangen wegen der ihm drohenden Nachteile von der Minderheit eine nach freiem Ermessen des Gerichts zu bestimmende Sicherheit zu leisten. Die Vorschriften der Zivilprozeßordnung über die Festsetzung einer Frist zur Sicherheitsleistung und über die Folgen der Versäumung der Frist finden Anwendung.

Die Minderheit ist der Gesellschaft gegenüber verpflichtet, die Kosten des Rechtsstreits zu tragen.

Für den Schaden, der dem Beklagten durch eine unbegründete Klage entsteht, haften ihm die Aktionäre, welchen eine bösliche Handlungsweise zur Last fällt, als Gesamtschuldner.

[Verzichte u. Vergleiche]

§ 270.

Bezüglich eines Anspruchs, dessen Geltendmachung die Minderheit auf Grund der Vorschrift des § 268 Abs. 1 verlangt hat, ist ein Verzicht oder ein Vergleich der Gesellschaft nur dann zulässig, wenn von den die Minderheit bildenden Aktionären so viele zustimmen, daß die Aktien der übrigen nicht mehr den zehnten Teil des Grundkapitals darstellen.

[Anfechtung von Generalversammlungsbeschlüssen]

§ 271.

Ein Beschluß der Generalversammlung kann wegen

Verletzung des Gesetzes oder des Gesellschaftsvertrags im Wege der Klage angefochten werden.

Die Klage muß binnen einem Monat erhoben werden.

Zur Anfechtung befugt ist jeder in der Generalversammlung erschienene Aktionär, sofern er gegen den Beschluß Widerspruch zum Protokoll erklärt hat, und jeder nicht erschienene Aktionär, sofern er zu der Generalversammlung unberechtigterweise nicht zugelassen worden ist oder sofern er die Anfechtung darauf gründet, daß die Berufung der Versammlung oder die Ankündigung des Gegenstandes der Beschlußfassung nicht gehörig erfolgt sei. Eine Anfechtung, die darauf gegründet wird, daß durch den Beschluß Abschreibungen oder Rücklagen über das nach dem Gesetz oder nach dem Gesellschaftsvertrage statthafte Maß hinaus angeordnet seien, ist nur zulässig, wenn die Anteile des Aktionärs oder der Aktionäre, welche die Anfechtungsklage erheben, den zwanzigsten Teil des Grundkapitals erreichen.

Außerdem ist der Vorstand und, sofern der Beschluß eine Maßregel zum Gegenstande hat, durch deren Ausführung sich die Mitglieder des Vorstandes und des Aufsichtsrats strafbar oder den Gläubigern der Gesellschaft haftbar machen würden, jedes Mitglied des Vorstandes und des Aufsichtsrats zur Anfechtung befugt.

[Verfahren bei der Anfechtungsklage] § 272.

Die Klage ist gegen die Gesellschaft zu richten. Die Gesellschaft wird durch den Vorstand, sofern dieser nicht selbst klagt, und durch den Aufsichtsrat vertreten.

Zuständig für die Klage ist ausschließlich das Landgericht, in dessen Bezirke die Gesellschaft ihren Sitz hat. Die mündliche Verhandlung erfolgt nicht vor dem Ablaufe der im § 271 Abs. 2 bezeichneten Frist. Mehrere Anfechtungsprozesse sind zur gleichzeitigen Verhandlung und Entscheidung zu verbinden.

Das Gericht kann auf Verlangen anordnen, daß der Gesellschaft wegen der ihr drohenden Nachteile von dem klagenden Aktionär Sicherheit zu leisten ist. Art und Höhe der Sicherheit bestimmt das Gericht nach freiem Ermessen. Die Vorschriften der Zivilprozeßordnung über die Festsetzung einer Frist zur Sicherheitsleistung und über die Folgen der Versäumung der Frist finden Anwendung.

Die Erhebung der Klage und der Termin zur mündlichen Verhandlung sind unverzüglich von dem Vorstand in den Gesellschaftsblättern bekanntzumachen.

[Wirkung des Urteils] § 273.

Soweit der Beschluß durch rechtskräftiges Urteil für nichtig erklärt ist, wirkt das Urteil auch für und gegen die Aktionäre, die nicht Partei sind.

Das Urteil ist von dem Vorstand unverzüglich zum Handelsregister einzureichen. War der Beschluß in das Handelsregister eingetragen, so ist auch das Urteil einzutragen; die Eintragung des Urteils ist in gleicher Weise wie die des Beschlusses zu veröffentlichen.

Für einen durch unbegründete Anfechtung des Beschlusses der Gesellschaft entstehenden Schaden haften ihr die Kläger, welchen eine bösliche Handlungsweise zur Last fällt, als Gesamtschuldner.

Vierter Titel.

Abänderungen des Gesellschaftsvertrags.

[Satzungsänderung durch Generalversammlungsbeschluß]

§ 274.

Eine Abänderung des Gesellschaftsvertrags kann nur durch die Generalversammlung beschlossen werden. Die Vornahme von Änderungen, die nur die Fassung betreffen, kann durch Beschluß der Generalversammlung dem Aufsichtsrat übertragen werden.

In der nach § 256 Abs. 1, 2 zu bewirkenden Ankündigung soll die beabsichtigte Änderung des Gesellschaftsvertrags nach ihrem wesentlichen Inhalt erkennbar gemacht werden.

[Mehrheiten für Satzungsänderungen]

§ 275.

In Ermangelung einer anderen Bestimmung des Gesellschaftsvertrags bedürfen die im § 274 Abs. 1 bezeichneten Beschlüsse der Generalversammlung einer Mehrheit, die mindestens drei Vierteile des bei der Beschlußfassung vertretenen Grundkapitals umfaßt.

Für eine Abänderung des Gegenstandes des Unternehmens muß diese Mehrheit erreicht sein; der Gesellschaftsvertrag kann noch andere Erfordernisse aufstellen.

Soll das bisherige Verhältnis mehrerer Gattungen von Aktien mit verschiedener Berechtigung zum Nachteil einer Gattung geändert werden, so bedarf es neben dem Beschlusse der Generalversammlung eines in gesonderter Abstimmung gefaßten Beschlusses der benachteiligten Aktionäre; auf diese Beschlußfassung findet die Vorschrift des Abs. 1 Anwendung. Die Beschlußfassung der benachteiligten Aktionäre kann nur stattfinden, wenn sie gemäß § 256 Abs. 2 ausdrücklich unter den Zwecken der Generalversammlung angekündigt worden ist.

[Neue Nebenleistungen]

§ 276.

Eine Verpflichtung der Aktionäre zu Leistungen der im § 212 bezeichneten Art kann, sofern sie nicht in dem ursprünglichen Gesellschaftsvertrage vorgesehen ist, nur mit Zustimmung sämtlicher von der Verpflichtung betroffenen Aktionäre begründet werden.

[Anmeldung der Satzungsänderung]

§ 277.

Die Abänderung des Gesellschaftsvertrags ist zur Eintragung in das Handelsregister anzumelden. Soweit sich nicht aus den nachfolgenden Vorschriften ein anderes ergibt, ist die Anmeldung durch den Vorstand zu bewirken.

Bei der Eintragung genügt, soweit nicht die Abänderung die im § 198 bezeichneten Angaben betrifft, die Bezugnahme auf die bei dem Gericht eingereichten Urkunden über die Abänderung. Die öffentliche Bekanntmachung findet in betreff aller Bestimmungen statt, auf welche sich die in den §§ 199, 201 vorgeschriebenen Veröffentlichungen beziehen.

Die Abänderung hat keine Wirkung, bevor sie bei dem Gericht, in dessen Bezirke die Gesellschaft ihren Sitz hat, in das Handelsregister eingetragen worden ist.

[Erhöhung des Grundkapitals: Beschluß]

§ 278.

Eine Erhöhung des Grundkapitals durch Ausgabe neuer Aktien soll nicht vor der vollen Einzahlung des bisherigen Kapitals erfolgen. Für Versicherungsgesellschaften kann im Gesellschaftsvertrag ein anderes bestimmt werden. Durch Rückstände, die auf einen verhältnismäßig unerheblichen Teil der eingeforderten Einzahlung verblieben sind, wird die Erhöhung des Grundkapitals nicht gehindert.

Sind mehrere Gattungen von Aktien mit verschiedener Berechtigung vorhanden, so bedarf es neben dem Beschlusse der Generalversammlung eines in gesonderter Abstimmung gefaßten Beschlusses der Aktionäre jeder Gattung; auf diese Beschlußfassung finden die Vorschriften des § 275 Abs. 1, Abs. 3 Satz 2 Anwendung.

Sollen die auf die Kapitalserhöhung entfallenden neuen Aktien für einen höheren als den Nennbetrag ausgegeben werden, so ist der Mindestbetrag, unter dem die Ausgabe nicht erfolgen soll, in dem Beschluß über die Erhöhung des Grundkapitals festzusetzen.

[Sacheinlagen]

§ 279.

Wird auf das erhöhte Grundkapital eine Einlage gemacht, die nicht durch Barzahlung zu leisten ist, oder wird auf eine Einlage eine Vergütung für Vermögensgegenstände angerechnet, welche die Gesellschaft übernimmt, so müssen der Gegenstand der Einlage oder der Übernahme, die Person, von welcher die Gesellschaft den Gegenstand erwirbt, und der Betrag der für die Einlage zu gewährenden Aktien oder die für den übernommenen Gegenstand zu gewährende Vergütung in dem Beschluß über die Erhöhung des Grundkapitals festgesetzt werden.

Jedes Abkommen dieser Art, welches nicht die vorgeschriebene Festsetzung in dem Beschlusse der Generalversammlung gefunden hat, ist der Gesellschaft gegenüber unwirksam. Die Vorschriften der §§ 207, 208 bleiben unberührt.

[Anmeldung des Erhöhungsbeschlusses]

§ 280.

Der Beschluß über die Erhöhung des Grundkapitals ist von sämtlichen Mitgliedern des Vorstandes und des Aufsichtsrats zur Eintragung in das Handelsregister anzumelden.

In der Anmeldung ist die Versicherung abzugeben, daß das bisherige Grundkapital eingezahlt ist oder, soweit die Einzahlung nicht stattgefunden hat, daß darauf weitere als die in der Anmeldung bezeichneten Beträge nicht rückständig sind.

[Zeichnungsscheine]

§ 281.

Die Zeichnung der neuen Aktien geschieht mittels Zeichnungsscheins. Der Zeichnungsschein soll doppelt ausgestellt werden; er hat außer den im § 189 Abs. 2 bezeichneten Angaben zu enthalten:

1. den Tag, an welchem der Beschluß über die Erhöhung des Grundkapitals gefaßt ist;
2. den Betrag, für welchen die Ausgabe der Aktien stattfindet, und den Betrag der festgesetzten Einzahlungen;
3. die im § 279 vorgesehenen Festsetzungen und, wenn mehrere Gattungen von Aktien mit verschiedener Berechtigung ausgegeben werden, den Gesamtbetrag einer jeden;
4. den Zeitpunkt, in welchem die Zeichnung unverbindlich wird, sofern nicht bis dahin die erfolgte Erhöhung des Grundkapitals in das Handelsregister eingetragen ist.

Die Vorschriften des § 189 Abs. 4, 5 finden mit der Maßgabe entsprechende Anwendung, daß an die Stelle der Eintragung der Gesellschaft in das Handelsregister die Eintragung der erfolgten Erhöhung des Grundkapitals tritt.

[Bezugsrecht]

§ 282.

Jedem Aktionär muß auf sein Verlangen ein seinem Anteil an dem bisherigen Grundkapital entsprechender Teil der neuen Aktien zugeteilt werden, soweit nicht in dem Beschluß über die Erhöhung des Grundkapitals ein anderes bestimmt ist.

Der Betrag, zu welchem die neuen Aktien an die Aktionäre ausgegeben werden, ist von dem Vorstand in den Gesellschaftsblättern zu veröffentlichen. In der Veröffentlichung kann eine Frist für die Ausübung des

Bezugsrechts bestimmt werden; die Frist muß mindestens zwei Wochen betragen.

[Zusicherung von Bezugsrechten] **§ 283.**

Eine Zusicherung von Rechten auf den Bezug neu auszugebender Aktien kann nur unter Vorbehalt des im § 282 bezeichneten Rechtes der Aktionäre erfolgen.

Eine Zusicherung, die vor dem Beschlusse über die Erhöhung des Grundkapitals geschieht, ist der Gesellschaft gegenüber unwirksam.

[Anmeldung der vollzogenen Erhöhung] **§ 284.**

Die erfolgte Erhöhung des Grundkapitals ist von sämtlichen Mitgliedern des Vorstandes und des Aufsichtsrats zur Eintragung in das Handelsregister anzumelden.

Der Anmeldung sind beizufügen:

1. die Duplikate der Zeichnungsscheine und ein von den Mitgliedern des Vorstandes unterschriebenes Verzeichnis der Zeichner, welches die auf jeden entfallenen Aktien sowie die auf die letzteren geschehenen Einzahlungen angibt;
2. im Falle des § 279 die Verträge, welche den dort bezeichneten Festsetzungen zugrunde liegen oder zu ihrer Ausführung geschlossen sind;
3. eine Berechnung der für die Gesellschaft durch die Ausgabe der neuen Aktien entstehenden Kosten;
4. wenn die Erhöhung des Grundkapitals mit Rücksicht auf den Gegenstand des Unternehmens der staatlichen Genehmigung bedarf, sowie in den Fällen des § 180 Abs 2 die Genehmigungsurkunde.

Die Vorschriften des § 195 Abs. 3 finden Anwendung.

Die der Anmeldung beigefügten Schriftstücke werden bei dem Gericht in Urschrift oder in beglaubigter Abschrift aufbewahrt.

In die Veröffentlichung, durch welche die Eintragung bekanntgemacht wird, ist auch der Betrag, zu welchem die Aktien ausgegeben werden, aufzunehmen.

[Verbindung der verschiedenen Anmeldungen] **§ 285.**

Die Anmeldung und Eintragung der erfolgten Erhöhung des Grundkapitals kann mit der Anmeldung und Eintragung des Beschlusses über die Erhöhung verbunden werden.

[Anmeldungen für die Zweigniederlassung] **§ 286.**

Bei einem Gericht, in dessen Bezirke die Gesellschaft eine Zweigniederlassung hat, sind die in den §§ 280, 284 bezeichneten Anmeldungen zur Eintragung in das Handelsregister durch den Vorstand zu bewirken. Die Vorschrift des § 284 Abs. 5 findet Anwendung; die Vorschriften des § 280 Abs. 2 und des § 284 Abs. 2 bis 4 bleiben außer Anwendung.

[Ausgabe von Aktien u. Interimsscheinen]

§ 287.

Bevor die erfolgte Erhöhung des Grundkapitals in das Handelsregister eingetragen ist, können Aktien und Interimsscheine auf das zu erhöhende Kapital nicht ausgegeben werden.

Die Anteilsrechte an dem zu erhöhenden Kapitale können vor diesem Zeitpunkte mit Wirksamkeit gegenüber der Gesellschaft nicht übertragen werden.

[Herabsetzung des Grundkapitals: Beschluß]

§ 288.

Eine Herabsetzung des Grundkapitals kann nur mit einer Mehrheit beschlossen werden, die mindestens drei Vierteile des bei der Beschlußfassung vertretenen Grundkapitals umfaßt. Der Gesellschaftsvertrag kann noch andere Erfordernisse aufstellen.

Durch den Beschluß muß zugleich festgesetzt werden, zu welchem Zwecke die Herabsetzung stattfindet, insbesondere, ob sie zur teilweisen Rückzahlung des Grundkapitals an die Aktionäre erfolgt, und in welcher Weise die Maßregel auszuführen ist.

Sind mehrere Gattungen von Aktien mit verschiedener Berechtigung vorhanden, so bedarf es neben dem Beschlusse der Generalversammlung eines in gesonderter Abstimmung gefaßten Beschlusses der Aktionäre jeder Gattung; auf diese Beschlußfassung finden die Vorschriften des Abs. 1 und des § 275 Abs. 3 Satz 2 Anwendung.

[Anmeldung des Herabsetzungsbeschlusses. Schutzvorschriften für die Gläubiger]

§ 289.

Der Beschluß über die Herabsetzung des Grundkapitals ist von sämtlichen Mitgliedern des Vorstandes zur Eintragung in das Handelsregister anzumelden.

Der Vorstand hat unter Hinweis auf die beschlossene Herabsetzung des Grundkapitals nach der Eintragung des Beschlusses die Gläubiger der Gesellschaft aufzufordern, ihre Ansprüche anzumelden. Die Aufforderung ist dreimal in den Gesellschaftsblättern zu veröffentlichen. Bekannte Gläubiger sind durch besondere Mitteilung zur Anmeldung aufzufordern.

Den Gläubigern, deren Forderungen vor der letzten öffentlichen Aufforderung begründet sind, ist Befriedigung zu gewähren oder Sicherheit zu leisten, sofern sie sich zu diesem Zwecke melden.

Zahlungen an die Aktionäre dürfen auf Grund der Herabsetzung des Grundkapitals erst erfolgen, nachdem seit dem Tage, an welchem die im Abs. 2 vorgeschriebene öffentliche Aufforderung zum dritten Male stattgefunden hat, ein Jahr verstrichen ist und nachdem die Gläubiger, die sich gemeldet haben, befriedigt oder sichergestellt worden sind. Eine durch die Herabsetzung bezweckte Befreiung der Aktionäre von der Verpflichtung zur Leistung von Einlagen auf die Aktien tritt nicht vor dem bezeichneten Zeitpunkt in Wirksamkeit.

[Zwangsmittel bei der Zusammenlegung von Aktien]

§ 290.

Ist zur Ausführung der Herabsetzung des Grundkapitals eine Verminderung der Zahl der Aktien durch Umtausch, Stempelung oder durch ein ähnliches Verfahren vorgesehen, so kann die Gesellschaft die Aktien, welche trotz erfolgter Aufforderung nicht bei ihr eingereicht sind, für kraftlos erklären. Das gleiche gilt in Ansehung eingereichter Aktien, welche die zum Ersatze durch neue Aktien erforderliche Zahl nicht erreichen und der Gesellschaft nicht zur Verwertung für Rechnung der Beteiligten zur Verfügung gestellt sind.

Die Aufforderung zur Einreichung der Aktien hat die Androhung der Kraftloserklärung zu enthalten. Die Kraftloserklärung kann nur erfolgen, wenn die Aufforderung nach Maßgabe des § 219 Abs. 2 bekanntgemacht ist; sie geschieht mittels Bekanntmachung in den Gesellschaftsblättern.

Die an Stelle der für kraftlos erklärten Aktien auszugebenden neuen Aktien sind für Rechnung der Beteiligten durch die Gesellschaft zum Börsenpreis und in Ermangelung eines solchen durch öffentliche Versteigerung zu verkaufen. Der Erlös ist den Beteiligten auszuzahlen oder, sofern die Berechtigung zur Hinterlegung vorhanden ist, zu hinterlegen.

[Anmeldung der erfolgten Herabsetzung]

§ 291.

Die erfolgte Herabsetzung des Grundkapitals ist von sämtlichen Mitgliedern des Vorstandes zur Eintragung in das Handelsregister anzumelden.

Fünfter Titel.

Auflösung und Nichtigkeit der Gesellschaft.

[Auflösungsgründe]

§ 292.

Die Aktiengesellschaft wird aufgelöst:

1. durch den Ablauf der im Gesellschaftsvertrage bestimmten Zeit;
2. durch Beschluß der Generalversammlung; der Beschluß bedarf einer Mehrheit, die mindestens drei Vierteile des bei der

Beschlußfassung vertretenen Grundkapitals umfaßt; der Gesellschaftsvertrag kann noch andere Erfordernisse aufstellen;
3. durch die Eröffnung des Konkurses über das Vermögen der Gesellschaft.

Die Vorschriften dieses Titels kommen auch zur Anwendung, wenn die Auflösung einer Aktiengesellschaft aus anderen Gründen erfolgt.

[Anmeldung der Auflösungen] **§ 293.**

Die Auflösung der Gesellschaft ist außer dem Falle des Konkurses durch den Vorstand zur Eintragung in das Handelsregister anzumelden.

[Liquidation] **§ 294.**

Nach der Auflösung der Gesellschaft findet die Liquidation statt, sofern nicht über das Vermögen der Gesellschaft der Konkurs eröffnet ist.

Bis zur Beendigung der Liquidation kommen die Vorschriften der vorausgehenden Titel zur Anwendung, soweit sich nicht aus diesem Titel oder aus dem Zwecke der Liquidation ein anderes ergibt.

[Liquidatoren] **§ 295.**

Die Liquidation geschieht durch die Mitglieder des Vorstandes als Liquidatoren, sofern nicht durch den Gesellschaftsvertrag oder durch Beschluß der Generalversammlung andere Personen dazu bestimmt werden.

Auf Antrag des Aufsichtsrats oder von Aktionären, deren Anteile zusammen den zwanzigsten Teil des Grundkapitals erreichen, kann aus wichtigen Gründen die Ernennung von Liquidatoren durch das Gericht erfolgen, in dessen Bezirke die Gesellschaft ihren Sitz hat. Die Aktionäre haben bei Stellung des Antrags glaubhaft zu machen, daß sie seit mindestens sechs Monaten Besitzer der Aktien sind.

Die Abberufung von Liquidatoren kann durch das Gericht unter denselben Voraussetzungen wie die Bestellung stattfinden. Liquidatoren, die nicht vom Gericht ernannt sind, können durch die Generalversammlung auch vor dem Ablaufe des Zeitraums, für welchen sie bestellt sind, abberufen werden.

[Anmeldung der Liquidatoren] **§ 296.**

Die ersten Liquidatoren sind durch den Vorstand, jede Änderung in den Personen der Liquidatoren ist durch die Liquidatoren zur Eintragung in das Handelsregister anzumelden. Ist bei der Bestellung der Liquidatoren eine Bestimmung über ihre Vertretungsbefugnis getroffen, so ist auch diese Bestimmung zur Eintragung anzumelden.

Der Anmeldung ist eine öffentlich beglaubigte Abschrift der Urkunden über die Bestellung oder Änderung beizufügen; diese Vorschrift findet auf die Anmeldung zum Handelsregister einer Zweigniederlassung keine Anwendung.

Die Eintragung der gerichtlichen Ernennung oder Abberufung von Liquidatoren geschieht von Amts wegen.

Die Liquidatoren haben die Firma nebst ihrer Namensunterschrift zur Aufbewahrung bei dem Gerichte zu zeichnen.

[Aufforderung der Gläubiger] **§ 297.**

Die Liquidatoren haben unter Hinweis auf die Auflösung der Gesellschaft die Gläubiger der Gesellschaft aufzufordern, ihre Ansprüche anzumelden. Die Aufforderung ist dreimal in den Gesellschaftsblättern zu veröffentlichen.

[Geschäftskreis der Liquidatoren] **§ 298.**

Der Geschäftskreis der Liquidatoren sowie die Form, in welcher sie die Firma zu zeichnen haben, bestimmt sich nach den Vorschriften der §§ 149, 151, 153.

Ergibt sich die Zahlungsunfähigkeit der aufgelösten Gesellschaft, so haben die Liquidatoren die Eröffnung des Konkursverfahrens zu beantragen; dasselbe gilt, wenn sich bei der Aufstellung der Jahresbilanz oder einer Zwischenbilanz ergibt, daß das Vermögen nicht mehr die Schulden deckt[1]).

Im übrigen haben die Liquidatoren innerhalb ihres Geschäftskreises die Rechte und Pflichten des Vorstandes; sie unterliegen gleich diesem der Überwachung durch den Aufsichtsrat.

In Ansehung der Mitwirkung sämtlicher Liquidatoren bei Willenserklärungen für die Gesellschaft findet die Vorschrift des § 232 Abs. 1 Satz 1 nur insoweit Anwendung, als nicht für die Liquidatoren im Gesellschaftsvertrag oder bei ihrer Ernennung ein anderes bestimmt ist.

Eine Bestellung von Prokuristen findet nicht statt. Die Vorschriften des § 236 bleiben außer Anwendung.

[Bilanzen bei der Liquidation] **§ 299.**

Die Liquidatoren haben für den Beginn der Liquidation und weiterhin für den Schluß jedes Jahres eine Bilanz aufzustellen; das bisherige Geschäftsjahr der Gesellschaft kann beibehalten werden.

Die Vorschriften der §§ 260, 263 bis 267 mit Ausnahme derjenigen über die Gewinnverteilung finden Anwendung; die Vorschriften der §§ 261, 262 bleiben außer Anwendung.

---

1) Abs. 2 ist eingefügt durch Ges. v. 25. März 1930 (RGBl. I S. 93).

[Verteilung des Vermögens] **§ 300.**

Das nach der Berichtigung der Schulden verbleibende Vermögen der Gesellschaft wird unter die Aktionäre verteilt.

Die Verteilung erfolgt nach dem Verhältnisse der Aktienbeträge, sofern nicht mehrere Gattungen von Aktien mit verschiedener Berechtigung vorhanden sind.

Sind die Einzahlungen nicht auf alle Aktien in demselben Verhältnisse geleistet, so werden die auf das Grundkapital geleisteten Einzahlungen erstattet und ein Überschuß nach dem Verhältnisse der Aktienbeträge verteilt. Reicht das vorhandene Vermögen zur Erstattung der Einzahlungen nicht aus, so haben die Aktionäre den Verlust nach dem Verhältnisse der Aktienbeträge zu tragen; die noch ausstehenden Einzahlungen sind, soweit es hierzu erforderlich ist, einzuziehen.

[Sperrjahr] **§ 301.**

Die Verteilung des Vermögens darf nur erfolgen, wenn seit dem Tage, an welchem die im § 297 vorgeschriebene öffentliche Aufforderung an die Gläubiger zum dritten Male stattgefunden hat, ein Jahr verstrichen ist.

Meldet sich ein bekannter Gläubiger nicht, so ist der geschuldete Betrag, wenn die Berechtigung zur Hinterlegung vorhanden ist für den Gläubiger zu hinterlegen.

Ist die Berichtigung einer Verbindlichkeit zurzeit nicht ausführbar oder ist eine Verbindlichkeit streitig, so darf die Verteilung des Vermögens nur erfolgen, wenn dem Gläubiger Sicherheit geleistet ist.

[Löschung der Firma] **§ 302.**

Ist die Liquidation beendigt und die Schlußrechnung gelegt so haben die Liquidatoren das Erlöschen der Gesellschaftsfirma zu, Eintragung in das Handelsregister anzumelden.

Die Bücher und Papiere der Gesellschaft sind an einem von dem Gerichte des Sitzes der Gesellschaft zu bestimmenden sicheren Orte zur Aufbewahrung auf die Dauer von zehn Jahren zu hinterlegen.

Die Aktionäre und die Gläubiger können zur Einsicht der Bücher und Papiere von dem Gericht ermächtigt werden.

Stellt sich nachträglich noch weiteres der Verteilung unterliegendes Vermögen heraus, so hat auf Antrag eines Beteiligten das Gericht des Sitzes der Gesellschaft die bisherigen Liquidatoren erneut zu bestellen oder andere Liquidatoren zu berufen.

[Veräußerung des Vermögens im ganzen] **§ 303.**

Eine Verwertung des Gesellschaftsvermögens durch Veräußerung des Vermögens im ganzen ist nur auf Grund eines

Beschlusses der Generalversammlung zulässig. Der Beschluß bedarf einer Mehrheit, die mindestens drei Vierteile des bei der Beschlußfassung vertretenen Grundkapitals umfaßt; der Gesellschaftsvertrag kann noch andere Erfordernisse aufstellen.

Der Beschluß hat die Auflösung der Gesellschaft zur Folge, sofern diese nicht bereits aufgelöst war.

Die Vorschriften der §§ 294 bis 302 kommen mit der Maßgabe zur Anwendung, daß die Liquidatoren zu denjenigen Geschäften und Rechtshandlungen befugt sind, welche die Ausführung der beschlossenen Maßregel mit sich bringt. Die Ausantwortung des Vermögens an den Übernehmer darf nur unter Beobachtung der für die Verteilung unter die Aktionäre nach den §§ 297, 301 geltenden Vorschriften stattfinden.

[Verstaatlichung] **§ 304.**

Wird das Vermögen einer Aktiengesellschaft als Ganzes von dem Reiche, einem Bundesstaat oder einem inländischen Kommunalverband übernommen, so kann zugleich vereinbart werden, daß die Liquidation unterbleiben soll.

Die im § 303 Abs. 1 vorgesehene Zustimmung der Generalversammlung ist auch für eine solche Vereinbarung erforderlich.

Der Vorstand hat den Beschluß der Generalversammlung zugleich mit der Auflösung der Gesellschaft zur Eintragung in das Handelsregister anzumelden; der Anmeldung ist der mit dem Übernehmer abgeschlossene Vertrag in Urschrift oder in öffentlich beglaubigter Abschrift beizufügen.

Der Beschluß hat keine Wirkung, bevor die Eintragung bei dem Gericht, in dessen Bezirke sich der Sitz der Gesellschaft befindet, stattgefunden hat.

Mit der Eintragung des Beschlusses gilt der Übergang des Vermögens der Gesellschaft einschließlich der Schulden als erfolgt; die Firma der Gesellschaft erlischt.

[Uneigentliche Fusion] **§ 305.**

Wird das Vermögen einer Aktiengesellschaft als Ganzes an eine andere Aktiengesellschaft oder an eine Kommanditgesellschaft auf Aktien gegen Gewährung von Aktien der übernehmenden Gesellschaft übertragen, so bleiben bei der Erhöhung des Grundkapitals der übernehmenden Gesellschaft die Vorschriften des § 278 Abs. 1, des § 280 Abs. 2, der §§ 281, 282, des § 283 Abs. 1 sowie des § 284 Abs. 2 Nr. 1 und Abs. 3 außer Anwendung.

Der Anmeldung der erfolgten Erhöhung des Grundkapitals zum Handelsregister ist der von der Generalversammlung der aufgelösten Gesellschaft genehmigte Vertrag über die Vermögensübertragung in Urschrift oder in öffentlich beglaubigter Abschrift beizufügen.

Auf den Umtausch der Aktien der aufgelösten Gesellschaft finden die Vorschriften des § 290 Anwendung.

[Eigentliche Fusion: Fusion ohne Liquidation]

§ 306.

Ist im Falle des § 305 vereinbart, daß eine Liquidation des Vermögens der aufgelösten Gesellschaft nicht stattfinden soll, so finden die Vorschriften des § 304 entsprechende Anwendung; außerdem gelten die folgenden besonderen Vorschriften.

Das Vermögen der aufgelösten Gesellschaft ist durch die übernehmende Gesellschaft getrennt zu verwalten.

Der bisherige Gerichtsstand der aufgelösten Gesellschaft bleibt bis zur Vereinigung der Vermögen der beiden Gesellschaften bestehen.

Bis zu demselben Zeitpunkte gilt im Verhältnisse der Gläubiger der aufgelösten Gesellschaft zu der übernehmenden Gesellschaft und deren übrigen Gläubigern das übernommene Vermögen noch als Vermögen der aufgelösten Gesellschaft.

Die Vereinigung der beiden Vermögen darf erst erfolgen, nachdem die Gläubiger der aufgelösten Gesellschaft von der anderen Gesellschaft nach Maßgabe des § 297 zur Anmeldung ihrer Forderungen aufgefordert worden sind, und nur unter Beobachtung der nach § 301 für die Verteilung des Vermögens unter die Aktionäre geltenden Vorschriften.

Die Mitglieder des Vorstandes und des Aufsichtsrats der übernehmenden Gesellschaft sind den Gläubigern der aufgelösten Gesellschaft für die Ausführung der getrennten Verwaltung als Gesamtschuldner verantwortlich, die Mitglieder des Aufsichtsrats jedoch nur, soweit eine Vereinigung der Vermögen beider Gesellschaften mit ihrem Wissen und ohne ihr Einschreiten erfolgt.

[Fortsetzung der Aktiengesellschaft]

§ 307.

Ist eine Aktiengesellschaft zum Zwecke der Veräußerung ihres Vermögens im ganzen oder zum Zwecke der Umwandlung in eine andere Gesellschaft aufgelöst worden, so kann, wenn der beabsichtigte Zweck nicht erreicht wird, die Generalversammlung die Fortsetzung der Gesellschaft beschließen.

Das gleiche gilt in dem Falle, daß die Gesellschaft durch die Eröffnung des Konkurses aufgelöst, der Konkurs aber nach Abschluß eines Zwangsvergleichs aufgehoben oder auf Antrag des Gemeinschuldners eingestellt worden ist.

Die Fortsetzung der Gesellschaft ist von dem Vorstande zur Eintragung in das Handelsregister anzumelden.

[Anfechtung des Fusionsbeschlusses] § 308.

Ist die Firma einer Aktiengesellschaft durch den Übergang ihres Vermögens auf eine andere Gesellschaft oder juristische Person ohne vorgängige Liquidation erloschen, so ist eine Anfechtung des den Übergang betreffenden Beschlusses der Generalversammlung gegen die Rechtsnachfolgerin der aufgelösten Gesellschaft zu richten.

[Gründungsmängel: Nichtigkeitserklärung] § 309.

Enthält der Gesellschaftsvertrag nicht die nach § 182 Abs. 2 wesentlichen Bestimmungen oder ist eine dieser Bestimmungen nichtig, so kann jeder Gesellschafter und jedes Mitglied des Vorstandes und des Aufsichtsrats im Wege der Klage beantragen, daß die Gesellschaft für nichtig erklärt werde. Die Vorschriften der §§ 272, 273 finden entsprechende Anwendung.

[Heilung durch Generalversammlungsbeschluß] § 310.

Ein Mangel, der die Bestimmungen über die Firma oder den Sitz der Gesellschaft, den Gegenstand des Unternehmens, die Bestellung oder Zusammensetzung des Vorstandes, die Form der Bekanntmachungen der Gesellschaft oder die Form der Berufung der Generalversammlung betrifft, kann durch einen den Vorschriften dieses Gesetzbuchs über eine Änderung des Gesellschaftsvertrags entsprechenden Beschluß der Generalversammlung geheilt werden. Die Berufung der Generalversammlung erfolgt, wenn der Mangel die Bestimmungen über die Form der Berufung betrifft, durch Einrückung in diejenigen Blätter, welche für die Bekanntmachungen der Eintragungen in das Handelsregister des Sitzes der Gesellschaft bestimmt sind.

[Folgen der Eintragung der Nichtigkeit] § 311.

Ist die Nichtigkeit einer Gesellschaft in das Handelsregister eingetragen, so finden zum Zwecke der Abwickelung ihrer Verhältnisse die für den Fall der Auflösung geltenden Vorschriften entsprechende Anwendung.

Die Wirksamkeit der im Namen der Gesellschaft mit Dritten vorgenommenen Rechtsgeschäfte wird durch die Nichtigkeit nicht berührt.

Die Gesellschafter haben die versprochenen Einzahlungen zu leisten, soweit es zur Erfüllung der eingegangenen Verbindlichkeiten erforderlich ist.

Sechster Titel.

Strafvorschriften.

[Absichtliche Benachteiligung] **§ 312.**

Mitglieder des Vorstandes oder des Aufsichtsrats oder Liquidatoren werden, wenn sie absichtlich zum Nachteile der Gesellschaft handeln, mit Gefängnis und zugleich mit Geldstrafe[1]) bestraft.

Zugleich kann auf Verlust der bürgerlichen Ehrenrechte erkannt werden.

Sind mildernde Umstände vorhanden, so kann ausschließlich auf die Geldstrafe erkannt werden.

[Unrichtige Angaben] **§ 313.**

Mit Gefängnis und zugleich mit Geldstrafe werden bestraft:

1. Gründer oder Mitglieder des Vorstandes oder des Aufsichtsrats, die zum Zwecke der Eintragung der Gesellschaft in das Handelsregister in Ansehung der Zeichnung oder Einzahlung des Grundkapitals, des Betrags, zu welchem die Aktien ausgegeben werden, oder der im § 186 vorgesehenen Festsetzungen wissentlich falsche Angaben machen;
2. diejenigen, welche in Ansehung der vorerwähnten Tatsachen wissentlich falsche Angaben in einer im § 203 bezeichneten Ankündigung von Aktien machen;
3. Mitglieder des Vorstandes oder des Aufsichtsrats, die zum Zwecke der Eintragung einer Erhöhung des Grundkapitals in das Handelsregister in Ansehung der Einzahlung des bisherigen oder der Zeichnung oder Einzahlung des erhöhten Kapitals oder in Ansehung des Betrags, zu welchem die Aktien ausgegeben werden, oder in Ansehung der im § 279 bezeichneten Festsetzungen wissentlich falsche Angaben machen.

Zugleich kann auf Verlust der bürgerlichen Ehrenrechte erkannt werden.

Sind mildernde Umstände vorhanden, so tritt ausschließlich die Geldstrafe ein.

[Unrichtige Darstellungen] **§ 314.**

Mitglieder des Vorstandes oder des Aufsichtsrats oder Liquidatoren werden mit Gefängnis bis zu einem Jahre und zugleich mit Geldstrafe bestraft, wenn sie wissentlich

1. in ihren Darstellungen, in ihren Übersichten über den Vermögens-

---

[1]) Die Höhe der Geldstrafe ergibt sich für § 312 und die folgenden Paragraphen aus der VO. über Vermögensstrafen und Bußen vom 6. Februar 1924 (RGBl. I S. 44).

stand der Gesellschaft oder in den in der Generalversammlung gehaltenen Vorträgen den Stand der Verhältnisse der Gesellschaft unwahr darstellen oder verschleiern;

2. auf Namen lautende Aktien, in denen die im § 179 Abs. 4 vorgeschriebene Angabe nicht enthalten ist, oder auf den Inhaber lautende Aktien ausgeben, bevor darauf der Nennbetrag oder, falls der Ausgabepreis höher ist, dieser Betrag voll geleistet ist;
3. Aktien oder Interimsscheine ausgeben, bevor die Gesellschaft oder im Falle einer Erhöhung des Grundkapitals die erfolgte Erhöhung in das Handelsregister eingetragen ist;
4. außer den Fällen des § 180 Abs. 2, 3 Aktien oder Interimsscheine ausgeben, die auf einen geringeren Betrag als einhundert Reichsmark [1]) gestellt sind;
5. in den Fällen des § 180 Abs. 2, 3 Aktien oder Interimsscheine ausgeben, in denen die im § 180 Abs. 4 vorgeschriebenen Angaben nicht enthalten sind.

Im Falle der Nr. 1 kann zugleich auf Verlust der bürgerlichen Ehrenrechte erkannt werden.

Sind mildernde Umstände vorhanden, so tritt ausschließlich die Geldstrafe ein.

[Fehlender Aufsichtsrat. Unterlassung des Antrages auf Konkurs- u. Vergleichsverfahren]

§ 315.

Mit Gefängnis bis zu drei Monaten und zugleich mit Geldstrafe werden bestraft:

1. die Mitglieder des Vorstandes oder die Liquidatoren sowie die Mitglieder des Aufsichtsrats, wenn länger als drei Monate die Gesellschaft ohne Aufsichtsrat geblieben ist oder in dem letzteren die zur Beschlußfähigkeit erforderliche Zahl von Mitgliedern gefehlt hat;
2. [2]) die Mitglieder des Vorstandes, wenn entgegen der Vorschrift des § 240 Abs. 2 der Antrag auf Eröffnung des Konkursverfahrens oder des gerichtlichen Vergleichsverfahrens unterblieben ist;
3. [3]) die Liquidatoren, wenn entgegen der Vorschrift des § 298 Abs. 2 der Antrag auf Eröffnung des Konkursverfahrens unterblieben ist.

Sind mildernde Umstände vorhanden, so tritt ausschließlich die Geldstrafe ein.

Straflos bleibt derjenige, bezüglich dessen festgestellt wird, daß die Bestellung oder Ergänzung des Aufsichtsrats oder der Eröffnungsantrag ohne sein Verschulden unterblieben ist.

---

[1]) Der Betrag ergibt sich folgerichtig aus § 18 der GoldbilanzVO. Siehe Anm. zu § 180.

[2]) In der Fassung des Ges. vom 25. März 1930 (RGBl. I S. 93).

[3]) Siehe die vorige Anm.

[Fälschung von Hinterlegungsscheinen]
§ 316.

Wer über die Hinterlegung von Aktien oder Interimsscheinen Bescheinigungen, die zum Nachweise des Stimmrechts in einer Generalversammlung dienen sollen, wissentlich falsch ausstellt oder verfälscht oder von einer solchen Bescheinigung, wissend, daß sie falsch oder verfälscht ist, zur Ausübung des Stimmrechts Gebrauch macht, wird mit Gefängnis bis zu einem Jahre und zugleich mit Geldstrafe bestraft. Daneben kann auf Verlust der bürgerlichen Ehrenrechte erkannt werden. Sind mildernde Umstände vorhanden, so tritt ausschließlich die Geldstrafe ein.

[Stimmenkauf]
§ 317.

Wer sich besondere Vorteile dafür gewähren oder versprechen läßt, daß er bei einer Abstimmung in der Generalversammlung in einem gewissen Sinne stimme oder an der Abstimmung in der Generalversammlung nicht teilnehme, wird mit Geldstrafe oder mit Gefängnis bis zu einem Jahre bestraft.

Die gleiche Strafe trifft denjenigen, welcher besondere Vorteile dafür gewährt oder verspricht, daß jemand bei einer Abstimmung in der Generalversammlung in einem gewissen Sinne stimme oder an der Abstimmung in der Generalversammlung nicht teilnehme.

[Mißbrauch fremder Aktien]
§ 318.

Wer die Aktion eines anderen, zu dessen Vertretung er nicht befugt ist, ohne dessen Einwilligung zur Ausübung des Stimmrechts in der Generalversammlung oder zur Ausübung eines der in den §§ 254, 264, 266, 268, 271, 295, 309 bezeichneten Rechte benutzt, wird mit einer Geldstrafe bis dreißig Mark für jede der Aktien, jedoch nicht unter eintausend Mark, bestraft. Die gleiche Strafe trifft denjenigen, welcher Aktien eines anderen gegen Entgelt leiht und für diese eines der vorbezeichneten Rechte ausübt, sowie denjenigen, welcher hierzu durch Verleihung der Aktien wissentlich mitwirkt.

[Ordnungsstrafen]
§ 319.

Die Mitglieder des Vorstandes oder die Liquidatoren sind zur Befolgung der im § 240 Abs. 1, im § 246 Abs. 1, im § 260 Abs. 2, im § 263 Abs. 1, im § 267 Abs. 1, 2, im § 272 Abs. 4, im § 299 und im § 302 Abs. 2 enthaltenen Vorschriften von dem im § 195 bezeichneten Gerichte durch Ordnungsstrafen anzuhalten. Die Höhe der Strafen bestimmt sich nach § 14 Satz 2[1]).

In betreff der im § 195 Abs. 1, im § 277 Abs. 1, im § 280 Abs. 1, im § 284 Abs. 1, im § 304 Abs. 3 sowie im § 305 Abs. 2 vorgesehenen

[1]) Siehe Anm. zu § 14.

Anmeldungen zum Handelsregister findet, soweit es sich um die Anmeldungen zum Handelsregister des Sitzes der Gesellschaft handelt, eine Verhängung von Ordnungsstrafen nach § 14 nicht statt.

Vierter Abschnitt.

Kommanditgesellschaft auf Aktien.

[Begriff der Kommanditgesellschaft auf Aktien]

§ 320.

Mindestens ein Gesellschafter der **Kommanditgesellschaft auf Aktien** haftet den Gesellschaftsgläubigern unbeschränkt **(persönlich haftender Gesellschafter)**, während die übrigen sich nur mit Einlagen auf das in Aktien zerlegte Grundkapital der Gesellschaft beteiligen **(Kommanditisten)**.

Das Rechtsverhältnis der persönlich haftenden Gesellschafter untereinander und gegenüber der Gesamtheit der Kommanditisten sowie gegenüber Dritten, insbesondere die Befugnis der persönlich haftenden Gesellschafter zur Geschäftsführung und zur Vertretung der Gesellschaft, bestimmt sich nach den für die Kommanditgesellschaft geltenden Vorschriften.

Im übrigen gelten für die Kommanditgesellschaft auf Aktien, soweit sich nicht aus den nachfolgenden Vorschriften oder aus dem Fehlen eines Vorstandes ein anderes ergibt, die Vorschriften des dritten Abschnitts über die Aktiengesellschaft.

[Feststellung der Satzung]

§ 321.

Der Inhalt des Gesellschaftsvertrags muß von mindestens fünf Personen in gerichtlicher oder notarieller Verhandlung festgestellt werden. Die persönlich haftenden Gesellschafter müssen sich sämtlich bei der Feststellung beteiligen; außer ihnen können nur Personen mitwirken, die als Kommanditisten Aktien übernehmen. In der Verhandlung ist der Betrag der von jedem Beteiligten übernommenen Aktien anzugeben.

Die Gesellschafter, welche den Inhalt des Gesellschaftsvertrags festgestellt haben oder andere als durch Barzahlung zu leistende Einlagen machen, gelten als die Gründer der Gesellschaft.

[Inhalt der Satzung]

§ 322.

Der Gesellschaftsvertrag muß außer den im § 182 Abs. 2 Nr. 1 bis 3, 5, 6 vorgesehenen Festsetzungen den Namen, Vornamen, Stand und Wohnort jedes persönlich haftenden Gesellschafters enthalten.

Vermögenseinlagen der persönlich haftenden Gesellschafter müssen, sofern sie nicht auf das Grundkapital erfolgen, nach Höhe und Art im Gesellschaftsvertrage festgesetzt werden.

Die Vorschrift des § 186 Abs. 1 findet auf alle zugunsten eines persönlich haftenden Gesellschafters bedungenen besonderen Vorteile Anwendung.

[Anmeldung u. Eintragung. Zeichnungsgründung]

§ 323.

Zeichnungsscheine haben außer den im § 189 vorgesehenen Angaben die Bezeichnung derjenigen Gründer zu enthalten, welche persönlich haftende Gesellschafter sind.

In der mit der Anmeldung der Gesellschaft zum Handelsregister nach § 195 Abs. 3 Satz 1 zu verbindenden Erklärung ist in Ansehung der durch Barzahlung zu leistenden Einlagen anzugeben, daß der eingeforderte Betrag bar eingezahlt und im Besitze der persönlich haftenden Gesellschafter ist[1].

Zur Teilnahme an der im § 196 bezeichneten Verhandlung sind auch die persönlich haftenden Gesellschafter berechtigt. Die der Errichtung der Gesellschaft zustimmende Mehrheit muß mindestens ein Viertel der in dem Verzeichnis aufgeführten Kommanditisten begreifen; der Betrag ihrer Anteile muß mindestens ein Viertel des nicht von den persönlich haftenden Gesellschaftern übernommenen Grundkapitals darstellen.

Bei der Eintragung in das Handelsregister sind statt der Mitglieder des Vorstandes die persönlich haftenden Gesellschafter anzugeben. Enthält der Gesellschaftsvertrag besondere Bestimmungen über die Befugnis der persönlich haftenden Gesellschafter zur Vertretung der Gesellschaft, so sind auch diese Bestimmungen einzutragen.

[Nachgründung]

§ 324.

Für den im § 207 bezeichneten Beschluß der Generalversammlung bedarf es, wenn sich der Beschluß auf einen im ersten Jahre nach der Eintragung der Gesellschaft geschlossenen Vertrag bezieht, einer Mehrheit, deren Anteile mindestens ein Viertel des nicht auf Aktien der persönlich haftenden Gesellschafter entfallenden Teiles des Grundkapitals darstellen. Die Vorschrift des § 207 Abs. 3 Satz 1 bleibt unberührt.

[Die persönlich haftenden Gesellschafter als Vorstand]

§ 325.

Die den Vorstand der Aktiengesellschaft betreffenden Vorschriften:

1. über die Anmeldungen, Einreichungen und Erklärungen zum Handelsregister,
2. über die Berufung der Generalversammlung,
3. über die Aufstellung, Vorlegung und Veröffentlichung der Jahres-

---

[1]) Hierzu Ges. vom 24. Mai 1917 (RGBl. S. 431); siehe Anm. zu § 196.

bilanz und der Gewinn- und Verlustrechnung sowie über die Vorlegung des Geschäftsberichts,
4. über die Anfechtung von Beschlüssen der Generalversammlung,
5. über das Verfahren im Falle der Bestellung von Revisoren zur Prüfung der Bilanz oder zur Prüfung von Vorgängen bei der Gründung oder Geschäftsführung sowie über die Obliegenheiten gegenüber den Revisoren und dem Aufsichtsrate,
6. über die im Falle einer Herabsetzung des Grundkapitals an die Gläubiger zu richtende Aufforderung,
7. über die Geltendmachung von Ersatzansprüchen der Gesellschaft wegen der Geschäftsführung,
8. über die Stellung des Antrags auf Eröffnung des Konkursverfahrens oder des gerichtlichen Vergleichsverfahrens [1]),
9. über die strafrechtliche Verantwortlichkeit und über die Verhängung von Ordnungsstrafen

finden auf die persönlich haftenden Gesellschafter entsprechende Anwendung.

[Gesetzliches Wettbewerbverbot für die persönlich haftenden Gesellschafter]

§ 326.

Ein persönlich haftender Gesellschafter darf ohne Einwilligung der Gesellschaft weder in dem Handelszweige der Gesellschaft Geschäfte machen noch an einer anderen gleichartigen Handelsgesellschaft als persönlich haftender Gesellschafter teilnehmen. Die Einwilligung wird durch die übrigen persönlich haftenden Gesellschafter und, sofern nicht die Befugnis zur Erteilung durch den Gesellschaftsvertrag oder durch einen Beschluß der Generalversammlung dem Aufsichtsrat übertragen ist, durch die Generalversammlung erteilt.

Verletzt ein persönlich haftender Gesellschafter die ihm nach Abs. 1 obliegende Verpflichtung, so findet die Vorschrift des § 236 Abs. 2 Anwendung.

Die Ansprüche der Gesellschaft verjähren in drei Monaten von dem Zeitpunkt an, in welchem die übrigen persönlich haftenden Gesellschafter und der Aufsichtsrat von dem Abschlusse des Geschäfts oder von der Teilnahme des persönlich haftenden Gesellschafters an der anderen Gesellschaft Kenntnis erlangen; sie verjähren ohne Rücksicht auf diese Kenntnis in fünf Jahren von ihrer Entstehung an.

[Generalversammlung]

§ 327.

In der Generalversammlung haben die persönlich haftenden Gesellschafter, auch wenn sie Aktien besitzen, kein Stimmrecht.

---

[1]) In der Fassung des Ges. vom 25. März 1930 (RGBl. I S. 93).

Die Beschlüsse der Generalversammlung bedürfen der Zustimmung der persönlich haftenden Gesellschafter, soweit sie Angelegenheiten betreffen, für die bei der Kommanditgesellschaft das Einverständnis der persönlich haftenden Gesellschafter und der Kommanditisten erforderlich ist.

Zur Ausübung der Befugnisse, welche in Ansehung der Bestellung von Revisoren und der Geltendmachung von Ansprüchen der Gesellschaft aus der Gründung oder der Geschäftsführung nach den §§ 266 bis 269 der Generalversammlung oder einer Minderheit von Aktionären zustehen, bedarf es der Zustimmung der persönlich haftenden Gesellschafter nicht.

Beschlüsse der Generalversammlung, die der Zustimmung der persönlich haftenden Gesellschafter bedürfen, sind zum Handelsregister erst einzureichen, wenn die Zustimmung erfolgt ist. Bei Beschlüssen, die in das Handelsregister einzutragen sind, ist die Zustimmung der persönlich haftenden Gesellschafter in dem über die Verhandlung aufzunehmenden Protokoll oder in einem Anhange zu dem Protokolle zu beurkunden.

[Aufsichtsrat]

§ 328.

Die Beschlüsse der Kommanditisten werden durch den Aufsichtsrat ausgeführt, soweit nicht im Gesellschaftsvertrag ein anderes bestimmt ist.

In Rechtsstreitigkeiten, welche die Gesamtheit der Kommanditisten gegen die persönlich haftenden Gesellschafter oder diese gegen die Gesamtheit der Kommanditisten zu führen haben, werden die Kommanditisten durch den Aufsichtsrat vertreten, es sei denn, daß in der Generalversammlung besondere Vertreter gewählt werden. Für die Kosten des Rechtsstreits, welche den Kommanditisten zur Last fallen, haftet die Gesellschaft, unbeschadet ihres Rückgriffs gegen die Kommanditisten.

Die Vorschrift des § 247 Abs. 2 findet entsprechende Anwendung.

Persönlich haftende Gesellschafter können nicht Mitglieder des Aufsichtsrats sein.

[Gewinnanteil der persönlich haftenden Gesellschaften]

§ 329.

Ergibt sich für die persönlich haftenden Gesellschafter nach dem Jahresertrágnis ein Gewinnanteil, der nicht auf ihre Aktien fällt, so hat die Auszahlung zu unterbleiben, falls eine Unterbilanz vorhanden ist, die ihre nicht in Aktien bestehenden Kapitalanteile übersteigt. Solange eine solche Unterbilanz besteht, ist auch eine sonstige Entnahme von Geld auf den Kapitalanteil ausgeschlossen.

Auf den Gewinn, der sich für die persönlich haftenden Gesellschafter ergibt, findet die Vorschrift des § 262 Nr. 1 über den Reservefonds Anwendung.

[Auflösung. Ausscheiden] **§ 330.**

In betreff der Tatsachen, durch welche die Auflösung der Kommanditgesellschaft auf Aktien herbeigeführt wird, sowie in betreff des Ausscheidens eines von mehreren persönlich haftenden Gesellschaftern aus der Gesellschaft finden die für die Kommanditgesellschaft geltenden Vorschriften mit folgenden Maßgaben Anwendung.

Die Eröffnung des Konkurses über das Vermögen eines Kommanditisten hat die Auflösung der Gesellschaft nicht zur Folge; die Gläubiger eines Kommanditisten sind nicht berechtigt, die Gesellschaft zu kündigen.

Für die Kündigung durch die Kommanditisten sowie für ihre Zustimmung zur Auflösung der Gesellschaft ist ein Beschluß der Generalversammlung erforderlich; der Beschluß bedarf einer Mehrheit, die mindestens drei Vierteile des bei der Beschlußfassung vertretenen Grundkapitals umfaßt. Das gleiche gilt in betreff des Antrags auf Auflösung der Gesellschaft durch gerichtliche Entscheidung. Der Gesellschaftsvertrag kann noch andere Erfordernisse für die Beschlußfassung aufstellen.

Das Ausscheiden von persönlich haftenden Gesellschaftern kann außer dem Falle der Ausschließung nur stattfinden, soweit es im Gesellschaftsvertrage für zulässig erklärt ist.

Die Auflösung der Gesellschaft sowie das Ausscheiden eines persönlich haftenden Gesellschafters ist von sämtlichen persönlich haftenden Gesellschaftern zur Eintragung in das Handelsregister anzumelden. Die Vorschrift des § 143 Abs. 3 findet Anwendung.

[Liquidation] **§ 331.**

Sofern nicht der Gesellschaftsvertrag ein anderes bestimmt, erfolgt die Liquidation durch sämtliche persönlich haftende Gesellschafter und durch eine oder mehrere von der Generalversammlung gewählte Personen als Liquidatoren.

Zu dem Antrag auf Ernennung oder Abberufung von Liquidatoren durch das Gericht ist auch jeder persönlich haftende Gesellschafter befugt.

[Umwandlung in eine Aktiengesellschaft] **§ 332.**

Eine Kommanditgesellschaft auf Aktien kann durch Beschluß der Generalversammlung und aller persönlich haftenden Gesellschafter in eine Aktiengesellschaft umgewandelt werden.

Die Vorschriften über eine Abänderung des Gesellschaftsvertrags finden Anwendung.

Die Anteile der der Umwandlung zustimmenden Mehrheit der Kommanditisten müssen mindestens ein Vierteil des nicht auf Aktien der persönlich haftenden Gesellschafter fallenden Teiles des Grundkapitals darstellen. In dem Beschlusse sind die zur Durchführung der Umwandlung erforderlichen Maßregeln, insbesondere die Firma sowie die Art der Bestellung und Zusammensetzung des Vorstandes, festzusetzen.

[Anmeldung der Umwandlung] **§ 333.**

Bei der Anmeldung des Umwandlungsbeschlusses sind zugleich die Mitglieder des Vorstandes zur Eintragung in das Handelsregister anzumelden. Eine öffentlich beglaubigte Abschrift der Urkunden über ihre Bestellung ist beizufügen; bei der Anmeldung zur Eintragung in das Handelsregister einer Zweigniederlassung bedarf es der Beifügung dieser Abschrift nicht. Auf die Anmeldung zur Eintragung in das Handelsregister des Sitzes der Gesellschaft finden die Vorschriften des § 14 keine Anwendung.

Der Anmeldung ist eine von der Generalversammlung genehmigte, für einen höchstens zwei Monate vor der Anmeldung liegenden Zeitpunkt aufgestellte Bilanz beizufügen. Auf diese Bilanz finden die Vorschriften des § 261, des § 263 Abs. 1 und des § 264 Anwendung.

Mit der Eintragung scheiden die persönlich haftenden Gesellschafter aus der Gesellschaft aus; die Gesellschaft besteht von diesem Zeitpunkt an als Aktiengesellschaft fort.

[Bilanzveröffentlichung. Schutzvorschriften für die Gläubiger] **§ 334.**

Unverzüglich nach der Eintragung hat der Vorstand in den Gesellschaftsblättern die im § 333 Abs. 2 vorgesehene Bilanz zu veröffentlichen.

Er hat unter Hinweis auf die Umwandlung die Gläubiger der Gesellschaft aufzufordern, ihre Ansprüche anzumelden. Die Aufforderung ist dreimal in den Gesellschaftsblättern zu veröffentlichen. Bekannte Gläubiger sind durch besondere Mitteilung zur Anmeldung aufzufordern.

Den Gläubigern, deren Forderungen vor der letzten öffentlichen Aufforderung begründet sind, ist Befriedigung zu gewähren oder Sicherheit zu leisten, sofern sie sich zu diesem Zwecke melden.

Die Mitglieder des Vorstandes und des Aufsichtsrats haften den Gläubigern für die Beobachtung dieser Vorschriften als Gesamtschuldner, die Mitglieder des Aufsichtsrats, soweit eine Zuwiderhandlung mit ihrem Wissen und ohne ihr Einschreiten erfolgt.

Fünfter Abschnitt.

Stille Gesellschaft.

[Begriff der stillen Gesellschaft] **§ 335.**

Wer sich als **stiller Gesellschafter** an dem Handelsgewerbe, das ein anderer betreibt, mit einer Vermögenseinlage beteiligt, hat die Einlage so zu leisten, daß sie in das Vermögen des Inhabers des Handelsgeschäfts übergeht.

Der Inhaber wird aus den in dem Betriebe geschlossenen Geschäften allein berechtigt und verpflichtet.

[Gewinn- und Verlustanteil des stillen Gesellschafters]

§ 336.

Ist der Anteil des stillen Gesellschafters am Gewinn und Verluste nicht bestimmt, so gilt ein den Umständen nach angemessener Anteil als bedungen.

Im Gesellschaftsvertrage kann bestimmt werden, daß der stille Gesellschafter nicht am Verluste beteiligt sein soll; seine Beteiligung am Gewinne kann nicht ausgeschlossen werden.

[Berechnung von Gewinn und Verlust. Gewinnauszahlung]

§ 337.

Am Schlusse jedes Geschäftsjahrs wird der Gewinn und Verlust berechnet und der auf den stillen Gesellschafter fallende Gewinn ihm ausbezahlt.

Der stille Gesellschafter nimmt an dem Verluste nur bis zum Betrage seiner eingezahlten oder rückständigen Einlage teil. Er ist nicht verpflichtet, den bezogenen Gewinn wegen späterer Verluste zurückzuzahlen; jedoch wird, solange seine Einlage durch Verlust vermindert ist, der jährliche Gewinn zur Deckung des Verlustes verwendet.

Der Gewinn, welcher von dem stillen Gesellschafter nicht erhoben wird, vermehrt dessen Einlage nicht, sofern nicht ein anderes vereinbart ist.

[Kontrollrechte des stillen Gesellschafters]

§ 338.

Der stille Gesellschafter ist berechtigt, die abschriftliche Mitteilung der jährlichen Bilanz zu verlangen und ihre Richtigkeit unter Einsicht der Bücher und Papiere zu prüfen.

Die im § 716 des Bürgerlichen Gesetzbuchs dem von der Geschäftsführung ausgeschlossenen Gesellschafter eingeräumten weiteren Rechte stehen dem stillen Gesellschafter nicht zu.

Auf Antrag des stillen Gesellschafters kann das Gericht, wenn wichtige Gründe vorliegen, die Mitteilung einer Bilanz oder sonstiger Aufklärungen sowie die Vorlegung der Bücher und Papiere jederzeit anordnen.

[Kündigung. Tod des stillen Gesellschafters kein Auflösungsgrund]

§ 339.

Auf die Kündigung der Gesellschaft durch einen der Gesellschafter oder durch einen Gläubiger des stillen Gesellschafters finden die Vorschriften der §§ 132, 134, 135 entsprechende Anwendung. Die Vorschriften des § 723 des Bürgerlichen Gesetzbuchs über das Recht, die

Gesellschaft aus wichtigen Gründen ohne Einhaltung einer Frist zu kündigen, bleiben unberührt.

Durch den Tod des stillen Gesellschafters wird die Gesellschaft nicht aufgelöst.

[Auseinandersetzung]

§ 340.

Nach der Auflösung der Gesellschaft hat sich der Inhaber des Handelsgeschäfts mit dem stillen Gesellschafter auseinanderzusetzen und dessen Guthaben in Geld zu berichtigen.

Die zur Zeit der Auflösung schwebenden Geschäfte werden von dem Inhaber des Handelsgeschäfts abgewickelt. Der stille Gesellschafter nimmt Teil an dem Gewinn und Verluste, der sich aus diesen Geschäften ergibt.

Er kann am Schlusse jedes Geschäftsjahrs Rechenschaft über die inzwischen beendigten Geschäfte, Auszahlung des ihm gebührenden Betrags und Auskunft über den Stand der noch schwebenden Geschäfte verlangen.

[Konkurs des Inhabers]

§ 341.

Wird über das Vermögen des Inhabers des Handelsgeschäfts der Konkurs eröffnet, so kann der stille Gesellschafter wegen der Einlage, soweit sie den Betrag des auf ihn fallenden Anteils am Verlust übersteigt, seine Forderung als Konkursgläubiger geltend machen.

Ist die Einlage rückständig, so hat sie der stille Gesellschafter bis zu dem Betrage, welcher zur Deckung seines Anteils am Verlust erforderlich ist, zur Konkursmasse einzuzahlen.

[Besonderes Anfechtungsrecht des Konkursverwalters]

§ 342.

Ist auf Grund einer in dem letzten Jahre vor der Eröffnung des Konkurses zwischen dem Inhaber des Handelsgeschäfts und dem stillen Gesellschafter getroffenen Vereinbarung diesem die Einlage ganz oder teilweise zurückgewährt oder sein Anteil an dem entstandenen Verluste ganz oder teilweise erlassen worden, so kann die Rückgewähr oder der Erlaß von dem Konkursverwalter angefochten werden. Es begründet keinen Unterschied, ob die Rückgewähr oder der Erlaß unter Auflösung der Gesellschaft stattgefunden hat oder nicht.

Die Anfechtung ist ausgeschlossen, wenn der Konkurs in Umständen seinen Grund hat, die erst nach der Vereinbarung der Rückgewähr oder des Erlasses eingetreten sind.

Die Vorschriften der Konkursordnung über die Geltendmachung der Anfechtung und deren Wirkung finden Anwendung.

Drittes Buch.

Handelsgeschäfte.

Erster Abschnittt.

Allgemeine Vorschriften.

[Begriff der Handelsgeschäfte] **§ 343.**

Handelsgeschäfte sind alle Geschäfte eines Kaufmanns, die zum Betriebe seines Handelsgewerbes gehören.

Die im § 1 Abs. 2 bezeichneten Geschäfte sind auch dann Handelsgeschäfte, wenn sie von einem Kaufmann im Betriebe seines gewöhnlich auf andere Geschäfte gerichteten Handelsgewerbes geschlossen werden.

[Vermutungen] **§ 344.**

Die von einem Kaufmanne vorgenommenen Rechtsgeschäfte gelten im Zweifel als zum Betriebe seines Handelsgewerbes gehörig.

Die von einem Kaufmanne gezeichneten Schuldscheine gelten als im Betriebe seines Handelsgewerbes gezeichnet, sofern nicht aus der Urkunde sich das Gegenteil ergibt.

[Einseitige Handelsgeschäfte] **§ 345.**

Auf ein Rechtsgeschäft, das für einen der beiden Teile ein Handelsgeschäft ist, kommen die Vorschriften über Handelsgeschäfte für beide Teile gleichmäßig zur Anwendung, soweit nicht aus diesen Vorschriften sich ein anderes ergibt.

[Handelssitte] **§ 346.**

Unter Kaufleuten ist in Ansehung der Bedeutung und Wirkung von Handlungen und Unterlassungen auf die im Handelsverkehre geltenden Gewohnheiten und Gebräuche Rücksicht zu nehmen.

[Sorgfaltspflicht] **§ 347.**

Wer aus einem Geschäfte, das auf seiner Seite ein Handelsgeschäft ist, einem anderen zur Sorgfalt verpflichtet ist, hat für die Sorgfalt eines ordentlichen Kaufmanns einzustehen.

Unberührt bleiben die Vorschriften des Bürgerlichen Gesetzbuchs, nach welchen der Schuldner in bestimmten Fällen nur grobe Fahrlässigkeit zu vertreten oder nur für diejenige Sorgfalt einzustehen hat, welche er in eigenen Angelegenheiten anzuwenden pflegt.

[Vertragsstrafe des Vollkaufmanns] **§ 348.**

Eine Vertragsstrafe, die von einem Kaufmann im Betriebe

seines Handelsgewerbes versprochen ist, kann nicht auf Grund der Vorschriften des § 343 des Bürgerlichen Gesetzbuchs herabgesetzt werden.

[Bürgschaft des Vollkaufmanns] § 349.

Dem Bürgen steht, wenn die Bürgschaft für ihn ein Handelsgeschäft ist, die Einrede der Vorausklage nicht zu. Das gleiche gilt unter der bezeichneten Voraussetzung für denjenigen, welcher aus einem Kreditauftrag als Bürge haftet.

[Formfreiheit bei Bürgschaft und abstraktem Schuldversprechen des Vollkaufmanns] § 350.

Auf eine Bürgschaft, ein Schuldversprechen oder ein Schuldanerkenntnis finden, sofern die Bürgschaft auf der Seite des Bürgen, das Versprechen oder das Anerkenntnis auf der Seite des Schuldners ein Handelsgeschäft ist, die Formvorschriften des § 766 Satz 1, des § 780 und des § 781 Satz 1 des Bürgerlichen Gesetzbuchs keine Anwendung.

[Ausschluß der §§ 348—350 für Minderkaufleute] § 351.

Die Vorschriften der §§ 348 bis 350 finden auf die im § 4 bezeichneten Gewerbetreibenden keine Anwendung.

[Erhöhter kaufmännischer Zins] § 352.

Die Höhe der gesetzlichen Zinsen, mit Einschluß der Verzugszinsen, ist bei beiderseitigen Handelsgeschäften fünf vom Hundert für das Jahr. Das gleiche gilt, wenn für eine Schuld aus einem solchen Handelsgeschäfte Zinsen ohne Bestimmung des Zinsfußes versprochen sind.

Ist in diesem Gesetzbuche die Verpflichtung zur Zahlung von Zinsen ohne Bestimmung der Höhe ausgesprochen, so sind darunter Zinsen zu fünf vom Hundert für das Jahr zu verstehen.

[Unter Kaufleuten Zinspflicht von der Fälligkeit an] § 353.

Kaufleute untereinander sind berechtigt, für ihre Forderungen aus beiderseitigen Handelsgeschäften vom Tage der Fälligkeit an Zinsen zu fordern. Zinsen von Zinsen können auf Grund dieser Vorschrift nicht gefordert werden.

[Anspruch des Kaufmanns auf Entgelt] § 354.

Wer in Ausübung seines Handelsgewerbes einem anderen Geschäfte besorgt oder Dienste leistet, kann dafür auch ohne Verabredung

Provision und, wenn es sich um Aufbewahrung handelt, Lagergeld nach den an dem Orte üblichen Sätzen fordern.

Für Darlehen, Vorschüsse, Auslagen und andere Verwendungen kann er vom Tage der Leistung an Zinsen berechnen.

[Kontokorrent] § 355.

Steht jemand mit einem Kaufmanne derart in Geschäftsverbindung, daß die aus der Verbindung entspringenden beiderseitigen Ansprüche und Leistungen nebst Zinsen in Rechnung gestellt und in regelmäßigen Zeitabschnitten durch Verrechnung und Feststellung des für den einen oder anderen Teil sich ergebenden Überschusses ausgeglichen werden (laufende Rechnung, Kontokorrent), so kann derjenige, welchem bei dem Rechnungsabschluß ein Überschuß gebührt, von dem Tage des Abschlusses an Zinsen von dem Überschusse verlangen, auch soweit in der Rechnung Zinsen enthalten sind.

Der Rechnungsabschluß geschieht jährlich einmal, sofern nicht ein anderes bestimmt ist.

Die laufende Rechnung kann im Zweifel auch während der Dauer einer Rechnungsperiode jederzeit mit der Wirkung gekündigt werden, daß derjenige, welchem nach der Rechnung ein Überschuß gebührt, dessen Zahlung beanspruchen kann.

[Ausnahmebestimmung für Sicherheiten von Einzelforderungen] § 356.

Wird eine Forderung, die durch Pfand, Bürgschaft oder in anderer Weise gesichert ist, in die laufende Rechnung aufgenommen, so wird der Gläubiger durch die Anerkennung des Rechnungsabschlusses nicht gehindert, aus der Sicherheit insoweit Befriedigung zu suchen, als sein Guthaben aus der laufenden Rechnung und die Forderung sich decken.

Haftet ein Dritter für eine in die laufende Rechnung aufgenommene Forderung als Gesamtschuldner, so findet auf die Geltendmachung der Forderung gegen ihn die Vorschrift des Abs. 1 entsprechende Anwendung.

[Pfändung des gegenwärtigen Saldos] § 357.

Hat der Gläubiger eines Beteiligten die Pfändung und Überweisung des Anspruchs auf dasjenige erwirkt, was seinem Schuldner als Überschuß aus der laufenden Rechnung zukommt, so können dem Gläubiger gegenüber Schuldposten, die nach der Pfändung durch neue Geschäfte entstehen, nicht in Rechnung gestellt werden. Geschäfte, die auf Grund eines schon vor der Pfändung bestehenden Rechtes oder einer schon vor diesem Zeitpunkte bestehenden Verpflichtung des Drittschuldners vorgenommen werden, gelten nicht als neue Geschäfte im Sinne dieser Vorschrift.

[Geschäftszeit] **§ 358.**

Bei Handelsgeschäften kann die Leistung nur während der gewöhnlichen Geschäftszeit bewirkt und gefordert werden.

[Bestimmte Zeitpunkte der Leistung. Acht Tage] **§ 359.**

Ist als Zeit der Leistung das Frühjahr oder der Herbst oder ein in ähnlicher Weise bestimmter Zeitpunkt vereinbart, so entscheidet im Zweifel der Handelsgebrauch des Ortes der Leistung.

Ist eine Frist von acht Tagen vereinbart, so sind hierunter im Zweifel volle acht Tage zu verstehen.

[Gattungsschuld] **§ 360.**

Wird eine nur der Gattung nach bestimmte Ware geschuldet, so ist *Handelsgut mittlerer Art* und Güte zu leisten.

[Maß, Gewicht u. a.] **§ 361.**

Maß, Gewicht, Währung, Zeitrechnung und Entfernungen, die an dem Orte gelten, wo der Vertrag erfüllt werden soll, sind im Zweifel als die vertragsmäßigen zu betrachten.

[Schweigen als Annahme bei Geschäftsbesorgung] **§ 362.**

Geht einem Kaufmanne, dessen Gewerbebetrieb die *Besorgung von Geschäften für andere* mit sich bringt, ein Antrag über die Besorgung solcher Geschäfte von jemand zu, mit dem er in Geschäftsverbindung steht, so ist er verpflichtet, unverzüglich zu antworten; sein *Schweigen gilt als Annahme des Antrags*. Das gleiche gilt, wenn einem Kaufmann ein Antrag über die Besorgung von Geschäften von jemand zugeht, dem gegenüber er sich zur Besorgung solcher Geschäfte erboten hat.

Auch wenn der Kaufmann den Antrag ablehnt, hat er die mitgesendeten Waren auf Kosten des Antragstellers, soweit er für diese Kosten gedeckt ist und soweit es ohne Nachteil für ihn geschehen kann, einstweilen vor Schaden zu bewahren.

[Gekorene Orderpapiere] **§ 363.**

Anweisungen, die auf einen Kaufmann über die Leistung von Geld, Wertpapieren oder anderen vertretbaren Sachen ausgestellt sind, ohne daß darin die Leistung von einer Gegenleistung abhängig gemacht ist, *können durch Indossament übertragen werden, wenn sie an Order lauten*. Dasselbe gilt von *Verpflichtungsscheinen, die von einem Kaufmann* über Gegenstände der bezeichneten Art an Order ausgestellt sind, ohne daß darin die Leistung von einer Gegenleistung abhängig gemacht ist.

Ferner können Konnossemente der Seeschiffer, Ladescheine der Frachtführer, Lagerscheine der staatlich zur Ausstellung solcher Urkunden ermächtigten Anstalten sowie Bodmereibriefe und Transportversicherungspolicen durch Indossament übertragen werden, wenn sie an Order lauten.

[Wirkung des Indossaments] § 364.

Durch das Indossament gehen alle Rechte aus dem indossierten Papier auf den Indossatar über.

Dem legitimierten Besitzer der Urkunde kann der Schuldner nur solche Einwendungen entgegensetzen, welche die Gültigkeit seiner Erklärung in der Urkunde betreffen oder sich aus dem Inhalte der Urkunde ergeben oder ihm unmittelbar gegen den Besitzer zustehen.

Der Schuldner ist nur gegen Aushändigung der quittierten Urkunde zur Leistung verpflichtet.

[Anwendung wechselrechtlicher Regeln] § 365.

In betreff der Form des Indossaments, in betreff der Legitimation des Besitzers und der Prüfung der Legitimation sowie in betreff der Verpflichtung des Besitzers zur Herausgabe, finden die Vorschriften der Artikel 11 bis 13, 36, 74 der Wechselordnung entsprechende Anwendung.

Ist die Urkunde vernichtet oder abhanden gekommen, so unterliegt sie der Kraftloserklärung im Wege des Aufgebotsverfahrens. Ist das Aufgebotsverfahren eingeleitet, so kann der Berechtigte, wenn er bis zur Kraftloserklärung Sicherheit bestellt, Leistung nach Maßgabe der Urkunde von dem Schuldner verlangen.

[Gutgläubiger Erwerb von Nichtberechtigten] § 366.

Veräußert oder verpfändet ein Kaufmann im Betriebe seines Handelsgewerbes eine ihm nicht gehörige bewegliche Sache, so finden die Vorschriften des Bürgerlichen Gesetzbuchs zugunsten derjenigen, welche Rechte von einem Nichtberechtigten herleiten, auch dann Anwendung, wenn der gute Glaube des Erwerbers die Befugnis des Veräußerers oder Verpfänders, über die Sache für den Eigentümer zu verfügen, betrifft.

Ist die Sache mit dem Rechte eines Dritten belastet, so finden die Vorschriften des Bürgerlichen Gesetzbuchs zugunsten derjenigen, welche Rechte von einem Nichtberechtigten herleiten, auch dann Anwendung, wenn der gute Glaube die Befugnis des Veräußerers oder Verpfänders, ohne Vorbehalt des Rechtes über die Sache zu verfügen, betrifft.

Das gesetzliche Pfandrecht des Kommissionärs, des Spediteurs, des Lagerhalters und des Frachtführers steht hinsichtlich des Schutzes des guten Glaubens einem gemäß Abs. 1 durch Vertrag erworbenen Pfandrechte gleich.

[Ausschluß des guten Glaubens beim Erwerb von Inhaberpapieren durch einen Bankier]

§ 367.

Wird ein Inhaberpapier, das dem Eigentümer gestohlen worden, verloren gegangen oder sonst abhanden gekommen ist, an einen Kaufmann, der Bankier- oder Geldwechslergeschäfte betreibt, veräußert oder verpfändet, so gilt dessen guter Glaube als ausgeschlossen, wenn zur Zeit der Veräußerung oder Verpfändung der Verlust des Papiers von einer öffentlichen Behörde oder von dem aus der Urkunde Verpflichteten im Deutschen Reichsanzeiger bekanntgemacht und seit dem Ablaufe des Jahres, in welchem die Veröffentlichung erfolgt ist, nicht mehr als ein Jahr verstrichen war.

Der gute Glaube des Erwerbers wird durch die Veröffentlichung im Deutschen Reichsanzeiger nicht ausgeschlossen, wenn der Erwerber die Veröffentlichung infolge besonderer Umstände weder kannte noch kennen mußte.

Auf Zins-, Renten- und Gewinnanteilscheine, die nicht später als in dem nächsten auf die Veräußerung oder Verpfändung folgenden Einlösungstermine fällig werden, sowie auf Banknoten und andere auf Sicht zahlbare unverzinsliche Inhaberpapiere finden diese Vorschriften keine Anwendung.

[Wartefrist beim Pfandverkauf]

§ 368.

Bei dem Verkauf eines Pfandes tritt, wenn die Verpfändung auf der Seite des Pfandgläubigers und des Verpfänders ein Handelsgeschäft ist, an die Stelle der im § 1234 des Bürgerlichen Gesetzbuchs bestimmten Frist von einem Monat eine solche von einer Woche.

Diese Vorschrift findet auf das gesetzliche Pfandrecht des Kommissionärs, des Spediteurs, des Lagerhalters und des Frachtführers entsprechende Anwendung, auf das Pfandrecht des Spediteurs und des Frachtführers auch dann, wenn nur auf ihrer Seite der Speditions- oder Frachtvertrag ein Handelsgeschäft ist.

[Kaufmännisches Zurückbehaltungsrecht]

§ 369.

Ein Kaufmann hat wegen der fälligen Forderungen, welche ihm gegen einen anderen Kaufmann aus den zwischen ihnen geschlossenen beiderseitigen Handelsgeschäften zustehen, **ein Zurückbehaltungsrecht** an den beweglichen Sachen und Wertpapieren des Schuldners, welche mit dessen Willen auf Grund von Handelsgeschäften in seinen Besitz gelangt sind, sofern er sie noch im Besitze hat, insbesondere mittels Konnossements, Ladescheins oder Lagerscheins darüber verfügen kann. Das Zurückbehaltungsrecht ist auch dann begründet, wenn das Eigentum an dem Gegenstande von dem Schuldner auf den Gläubiger übergegangen oder von einem Dritten für den Schuldner auf den Gläubiger übertragen, aber auf den Schuldner zurückzuübertragen ist.

Einem Dritten gegenüber besteht das Zurückbehaltungsrecht insoweit, als dem Dritten die Einwendungen gegen den Anspruch des Schuldners auf Herausgabe des Gegenstandes entgegengesetzt werden können.

Das Zurückbehaltungsrecht ist ausgeschlossen, wenn die Zurückbehaltung des Gegenstandes der von dem Schuldner vor oder bei der Übergabe erteilten Anweisung oder der von dem Gläubiger übernommenen Verpflichtung, in einer bestimmten Weise mit dem Gegenstande zu verfahren, widerstreitet.

Der Schuldner kann die Ausübung des Zurückbehaltungsrechts durch Sicherheitsleistung abwenden. Die Sicherheitsleistung durch Bürgen ist ausgeschlossen.

[Notzurückbehaltungsrecht]

§ 370.

Das Zurückbehaltungsrecht kann auch wegen nicht fälliger Forderungen geltend gemacht werden:

1. wenn über das Vermögen des Schuldners der Konkurs eröffnet ist oder der Schuldner seine Zahlungen eingestellt hat;
2. wenn eine Zwangsvollstreckung in das Vermögen des Schuldners ohne Erfolg versucht ist.

Der Geltendmachung des Zurückbehaltungsrechts steht die Anweisung des Schuldners oder die Übernahme der Verpflichtung, in einer bestimmten Weise mit dem Gegenstande zu verfahren, nicht entgegen, sofern die im Abs. 1 Nr. 1, 2 bezeichneten Tatsachen erst nach der Übergabe des Gegenstandes oder nach der Übernahme der Verpflichtung dem Gläubiger bekannt werden.

[Befriedigung kraft Zurückbehaltungsrechts]

§ 371.

Der Gläubiger ist kraft des Zurückbehaltungsrechts befugt, sich aus dem zurückbehaltenen Gegenstande für seine Forderung zu befriedigen. Steht einem Dritten ein Recht an dem Gegenstande zu, gegen welches das Zurückbehaltungsrecht nach § 369 Abs. 2 geltend gemacht werden kann, so hat der Gläubiger in Ansehung der Befriedigung aus dem Gegenstande den Vorrang.

Die Befriedigung erfolgt nach den für das Pfandrecht geltenden Vorschriften des Bürgerlichen Gesetzbuchs. An die Stelle der im § 1234 des Bürgerlichen Gesetzbuchs bestimmten Frist von einem Monate tritt eine solche von einer Woche.

Sofern die Befriedigung nicht im Wege der Zwangsvollstreckung stattfindet, ist sie erst zulässig, nachdem der Gläubiger einen vollstreckbaren Titel für sein Recht auf Befriedigung gegen den Eigentümer oder, wenn der Gegenstand ihm selbst gehört, gegen den Schuldner erlangt hat; in dem letzteren Falle finden die den Eigentümer betreffenden Vorschriften des Bürgerlichen Gesetzbuchs über die Befriedigung auf den Schuldner entsprechende Anwendung. In Ermangelung des vollstreckbaren Titels ist der Verkauf des Gegenstandes nicht rechtmäßig.

Die Klage auf Gestattung der Befriedigung kann bei dem Gericht, in dessen Bezirke der Gläubiger seinen allgemeinen Gerichtsstand oder den Gerichtsstand der Niederlassung hat, erhoben werden.

[Befriedigungsrecht u. Eigentumswechsel]

§ 372.

In Ansehung der Befriedigung aus dem zurückbehaltenen Gegenstande gilt zugunsten des Gläubigers der Schuldner, sofern er bei dem Besitzerwerbe des Gläubigers der Eigentümer des Gegenstandes war, auch weiter als Eigentümer, sofern nicht der Gläubiger weiß, daß der Schuldner nicht mehr Eigentümer ist.

Erwirbt ein Dritter nach dem Besitzerwerbe des Gläubigers von dem Schuldner das Eigentum, so muß er ein rechtskräftiges Urteil, das in einem zwischen dem Gläubiger und dem Schuldner wegen Gestattung der Befriedigung geführten Rechtsstreit ergangen ist, gegen sich gelten lassen, sofern nicht der Gläubiger bei dem Eintritte der Rechtshängigkeit gewußt hat, daß der Schuldner nicht mehr Eigentümer war.

Zweiter Abschnitt.

Handelskauf.

[Annahmeverzug des Käufers]

§ 373.

Ist der Käufer mit der Annahme der Ware im Verzuge, so kann der Verkäufer die Ware auf Gefahr und Kosten des Käufers in einem öffentlichen Lagerhaus oder sonst in sicherer Weise hinterlegen.

Er ist ferner befugt, nach vorgängiger Androhung die Ware öffentlich versteigern zu lassen; er kann, wenn die Ware einen Börsen- oder Marktpreis hat, nach vorgängiger Androhung den Verkauf auch aus freier Hand durch einen zu solchen Verkäufen öffentlich ermächtigten Handelsmäkler oder durch eine zur öffentlichen Versteigerung befugte Person zum laufenden Preise bewirken. Ist die Ware dem Verderb ausgesetzt und Gefahr im Verzuge, so bedarf es der vorgängigen Androhung nicht; dasselbe gilt, wenn die Androhung aus anderen Gründen untunlich ist.

Der Selbsthilfeverkauf erfolgt für Rechnung des säumigen Käufers.

Der Verkäufer und der Käufer können bei der öffentlichen Versteigerung mitbieten.

Im Falle der öffentlichen Versteigerung hat der Verkäufer den Käufer von der Zeit und dem Orte der Versteigerung vorher zu benachrichtigen; von dem vollzogenen Verkaufe hat er bei jeder Art des Verkaufs dem Käufer unverzüglich Nachricht zu geben. Im Falle der Unterlassung ist er zum Schadensersatze verpflichtet. Die Benachrichtigungen dürfen unterbleiben, wenn sie untunlich sind.

[Weitere Rechte nach BGB.] § 374.

Durch die Vorschriften des § 373 werden die Befugnisse nicht berührt, welche dem Verkäufer nach dem Bürgerlichen Gesetzbuche zustehen, wenn der Käufer im Verzuge der Annahme ist.

[Spezifikationskauf] § 375.

Ist bei dem Kaufe einer beweglichen Sache dem Käufer die nähere Bestimmung über Form, Maß oder ähnliche Verhältnisse vorbehalten, so ist der Käufer verpflichtet, die vorbehaltene Bestimmung zu treffen.

Ist der Käufer mit der Erfüllung dieser Verpflichtung im Verzuge, so kann der Verkäufer die Bestimmung statt des Käufers vornehmen oder gemäß § 326 des Bürgerlichen Gesetzbuchs Schadensersatz wegen Nichterfüllung fordern oder vom Vertrage zurücktreten. Im ersteren Falle hat der Verkäufer die von ihm getroffene Bestimmung dem Käufer mitzuteilen und ihm zugleich eine angemessene Frist zur Vornahme einer anderweitigen Bestimmung zu setzen. Wird eine solche innerhalb der Frist von dem Käufer nicht vorgenommen, so ist die von dem Verkäufer getroffene Bestimmung maßgebend.

[Fixhandelskauf] § 376.

Ist bedungen, daß die Leistung des einen Teiles genau zu einer fest bestimmten Zeit oder innerhalb einer fest bestimmten Frist bewirkt werden soll, so kann der andere Teil, wenn die Leistung nicht zu der bestimmten Zeit oder nicht innerhalb der bestimmten Frist erfolgt, von dem Vertrage zurückzutreten oder, falls der Schuldner im Verzug ist, statt der Erfüllung Schadensersatz wegen Nichterfüllung verlangen. Erfüllung kann er nur beanspruchen, wenn er sofort nach dem Ablaufe der Zeit oder der Frist dem Gegner anzeigt, daß er auf Erfüllung bestehe.

Wird Schadensersatz wegen Nichterfüllung verlangt und hat die Ware einen Börsen- oder Marktpreis, so kann der Unterschied des Kaufpreises und des Börsen- oder Marktpreises zur Zeit und am Orte der geschuldeten Leistung gefordert werden.

Das Ergebnis eines anderweit vorgenommenen Verkaufs oder Kaufes kann, falls die Ware einen Börsen- oder Marktpreis hat, dem Ersatzanspruche nur zugrunde gelegt werden, wenn der Verkauf oder Kauf sofort nach dem Ablaufe der bedungenen Leistungszeit oder Leistungsfrist bewirkt ist. Der Verkauf oder Kauf muß, wenn er nicht in öffentlicher Versteigerung geschieht, durch einen zu solchen Verkäufen oder Käufen öffentlich ermächtigten Handelsmäkler oder eine zur öffentlichen Versteigerung befugte Person zum laufenden Preise erfolgen.

Auf den Verkauf mittels öffentlicher Versteigerung findet die Vorschrift des § 373 Abs. 4 Anwendung. Von dem Verkauf oder Kaufe hat der Gläubiger den Schuldner unverzüglich zu benachrichten; im Falle der Unterlassung ist er zum Schadensersatze verpflichtet.

[Kaufmännische Rügepflicht] **§ 377.**

Ist der Kauf für beide Teile ein Handelsgeschäft, so hat der Käufer die Ware unverzüglich nach der Ablieferung durch den Verkäufer, soweit dies nach ordnungsmäßigem Geschäftsgange tunlich ist, zu untersuchen und, wenn sich ein Mangel zeigt, dem Verkäufer unverzüglich Anzeige zu machen.

Unterläßt der Käufer die Anzeige, so gilt die Ware als genehmigt, es sei denn, daß es sich um einen Mangel handelt, der bei der Untersuchung nicht erkennbar war.

Zeigt sich später ein solcher Mangel, so muß die Anzeige unverzüglich nach der Entdeckung gemacht werden; anderenfalls gilt die Ware auch in Ansehung dieses Mangels als genehmigt.

Zur Erhaltung der Rechte des Käufers genügt die rechtzeitige Absendung der Anzeige.

Hat der Verkäufer den Mangel arglistig verschwiegen, so kann er sich auf diese Vorschriften nicht berufen.

[Falschlieferung] **§ 378.**

Die Vorschriften des § 377 finden auch dann Anwendung, wenn eine andere als die bedungene Ware oder eine andere als die bedungene Menge von Waren geliefert ist, sofern die gelieferte Ware nicht offensichtlich von der Bestellung so erheblich abweicht, daß der Verkäufer die Genehmigung des Käufers als ausgeschlossen betrachten mußte.

[Aufbewahrungspflicht] **§ 379.**

Ist der Kauf für beide Teile ein Handelsgeschäft, so ist der Käufer, wenn er die ihm von einem anderen Orte übersendete Ware beanstandet, verpflichtet, für ihre einstweilige Aufbewahrung zu sorgen.

Er kann die Ware, wenn sie dem Verderb ausgesetzt und Gefahr im Verzug ist, unter Beobachtung der Vorschriften des § 373 verkaufen lassen.

[Kaufpreis u. Gewicht] **§ 380.**

Ist der Kaufpreis nach dem Gewichte der Ware zu berechnen, so kommt das Gewicht der Verpackung (Taragewicht) in Abzug, wenn nicht aus dem Vertrag oder dem Handelsgebrauche des Ortes, an welchem der Verkäufer zu erfüllen hat, sich ein anderes ergibt.

Ob und in welcher Höhe das Taragewicht nach einem bestimmten Ansatz oder Verhältnisse statt nach genauer Ausmittelung abzuziehen ist, sowie, ob und wieviel als Gutgewicht zugunsten des Käufers zu berechnen ist oder als Vergütung für schadhafte oder unbrauchbare Teile (Refaktie) gefordert werden kann, bestimmt sich nach dem Vertrag oder dem Handelsgebrauche des Ortes, an welchem der Verkäufer zu erfüllen hat.

[Kauf von Wertpapieren. Werklieferungsvertrag] **§ 381.**

Die in diesem Abschnitte für den Kauf von Waren getroffenen Vorschriften gelten auch für den Kauf von Wertpapieren.

Sie finden auch Anwendung, wenn aus einem von dem Unternehmer zu beschaffenden Stoffe eine nicht vertretbare bewegliche Sache herzustellen ist.

[Viehmängel nach BGB.] **§ 382.**

Die Vorschriften der §§ 481 bis 492 des Bürgerlichen Gesetzbuchs über die Gewährleistung bei Viehmängeln werden durch die Vorschriften dieses Abschnitts nicht berührt.

Dritter Abschnitt.

Kommissionsgeschäft.[1])

[Begriff des Kommissionärs] **§ 383.**

Kommissionär ist, wer es gewerbsmäßig übernimmt, Waren oder Wertpapiere für Rechnung eines anderen **(des Kommittenten)** in eigenem Namen zu kaufen oder zu verkaufen).

1) Eine wichtige Ergänzung für den Effekten-Kommissionär bietet das Ges. über die Pflichten der Kaufleute zur Aufbewahrung fremder Wertpapiere (sog. Depotgesetz) vom 5. Juli 1896 (RGBl. S. 183) in der Fassung vom 21. November 1923 (RGBl. I S. 1119).

[Pflichten des Kommissionärs] **§ 384.**

Der Kommissionär ist verpflichtet, das übernommene Geschäft mit der Sorgfalt eines ordentlichen Kaufmanns auszuführen; er hat hierbei das Interesse des Kommittenten wahrzunehmen und dessen Weisungen zu befolgen.

Er hat dem Kommittenten die erforderlichen Nachrichten zu geben, insbesondere von der Ausführung der Kommission unverzüglich Anzeige zu machen; er ist verpflichtet, dem Kommittenten über das Geschäft Rechenschaft abzulegen und ihm dasjenige herauszugeben, was er aus der Geschäftsbesorgung erlangt hat.

Der Kommissionär haftet dem Kommittenten für die Erfüllung des Geschäfts, wenn er ihm nicht zugleich mit der Anzeige von der Ausführung der Kommission den Dritten namhaft macht, mit dem er das Geschäft abgeschlossen hat.

[Abweichung von den Weisungen] **§ 385.**

Handelt der Kommissionär nicht gemäß den Weisungen des Kommittenten, so ist er diesem zum Ersatze des Schadens verpflichtet; der Kommittent braucht das Geschäft nicht für seine Rechnung gelten zu lassen.

Die Vorschriften des § 665 des Bürgerlichen Gesetzbuchs bleiben unberührt.

[Preisbegrenzung] **§ 386.**

Hat der Kommissionär unter dem ihm gesetzten Preise verkauft oder hat er den ihm für den Einkauf gesetzten Preis überschritten, so muß der Kommittent, falls er das Geschäft als nicht für seine Rechnung abgeschlossen zurückweisen will, dies unverzüglich auf die Anzeige von der Ausführung des Geschäfts erklären; anderenfalls gilt die Abweichung von der Preisbestimmung als genehmigt.

Erbietet sich der Kommissionär zugleich mit der Anzeige von der Ausführung des Geschäfts zur Deckung des Preisunterschieds, so ist der Kommittent zur Zurückweisung nicht berechtigt. Der Anspruch des Kommittenten auf den Ersatz eines den Preisunterschied übersteigenden Schadens bleibt unberührt.

[Abschluß zu vorteilhafteren Bedingungen] **§ 387.**

Schließt der Kommissionär zu vorteilhafteren Bedingungen ab, als sie ihm von dem Kommittenten gesetzt worden sind, so kommt dies dem Kommittenten zustatten.

Dies gilt insbesondere, wenn der Preis, für welchen der Kommissionär verkauft, den von dem Kommittenten bestimmten niedrigsten Preis übersteigt oder wenn der Preis, für welchen er einkauft, den von dem Kommittenten bestimmten höchsten Preis nicht erreicht.

[Pflichten bei beschädigtem Gut] **§ 388.**

Befindet sich das Gut, welches dem Kommissionär zugesendet ist, bei der Ablieferung in einem beschädigten oder mangelhaften Zustande, der äußerlich erkennbar ist, so hat der Kommissionär die Rechte gegen den Frachtführer oder Schiffer zu wahren, für den Beweis des Zustandes zu sorgen und dem Kommittenten unverzüglich Nachricht zu geben; im Falle der Unterlassung ist er zum Schadensersatze verpflichtet.

Ist das Gut dem Verderb ausgesetzt oder treten später Veränderungen an dem Gute ein, die dessen Entwertung befürchten lassen, und ist keine Zeit vorhanden, die Verfügung des Kommittenten einzuholen, oder ist der Kommittent in der Erteilung der Verfügung säumig, so kann der Kommissionär den Verkauf des Gutes nach Maßgabe der Vorschriften des § 373 bewirken.

[Recht zur Hinterlegung u. zum Notverkauf] **§ 389.**

Unterläßt der Kommittent über das Gut zu verfügen, obwohl er dazu nach Lage der Sache verpflichtet ist, so hat der Kommissionär die nach § 373 dem Verkäufer zustehenden Rechte.

[Verwahrungspflicht] **§ 390.**

Der Kommissionär ist für den Verlust und die Beschädigung des in seiner Verwahrung befindlichen Gutes verantwortlich, es sei denn, daß der Verlust oder die Beschädigung auf Umständen beruht, die durch die Sorgfalt eines ordentlichen Kaufmanns nicht abgewendet werden konnten.

Der Kommissionär ist wegen der Unterlassung der Versicherung des Gutes nur verantwortlich, wenn er von dem Kommittenten angewiesen war, die Versicherung zu bewirken.

[Rügepflicht des Kommittenten bei Einkaufskommission] **§ 391.**

Ist eine Einkaufskommission erteilt, die für beide Teile ein Handelsgeschäft ist, so finden in Bezug auf die Verpflichtung des Kommittenten, das Gut zu untersuchen und dem Kommissionär von den entdeckten Mängeln Anzeige zu machen, sowie in Bezug auf die Sorge für die Aufbewahrung des beanstandeten Gutes und auf den Verkauf bei drohendem Verderbe die für den Käufer geltenden Vorschriften der §§ 377 bis 379 entsprechende Anwendung. Der Anspruch des Kommittenten auf Abtretung der Rechte, die dem Kommissionär gegen den Dritten zustehen, von welchem er das Gut für Rechnung des Kommittenten gekauft hat, wird durch eine verspätete Anzeige des Mangels nicht berührt.

[Die Forderungen aus dem Ausführungsgeschäft]

§ 392.

Forderungen aus einem Geschäfte, das der Kommissionär abgeschlossen hat, kann der Kommittent dem Schuldner gegenüber erst nach der Abtretung geltend machen.

Jedoch gelten solche Forderungen, auch wenn sie nicht abgetreten sind, im Verhältnisse zwischen dem Kommittenten und dem Kommissionär oder dessen Gläubigern als Forderungen des Kommittenten.

[Vorschuß- u. Kreditgewährung an den Dritten]

§ 393.

Wird von dem Kommissionär ohne Zustimmung des Kommittenten einem Dritten ein Vorschuß geleistet oder Kredit gewährt, so handelt der Kommissionär auf eigene Gefahr.

Insoweit jedoch der Handelsgebrauch am Orte des Geschäfts die Stundung des Kaufpreises mit sich bringt, ist in Ermangelung einer anderen Bestimmung des Kommittenten auch der Kommissionär dazu berechtigt.

Verkauft der Kommissionär unbefugt auf Kredit, so ist er verpflichtet, dem Kommittenten sofort als Schuldner des Kaufpreises die Zahlung zu leisten. Wäre beim Verkaufe gegen bar der Preis geringer gewesen, so hat der Kommissionär nur den geringeren Preis und, wenn dieser niedriger ist als der ihm gesetzte Preis, auch den Unterschied nach § 386 zu vergüten.

[Delkrederehaftung]

§ 394.

Der Kommissionär hat für die Erfüllung der Verbindlichkeit des Dritten, mit dem er das Geschäft für Rechnung des Kommittenten abschließt, einzustehen, wenn dies von ihm übernommen oder am Orte seiner Niederlassung Handelsgebrauch ist.

Der Kommissionär, der für den Dritten einzustehen hat, ist dem Kommittenten für die Erfüllung im Zeitpunkte des Verfalls unmittelbar insoweit verhaftet, als die Erfüllung aus dem Vertragsverhältnisse gefordert werden kann. Er kann eine besondere Vergütung (Delkredereprovision) beanspruchen.

[Wechselankauf]

§ 395.

Ein Kommissionär, der den Ankauf eines Wechsels übernimmt, ist verpflichtet, den Wechsel, wenn er ihn indossiert, in üblicher Weise und ohne Vorbehalt zu indossieren.

[Anspruch auf Provision]

§ 396.

Der Kommissionär kann die Provision fordern, wenn das Geschäft zur Ausführung gekommen ist. Ist das Geschäft nicht zur Ausführung gekommen, so hat er gleichwohl den Anspruch auf die

Auslieferungsprovision, sofern eine solche ortsgebräuchlich ist; auch kann er die Provision verlangen, wenn die Ausführung des von ihm abgeschlossenen Geschäfts nur aus einem in der Person des Kommittenten liegenden Grunde unterblieben ist.

Zu dem von den Kommittenten für Aufwendungen des Kommissionärs nach den §§ 670, 675 des Bürgerlichen Gesetzbuchs zu leistenden Ersatze gehört auch die Vergütung für die Benutzung der Lagerräume und der Beförderungsmittel des Kommissionärs.

[Gesetzliches Pfandrecht] **§ 397.**

Der Kommissionär hat an dem Kommissionsgute, sofern er es im Besitze hat, insbesondere mittels Konnossements, Ladescheins oder Lagerscheins darüber verfügen kann, ein Pfandrecht wegen der auf das Gut verwendeten Kosten, der Provision, der auf das Gut gegebenen Vorschüsse und Darlehen, der mit Rücksicht auf das Gut gezeichneten Wechsel oder in anderer Weise eingegangenen Verbindlichkeiten sowie wegen aller Forderungen aus laufender Rechnung in Kommissionsgeschäften.

[Pfandrecht an eigenem Gut] **§ 398.**

Der Kommissionär kann sich, auch wenn er Eigentümer des Kommissionsguts ist, für die im § 397 bezeichneten Ansprüche nach Maßgabe der für das Pfandrecht geltenden Vorschriften aus dem Gute befriedigen.

[Vorzugsrecht des Kommissionärs an den Forderungen aus dem Ausführungsgeschäft] **§ 399.**

Aus den Forderungen, welche durch das für Rechnung des Kommittenten geschlossene Geschäft begründet sind, kann sich der Kommissionär für die im § 397 bezeichneten Ansprüche vor dem Kommittenten und dessen Gläubigern befriedigen.

[Selbsteintrittsrecht des Kommissionärs] **§ 400.**

Die Kommission zum Einkauf oder zum Verkaufe von Waren, die einen Börsen- oder Marktpreis haben, sowie von Wertpapieren, bei denen ein Börsen- oder Marktpreis amtlich festgestellt wird, kann, wenn der Kommittent nicht ein anderes bestimmt hat, von dem Kommissionär dadurch ausgeführt werden, daß er das Gut, welches er einkaufen soll, selbst als Verkäufer liefert oder das Gut, welches er verkaufen soll, selbst als Käufer übernimmt.

Im Falle einer solchen Ausführung der Kommission beschränkt

sich die Pflicht des Kommissionärs, Rechenschaft über die Abschließung des Kaufes oder Verkaufs abzulegen, auf den Nachweis, daß bei dem berechneten Preise der zur Zeit der Ausführung der Kommission bestehende Börsen- oder Marktpreis eingehalten ist. Als Zeit der Ausführung gilt der Zeitpunkt, in welchem der Kommissionär die Anzeige von der Ausführung zur Absendung an den Kommittenten abgegeben hat.

Ist bei einer Kommission, die während der Börsen- oder Marktzeit auszuführen war, die Ausführungsanzeige erst nach dem Schlusse der Börse oder des Marktes zur Absendung abgegeben, so darf der berechnete Preis für den Kommittenten nicht ungünstiger sein als der Preis, der am Schlusse der Börse oder des Marktes bestand.

Bei einer Kommission, die zu einem bestimmten Kurse (erster Kurs, Mittelkurs, letzter Kurs) ausgeführt werden soll, ist der Kommissionär ohne Rücksicht auf den Zeitpunkt der Absendung der Ausführungsanzeige berechtigt und verpflichtet, diesen Kurs dem Kommittenten in Rechnung zu stellen.

Bei Wertpapieren und Waren, für welche der Börsen- oder Marktpreis amtlich festgestellt wird, kann der Kommissionär im Falle der Ausführung der Kommission durch Selbsteintritt dem Kommittenten keinen ungünstigeren Preis als den amtlich festgestellten in Rechnung stellen.

[Berechnung eines günstigeren Preises]

§ 401.

Auch im Falle der Ausführung der Kommission durch Selbsteintritt hat der Kommissionär, wenn er bei Anwendung pflichtmäßiger Sorgfalt die Kommission zu einem günstigeren als dem nach § 400 sich ergebenden Preise ausführen konnte, dem Kommittenten den günstigeren Preis zu berechnen.

Hat der Kommissionär vor der Absendung der Ausführungsanzeige aus Anlaß der erteilten Kommission an der Börse oder am Markte ein Geschäft mit einem Dritten abgeschlossen, so darf er dem Kommittenten keinen ungünstigeren als den hierbei vereinbarten Preis berechnen.

[Preisberechnungsvorschriften sind zwingend]

§ 402.

Die Vorschriften des § 400 Abs. 2 bis 5 und des § 401 können nicht durch Vertrag zum Nachteile des Kommittenten abgeändert werden.

[Provision beim Selbsteintritt]

§ 403.

Der Kommissionär, der das Gut selbst als Verkäufer liefert oder als Käufer übernimmt, ist zu der gewöhnlichen Provision berechtigt und kann die bei Kommissionsgeschäften sonst regelmäßig vorkommenden Kosten berechnen.

[Pfandrecht beim Selbsteintritt] **§ 404.**

Die Vorschriften der §§ 397, 398 finden auch im Falle der Ausführung der Kommission durch Selbsteintritt Anwendung.

[Ausübung des Selbsteintrittsrechts] **§ 405.**

Zeigt der Kommissionär die Ausführung der Kommission an, ohne ausdrücklich zu bemerken, daß er selbst eintreten wolle, so gilt dies als Erklärung, daß die Ausführung durch Abschluß des Geschäfts mit einem Dritten für Rechnung des Kommittenten erfolgt sei.

Eine Vereinbarung zwischen dem Kommittenten und dem Kommissionär, daß die Erklärung darüber, ob die Kommission durch Selbsteintritt oder durch Abschluß mit einem Dritten ausgeführt sei, später als am Tage der Ausführungsanzeige abgegeben werden dürfe, ist nichtig.

Widerruft der Kommittent die Kommission und geht der Widerruf dem Kommissionär zu, bevor die Ausführungsanzeige zur Absendung abgegeben ist, so steht dem Kommissionär das Recht des Selbsteintritts nicht mehr zu.

[Anwendung der Vorschriften auf uneigentliche Kommissionsgeschäfte] **§ 406.**

Die Vorschriften dieses Abschnitts kommen auch zur Anwendung, wenn ein Kommissionär im Betriebe seines Handelsgewerbes ein Geschäft anderer als der im § 383 bezeichneten Art für Rechnung eines anderen in eigenem Namen zu schließen übernimmt. Das gleiche gilt, wenn ein Kaufmann, der nicht Kommissionär ist, im Betriebe seines Handelsgewerbes ein Geschäft in der bezeichneten Weise zu schließen übernimmt.

Als Einkaufs- und Verkaufskommission im Sinne dieses Abschnitts gilt auch eine Kommission, welche die Lieferung einer nicht vertretbaren beweglichen Sache, die aus einem von dem Unternehmer zu beschaffenden Stoffe herzustellen ist, zum Gegenstande hat.

Vierter Abschnitt.

Speditionsgeschäft.

[Begriff des Spediteurs] **§ 407.**

Spediteur ist, wer es gewerbsmäßig übernimmt, Güterversendungen durch Frachtführer oder durch Verfrachter von Seeschiffen für Rechnung eines anderen **(des Versenders)** in eigenem Namen zu besorgen[1]).

Auf die Rechte und Pflichten des Spediteurs finden, soweit dieser Abschnitt keine Vorschriften enthält, die für den Kommissionär

---

[1]) Siehe Anm. zu § 425.

geltenden Vorschriften, insbesondere die Vorschriften der §§ 388 bis 390 über die Empfangnahme, die Aufbewahrung und die Versicherung des Gutes, Anwendung.

[Pflichten des Spediteurs] **§ 408.**

Der Spediteur hat die Versendung, insbesondere die Wahl der Frachtführer, Verfrachter und Zwischenspediteure, mit der Sorgfalt eines ordentlichen Kaufmanns auszuführen; er hat hierbei das Interesse des Versenders wahrzunehmen und dessen Weisungen zu befolgen.

Der Spediteur ist nicht berechtigt, dem Versender eine höhere als die mit dem Frachtführer oder dem Verfrachter bedungene Fracht zu berechnen.

[Anspruch auf Provision] **§ 409.**

Der Spediteur hat die Provision zu fordern, wenn das Gut dem Frachtführer oder dem Verfrachter zur Beförderung übergeben ist.

[Gesetzliches Pfandrecht] **§ 410.**

Der Spediteur hat wegen der Fracht, der Provision, der Auslagen und Verwendungen sowie wegen der auf das Gut gegebenen Vorschüsse ein Pfandrecht an dem Gute, sofern er es noch im Besitze hat, insbesondere mittels Konnossements, Ladescheins oder Lagerscheins darüber verfügen kann.

[Zwischenspediteur] **§ 411.**

Bedient sich der Spediteur eines Zwischenspediteurs, so hat dieser zugleich die seinem Vormanne zustehenden Rechte, insbesondere dessen Pfandrecht, auszuüben.

Soweit der Vormann wegen seiner Forderung von dem Nachmanne befriedigt wird, geht die Forderung und das Pfandrecht des Vormanns auf den Nachmann über. Dasselbe gilt von der Forderung und dem Pfandrechte des Frachtführers, soweit der Zwischenspediteur ihn befriedigt.

[Selbsteintrittsrecht des Spediteurs] **§ 412.**

Der Spediteur ist, wenn nicht ein anderes bestimmt ist, befugt, die Beförderung des Gutes selbst auszuführen.

Macht er von dieser Befugnis Gebrauch, so hat er zugleich die Rechte und Pflichten eines Frachtführers oder Verfrachters; er kann die Provision, die bei Speditionsgeschäften sonst regelmäßig vorkommenden Kosten sowie die gewöhnliche Fracht verlangen.

[Spedition mit fixen Spesen. Sammelladungsspedition]

§ 413.

Hat sich der Spediteur mit dem Versender über einen bestimmten Satz der Beförderungskosten geeinigt, so hat er ausschließlich die Rechte und Pflichten eines Frachtführers. Er kann in einem solchen Falle Provision nur verlangen, wenn es besonders vereinbart ist.

Bewirkt der Spediteur die Versendung des Gutes zusammen mit den Gütern anderer Versender auf Grund eines für seine Rechnung über eine Sammelladung geschlossenen Frachtvertrags, so finden die Vorschriften des Abs. 1 Anwendung, auch wenn eine Einigung über einen bestimmten Satz der Beförderungskosten nicht stattgefunden hat. Der Spediteur kann in diesem Falle eine den Umständen nach angemessene Fracht, höchstens aber die für die Beförderung des einzelnen Gutes gewöhnliche Fracht verlangen.

[Verjährung der Ansprüche gegen den Spediteur]

§ 414.

Die Ansprüche gegen den Spediteur wegen Verlustes, Minderung, Beschädigung oder verspäteter Ablieferung des Gutes verjähren in einem Jahre. Die Verjährungsfrist kann durch Vertrag verlängert werden.

Die Verjährung beginnt im Falle der Beschädigung oder Minderung mit dem Ablaufe des Tages, an welchem die Ablieferung stattgefunden hat, im Falle des Verlustes oder der verspäteten Ablieferung mit dem Ablaufe des Tages, an welchem die Ablieferung hätte bewirkt sein müssen.

Die im Abs. 1 bezeichneten Ansprüche können nach der Vollendung der Verjährung nur aufgerechnet werden, wenn vorher der Verlust, die Minderung, die Beschädigung oder die verspätete Ablieferung dem Spediteur angezeigt oder die Anzeige an ihn abgesendet worden ist. Der Anzeige an den Spediteur steht es gleich, wenn gerichtliche Beweisaufnahme zur Sicherung des Beweises beantragt oder in einem zwischen dem Versender und dem Empfänger oder einem späteren Erwerber des Gutes wegen des Verlustes, der Minderung, der Beschädigung oder der verspäteten Ablieferung anhängigen Rechtsstreite dem Spediteur der Streit verkündet wird.

Diese Vorschriften finden keine Anwendung, wenn der Spediteur den Verlust, die Minderung, die Beschädigung oder die verspätete Ablieferung des Gutes vorsätzlich herbeigeführt hat.

[Anwendung der Vorschriften auf uneigentliche Speditionsgeschäfte]

§ 415.

Die Vorschriften dieses Abschnitts kommen auch zur Anwendung, wenn ein Kaufmann, der nicht Spediteur ist, im Betriebe seines Handelsgewerbes eine Güterversendung durch Frachtführer oder Verfrachter für Rechnung eines anderen in eigenem Namen zu besorgen übernimmt.

Fünfter Abschnitt.

Lagergeschäft.

[Begriff des Lagerhalters] **§ 416.**

Lagerhalter ist, wer gewerbsmäßig die Lagerung und Aufbewahrung von Gütern übernimmt.

[Rechte u. Pflichten des Lagerhalters] **§ 417.**

Auf die Rechte und Pflichten des Lagerhalters in Ansehung der Empfangnahme, Aufbewahrung und Versicherung des Gutes finden die für den Kommissionär geltenden Vorschriften der §§ 388 bis 390 Anwendung.

Treten Veränderungen an dem Gute ein, welche dessen Entwertung befürchten lassen, so hat der Lagerhalter den Einlagerer hiervon unverzüglich zu benachrichtigen. Versäumt er dies, so hat er den daraus entstehenden Schaden zu ersetzen.

[Besichtigung. Probenentnahme. Erhaltungshandlungen] **§ 418.**

Der Lagerhalter hat dem Einlagerer die Besichtigung des Gutes, die Entnahme von Proben und die zur Erhaltung des Gutes notwendigen Handlungen während der Geschäftsstunden zu gestatten.

[Sammellagergeschäft] **§ 419.**

Im Falle der Lagerung vertretbarer Sachen ist der Lagerhalter zu ihrer Vermischung mit anderen Sachen von gleicher Art und Güte nur befugt, wenn ihm dies ausdrücklich gestattet ist.

Der Lagerhalter erwirbt auch in diesem Falle nicht das Eigentum des Gutes; aus dem durch die Vermischung entstandenen Gesamtvorrate kann er jedem Einlagerer den ihm gebührenden Anteil ausliefern, ohne daß er hierzu der Genehmigung der übrigen Beteiligten bedarf.

Ist das Gut in der Art hinterlegt, daß das Eigentum auf den Lagerhalter übergehen und dieser verpflichtet sein soll, Sachen von gleicher Art, Güte und Menge zurückzugewähren, so finden die Vorschriften dieses Abschnitts keine Anwendung.

[Lagerkosten] **§ 420.**

Der Lagerhalter hat Anspruch auf das bedungene oder ortsübliche Lagergeld sowie auf Erstattung der Auslagen für Fracht und Zölle und der sonst für das Gut gemachten Aufwendungen, soweit er sie den Umständen nach für erforderlich halten durfte.

Von den hiernach dem Lagerhalter zukommenden Beträgen (Lagerkosten) sind die baren Auslagen sofort zu erstatten.

Die sonstigen Lagerkosten sind nach dem Ablaufe von je drei Monaten seit der Einlieferung oder, wenn das Gut in der Zwischenzeit zurückgenommen wird, bei der Rücknahme zu erstatten; wird das Gut teilweise zurückgenommen, so ist nur ein entsprechender Teil zu berichtigen, es sei denn, daß das auf dem Lager verbleibende Gut zur Sicherung des Lagerhalters nicht ausreicht.

[Gesetzliches Pfandrecht]

§ 421.

Der Lagerhalter hat wegen der Lagerkosten ein Pfandrecht an dem Gute, solange er es im Besitze hat, insbesondere mittels Konnossements, Ladescheins oder Lagerscheins darüber verfügen kann.

[Anspruch des Lagerhalters auf Rücknahme]

§ 422.

Der Lagerhalter kann nicht verlangen, daß der Einlagerer das Gut vor dem Ablaufe der bedungenen Lagerzeit und, falls eine solche nicht bedungen ist, daß er es vor dem Ablaufe von drei Monaten nach der Einlieferung zurücknehme. Ist eine Lagerzeit nicht bedungen oder behält der Lagerhalter nach dem Ablaufe der bedungenen Lagerzeit das Gut auf dem Lager, so kann er die Rücknahme nur nach vorgängiger Kündigung unter Einhaltung einer Kündigungsfrist von einem Monate verlangen.

Der Lagerhalter ist berechtigt, die Rücknahme des Gutes vor dem Ablaufe der Lagerzeit und ohne Einhaltung einer Kündigungsfrist zu verlangen, wenn ein wichtiger Grund vorliegt.

[Verjährung der Ansprüche gegen den Lagerhalter]

§ 423.

Auf die Verjährung der Ansprüche gegen den Lagerhalter wegen Verlustes, Minderung, Beschädigung oder verspäteter Ablieferung des Gutes finden die Vorschriften des § 414 entsprechende Anwendung. Im Falle des gänzlichen Verlustes beginnt die Verjährung mit dem Ablaufe des Tages, an welchem der Lagerhalter dem Einlagerer Anzeige von dem Verluste macht.

[Der indossabele Lagerschein ist Traditionspapier]

§ 424.

Ist von dem Lagerhalter ein Lagerschein ausgestellt, der durch Indossament übertragen werden kann, so hat, wenn das Gut von dem Lagerhalter übernommen ist, die Übergabe des Lagerscheins an denjenigen, welcher durch den Schein zur Empfangnahme des Gutes legitimiert wird, für den Erwerb von Rechten an dem Gute dieselben Wirkungen wie die Übergabe des Gutes [1]).

---

[1]) Landesrechtlich kann das sog. Zweischeinsystem eingeführt werden. Siehe Art. 16 EG. z. HGB.

Sechster Abschnitt.

Frachtgeschäft.

[Begriff des Frachtführers] **§ 425.**

Frachtführer ist, wer es gewerbsmäßig übernimmt, die Beförderung von Gütern zu Lande oder auf Flüssen oder sonstigen Binnengewässern auszuführen[1]).

[Frachtbrief] **§ 426.**

Der Frachtführer kann die Ausstellung eines Frachtbriefs verlangen.

Der Frachtbrief soll enthalten:

1. den Ort und den Tag der Ausstellung;
2. den Namen und den Wohnort des Frachtführers;
3. den Namen dessen, an welchen das Gut abgeliefert werden soll (des Empfängers);
4. den Ort der Ablieferung;
5. die Bezeichnung des Gutes nach Beschaffenheit, Menge und Merkzeichen;
6. die Bezeichnung der für eine zoll- oder steueramtliche Behandlung oder polizeiliche Prüfung nötigen Begleitpapiere;
7. die Bestimmung über die Fracht sowie im Falle ihrer Vorausbezahlung einen Vermerk über die Vorausbezahlung;
8. die besonderen Vereinbarungen, welche die Beteiligten über andere Punkte, namentlich über die Zeit, innerhalb welcher die Beförderung bewirkt werden soll, über die Entschädigung wegen verspäteter Ablieferung und über die auf dem Gute haftenden Nachnahmen, getroffen haben;
9. die Unterschrift des Absenders; eine im Wege der mechanischen Vervielfältigung hergestellte Unterschrift ist genügend.

Der Absender haftet dem Frachtführer für die Richtigkeit und die Vollständigkeit der in den Frachtbrief aufgenommenen Angaben.

[Begleitpapiere] **§ 427.**

Der Absender ist verpflichtet, dem Frachtführer die Be-

---

[1]) Für das Frachtgeschäft zur Beförderung von Gütern auf der Eisenbahn gelten außer dem sechsten Abschnitt noch zahlreiche Sondervorschriften. Siehe §§ 453 ff.

Für das Frachtgeschäft zur Beförderung von Gütern auf Flüssen und sonstigen Binnengewässern gilt das Binnenschiffahrtsges. v. 15. Juni 1895 in der Fassung der Bek. vom 20. Mai 1898 (RGBl. S. 868) §§ 26—77.

Für das Seefrachtgeschäft siehe §§ 556 ff. HGB.

gleitpapiere zu übergeben, welche zur Erfüllung der Zoll-, Steuer- oder Polizeivorschriften vor der Ablieferung an den Empfänger erforderlich sind. Er haftet dem Frachtführer, sofern nicht diesem ein Verschulden zur Last fällt, für alle Folgen, die aus dem Mangel, der Unzulänglichkeit oder der Unrichtigkeit der Papiere entstehen.

[Beförderungszeit]

§ 428.

Ist über die Zeit, binnen welcher der Frachtführer die Beförderung bewirken soll, nichts bedungen, so bestimmt sich die Frist, innerhalb deren er die Reise anzutreten und zu vollenden hat, nach dem Ortsgebrauche. Besteht ein Ortsgebrauch nicht, so ist die Beförderung binnen einer den Umständen nach angemessenen Frist zu bewirken.

Wird der Antritt oder die Fortsetzung der Reise ohne Verschulden des Absenders zeitweilig verhindert, so kann der Absender von dem Vertrage zurücktreten; er hat jedoch den Frachtführer, wenn diesem kein Verschulden zur Last fällt, für die Vorbereitung der Reise, die Wiederausladung und den zurückgelegten Teil der Reise zu entschädigen. Über die Höhe der Entschädigung entscheidet der Ortsgebrauch; besteht ein Ortsgebrauch nicht, so ist eine den Umständen nach angemessene Entschädigung zu gewähren.

[Haftung für Verlust u. Beschädigung, Versäumung der Lieferzeit. Kostbarkeiten]

§ 429.

Der Frachtführer haftet für den Schaden, der durch Verlust oder Beschädigung des Gutes in der Zeit von der Annahme bis zur Ablieferung oder durch Versäumung der Lieferzeit entsteht, es sei denn, daß der Verlust, die Beschädigung oder die Verspätung auf Umständen beruht, die durch die Sorgfalt eines ordentlichen Frachtführers nicht abgewendet werden konnten.

Für den Verlust oder die Beschädigung von Kostbarkeiten, Kunstgegenständen, Geld und Wertpapieren haftet der Frachtführer nur, wenn ihm diese Beschaffenheit oder der Wert des Gutes bei der Übergabe zur Beförderung angegeben worden ist.

[Höhe des Schadensersatzes bei Verlust u. Beschädigung]

§ 430.

Muß auf Grund des Frachtvertrags von dem Frachtführer für gänzlichen oder teilweisen Verlust des Gutes Ersatz geleistet werden, so ist der gemeine Handelswert und in dessen Ermangelung der gemeine Wert zu ersetzen, welchen Gut derselben Art und Beschaffenheit am Orte der Ablieferung in dem Zeitpunkte hatte, in welchem die Ablieferung zu bewirken war; hiervon kommt in Abzug, was infolge des Verlustes an Zöllen und sonstigen Kosten sowie an Fracht erspart ist.

Im Falle der Beschädigung ist der Unterschied zwischen dem Verkaufswerte des Gutes im beschädigten Zustand und dem gemeinen Handelswert oder dem gemeinen Werte zu ersetzen, welchen das Gut ohne die Beschädigung am Orte und zur Zeit der Ablieferung gehabt haben würde; hiervon kommt in Abzug, was infolge der Beschädigung an Zöllen und sonstigen Kosten erspart ist.

Ist der Schaden durch Vorsatz oder grobe Fahrlässigkeit des Frachtführers herbeigeführt, so kann Ersatz des vollen Schadens gefordert werden.

[Haftung des Frachtführers für seine Leute] **§ 431.**

Der Frachtführer hat ein Verschulden seiner Leute und ein Verschulden anderer Personen, deren er sich bei der Ausführung der Beförderung bedient, in gleichem Umfange zu vertreten wie eigenes Verschulden.

[Teilfrachtführer. Samtfrachtführer] **§ 432.**

Übergibt der Frachtführer zur Ausführung der von ihm übernommenen Beförderung das Gut einem anderen Frachtführer, so haftet er für die Ausführung der Beförderung bis zur Ablieferung des Gutes an den Empfänger.

Der nachfolgende Frachtführer tritt dadurch, daß er das Gut mit dem ursprünglichen Frachtbrief annimmt, diesem gemäß in den Frachtvertrag ein und übernimmt die selbständige Verpflichtung, die Beförderung nach dem Inhalte des Frachtbriefs auszuführen.

Hat auf Grund dieser Vorschriften einer der beteiligten Frachtführer Schadensersatz geleistet, so steht ihm der Rückgriff gegen denjenigen zu, welcher den Schaden verschuldet hat. Kann dieser nicht ermittelt werden, so haben die beteiligten Frachtführer den Schaden nach dem Verhältnis ihrer Anteile an der Fracht gemeinsam zu tragen, soweit nicht festgestellt wird, daß der Schaden nicht auf ihrer Beförderungsstrecke entstanden ist.

[Verfügungsrecht des Absenders] **§ 433.**

Der Absender kann den Frachtführer anweisen, das Gut anzuhalten, zurückzugeben oder an einen anderen als den im Frachtbriefe bezeichneten Empfänger auszuliefern. Die Mehrkosten, die durch eine solche Verfügung entstehen, sind dem Frachtführer zu erstatten.

Das Verfügungsrecht des Absenders erlischt, wenn nach der Ankunft des Gutes am Orte der Ablieferung der Frachtbrief dem Empfänger übergeben oder von dem Empfänger Klage gemäß § 435 gegen den Frachtführer erhoben wird. Der Frachtführer hat in einem solchen Falle nur die Anweisungen des Empfängers zu beachten; verletzt er diese Verpflichtung, so ist er dem Empfänger für das Gut verhaftet.

[Rechte des Empfängers vor Ankunft des Gutes]

§ 434.

Der Empfänger ist vor der Ankunft des Gutes am Orte der Ablieferung dem Frachtführer gegenüber berechtigt, alle zur Sicherstellung des Gutes erforderlichen Maßregeln zu ergreifen und dem Frachtführer die zu diesem Zwecke notwendigen Anweisungen zu erteilen. Die Auslieferung des Gutes kann er vor dessen Ankunft am Orte der Ablieferung nur fordern, wenn der Absender den Frachtführer dazu ermächtigt hat.

[Rechte des Empfängers nach Ankunft des Gutes]

§ 435.

Nach der Ankunft des Gutes am Orte der Ablieferung ist der Empfänger berechtigt, die durch den Frachtvertrag begründeten Rechte gegen Erfüllung der sich daraus ergebenden Verpflichtungen in eigenem Namen gegen den Frachtführer geltend zu machen, ohne Unterschied, ob er hierbei in eigenem oder in fremdem Interesse handelt. Er ist insbesondere berechtigt, von dem Frachtführer die Übergabe des Frachtbriefs und die Auslieferung des Gutes zu verlangen. Dieses Recht erlischt, wenn der Absender dem Frachtführer eine nach § 433 noch zulässige entgegenstehende Anweisung erteilt.

[Zahlungspflicht des Empfängers nach Maßgabe des Frachtbriefes]

§ 436.

Durch Annahme des Gutes und des Frachtbriefs wird der Empfänger verpflichtet, dem Frachtführer nach Maßgabe des Frachtbriefs Zahlung zu leisten.

[Ablieferungshindernisse]

§ 437.

Ist der Empfänger des Gutes nicht zu ermitteln oder verweigert er die Annahme oder ergibt sich ein sonstiges Ablieferungshindernis, so hat der Frachtführer den Absender unverzüglich hiervon in Kenntnis zu setzen und dessen Anweisung einzuholen.

Ist dies den Umständen nach nicht tunlich oder der Absender mit der Erteilung der Anweisung säumig oder die Anweisung nicht ausführbar, so ist der Frachtführer befugt, das Gut in einem öffentlichen Lagerhaus oder sonst in sicherer Weise zu hinterlegen. Er kann, falls das Gut dem Verderben ausgesetzt und Gefahr im Verzug ist, das Gut auch gemäß § 373 Abs. 2 bis 4 verkaufen lassen.

Von der Hinterlegung und dem Verkaufe des Gutes hat der Frachtführer den Absender und den Empfänger unverzüglich zu benachrichtigen, es sei denn, daß dies untunlich ist; im Falle der Unterlassung ist er zum Schadensersatze verpflichtet.

[Erlöschen der Ansprüche gegen den Frachtführer]

§ 438.

Ist die Fracht nebst den sonst auf dem Gute haftenden Forderungen bezahlt und das Gut angenommen, so sind alle Ansprüche gegen den Frachtführer aus dem Frachtvertrag erloschen.

Diese Vorschrift findet keine Anwendung, soweit die Beschädigung oder Minderung des Gutes vor dessen Annahme durch amtlich bestellte Sachverständige festgestellt ist.

Wegen einer Beschädigung oder Minderung des Gutes, die bei der Annahme äußerlich nicht erkennbar ist, kann der Frachtführer auch nach der Annahme des Gutes und der Bezahlung der Fracht in Anspruch genommen werden, wenn der Mangel in der Zeit zwischen der Übernahme des Gutes durch den Frachtführer und der Ablieferung entstanden ist und die Feststellung des Mangels durch amtlich bestellte Sachverständige unverzüglich nach der Entdeckung und spätestens binnen einer Woche nach der Annahme beantragt wird. Ist dem Frachtführer der Mangel unverzüglich nach der Entdeckung und binnen der bezeichneten Frist angezeigt, so genügt es, wenn die Feststellung unverzüglich nach dem Zeitpunkte beantragt wird, bis zu welchem der Eingang einer Antwort des Frachtführers unter regelmäßigen Umständen erwartet werden darf.

Die Kosten einer von dem Empfangsberechtigten beantragten Feststellung sind von dem Frachtführer zu tragen, wenn ein Verlust oder eine Beschädigung ermittelt wird, für welche der Frachtführer Ersatz leisten muß.

Der Frachtführer kann sich auf diese Vorschriften nicht berufen, wenn er den Schaden durch Vorsatz oder grobe Fahrlässigkeit herbeigeführt hat.

[Verjährung der Ansprüche gegen den Frachtführer]

§ 439.

Auf die Verjährung der Ansprüche gegen den Frachtführer wegen Verlustes, Minderung, Beschädigung oder verspäteter Ablieferung des Gutes finden die Vorschriften des § 414 entsprechende Anwendung. Dies gilt nicht für die im § 432 Abs. 3 bezeichneten Ansprüche.

[Gesetzliches Pfandrecht des Frachtführers]

§ 440.

Der Frachtführer hat wegen aller durch den Frachtvertrag begründeten Forderungen, insbesondere der Fracht- und Liegegelder, der Zollgelder und anderer Auslagen, sowie wegen der auf das Gut geleisteten Vorschüsse ein Pfandrecht an dem Gute.

Das Pfandrecht besteht, solange der Frachtführer

das Gut noch im Besitze hat, insbesondere mittels Konnossements, Ladescheins oder Lagerscheins darüber verfügen kann.

Auch nach der Ablieferung dauert das Pfandrecht fort, sofern der Frachtführer es binnen drei Tagen nach der Ablieferung gerichtlich geltend macht und das Gut noch im Besitze des Empfängers ist.

Die im § 1234 Abs. 1 des Bürgerlichen Gesetzbuchs bezeichnete Androhung des Pfandverkaufs sowie die in den §§ 1237, 1241 des Bürgerlichen Gesetzbuchs vorgesehenen Benachrichtigungen sind an den Empfänger zu richten. Ist dieser nicht zu ermitteln oder verweigert er die Annahme des Gutes, so hat die Androhung und Benachrichtigung gegenüber dem Absender zu erfolgen.

[Forderungen u. Pfandrechte der Vormänner] **§ 441.**

Der letzte Frachtführer hat, falls nicht im Frachtbrief ein anderes bestimmt ist, bei der Ablieferung auch die Forderungen der Vormänner sowie die auf dem Gute haftenden Nachnahmen einzuziehen und die Rechte der Vormänner, insbesondere auch das Pfandrecht, auszuüben. Das Pfandrecht der Vormänner besteht so lange als das Pfandrecht des letzten Frachtführers.

Wird der vorhergehende Frachtführer von dem nachfolgenden befriedigt, so gehen seine Forderung und sein Pfandrecht auf den letzteren über.

In gleicher Art gehen die Forderung und das Pfandrecht des Spediteurs auf den nachfolgenden Spediteur und den nachfolgenden Frachtführer über.

[Haftung des letzten Frachtführers] **§ 442.**

Der Frachtführer, welcher das Gut ohne Bezahlung abliefert und das Pfandrecht nicht binnen drei Tagen nach der Ablieferung gerichtlich geltend macht, ist den Vormännern verantwortlich. Er wird, ebenso wie die vorhergehenden Frachtführer und Spediteure, des Rückgriffs gegen die Vormänner verlustig. Der Anspruch gegen den Empfänger bleibt in Kraft.

[Rangordnung der gesetzlichen Pfandrechte] **§ 443.**

Bestehen an demselben Gute mehrere nach den §§ 397, 410, 421, 440 begründete Pfandrechte, so geht unter denjenigen Pfandrechten, welche durch die Versendung oder durch die Beförderung des Gutes entstanden sind, das später entstandene dem früher entstandenen vor.

Diese Pfandrechte haben sämtlich den Vorrang vor dem nicht aus der Versendung entstandenen Pfandrechte des Kommissionärs und des Lagerhalters sowie vor dem Pfandrechte des Spediteurs und des Frachtführers für Vorschüsse.

[Möglichkeit des Ladescheins] **§ 444.**

Über die Verpflichtung zur Auslieferung des Gutes kann von dem Frachtführer ein Ladeschein ausgestellt werden[1]).

[Inhalt des Ladescheins] **§ 445.**

Der Ladeschein soll enthalten:

1. den Ort und den Tag der Ausstellung;
2. den Namen und den Wohnort des Frachtführers;
3. den Namen des Absenders;
4. den Namen desjenigen, an welchen oder an dessen Order das Gut abgeliefert werden soll; als solcher gilt der Absender, wenn der Ladeschein nur an Order gestellt ist;
5. den Ort der Ablieferung;
6. die Bezeichnung des Gutes nach Beschaffenheit, Menge und Merkzeichen;
7. die Bestimmung über die Fracht und über die auf dem Gute haftenden Nachnahmen sowie im Falle der Vorausbezahlung der Fracht einen Vermerk über die Vorausbezahlung.

Der Ladeschein muß von dem Frachtführer unterzeichnet sein.

Der Absender hat dem Frachtführer auf Verlangen eine von ihm unterschriebene Abschrift des Ladescheins auszuhändigen.

[Bedeutung des Inhalts des Ladescheins] **§ 446.**

Der Ladeschein entscheidet für das Rechtsverhältnis zwischen dem Frachtführer und dem Empfänger des Gutes; die nicht in den Ladeschein aufgenommenen Bestimmungen des Frachtvertrags sind dem Empfänger gegenüber unwirksam, sofern nicht der Ladeschein ausdrücklich auf sie Bezug nimmt.

Für das Rechtsverhältnis zwischen dem Frachtführer und dem Absender bleiben die Bestimmungen des Frachtvertrags maßgebend.

[Legitimation durch den Ladeschein] **§ 447.**

Zum Empfange des Gutes legitimiert ist derjenige, an welchen das Gut nach dem Ladeschein abgeliefert werden soll oder auf welchen der Ladeschein, wenn er an Order lautet, durch Indossament übertragen ist.

---

[1]) Der Ladeschein kommt beim Landfrachtgeschäft in der Praxis nicht vor. Anders im Binnenschiffahrtsrecht. Vgl. Ges. über die privatrechtlichen Verhältnisse der Binnenschiffahrt vom 15. Juni 1895 in der Fassung der Bek. v. 20. Mai 1898 (RGBl. S. 868) §§ 72ff.

Der zum Empfange Legitimierte hat schon vor der Ankunft des Gutes am Ablieferungsorte die Rechte, welche dem Absender in Ansehung der Verfügung über das Gut zustehen, wenn ein Ladeschein nicht ausgestellt ist.

Der Frachtführer darf einer Anweisung des Absenders, das Gut anzuhalten, zurückzugeben oder an einen anderen als den durch den Ladeschein legitimierten Empfänger auszuliefern, nur Folge leisten, wenn ihm der Ladeschein zurückgegeben wird; verletzt er diese Verpflichtung, so ist er dem rechtmäßigen Besitzer des Ladescheins für das Gut verhaftet.

[Rückgabe des Ladescheins] **§ 448.**

Der Frachtführer ist zur Ablieferung des Gutes nur gegen Rückgabe des Ladescheins, auf dem die Ablieferung des Gutes bescheinigt ist, verpflichtet.

[Teilfrachtführer u. Ladeschein] **§ 449.**

Im Falle des § 432 Abs. 1 wird der nachfolgende Frachtführer, der das Gut auf Grund des Ladescheins übernimmt, nach Maßgabe des Scheines verpflichtet.

[Der Ladeschein als Traditionspapier] **§ 450.**

Die Übergabe des Ladescheins an denjenigen, welcher durch den Schein zur Empfangnahme des Gutes legitimiert wird, hat, wenn das Gut von dem Frachtführer übernommen ist, für den Erwerb von Rechten an dem Gute dieselben Wirkungen wie die Übergabe des Gutes.

[Anwendung der Vorschriften auf das uneigentliche Frachtgeschäft] **§ 451.**

Die Vorschriften der §§ 426 bis 450 kommen auch zur Anwendung, wenn ein Kaufmann, der nicht Frachtführer ist, im Betriebe seines Handelsgewerbes eine Beförderung von Gütern zu Lande oder auf Flüssen oder sonstigen Binnengewässern auszuführen übernimmt.

[Post ist kein Kaufmann] **§ 452.**

Auf die Beförderung von Gütern durch die Postverwaltungen des Reichs und der Länder finden die Vorschriften dieses Abschnitts keine Anwendung. Die bezeichneten Postverwaltungen gelten nicht als Kaufleute im Sinne dieses Gesetzbuchs.

Siebenter Abschnitt.

Beförderung von Gütern und Personen auf den Eisenbahnen. [1])

[Kontraktzwang für Großbahnen die dem öffentlichen Güterverkehr dienen]

§ 453.

Eine dem öffentlichen Güterverkehre dienende Eisenbahn darf die Übernahme von Gütern zur Beförderung nach einer für den Güterverkehr eingerichteten Station innerhalb des Deutschen Reichs nicht verweigern, sofern [2])

1. der Absender sich den geltenden Beförderungsbedingungen und den sonstigen allgemeinen Anordnungen der Eisenbahn unterwirft;
2. die Beförderung nicht nach gesetzlicher Vorschrift oder aus Gründen der öffentlichen Ordnung verboten ist;
3. die Güter nach der Eisenbahnverkehrsordnung oder den gemäß der Verkehrsordnung erlassenen Vorschriften und, soweit diese keinen Anhalt gewähren, nach der Anlage und dem Betriebe der beteiligten Bahnen sich zur Beförderung eignen;
4. die Beförderung mit den regelmäßigen Beförderungsmitteln möglich ist;
5. die Beförderung nicht durch Umstände, die als höhere Gewalt zu betrachten sind, verhindert wird.

Die Eisenbahn ist nur insoweit verpflichtet, Güter zur Beförderung anzunehmen, als die Beförderung sofort erfolgen kann. Inwieweit sie verpflichtet ist, Güter, deren Beförderung nicht sofort erfolgen kann, in einstweilige Verwahrung zu nehmen, bestimmt die Eisenbahnverkehrsordnung [3]).

Die Beförderung der Güter findet in der Reihenfolge statt, in welcher sie zur Beförderung angenommen worden sind, sofern nicht zwingende Gründe des Eisenbahnbetriebs oder das öffentliche Interesse eine Ausnahme rechtfertigen.

---

[1]) Für die Großbahnen, welche dem öffentlichen Güterverkehr dienen, gilt außerdem die Eisenbahnverkehrsordnung (EisVO.) vom 16. Mai 1928 (RGBl. II S. 401), abgeändert durch VO. vom 20. September 1928 (RGBl. II S. 609), 16. Februar 1929 (RGBl. II S. 127) u. 4. November 1929 (RGBl. II S. 735).

Für den internationalen Verkehr kommen in Betracht

1. Internationales Übereinkommen über den Eisenbahnfrachtverkehr (IÜG.) vom 23. Oktober 1924 (RGBl. 1925 II S. 183);

2. Internationales Übereinkommen über den Eisenbahn-Personen- und Gepäckverkehr (IÜP.) vom 23. Oktober 1924 (RGBl. 1925 II S. 483).

[2]) Hierzu EisVO. § 53.

[3]) EisVO. § 64.

Eine Zuwiderhandlung gegen diese Vorschriften begründet den Anspruch auf Ersatz des daraus entstehenden Schadens.

[Anwendung des 6. Abschnitts u. der Eisenbahnverkehrsordnung] § 454.

Auf das Frachtgeschäft der dem öffentlichen Güterverkehre dienenden Eisenbahnen finden die Vorschriften des vorigen Abschnitts insoweit Anwendung, als nicht in diesem Abschnitt oder in der Eisenbahnverkehrsordnung ein anderes bestimmt ist.

[Frachtbriefduplikat] § 455.

Die Eisenbahn ist verpflichtet, auf Verlangen des Absenders den Empfang des Gutes unter Angabe des Tages, an welchem es zur Beförderung angenommen ist, auf einem Duplikate des Frachtbriefs zu bescheinigen; das Duplikat ist von dem Absender mit dem Frachtbriefe vorzulegen.

Im Falle der Ausstellung eines Frachtbriefduplikats steht dem Absender das im § 433 bezeichnete Verfügungsrecht nur zu, wenn er das Duplikat vorlegt. Befolgt die Eisenbahn die Anweisungen des Absenders, ohne die Vorlegung des Duplikats zu verlangen, so ist sie für den daraus entstehenden Schaden dem Empfänger, welchem der Absender die Urkunde übergeben hat, haftbar[1]).

[Haftung für Verlust u. Beschädigung] § 456.

Die Eisenbahn haftet für den Schaden, der durch Verlust oder Beschädigung des Gutes in der Zeit von der Annahme zur Beförderung bis zur Ablieferung entsteht, es sei denn, daß der Schaden durch ein Verschulden oder eine nicht von der Eisenbahn verschuldete Anweisung des Verfügungsberechtigten, durch höhere Gewalt, durch äußerlich nicht erkennbare Mängel der Verpackung oder durch die natürliche Beschaffenheit des Gutes, namentlich durch inneren Verderb, Schwinden, gewöhnliche Leckage, verursacht ist[2]).

Die Vorschrift des § 429 Abs. 2 findet Anwendung[3]).

[Höhe des Schadensersatzes bei Verlust u. Beschädigung] § 457.

Muß auf Grund des Frachtvertrags von der Eisenbahn für gänzlichen oder teilweisen Verlust des Gutes Ersatz geleistet werden, so ist der gemeine Handelswert und in dessen Ermangelung der gemeine Wert zu ersetzen, welchen Gut derselben Art und Beschaffenheit am

---

1) EisVO. § 72 Abs. 7 u. Abs. 13.

2) EisVO. § 82.

3) § 456 Abs. 2 kommt nicht zur Anwendung. Vgl. Anm. zu § 467.

Orte der Absendung in dem Zeitpunkte der Annahme zur Beförderung hatte, unter Hinzurechnung dessen, was an Zöllen und sonstigen Kosten sowie an Fracht bereits bezahlt ist.

Im Falle der Beschädigung ist für die Minderung des im Abs. 1 bezeichneten Wertes Ersatz zu leisten [1]).

Ist der Schaden durch Vorsatz oder grobe Fahrlässigkeit der Eisenbahn herbeigeführt, so kann Ersatz des vollen Schadens gefordert werden [2]).

[Haftung für ihre Leute]

§ 458.

Die Eisenbahn haftet für ihre Leute und für andere Personen, deren sie sich bei der Ausführung der Beförderung bedient [3]).

[Ausschluß der Haftung bei besonderen Gefahren]

§ 459.

Die Eisenbahn haftet nicht [4]):

1. in Ansehung der Güter, die nach der Bestimmung des Tarifs oder nach einer in den Frachtbrief aufgenommenen Vereinbarung mit dem Absender in offen gebauten Wagen befördert werden,
   für den Schaden, welcher aus der mit dieser Beförderungsart verbundenen Gefahr entsteht;
2. in Ansehung der Güter, die, obgleich ihre Natur eine Verpackung zum Schutze gegen Verlust oder Beschädigung während der Beförderung erfordert, nach Erklärung des Absenders auf dem Frachtbrief unverpackt oder mit mangelhafter Verpackung zur Beförderung aufgegeben worden sind,
   für den Schaden, welcher aus der mit dem Mangel oder mit der mangelhaften Beschaffenheit der Verpackung verbundenen Gefahr entsteht;
3. in Ansehung der Güter, deren Aufladen und Abladen nach der Bestimmung des Tarifs oder nach einer in den Frachtbrief aufgenommenen Vereinbarung mit dem Absender von diesem oder von dem Empfänger besorgt wird,
   für den Schaden, welcher aus der mit dem Aufladen und Abladen oder mit einer mangelhaften Verladung verbundenen Gefahr entsteht;
4. in Ansehung der Güter, die vermöge ihrer eigentümlichen natürlichen Beschaffenheit der besonderen Gefahr ausgesetzt sind, Verlust oder Beschädigung, namentlich Bruch, Rost,

---

1) EisVO. § 85.
2) EisVO. § 91.
3) EisVO. § 5.
4) EisVO. § 83.

inneren Verderb, außergewöhnliche Leckage, Austrocknung und Verstreuung, zu erleiden,

für den Schaden, welcher aus dieser Gefahr entsteht;

5. in Ansehung lebender Tiere

für den Schaden, welcher aus der für sie mit der Beförderung verbundenen besonderen Gefahr entsteht;

6. in Ansehung derjenigen Güter, einschließlich der Tiere, welchen nach der Eisenbahnverkehrsordnung, dem Tarif oder nach einer in den Frachtbrief aufgenommenen Vereinbarung mit dem Absender ein Begleiter beizugeben ist,

für den Schaden, welcher aus der Gefahr entsteht, deren Abwendung durch die Begleitung bezweckt wird.

Konnte ein eingetretener Schaden den Umständen nach aus einer der im Abs. 1 bezeichneten Gefahren entstehen, so wird vermutet, daß er aus dieser Gefahr entstanden sei.

Eine Befreiung von der Haftpflicht kann auf Grund dieser Vorschriften nicht geltend gemacht werden, wenn der Schaden durch Verschulden der Eisenbahn entstanden ist.

[Gewichtsverlust] **§ 460.**

Bei Gütern, die nach ihrer natürlichen Beschaffenheit bei der Beförderung regelmäßig einen Gewichtsverlust erleiden, ist die Haftpflicht der Eisenbahn für Gewichtsverluste bis zu den aus der Eisenbahnverkehrsordnung sich ergebenden Normalsätzen[1]) ausgeschlossen.

Der Normalsatz wird, falls mehrere Stücke auf denselben Frachtbrief befördert werden, für jedes Stück besonders berechnet, wenn das Gewicht der einzelnen Stücke im Frachtbriefe verzeichnet ist oder sonst festgestellt werden kann.

Die Beschränkung der Haftpflicht tritt nicht ein, soweit der Verlust den Umständen nach nicht infolge der natürlichen Beschaffenheit des Gutes entstanden ist oder soweit der angenommene Satz dieser Beschaffenheit oder den sonstigen Umständen des Falles nicht entspricht.

Bei gänzlichem Verluste des Gutes findet ein Abzug für Gewichtsverlust nicht statt.

[Ausnahmetarife] **§ 461.**

Die Eisenbahnen können in besonderen Bedingungen (Ausnahmetarifen)[2]) einen im Falle des Verlustes oder der Beschädigung zu erstattenden Höchstbetrag festsetzen, sofern diese Ausnahmetarife veröffentlicht werden, eine Preisermäßigung für die ganze Beförderung gegenüber den

---

1) EisVO. § 84.

2) EisVO. § 86 (hiervon ist nur in ganz geringem Umfang Gebrauch gemacht).

gewöhnlichen Tarifen der Eisenbahn enthalten und der gleiche Höchstbetrag auf die ganze Beförderungsstrecke Anwendung findet.

Ist der Schaden durch Vorsatz oder grobe Fahrlässigkeit der Eisenbahn herbeigeführt, so kann die Beschränkung auf den Höchstbetrag nicht geltend gemacht werden.

[Kostbarkeiten]

§ 462.

Inwieweit für den Fall des Verlustes oder der Beschädigung von **Kostbarkeiten**, Kunstgegenständen, Geld und Wertpapieren die zu leistende Entschädigung auf einen **Höchstbetrag** beschränkt werden kann, bestimmt die Eisenbahnverkehrsordnung [1]). Die Vorschrift des § 461 Abs. 2 findet entsprechende Anwendung.

[Angabe des Lieferwertes]

§ 463.

Ist das Interesse an der Lieferung nach Maßgabe der Vorschriften der Eisenbahnverkehrsordnung in dem Frachtbriefe, dem Gepäckschein oder dem Beförderungsschein angegeben, so kann im Falle des Verlustes oder der Beschädigung des Gutes außer der im § 457 Abs. 1, 2 bezeichneten Entschädigung der Ersatz des weiter entstandenen Schadens bis zu dem angegebenen Betrage beansprucht werden.

Ist die Ersatzpflicht nach den Vorschriften des § 461 oder des § 462 auf einen Höchstbetrag beschränkt, so findet eine Angabe des Interesses an der Lieferung über diesen Betrag hinaus nicht statt [2]).

[Äußerlich nicht erkennbare Schäden]

§ 464.

Wegen einer Beschädigung oder Minderung, die bei der Annahme des Gutes durch den Empfänger **äußerlich nicht erkennbar ist**, können Ansprüche gegen die Eisenbahn nach § 438 Abs. 3 nur geltend gemacht werden, wenn binnen einer Woche nach der Annahme zur Feststellung des Mangels entweder bei Gericht die Besichtigung des Gutes durch Sachverständige oder schriftlich bei der Eisenbahn eine von dieser nach den Vorschriften der Eisenbahnverkehrsordnung vorzunehmende Untersuchung beantragt wird [3]).

Ist der Schaden durch Vorsatz oder grobe Fahrlässigkeit der Eisenbahn herbeigeführt, so kann sie sich auf diese Vorschrift nicht berufen.

---

[1]) Nach § 86 Abs. III EisVO. ist die Festsetzung eines Höchstbetrages für die in § 54 Abs. IIb aufgeführten Gegenstände (siehe Anm. zu § 467) zugelassen. Nach der jetzt geltenden Ausführungsbestimmung ist z. B. für Kostbarkeiten die Höchstentschädigung auf 150 Reichsmark für das Kilogramm Reingewicht des unverpackten Gegenstandes beschränkt.

[2]) EisVO. §§ 89, 90.

[3]) EisVO. § 93.

[Reisegepäck]

§ 465.

Für den Verlust von Reisegepäck[1]), das zur Beförderung aufgegeben ist, haftet die Eisenbahn nur, wenn das Gepäck binnen acht Tagen nach der Ankunft des Zuges, zu welchem es aufgegeben ist, auf der Bestimmungsstation abgefordert wird.

Inwieweit für den Fall des Verlustes oder der Beschädigung von Reisegepäck, das zur Beförderung aufgegeben ist, die zu leistende Entschädigung auf einen Höchstbetrag beschränkt werden kann, bestimmt die Eisenbahnverkehrsordnung. Ist der Schaden durch Vorsatz oder grobe Fahrlässigkeit der Eisenbahn herbeigeführt, so kann die Beschränkung auf den Höchstbetrag nicht geltend gemacht werden.

Für den Verlust oder die Beschädigung von Reisegepäck, das nicht zur Beförderung aufgegeben ist, sowie von Gegenständen, die in beförderten Fahrzeugen belassen sind, haftet die Eisenbahn nur, wenn ihr ein Verschulden zur Last fällt.

[Versäumung der Lieferfrist]

§ 466.

Die Eisenbahn haftet für den Schaden, welcher durch Versäumung der Lieferfrist[2]) entsteht, es sei denn, daß die Verspätung von einem Ereignisse herrührt, welches sie weder herbeigeführt hat noch abzuwenden vermochte.

Der Schaden wird nur insoweit ersetzt, als er den in dem Frachtbriefe, dem Gepäckschein oder dem Beförderungsschein als Interesse an der Lieferung nach Maßgabe der Eisenbahnverkehrsordnung angegebenen Betrag und in Ermangelung einer solchen Angabe den Betrag der Fracht nicht übersteigt. Für das Reisegepäck kann an Stelle der Fracht durch die Eisenbahnverkehrsordnung ein anderer Höchstbetrag bestimmt werden.

Inwieweit ohne den Nachweis eines Schadens eine Vergütung zu gewähren ist, bestimmt die Eisenbahnverkehrsordnung.

Der Ersatz des vollen Schadens kann gefordert werden, wenn die Versäumung der Lieferfrist durch Vorsatz oder grobe Fahrlässigkeit der Eisenbahn herbeigeführt ist.

[Ausschluß der Haftpflicht bei unrichtigen Angaben]

§ 467.

Werden Gegenstände, die von der Beförderung ausgeschlossen oder zur Beförderung nur bedingungsweise zugelassen sind, unter unrichtiger oder ungenauer Bezeichnung aufgegeben oder werden die für diese Gegenstände vorgesehenen Sicherheitsmaßregeln von dem Absender unterlassen, so ist die Haftpflicht der Eisenbahn auf Grund des Frachtvertrags ausgeschlossen[3]).

---

1) EisVO. §§ 35, 36.
2) EisVO. § 82 III, §§ 88ff.
3) EisVO. § 54.

[Weiterbeförderung] **§ 468.**

Für den Fall, daß auf dem Frachtbrief als Ort der Ablieferung ein nicht an der Eisenbahn liegender Ort bezeichnet wird, kann bestimmt werden, daß die Eisenbahn als Frachtführer nur für die Beförderung bis zur letzten Eisenbahnstation haften, bezüglich der Weiterbeförderung dagegen die Verpflichtungen des Spediteurs übernehmen soll.

[Samtfrachtführer] **§ 469.**

Wird die Beförderung auf Grund desselben Frachtbriefs nach § 432 Abs. 2 durch mehrere aufeinander folgende Eisenbahnen bewirkt, so können die Ansprüche aus dem Frachtvertrag, unbeschadet des Rückgriffs der Bahnen untereinander, im Wege der Klage nur gegen die erste Bahn oder gegen diejenige, welche das Gut zuletzt mit dem Frachtbrief übernommen hat, oder gegen diejenige, auf deren Betriebsstrecke sich der Schaden ereignet hat, gerichtet werden.

Unter den bezeichneten Bahnen steht dem Kläger die Wahl zu; das Wahlrecht erlischt mit der Erhebung der Klage.

Im Wege der Widerklage oder mittels Aufrechnung können Ansprüche aus dem Frachtvertrag auch gegen eine andere als die bezeichneten Bahnen geltend gemacht werden, wenn die Klage sich auf denselben Frachtvertrag gründet [1]).

[Verjährung der Ansprüche] **§ 470.**

Ansprüche der Eisenbahn auf Nachzahlung zu wenig erhobener Fracht oder Gebühren sowie Ansprüche gegen die Eisenbahn auf Rückerstattung zuviel erhobener Fracht oder Gebühren verjähren in einem Jahre, sofern der Anspruch auf eine unrichtige Anwendung der Tarife oder auf Fehler bei der Berechnung gestützt wird. Die Verjährung beginnt mit dem Ablaufe des Tages, an welchem die Zahlung erfolgt ist.

Die Verjährung des Anspruchs auf Rückerstattung zuviel erhobener Fracht oder Gebühren sowie die Verjährung der im § 439 Satz 1 bezeichneten Ansprüche wird durch die schriftliche Anmeldung des Anspruchs bei der Eisenbahn gehemmt. Ergeht auf die Anmeldung ein abschlägiger Bescheid, so beginnt der Lauf der Verjährungsfrist wieder mit dem Tage, an welchem die Eisenbahn ihre Entscheidung dem Anmeldenden schriftlich bekannt macht und ihm die der Anmeldung etwa angeschlossenen Beweisstücke zurückstellt. Weitere Gesuche, die an die Eisenbahn oder an die vorgesetzten Behörden gerichtet werden, bewirken keine Hemmung der Verjährung [2]).

---

1) EisVO. § 96.
2) EisVO. § 94.

[Zwingende Vorschriften] **§ 471.**

Die nach den Vorschriften des § 432 Abs. 1, 2, der §§ 438, 439, 453, 455 bis 470 begründeten Verpflichtungen der Eisenbahnen können weder durch die Eisenbahnverkehrsordnung noch durch Verträge ausgeschlossen oder beschränkt werden.

Bestimmungen, welche dieser Vorschrift zuwiderlaufen, sind nichtig. Das gleiche gilt von Vereinbarungen, die mit den Vorschriften der Eisenbahnverkehrsordnung im Widerspruche stehen.

[Personenbeförderung] **§ 472.**

Die Vorschriften über die Beförderung von Personen auf den Eisenbahnen werden durch die Eisenbahnverkehrsordnung getroffen [1]).

[Kleinbahnen] **§ 473.**

Bei einer dem öffentlichen Verkehre dienenden Bahnunternehmung, welche der Eisenbahnverkehrsordnung nicht unterliegt (Kleinbahn), sind insoweit, als in den §§ 453, 459, 460, 462 bis 466 auf die Vorschriften der Eisenbahnverkehrsordnung verwiesen ist, an deren Stelle die Beförderungsbedingungen der Bahnunternehmung maßgebend.

Den Vorschriften des § 453 unterliegt eine solche Bahnunternehmung nur mit der Maßgabe, daß sie die Übernahme von Gütern zur Beförderung auf ihrer Bahnstrecke nicht verweigern darf.

Viertes Buch.

Seehandel [2]).

Erster Abschnitt.

Allgemeine Vorschriften.

[Veräußerung eines Kauffahrteischiffes] **§ 474.**

Wird ein zum Erwerbe durch die Seefahrt bestimmtes Schiff oder ein Anteil an einem solchen Schiffe (Schiffspart) ver-

[1]) EisVO. §§ 9 ff.

[2]) Die wichtigsten Nebengesetze für das Seehandelsrecht sind:

1. Das Flaggengesetz (FlaggenG.) v. 22. Juni 1899 (RGBl. S. 319), abgeändert durch Ges. v. 22. Juni 1901 (RGBl. S. 184); siehe auch VO. über die deutschen Flaggen v. 11. April 1921 (RGBl. S. 483).

2. Die Seemannsordnung (SeemO.) v. 2. Juni 1902 (RGBl.

äußert, so kann die nach den Vorschriften des bürgerlichen Rechtes zum Eigentumsübergang erforderliche Übergabe durch die zwischen dem Veräußerer und dem Erwerber getroffene Vereinbarung ersetzt werden, daß das Eigentum sofort auf den Erwerber übergehen soll [1]).

[Recht auf Beurkundung] § 475.

In allen Fällen der Veräußerung eines Schiffes oder einer Schiffspart kann jeder Teil verlangen, daß ihm auf seine Kosten eine öffentlich beglaubigte Urkunde über die Veräußerung erteilt wird [2]).

[Gewinn und Verlust der laufenden Reise] § 476.

Wird ein Schiff oder eine Schiffspart veräußert, während sich das Schiff auf der Reise befindet, so ist im Verhältnisse zwischen dem Veräußerer und dem Erwerber in Ermangelung einer anderen Vereinbarung anzunehmen, daß dem Erwerber der Gewinn der laufenden Reise gebühre oder der Verlust der laufenden Reise zur Last falle.

§ 477.

Durch die Veräußerung eines Schiffes oder einer Schiffspart wird in den persönlichen Verpflichtungen des Veräußerers gegen Dritte nichts geändert.

[Zubehör des Schiffes] § 478.

Zubehör eines Schiffes sind auch die Schiffsboote.

Im Zweifel werden Gegenstände, die in das Schiffsinventar eingetragen sind, als Zubehör des Schiffes angesehen.

[Reparaturunfähigkeit u. Reparaturunwürdigkeit] § 479.

Im Sinne dieses vierten Buches gilt ein seeuntüchtig gewordenes Schiff:

1. als reparaturunfähig, wenn die Reparatur des Schiffes über-

---

S. 175), abgeändert durch Ges. v. 23. März 1903 (RGBl. S. 57) und 12. Mai 1904 (RGBl. S. 167).

Über internationale Verträge siehe J. v. Gierke, Handelsrecht 3 S. 676ff.

Für das Binnenschiffahrtsrecht gilt das Ges., betr. die privatrechtlichen Verhältnisse der Binnenschiffahrt, v. 15. Juni 1895 (RGBl. S. 301) in der neuen Fassung v. 20. Mai 1898 (RGBl. S. 868).

1) Siehe auch Art. 6 EG. z. HGB.

2) Siehe die vorige Anm.

haupt nicht möglich ist oder an dem Orte, wo sich das Schiff befindet, nicht bewerkstelligt, das Schiff auch nicht nach dem Hafen, wo die Reparatur auszuführen wäre, gebracht werden kann;

2. als reparaturunwürdig, wenn die Kosten der Reparatur ohne Abzug für den Unterschied zwischen alt und neu mehr betragen würden als drei Vierteile seines früheren Wertes.

Ist die Seeuntüchtigkeit während einer Reise eingetreten, so gilt als der frühere Wert derjenige, welchen das Schiff bei dem Antritte der Reise gehabt hat, in den übrigen Fällen derjenige, welchen das Schiff, bevor es seeuntüchtig geworden ist, gehabt hat oder bei gehöriger Ausrüstung gehabt haben würde.

[Heimatshafen] **§ 480.**

Als Heimatshafen des Schiffes gilt der Hafen, von welchem aus die Seefahrt mit dem Schiffe betrieben wird [1]).

Die Vorschriften dieses Gesetzbuchs, welche sich auf den Aufenthalt des Schiffes im Heimatshafen beziehen, können durch die Landesgesetze auf alle oder einige Häfen des Reviers des Heimatshafens ausgedehnt werden [2]).

[Schiffsbesatzung] **§ 481.**

Zur **Schiffsbesatzung** werden gerechnet der Schiffer, die Schiffsoffiziere, die Schiffsmannschaft sowie alle übrigen auf dem Schiffe angestellten Personen [3]).

[Privileg des segelfertigen Schiffes] **§ 482.**

Die Zwangsversteigerung eines Schiffes im Wege der Zwangsvollstreckung darf nicht angeordnet werden, wenn das Schiff zum Abgehen fertig (segelfertig) ist. Auch darf ein segelfertiges Schiff nicht mit Arrest belegt werden.

Diese Vorschriften finden keine Anwendung, wenn die Schuld, wegen deren die Zwangsversteigerung oder der Arrest stattfinden soll, zum Behufe der bevorstehenden Reise eingegangen ist.

[Begriff der europäischen Häfen] **§ 483.**

Wenn in diesem vierten Buche die europäischen Häfen den außereuropäischen Häfen entgegengesetzt werden, so sind unter den ersteren sämt-

---

[1]) Das Schiff wird auf Antrag im **Schiffsregister** des Heimatshafens eingetragen, §§ 6 ff. FlaggenG.

[2]) Bestimmungen finden sich in den AG. z. HGB.

[3]) In der Fassung des Ges. v. 2. Juni 1902 (RGBl. S. 218). — Über Schiffer, Schiffsoffiziere und Schiffsmannschaft siehe § 2 SeemannsO. — Die SeemannsO. hat einen weiteren Begriff der Schiffsmannschaft.

liche Häfen des Mittelländischen, Schwarzen und Asowschen Meeres als mitbegriffen anzusehen[1]).

Zweiter Abschnitt.

Reeder und Reederei.

[Begriff des Reeders]

§ 484.

Reeder ist der Eigentümer eines ihm zum Erwerbe durch die Seefahrt dienenden Schiffes.

[Haftung des Reeders für die Schiffsbesatzung]

§ 485.

Der Reeder ist für den Schaden verantwortlich, den eine Person der Schiffsbesatzung einem Dritten durch ihr Verschulden in Ausführung ihrer Dienstverrichtungen zufügt[2]).

[Haftung des Reeders nur mit dem Schiffsvermögen]

§ 486.

Der Reeder haftet für den Anspruch eines Dritten nicht persönlich, sondern **nur** mit Schiff und Fracht:

1. wenn der Anspruch auf ein Rechtsgeschäft gegründet wird, welches der Schiffer als solcher kraft seiner gesetzlichen Befugnisse und nicht mit Bezug auf eine besondere Vollmacht geschlossen hat;
2. wenn der Anspruch auf die Nichterfüllung oder auf die unvollständige oder mangelhafte Erfüllung eines von dem Reeder abgeschlossenen Vertrags gegründet wird, sofern die Ausführung des Vertrags zu den Dienstobliegenheiten des Schiffers gehört hat, ohne Unterschied, ob die Nichterfüllung oder die unvollständige oder mangelhafte Erfüllung von einer Person der Schiffsbesatzung verschuldet ist oder nicht;
3. wenn der Anspruch auf das Verschulden einer Person der Schiffsbesatzung gegründet wird.

Diese Vorschrift findet in den Fällen der Nr. 1, 2 keine Anwendung, wenn den Reeder selbst in Ansehung der Vertragserfüllung ein Verschulden trifft oder wenn er die Vertragserfüllung besonders gewährleistet hat.

[Unbeschränkte Haftung für Forderungen der Schiffsbesatzung]

§ 487.

Der Reeder haftet für die Forderungen der zur Schiffsbesatzung gehörenden Personen aus den Dienst- und Heuerverträgen nicht nur mit Schiff und Fracht, sondern persönlich.

---

1) Vgl. § 82 SeemannsO.

2) Siehe auch Art. 7 EG. z. HGB.

[Gerichtsstand des Heimatshafens] § 488.

Der Reeder als solcher kann wegen eines jeden Anspruchs, ohne Unterschied, ob er persönlich oder nur mit Schiff und Fracht haftet, vor dem Gerichte des Heimatshafens (§ 480) belangt werden.

[Reederei: Partenreederei] § 489.

Wird von mehreren Personen ein ihnen gemeinschaftlich zustehendes Schiff zum Erwerbe durch die Seefahrt für gemeinschaftliche Rechnung verwendet, so besteht eine **Reederei** [1]).

Der Fall, wenn das Schiff einer Handelsgesellschaft gehört, wird durch die Vorschriften über die Reederei nicht berührt.

[Rechtsverhältnis nach innen] § 490.

Das Rechtsverhältnis der Mitreeder untereinander bestimmt sich zunächst nach dem zwischen ihnen geschlossenen Vertrage. Soweit eine Vereinbarung nicht getroffen ist, finden die nachstehenden Vorschriften Anwendung.

[Beschlußfassung] § 491.

Für die Angelegenheiten der Reederei sind die Beschlüsse der Mitreeder maßgebend. Bei der Beschlußfassung entscheidet die Mehrheit der Stimmen. Die Stimmen werden nach der Größe der Schiffsparten berechnet; die Stimmenmehrheit für einen Beschluß ist vorhanden, wenn der Person oder den Personen, welche für den Beschluß gestimmt haben, zusammen mehr als die Hälfte des ganzen Schiffes gehört.

Einstimmigkeit sämtlicher Mitreeder ist erforderlich zu Beschlüssen, die eine Abänderung des Reedereivertrags bezwecken oder die den Bestimmungen des Reedereivertrags entgegen oder dem Zwecke der Reederei fremd sind.

[Korrespondentreeder] § 492.

Durch Beschluß der Mehrheit kann für den Reedereibetrieb ein Korrespondentreeder (Schiffsdirektor, Schiffsdisponent) bestellt werden. Zur Bestellung eines Korrespondentreeders, der nicht zu den Mitreedern gehört, ist ein einstimmiger Beschluß erforderlich.

Die Bestellung des Korrespondentreeders kann zu jeder Zeit durch Stimmenmehrheit widerrufen werden, unbeschadet des Anspruchs auf die vertragsmäßige Vergütung.

---

[1]) Die praktische Bedeutung der Partenreederei ist gegenüber früher durch die Aktiengesellschaften erheblich zurückgetreten. Doch findet sich die Form bei der Küstenschiffahrt.

[Vertretungsmacht]

§ 493.

Im Verhältnisse zu Dritten ist der Korrespondentreeder kraft seiner Bestellung befugt, alle Geschäfte und Rechtshandlungen vorzunehmen, die der Geschäftsbetrieb einer Reederei gewöhnlich mit sich bringt.

Diese Befugnis erstreckt sich insbesondere auf die Ausrüstung, die Erhaltung und die Verfrachtung des Schiffes, auf die Versicherung der Fracht, der Ausrüstungskosten und der Havereigelder sowie auf die mit dem gewöhnlichen Geschäftsbetriebe verbundene Empfangnahme von Geld.

Der Korrespondentreeder ist in demselben Umfange befugt, die Reederei vor Gericht zu vertreten.

Er ist befugt, den Schiffer anzustellen und zu entlassen; der Schiffer hat sich nur an dessen Anweisungen und nicht auch an die etwaigen Anweisungen der einzelnen Mitreeder zu halten.

Im Namen der Reederei oder einzelner Mitreeder Wechselverbindlichkeiten einzugehen oder Darlehen aufzunehmen, das Schiff oder Schiffsparten zu verkaufen oder zu verpfänden sowie für das Schiff oder für Schiffsparten Versicherung zu nehmen, ist der Korrespondentreeder nicht befugt, es sei denn, daß ihm eine Vollmacht hierzu besonders erteilt ist.

§ 494.

Durch ein Rechtsgeschäft, welches der Korrespondentreeder als solcher innerhalb der Grenzen seiner Befugnisse schließt, wird die Reederei dem Dritten gegenüber auch dann berechtigt und verpflichtet, wenn das Geschäft ohne Nennung der einzelnen Mitreeder geschlossen wird.

Ist die Reederei durch ein von dem Korrespondentreeder abgeschlossenes Geschäft verpflichtet, so haften die Mitreeder in gleichem Umfange (§ 486), als wenn das Geschäft von ihnen selbst geschlossen wäre.

[Beschränkung der Vertretungsmacht]

§ 495.

Eine Beschränkung der im § 493 bezeichneten Befugnisse des Korrespondentreeders kann die Reederei einem Dritten nur entgegensetzen, wenn die Beschränkung dem Dritten zur Zeit des Abschlusses des Geschäfts bekannt war.

[Umfang der Geschäftsführungsbefugnis]

§ 496.

Der Reederei gegenüber ist der Korrespondentreeder verpflichtet, die Beschränkungen einzuhalten, welche von ihr für den Umfang seiner Befugnisse festgesetzt sind; er hat sich ferner nach den gefaßten Beschlüssen zu richten und die Beschlüsse zur Ausführung zu bringen.

Im übrigen ist der Umfang seiner Befugnisse auch der Reederei gegenüber nach den Vorschriften des § 493 mit der Maßgabe zu beurteilen, daß er zu neuen Reisen und Unternehmungen, zu außergewöhnlichen Reparaturen sowie zur Anstellung oder zur Entlassung des Schiffers vorher die Beschlüsse der Reederei einzuholen hat.

[Sorgfaltspflicht] **§ 497.**

Der Korrespondentreeder ist verpflichtet, in den Angelegenheiten der Reederei die Sorgfalt eines ordentlichen Reeders anzuwenden.

[Buchführungspflicht] **§ 498.**

Der Korrespondentreeder hat über seine die Reederei betreffende Geschäftsführung abgesondert Buch zu führen und die dazu gehörigen Belege aufzubewahren. Er hat auch jedem Mitreeder auf dessen Verlangen Kenntnis von allen Verhältnissen zu geben, die sich auf die Reederei, insbesondere auf das Schiff, die Reise und die Ausrüstung, beziehen; er hat ihm jederzeit die Einsicht der die Reederei betreffenden Bücher, Briefe und Papiere zu gestatten.

[Pflicht zur Rechnungslegung] **§ 499.**

Der Korrespondentreeder ist verpflichtet, jederzeit auf Beschluß der Reederei dieser Rechnung zu legen. Die Genehmigung der Rechnung sowie die Billigung der Verwaltung des Korrespondentreeders durch die Mehrheit hindert die Minderheit nicht, ihr Recht geltend zu machen.

[Beiträge der Mitreeder] **§ 500.**

Jeder Mitreeder hat nach dem Verhältnisse seiner Schiffspart zu den Ausgaben der Reederei, insbesondere zu den Kosten der Ausrüstung und der Reparatur des Schiffes, beizutragen.

Ist ein Mitreeder mit der Leistung seines Beitrags im Verzug und wird das Geld von Mitreedern für ihn vorgeschossen, so ist er diesen zur Entrichtung von Zinsen von dem Zeitpunkte der Vorschüsse an verpflichtet. Durch den Vorschuß wird ein versicherbares Interesse hinsichtlich der Schiffspart für die Mitreeder begründet. Im Falle der Versicherung dieses Interesses hat der säumige Mitreeder die Kosten der Versicherung zu ersetzen.

[Recht des Abandons] **§ 501.**

Wenn eine neue Reise oder wenn nach der Beendigung einer Reise die Reparatur des Schiffes oder wenn die Befreidigung eines Gläubigers beschlossen worden ist, dem die Reederei nur mit Schiff und Fracht haftet, so kann jeder Mitreeder, welcher dem Beschlusse nicht zugestimmt hat, sich von der Leistung der zur Ausführung des

Beschlusses erforderlichen Einzahlungen dadurch befreien, daß er seine Schiffspart ohne Anspruch auf Entgelt aufgibt.

Der Mitreeder, welcher von dieser Befugnis Gebrauch machen will, muß dies den Mitreedern oder dem Korrespondentreeder binnen drei Tagen nach dem Tage des Beschlusses oder, wenn er bei der Beschlußfassung nicht anwesend und nicht vertreten war, binnen drei Tagen nach der Mitteilung des Beschlusses gerichtlich oder notariell kundgeben.

Die aufgegebene Schiffspart fällt den übrigen Mitreedern nach dem Verhältnisse der Größe ihrer Schiffsparten zu [1]).

[Verteilung von Gewinn u. Verlust]

§ 502.

Die Verteilung des Gewinns und Verlustes geschieht nach der Größe der Schiffsparten.

Die Berechnung des Gewinns und Verlustes und die Auszahlung des etwaigen Gewinns erfolgt jedesmal, nachdem das Schiff in den Heimatshafen zurückgekehrt ist oder nachdem es in einem anderen Hafen seine Reise beendigt hat und die Schiffsmannschaft entlassen ist.

Außerdem muß auch vor dem erwähnten Zeitpunkte das eingehende Geld, soweit es nicht zu späteren Ausgaben oder zur Deckung von Ansprüchen einzelner Mitreeder an die Reederei erforderlich ist, unter die einzelnen Mitreeder nach dem Verhältnisse der Größe ihrer Schiffsparten vorläufig verteilt und ausgezahlt werden.

[Veräußerlichkeit der Schiffspart]

§ 503.

Jeder Mitreeder kann seine Schiffspart jederzeit und ohne Einwilligung der übrigen Mitreeder ganz oder teilweise veräußern.

Die Veräußerung einer Schiffspart, infolge deren das Schiff das Recht, die Reichsflagge zu führen, verlieren würde [2]), kann nur mit Zustimmung aller Mitreeder erfolgen.

[Ausscheiden des Veräußerers]

§ 504.

Der Mitreeder, welcher seine Schiffspart veräußert hat, wird, solange die Veräußerung von ihm und dem Erwerber den Mitreedern oder dem Korrespondentreeder nicht angezeigt worden ist, im Verhältnisse zu den Mitreedern noch als Mitreeder betrachtet und bleibt wegen aller vor dieser Anzeige begründeten Verbindlichkeiten als Mitreeder den übrigen Mitreedern verhaftet.

Der Erwerber der Schiffspart ist jedoch im Verhältnisse zu den übrigen Mitreedern schon seit dem Zeitpunkte der Erwerbung als Mitreeder verpflichtet.

---

1) über das „Setzungsrecht" in Mecklenburg-Schwerin siehe Art. 19 EG. z. HGB.

2) § 2 FlaggenGes.

Er muß die Bestimmungen des Reedereivertrags, die gefaßten Beschlüsse und eingegangenen Geschäfte gleichwie der Veräußerer gegen sich gelten lassen; die übrigen Mitreeder können außerdem alle gegen den Veräußerer als Mitreeder begründeten Verbindlichkeiten in bezug auf die veräußerte Schiffspart gegen den Erwerber zur Aufrechnung bringen, unbeschadet des Rechtes des Erwerbers auf Gewährleistung gegen den Veräußerer.

[Fortbestand bei Mitgliederwechsel u. Tod] **§ 505.**

Eine Änderung in den Personen der Mitreeder ist ohne Einfluß auf den Fortbestand der Reederei.

Stirbt ein Mitreeder oder wird der Konkurs über das Vermögen eines Mitreeders eröffnet, so hat dies die Auflösung der Reederei nicht zur Folge.

Eine Aufkündigung von seiten eines Mitreeders oder eine Ausschließung eines Mitreeders findet nicht statt.

[Auflösung durch Beschluß] **§ 506.**

Die Auflösung der Reederei kann durch Stimmenmehrheit beschlossen werden. Der Beschluß, das Schiff zu veräußern, steht dem Beschlusse der Auflösung gleich.

Ist die Auflösung der Reederei oder die Veräußerung des Schiffes beschlossen, so muß das Schiff öffentlich verkauft werden. Der Verkauf kann nur geschehen, wenn das Schiff zu einer Reise nicht verfrachtet ist und sich in dem Heimatshafen oder in einem inländischen Hafen befindet. Ist jedoch das Schiff als reparaturunfähig oder reparaturunwürdig kondemniert (§ 479), so kann der Verkauf, auch wenn das Schiff verfrachtet ist, und selbst im Ausland erfolgen. Soll von diesen Vorschriften abgewichen werden, so ist die Zustimmung aller Mitreeder erforderlich.

[Anteilsmäßige Haftung der Mitreeder] **§ 507.**

Die Mitreeder als solche haften Dritten, wenn ihre persönliche Haftung eintritt, nur nach dem Verhältnisse der Größe ihrer Schiffsparten.

Ist eine Schiffspart veräußert, so haften für die in der Zeit zwischen der Veräußerung und der im § 504 erwähnten Anzeige etwa begründeten persönlichen Verbindlichkeiten rücksichtlich dieser Schiffspart sowohl der Veräußerer als der Erwerber.

[Gerichtsstand des Heimatshafens] **§ 508.**

Die Mitreeder als solche können wegen eines jeden Anspruchs, ohne Unterschied, ob dieser von einem Mitreeder oder von einem Dritten erhoben wird, vor dem Gerichte des Heimatshafens (§ 480) belangt werden.

Diese Vorschrift kommt auch dann zur Anwendung, wenn die Klage nur gegen einen Mitreeder oder gegen einige Mitreeder gerichtet wird.

[Baureederei] **§ 509.**

Auf die Vereinigung zweier oder mehrerer Personen, ein Schiff für gemeinschaftliche Rechnung zu erbauen und zur Seefahrt zu verwenden, finden die Vorschriften der §§ 490, 491, 500, 505 sowie des § 507 Abs. 1 und, sobald das Schiff vollendet und von dem Erbauer abgeliefert ist, außerdem die Vorschriften der §§ 503, 504, 506 sowie des § 507 Abs. 2 Anwendung; die Vorschrift des § 500 gilt auch für die Baukosten.

Ein Korrespondentreeder (§ 492) kann schon vor der Vollendung des Schiffes bestellt werden; er hat in diesem Falle sogleich nach seiner Bestellung in bezug auf den künftigen Reedereibetrieb die Rechte und Pflichten eines Korrespondentreeders.

[Der Ausrüster] **§ 510.**

Wer ein ihm nicht gehöriges Schiff zum Erwerbe durch die Seefahrt für seine Rechnung verwendet und es entweder selbst führt oder die Führung einem Schiffer anvertraut, wird im Verhältnisse zu Dritten als der Reeder angesehen.

Der Eigentümer kann denjenigen, welcher aus der Verwendung einen Anspruch als Schiffsgläubiger herleitet, an der Durchführung des Anspruchs nicht hindern, es sei denn, daß die Verwendung ihm gegenüber eine widerrechtliche und der Gläubiger nicht in gutem Glauben war.

Dritter Abschnitt.

Schiffer [1]).

[Sorgfaltspflicht des Schiffers] **§ 511.**

Der Führer des Schiffes (Schiffskapitän, **Schiffer** ist verpflichtet, bei allen Dienstverrichtungen, namentlich bei der Erfüllung der von ihm auszuführenden Verträge, die Sorgfalt eines ordentlichen Schiffers anzuwenden. Er haftet für jeden durch sein Verschulden entstehenden Schaden, insbesondere für den Schaden, welcher aus der Verletzung der in diesem und den folgenden Abschnitten ihm auferlegten Pflichten entsteht.

[Personenkreis für die Haftung des Schiffers] **§ 512.**

Diese Haftung des Schiffers besteht nicht nur gegenüber dem Reeder, sondern auch gegenüber dem Befrachter, Ablader und Ladungs-

[1]) Ergänzungen bietet die Seemannsordnung.

empfänger, dem Reisenden, der Schiffsbesatzung und demjenigen Schiffsgläubiger, dessen Forderung aus einem Kreditgeschäfte (§ 528) entstanden ist, insbesondere dem Bodmereigläubiger.

Der Schiffer wird dadurch, daß er auf Anweisung des Reeders gehandelt hat, den übrigen vorgenannten Personen gegenüber von der Haftung nicht befreit.

Durch eine solche Anweisung wird auch der Reeder persönlich verpflichtet, wenn er bei der Erteilung der Anweisung von dem Sachverhältnis unterrichtet war.

[Sorge für Seetüchtigkeit und Ausrüstung]

§ 513.

Der Schiffer hat vor dem Antritte der Reise dafür zu sorgen, daß das Schiff in seetüchtigem Stande, gehörig eingerichtet und ausgerüstet, gehörig bemannt und verproviantiert ist und daß die zum Ausweise für Schiff, Besatzung und Ladung erforderlichen Papiere an Bord sind.

[Sorge für Ein- u. Ausladung]

§ 514.

Der Schiffer hat zu sorgen für die Tüchtigkeit der Gerätschaften zum Laden und Löschen sowie für die gehörige Stauung nach Seemannsbrauch, auch wenn die Stauung durch besondere Stauer bewirkt wird.

Er hat dafür zu sorgen, daß das Schiff nicht überladen und daß es mit dem nötigen Ballast und der erforderlichen Garnierung versehen wird.

[Beachtung ausländischer Vorschriften]

§ 515.

Wenn der Schiffer im Auslande die dort geltenden Vorschriften, insbesondere die Polizei-, Steuer- und Zollgesetze, nicht beobachtet, so hat er den daraus entstehenden Schaden zu ersetzen.

Desgleichen hat er den Schaden zu ersetzen, welcher daraus entsteht, daß er Güter ladet, von denen er wußte oder wissen mußte, daß sie Kriegskontrebande seien.

[Rechtzeitiger Reiseantritt]

§ 516.

Sobald das Schiff zum Abgehen fertig ist, hat der Schiffer die Reise bei der ersten günstigen Gelegenheit anzutreten.

Auch wenn er durch Krankheit oder andere Ursachen verhindert ist, das Schiff zu führen, darf er den Abgang des Schiffes oder die Weiterfahrt nicht ungebührlich aufhalten; er muß vielmehr, wenn Zeit und Umstände gestatten, die Anordnung des Reeders einzuholen, diesem ungesäumt die Verhinderung anzeigen und für die Zwischenzeit die geeigneten Vorkehrungen treffen, im entgegengesetzten Falle einen anderen Schiffer einsetzen. Für diesen Stellvertreter ist er nur insofern verantwortlich, als ihm bei dessen Wahl ein Verschulden zur Last fällt.

[Persönliche Schiffsführung] **§ 517.**

Vom Beginne des Ladens an bis zur Beendigung der Löschung darf der Schiffer das Schiff gleichzeitig mit dem Steuermanne nur in dringenden Fällen verlassen; er hat in solchen Fällen zuvor aus den Schiffsoffizieren oder der übrigen Mannschaft einen geeigneten Vertreter zu bestellen.

Dasselbe gilt auch vor dem Beginne des Ladens und nach der Beendigung der Löschung, wenn das Schiff in einem nicht sicheren Hafen oder auf einer nicht sicheren Reede liegt.

Bei drohender Gefahr oder wenn das Schiff sich in See befindet muß der Schiffer an Bord sein, sofern nicht eine dringende Notwendigkeit seine Abwesenheit rechtfertigt.

[Persönliche Verantwortlichkeit] **§ 518.**

Wenn der Schiffer in Fällen der Gefahr mit den Schiffsoffizieren einen Schiffsrat zu halten für angemessen findet, so ist er gleichwohl an die gefaßten Beschlüsse nicht gebunden; er bleibt stets für die von ihm getroffenen Maßregeln verantwortlich.

[Führung eines Tagebuchs] **§ 519.**

Auf jedem Schiffe muß ein Tagebuch geführt werden, in welches für jede Reise alle erheblichen Begebenheiten, seit mit dem Einnehmen der Ladung oder des Ballastes begonnen ist, einzutragen sind.

Das Tagebuch wird unter Aufsicht des Schiffers von dem Steuermann und im Falle der Verhinderung des letzteren von dem Schiffer selbst oder unter seiner Aufsicht von einem durch ihn zu bestimmenden geeigneten Schiffsmanne geführt.

[Inhalt des Tagebuchs] **§ 520[1]).**

Von Tag zu Tag sind in das Tagebuch einzutragen:

die Beschaffenheit von Wind und Wetter;

die von dem Schiffe gehaltenen Kurse und zurückgelegten Entfernungen;

die ermittelte Breite und Länge;

der Wasserstand bei den Pumpen.

Ferner sind in das Tagebuch einzutragen:

die durch das Lot ermittelte Wassertiefe;

---

[1]) Auf Grund gemeinsamen Beschlusses der Bundesseestaaten sind im Jahre 1904 Verordnungen der einzelnen Länder über Führung und Behandlung des Schiffstagebuchs ergangen.

jedes Annehmen eines Lotsen und die Zeit seiner Ankunft und seines Abganges;
die Veränderungen im Personal der Schiffsbesatzung;
die im Schiffsrate gefaßten Beschlüsse;
alle Unfälle, die dem Schiffe oder der Ladung zustoßen, und eine Beschreibung dieser Unfälle.

Auch die auf dem Schiffe begangenen strafbaren Handlungen und die verhängten Disziplinarstrafen sowie die vorgekommenen Geburts- und Sterbefälle sind in das Tagebuch einzutragen.

Die Eintragungen müssen, soweit nicht die Umstände es hindern, täglich geschehen.

Das Tagebuch ist von dem Schiffer und dem Steuermanne zu unterschreiben.

§ 521.

Die Landesgesetze können bestimmen, daß auf kleineren Fahrzeugen (Küstenfahrern und dergleichen) die Führung eines Tagebuchs nicht erforderlich ist[1]).

[Verklarung bei Reiseunfällen] § 522.

Der Schiffer hat über alle Unfälle, die sich während der Reise ereignen, sie mögen den Verlust oder die Beschädigung des Schiffes oder der Ladung, das Einlaufen in einen Nothafen oder einen sonstigen Nachteil zur Folge haben, mit Zuziehung aller Personen der Schiffsbesatzung oder einer genügenden Anzahl von ihnen eine **Verklarung** abzulegen.

Die Verklarung ist ohne Verzug zu bewirken, und zwar:
im Bestimmungshafen oder bei mehreren Bestimmungshäfen in demjenigen, welchen das Schiff nach dem Unfalle zuerst erreicht;
im Nothafen, sofern in diesem repariert oder gelöscht wird;
am ersten geeigneten Orte, wenn die Reise endet, ohne daß der Bestimmungshafen erreicht wird.

Ist der Schiffer gestorben oder außerstande, die Aufnahme der Verklarung zu bewirken, so ist hierzu der im Range nächste Schiffsoffizier berechtigt und verpflichtet.

[Bericht der Verklarung] § 523.

Die Verklarung muß einen Bericht über die erheblichen Begebenheiten der Reise, namentlich eine vollständige und deutliche Erzählung der erlittenen Unfälle unter Angabe der zur Abwendung oder Verringerung der Nachteile angewendeten Mittel, enthalten.

---

[1]) Gleichlautende VO. der Seeuferstaaten aus dem Jahre 1910.

[Ablegung der Verklarung vor Gericht]

§ 524.

Im Gebiete dieses Gesetzbuchs muß die Verklarung, unter Vorlegung des Tagebuchs und eines Verzeichnisses aller Personen der Schiffsbesatzung, bei dem zuständigen Gericht angemeldet werden.

Das Gericht hat nach Eingang der Anmeldung sobald als tunlich die Verklarung aufzunehmen.

Der dazu anberaumte Termin wird in geeigneter Weise öffentlich bekanntgemacht, sofern die Umstände einen solchen Aufenthalt gestatten.

Die Interessenten von Schiff und Ladung sowie die etwa sonst bei dem Unfalle Beteiligten sind berechtigt, selbst oder durch Vertreter der Ablegung der Verklarung beizuwohnen.

Die Verklarung geschieht auf der Grundlage des Tagebuchs. Kann das geführte Tagebuch nicht beigebracht werden oder ist ein Tagebuch nicht geführt (§ 521), so ist der Grund hiervon anzugeben.

[Beschwörung der Verklarung]

§ 525.

Der Richter ist befugt, außer den gestellten noch andere Personen der Schiffsbesatzung, deren Abhörung er angemessen findet, zu vernehmen. Er kann zum Zwecke besserer Aufklärung dem Schiffer sowie jeder anderen Person der Schiffsbesatzung geeignete Fragen zur Beantwortung vorlegen.

Der Schiffer und die zugezogenen übrigen Personen der Schiffsbesatzung haben ihre Aussagen zu beschwören.

Die über die Verklarung aufgenommene Verhandlung ist in Urschrift aufzubewahren und jedem Beteiligten auf Verlangen eine beglaubigte Abschrift zu erteilen.

[Vertretungsmacht des Schiffers innerhalb des Heimatshafens]

§ 526.

Rechtsgeschäfte, die der Schiffer eingeht, während sich das Schiff im Heimatshafen befindet, sind für den Reeder nur dann verbindlich, wenn der Schiffer auf Grund einer Vollmacht gehandelt hat oder wenn ein anderer besonderer Verpflichtungsgrund vorhanden ist.

Zur Annahme der Schiffsmannschaft ist der Schiffer auch im Heimatshafen befugt.

[Vertretungsmacht außerhalb des Heimatshafens]

§ 527.

Befindet sich das Schiff außerhalb des Heimatshafens, so ist der Schiffer Dritten gegenüber kraft seiner Anstellung befugt, für den Reeder alle Geschäfte und Rechtshandlungen vorzunehmen, welche die Ausrüstung, die Bemannung, die Verproviantierung und die Erhaltung des Schiffes sowie überhaupt die Ausführung der Reise mit sich bringen.

Diese Befugnis erstreckt sich auch auf die Eingehung von Frachtverträgen; sie erstreckt sich ferner auf die Anstellung von Klagen, die sich auf den Wirkungskreis des Schiffers beziehen.

[Schranken bei Kreditgeschäften] **§ 528.**

Zur Aufnahme von Darlehen, zur Eingehung von Käufen auf Borg sowie zum Abschluß ähnlicher Kreditgeschäfte ist der Schiffer nur dann befugt, wenn es zur Erhaltung des Schiffes oder zur Ausführung der Reise notwendig, und nur insoweit, als es zur Befriedigung des Bedürfnisses erforderlich ist. Ein Bodmereigeschäft einzugehen, ist er nur dann befugt, wenn es zur Ausführung der Reise notwendig, und nur insoweit, als es zur Befriedigung des Bedürfnisses erforderlich ist.

Die Gültigkeit des Geschäfts ist weder von der wirklichen Verwendung noch von der Zweckmäßigkeit der unter mehreren Kreditgeschäften getroffenen Wahl noch von dem Umstand abhängig, ob dem Schiffer das erforderliche Geld zur Verfügung gestanden hat, es sei denn, daß der Dritte in bösem Glauben war.

[Keine Vertretungsmacht für persönliche Verhaftung des Reeders] **§ 529.**

Auf den persönlichen Kredit des Reeders Geschäfte abzuschließen, insbesondere Wechselverbindlichkeiten für den Reeder einzugehen, ist der Schiffer nur auf Grund einer ihn hierzu ermächtigenden Vollmacht (§ 486 Abs. 1 Nr. 1) befugt. Verhaltungsmaßregeln und dienstliche Anweisungen, die der Schiffer vom Reeder erhält, genügen nicht, die persönliche Haftung des Reeders dem Dritten gegenüber zu begründen.

[Befugnis zum Verkauf des Schiffes] **§ 530.**

Die Befugnis zum Verkaufe des Schiffes hat der Schiffer nur im Falle dringender Notwendigkeit und nur, nachdem diese durch das Ortsgericht nach Anhörung von Sachverständigen und mit Zuziehung des deutschen Konsuls, wo ein solcher vorhanden, festgestellt ist.

Ist keine Gerichtsbehörde und auch keine andere Behörde, welche die Untersuchung übernimmt, am Orte vorhanden, so hat der Schiffer zur Rechtfertigung seines Verfahrens das Gutachten von Sachverständigen einzuholen und, wenn dies nicht möglich ist, sich mit anderen Beweisen zu versehen.

Der Verkauf muß öffentlich geschehen.

[Einschränkbarkeit der gesetzlichen Vertretungsmacht] **§ 531.**

Der Reeder, welcher die gesetzlichen Befugnisse des Schiffers beschränkt hat, kann dem Dritten die Nichteinhaltung dieser Beschränkungen nur entgegensetzen, wenn sie dem Dritten bekannt waren.

[Geschäftsführung ohne Auftrag] **§ 532.**

Hat der Schiffer ohne besonderen Auftrag für Rechnung des Reeders aus eigenen Mitteln Vorschüsse geleistet oder sich persönlich verpflichtet, so stehen ihm gegen den Reeder wegen des Ersatzes keine größeren Rechte als einem Dritten zu.

[Haftung des Reeders mit Schiff u. Fracht] **§ 533.**

Durch ein Rechtsgeschäft, welches der Schiffer in seiner Eigenschaft als Führer des Schiffes, sei es mit, sei es ohne Bezeichnung des Reeders, innerhalb seiner gesetzlichen Befugnisse schließt, wird der Reeder dem Dritten gegenüber berechtigt und die Haftung des Reeders mit Schiff und Fracht begründet.

Der Schiffer selbst wird dem Dritten durch das Rechtsgeschäft nicht verpflichtet, es sei denn, daß er eine Gewährleistung für die Erfüllung übernimmt oder seine Befugnisse überschreitet. Die Haftung des Schiffers nach Maßgabe der §§ 511, 512 wird hierdurch nicht ausgeschlossen.

[Inneres Verhältnis zwischen Reeder und Schiffer] **§ 534.**

Auch dem Reeder gegenüber sind für den Umfang der Befugnisse des Schiffers die Vorschriften der §§ 526 bis 530 maßgebend, soweit nicht der Reeder diese Befugnisse beschränkt hat.

Der Schiffer ist verpflichtet, von dem Zustande des Schiffes, den Begebnissen der Reisen, den von ihm geschlossenen Verträgen und den anhängig gewordenen Prozessen den Reeder in fortlaufender Kenntnis zu erhalten und in allen erheblichen Fällen, namentlich in den Fällen der §§ 528, 530 oder wenn er eine Reise zu ändern oder einzustellen sich genötigt findet, oder bei außergewöhnlichen Reparaturen und Anschaffungen, die Erteilung von Verhaltungsmaßregeln nachzusuchen, sofern die Umstände es gestatten.

Zu außergewöhnlichen Reparaturen und Anschaffungen, selbst wenn er sie mit den ihm zur Verfügung stehenden Mitteln des Reeders bestreiten kann, darf er nur im Falle der Notwendigkeit schreiten.

Wenn er sich das zur Bestreitung eines Bedürfnisses nötige Geld nicht anders verschaffen kann als durch Bodmerei oder durch den Verkauf von entbehrlichem Schiffszubehör oder von entbehrlichen Schiffsvorräten, so hat er diejenige Maßregel zu ergreifen, welche für den Reeder mit dem geringsten Nachteile verbunden ist.

Er muß dem Reeder nach der Rückkehr in den Heimatshafen und außerdem, so oft es verlangt wird, Rechnung legen.

[Der Schiffer als Vertreter der Ladungsbeteiligten] **§ 535.**

Im Interesse der Ladungsbeteiligten hat der Schiffer

während der Reise zugleich für das Beste der Ladung nach Möglichkeit Sorge zu tragen.

Werden zur Abwendung oder Verringerung eines Verlustes besondere Maßregeln erforderlich, so liegt ihm ob, das Interesse der Ladungsbeteiligten als deren Vertreter wahrzunehmen, wenn tunlich ihre Anweisungen einzuholen und, soweit es den Verhältnissen entspricht, zu befolgen, sonst aber nach eigenem Ermessen zu verfahren und überhaupt tunlichst dafür zu sorgen, daß die Ladungsbeteiligten von solchen Vorfällen und den dadurch veranlaßten Maßregeln schleunigst in Kenntnis gesetzt werden.

Er ist in solchen Fällen namentlich auch berechtigt, die Ladung ganz oder zu einem Teile zu löschen, äußerstenfalls, wenn ein erheblicher Verlust wegen drohenden Verderbs oder aus sonstigen Gründen anders nicht abzuwenden ist, zu verkaufen oder behufs der Beschaffung der Mittel zu ihrer Erhaltung und Weiterbeförderung zu verbodmen, sowie im Falle der Anhaltung oder Aufbringung zu reklamieren oder, wenn sie auf andere Weise seiner Verfügung entzogen ist, ihre Wiedererlangung außergerichtlich und gerichtlich zu betreiben.

[Abweichung von der ursprünglichen Reise]

§ 536.

Wird die Fortsetzung der Reise in der ursprünglichen Richtung durch einen Zufall verhindert, so ist der Schiffer befugt, die Reise in einer anderen Richtung fortzusetzen oder sie auf kürzere oder längere Zeit einzustellen oder nach dem Abgangshafen zurückzukehren, je nachdem es den Verhältnissen und den möglichst zu berücksichtigenden Anweisungen entspricht.

Im Falle der Auflösung des Frachtvertrags hat er nach den Vorschriften des § 632 zu verfahren.

[Keine Vertretungsmacht für persönliche Verhaftung der Ladungsbeteiligten]

§ 537.

Auf den persönlichen Kredit der Ladungsbeteiligten Geschäfte abzuschließen, ist der Schiffer auch in den Fällen des § 535 nur auf Grund einer ihn hierzu ermächtigenden Vollmacht befugt.

[Befugnis zur Verfügung über die Ladung]

§ 538.

Außer den Fällen des § 535 ist der Schiffer zur Verbodmung der Ladung oder zur Verfügung über Ladungsteile durch Verkauf oder Verwendung nur befugt, soweit es zum Zwecke der Fortsetzung der Reise notwendig ist.

[im Fall der großen Haverei]

§ 539.

Gründet sich das Bedürfnis auf eine große Haverei und kann der

Schiffer ihm durch verschiedene Maßregeln abhelfen, so hat er diejenige Maßregel zu ergreifen, welche für die Beteiligten mit dem geringsten Nachteile verbunden ist.

[in sonstigen Fällen]

§ 540.

Liegt der Fall einer großen Haverei nicht vor, so ist der Schiffer zur Verbodmung der Ladung oder zur Verfügung über Ladungsteile durch Verkauf oder Verwendung nur befugt, wenn er dem Bedürfnis auf anderem Wege nicht abhelfen kann oder wenn die Wahl eines anderen Mittels einen unverhältnismäßigen Schaden für den Reeder zur Folge haben würde.

Auch in diesen Fällen kann er die Ladung nur zusammen mit dem Schiffe und der Fracht verbodmen (§ 680 Abs. 2).

Er hat die Verbodmung vor dem Verkaufe zu wählen, es sei denn, daß die Verbodmung einen unverhältnismäßigen Schaden für den Reeder zur Folge haben würde.

[Ersatzpflicht des Reeders bei § 540]

§ 541.

Die Verbodmung der Ladung oder die Verfügung über Ladungsteile durch Verkauf oder Verwendung wird in den Fällen des § 540 als ein für Rechnung des Reeders abgeschlossenes Kreditgeschäft (§ 528, § 754 Nr. 6) angesehen.

[Anwendung von § 528 Abs. 2]

§ 542.

In Bezug auf die Gültigkeit der in den Fällen der §§ 535, 538 bis 540 von dem Schiffer abgeschlossenen Rechtsgeschäfte finden die Vorschriften des § 528 Abs. 2 Anwendung.

[Vergütungen seitens der Ladungsbeteiligten]

§ 543.

Was der Schiffer vom Befrachter, Ablader oder Ladungsempfänger außer der Fracht als Kaplaken, Primage oder sonst als Belohnung oder Entschädigung, gleichviel unter welchem Namen, erhält, hat er dem Reeder als Einnahme in Rechnung zu bringen.

[Verbot eigener Güterverladung]

§ 544.

Der Schiffer darf ohne Einwilligung des Reeders für eigene Rechnung keine Güter verladen. Handelt er dieser Vorschrift zuwider, so hat er dem Reeder die höchste am Abladungsorte zur Abladungszeit für solche Reisen und Güter bedungene Fracht zu erstatten, unbeschadet des Anspruchs des Reeders auf den Ersatz eines ihm verursachten höheren Schadens.

[Entlassung des Schiffers]

§ 545.

Der Schiffer kann, selbst wenn das Gegenteil vereinbart ist, jederzeit von dem Reeder entlassen werden, jedoch unbeschadet seines Anspruchs auf Entschädigung.

[Ansprüche des Schiffers bei seiner Entlassung]

§ 546.

Erfolgt die Entlassung, weil der Schiffer untüchtig befunden ist oder weil er seiner Pflicht nicht genügt, so erhält er nur dasjenige, was er von der Heuer einschließlich aller sonst bedungenen Vorteile bis dahin verdient hat.

§ 547 [1]).

Wird ein Schiffer, der für eine bestimmte Reise angestellt ist, entlassen, weil die Reise wegen Krieg, Embargo oder Blokade, wegen eines Einfuhr- oder Ausfuhrverbots oder wegen eines anderen Schiff oder Ladung betreffenden Zufalls nicht angetreten oder fortgesetzt werden kann, so erhält er gleichfalls nur dasjenige, was er von der Heuer, einschließlich aller sonst bedungenen Vorteile, bis dahin verdient hat. Dasselbe gilt, wenn ein auf unbestimmte Zeit angestellter Schiffer aus einem der angeführten Gründe entlassen wird, nachdem er die Ausführung einer bestimmten Reise übernommen hat.

Erfolgt in diesen Fällen die Entlassung während der Reise, so kann der Schiffer außerdem nach seiner Wahl entweder freie Rückbeförderung nach dem Hafen, wo er geheuert worden ist, oder eine entsprechende Vergütung beanspruchen. Darüber hinaus hat er im Falle des Verlustes des Schiffes durch Schiffbruch Anspruch auf Entschädigung für jeden Tag der infolge des Schiffbruchs eingetretenen Arbeitslosigkeit in Höhe des Tagesbetrags seiner Heuer, jedoch höchstens bis zum Gesamtbetrage von zwei Monatsheuern [2]).

Ein nach den Vorschriften dieses Gesetzbuchs begründeter Anspruch auf freie Rückbeförderung umfaßt auch den Unterhalt während der Reise sowie die Beförderung der Sachen des Schiffers.

§ 548 [1]).

Wird ein Schiffer, der auf unbestimmte Zeit angestellt ist, aus anderen als den in den §§ 546, 547 angeführten Gründen entlassen, nachdem er die Ausführung einer bestimmten Reise übernommen hat, so

---

[1]) In der Fassung des Ges. v. 2. Juni 1902 (RGBl. S. 218). Vgl. auch das Übereinkommen über die Heimschaffung der Schiffsleute v. 23. Juli 1926 nebst Ges. v. 14. Januar 1930 (RGBl. II S. 12).

[2]) § 547 Abs. II Satz 2 ist eingefügt durch § 2 des Ges. v. 24. Dezember 1929 (RGBl. II S. 759).

erhält er außer demjenigen, was ihm nach den Vorschriften des § 547 gebührt, als Entschädigung noch die Heuer für einen Monat und für die nach § 73 der Seemannsordnung zu berechnende voraussichtliche Dauer seiner Reise nach dem Rückbeförderungshafen.

§ 549 [1]).

War die Heuer nicht zeitweise, sondern in Bausch und Bogen für die ganze Reise bedungen, so wird in den Fällen der §§ 546 bis 548 die verdiente Heuer mit Rücksicht auf den vollen Heuerbetrag nach dem Verhältnisse der geleisteten Dienste sowie des etwa zurückgelegten Teiles der Reise bestimmt. Zur Ermittelung der Heuer für einzelne Monate wird die durchschnittliche Dauer der Reise, einschließlich der Ladungs- und Löschungszeit, unter Berücksichtigung der Beschaffenheit des Schiffes in Ansatz gebracht und danach die Heuer für die einzelnen Monate berechnet. Bei Berechnung der Heuer für einzelne Tage wird der Monat zu dreißig Tagen gerechnet.

§ 550.

Endet die Rückreise des Schiffes nicht in dem Heimatshafen und war der Schiffer für die Ausreise und die Rückreise oder auf unbestimmte Zeit angestellt, so hat der Schiffer Anspruch auf freie Rückbeförderung nach dem Hafen, wo er geheuert worden ist, und auf Fortbezug der Heuer während der Reise oder nach seiner Wahl auf eine entsprechende Vergütung.

[Kündigung des auf unbestimmte Zeit angestellten Schiffers]

§ 551.

Der Schiffer, welcher auf unbestimmte Zeit angestellt ist, muß, sobald er eine Reise angetreten hat, im Dienste verbleiben, bis das Schiff in den Heimatshafen oder in einen inländischen Hafen zurückgekehrt und die Entlöschung erfolgt ist.

Er kann jedoch seine Entlassung fordern, wenn seit der ersten Abreise zwei oder drei Jahre verflossen sind, je nachdem sich das Schiff zur Zeit der Kündigung in einem europäischen oder in einem außereuropäischen Hafen befindet. Er hat in einem solchen Falle dem Reeder die zu seiner Ersetzung erforderliche Zeit zu gewähren und den Dienst inzwischen fortzusetzen, jedenfalls die laufende Reise zu beendigen.

Ordnet der Reeder sofort nach der Kündigung die Rückreise an, so ist der Schiffer verpflichtet, das Schiff zurückzuführen.

§ 552.

Die Schiffspart, mit welcher der Schiffer auf Grund einer mit den übrigen Reedern getroffenen Vereinbarung als Mitreeder an dem Schiffe

---

[1]) In der Fassung des Ges. v. 2. Juni 1902 (RGBl. S. 218). Vgl. auch das Übereinkommen über die Heimschaffung der Schiffsleute v. 23. Juli 1926 nebst Ges. v. 14. Januar 1930 (RGBl. II S. 12).

beteiligt ist, ist im Falle seiner unfreiwilligen Entlassung auf sein Verlangen von den Mitreedern gegen Auszahlung des durch Sachverständige zu bestimmenden Schätzungswerts zu übernehmen. Dieses Recht des Schiffers erlischt, wenn er die Erklärung, davon Gebrauch zu machen, ohne Grund verzögert.

[Krankenfürsorge] **§ 553 [1]).**

Wenn der Schiffer nach Antritt des Dienstes wegen einer Krankheit oder Verletzung der Heilbehandlung bedarf oder arbeitsunfähig wird, so ist der Reeder verpflichtet, die Kosten der Verpflegung und Heilbehandlung (Krankenfürsorge) zu tragen, solange der Schiffer sich an Bord des Schiffes oder auf einer durch den Dienst veranlaßten Reise befindet. Die Verpflichtung des Reeders tritt nicht ein, wenn der Schiffer im Ausland in den Dienst getreten ist, die Krankheit oder Verletzung schon vor dem Eintritt in das Dienstverhältnis bestand und der Schiffer wegen der Krankheit oder Verletzung die Reise nicht angetreten hat.

Die Krankenfürsorge umfaßt die Verpflegung des Kranken und die Heilbehandlung; zur Heilbehandlung gehört die ärztliche Behandlung sowie die Versorgung mit Arznei und den gebräuchlichen Heilmitteln, die an Bord des Schiffes vorhanden sein müssen oder während des Aufenthalts in einem Hafen zu beschaffen sind.

Liegt das Schiff in einem inländischen Hafen, so hat der Schiffer, solange er im Dienste bleibt, die Wahl zwischen der Heilbehandlung auf Kosten des Reeders und der Krankenpflege des Trägers der Krankenversicherung. Der Reeder kann jedoch den Schiffer an den Träger der Krankenversicherung überweisen, wenn ein Schiffsarzt oder ein Vertragsarzt des Reeders nicht zur Verfügung steht oder wenn die Krankheit oder das Verhalten des Kranken das Verbleiben im Dienste nicht zulassen oder den Erfolg der Behandlung gefährden.

Der Reeder ist berechtigt, dem Schiffer im Ausland die Verpflegung und Heilbehandlung in einer Krankenanstalt zu gewähren. Hat der Schiffer an dem Orte, wo er das Schiff verläßt oder in eine Krankenanstalt aufgenommen werden soll, einen eigenen Haushalt oder Familienangehörige, mit denen er in häuslicher Gemeinschaft lebt, so kann die Aufnahme in die Krankenanstalt ohne seine Zustimmung nur unter den Voraussetzungen des § 184 Abs. 3 der Reichsversicherungsordnung erfolgen. In den Fällen des § 184 Abs. 3 Nr. 1, 2, 4 der Reichsversicherungsordnung soll der Reeder möglichst Krankenanstaltspflege gewähren.

Ein Schiffer, der wegen Krankheit oder Verletzung im Ausland zurückgeblieben ist, kann mit seiner Einwilligung und der des behandelnden Arztes oder des Seemannsamts nach einem deutschen Hafen überführt werden. Ist der Schiffer außerstande, die Zustimmung zu erteilen, oder

[1]) In der Fassung des Ges. v. 16. Dezember 1927 (RGBl. I S. 337).

verweigert er sie ohne berechtigten Grund, so kann sie nach Anhörung eines Arztes durch das Seemannsamt des Aufenthaltsorts ersetzt werden.

Der Schiffer, der sich ohne berechtigten Grund weigert, die angebotene Heilbehandlung oder Krankenanstaltspflege anzunehmen, verwirkt, solange er sich weigert, den Anspruch auf kostenfreie Krankenfürsorge; diese Zeitdauer wird in den für die Krankenfürsorge bestimmten Zeitraum eingerechnet.

Die Krankenfürsorge endet, sobald der Schiffer in einem inländischen Hafen das Schiff verläßt; sie ist jedoch, wenn mit der Unterbrechung Gefahr verbunden ist, fortzusetzen, bis der zuständige Träger der Krankenversicherung anzeigt, daß er die Leistungen der Krankenversicherung übernimmt.

Im Ausland hat der Reeder die Krankenfürsorge auch für die Zeit nach dem Verlassen des Schiffes zu gewähren, wenn der Schiffer wegen der Krankheit oder Verletzung das Schiff hat verlassen müssen. Die Krankenfürsorge endet mit dem Ablauf der sechsundzwanzigsten Woche nach dem Verlassen des Schiffes; sie endet schon vor dem Ablauf dieser Frist, wenn der Schiffer vorher in das Inland zurückbefördert ist oder zurückkehrt.

Ist der Schiffer nicht gegen Krankheit nach der Reichsversicherungsordnung versichert, so endet die Krankenfürsorge, wenn er die Reise nicht angetreten hat, mit dem Ablauf der sechsundzwanzigsten Woche seit der Erkrankung oder Verletzung, anderenfalls mit dem Ablauf der sechsundzwanzigsten Woche seit dem Verlassen des Schiffes.

Bei Verletzung infolge eines Betriebsunfalls hört dem Verletzten gegenüber die Fürsorge auf, sobald der zuständige Träger der Unfallversicherung dem Reeder anzeigt, daß er mit seinen Leistungen beginnt.

Bei Streit zwischen dem Schiffer und seinem Reeder über die Krankenfürsorge entscheidet vorläufig das Seemannsamt, das zuerst angerufen wird.

§ 553 a [1]).

Wenn der Schiffer nicht mit dem Schiffe nach dem Heimatshafen oder dem Hafen, wo er geheuert worden ist, zurückkehrt, gebührt ihm ferner freie Zurückbeförderung (§ 547) oder nach seiner Wahl eine entsprechende Vergütung.

§ 553 b [2]).

Die Heuer, einschließlich aller sonst bedungenen Vorteile, bezieht der erkrankte oder verletzte Schiffer:

wenn er die Reise nicht antritt, bis zur Einstellung des Dienstes;

wenn er die Reise angetreten hat, bis zu dem Tage, an welchem er das Schiff verläßt.

---

[1]) Siehe Anm. zu § 553.

[2]) Siehe Anm. zu § 553.

Der Bezug der Heuer wird während des Aufenthalts in einer Krankenanstalt nicht gekürzt.

Ist der Schiffer bei Verteidigung des Schiffes zu Schaden gekommen, so hat er überdies auf eine angemessene, erforderlichenfalls von dem Richter zu bestimmende Belohnung Anspruch.

§ 553 c [1]).

Auf den Schiffer, welcher die Krankheit oder Verletzung durch eine strafbare Handlung sich zugezogen oder den Dienst widerrechtlich verlassen hat, finden die §§ 553 bis 553b keine Anwendung.

[Tod des Schiffers]

§ 554.

Stirbt der Schiffer nach dem Antritte des Dienstes, so hat der Reeder die bis zum Todestage verdiente Heuer einschließlich aller sonst bedungenen Vorteile zu entrichten; ist der Tod nach dem Antritte der Reise erfolgt, so hat der Reeder auch die Beerdigungskosten zu tragen.

Wird der Schiffer bei Verteidigung des Schiffes getötet, so hat der Reeder überdies eine angemessene Belohnung zu zahlen.

[Pflichten u. Rechte des Schiffers bei Verlust des Schiffes]

§ 555.

Auch nach dem Verluste des Schiffes ist der Schiffer verpflichtet, noch für die Verklarung zu sorgen und überhaupt das Interesse des Reeders so lange wahrzunehmen, als es erforderlich ist. Er hat für diese Zeit Anspruch auf Fortbezug der Heuer und auf Erstattung der Kosten des Unterhalts. Außerdem kann er freie Rückbeförderung (§ 547) oder nach seiner Wahl eine entsprechende Vergütung beanspruchen.

Vierter Abschnitt.

Frachtgeschäft zur Beförderung von Gütern.[2])

[Arten des Seefrachtvertrages]

§ 556.

Der Frachtvertrag zur Beförderung von Gütern bezieht sich entweder

1. auf das Schiff im ganzen oder einen verhältnis-

---

[1]) Siehe Anm. zu § 553.

[2]) Das HGB. gibt kein richtiges Bild zu der Ausgestaltung im heutigen Wirtschaftsleben.

a) Das HGB. stellt den Chartervertrag (§ 556 Ziffer 1) in den Vordergrund, während heute der Stückgütervertrag (§ 556 Ziffer 2) die

mäßigen Teil oder einen bestimmt bezeichneten Raum des Schiffes oder
2. auf einzelne Güter (Stückgüter).

[Charteparṫie] **§ 557.**

Wird das Schiff im ganzen oder zu einem verhältnismäßigen Teile oder wird ein bestimmt bezeichneter Raum des Schiffes verfrachtet, so kann jede Partei verlangen, daß über den Vertrag eine schriftliche Urkunde (Chartepartie) errichtet wird.

§ 558.

In der Verfrachtung eines ganzen Schiffes ist die Kajüte nicht einbegriffen; es dürfen jedoch ohne Einwilligung des Befrachters in die Kajüte keine Güter verladen werden.

[Haftung des Verfrachters für Seetüchtigkeit des Schiffes] **§ 559.**

Bei jeder Art von Frachtvertrag (§ 556) hat der Verfrachter das Schiff in seetüchtigem Stande zu liefern.

Er haftet dem Befrachter für jeden Schaden, der aus dem mangelhaften Zustande des Schiffes entsteht, es sei denn, daß der Mangel bei Anwendung der Sorgfalt eines ordentlichen Verfrachters nicht zu entdecken war.

[Ladungsplatz] **§ 560.**

Der Schiffer hat zur Einnahme der Ladung das Schiff an den vom Befrachter oder, wenn das Schiff an mehrere verfrachtet ist, von sämtlichen Befrachtern ihm angewiesenen Platz hinzulegen.

Erfolgt die Anweisung nicht rechtzeitig oder wird nicht von sämtlichen Befrachtern derselbe Platz angewiesen oder gestatten die Wassertiefe, die Sicherheit des Schiffes oder die örtlichen Verordnungen oder Einrichtungen die Befolgung der Anweisung nicht, so hat der Schiffer an dem ortsüblichen Ladungsplatz anzulegen.

[Kosten des Einladens] **§ 561.**

Sofern nicht durch Vertrag oder durch die örtlichen Verordnungen des Abladungshafens und in deren Ermangelung durch einen daselbst bestehenden Ortsgebrauch ein anderes bestimmt ist, sind die Güter von dem Befrachter kostenfrei bis an das Schiff zu liefern, dagegen die Kosten der Einladung in das Schiff von dem Verfrachter zu tragen.

---

erste Rolle spielt. Übrigens kommt die in § 556 Ziffer 1 erwähnte Teilcharterung überhaupt kaum vor.

b) Im praktischen Leben greift eine Fülle von Klauseln in den Konnossementen ein, welche die gesetzlichen Regeln abändern (Freizeichnungen).

[Substitutionsbefugnis hinsichtlich der Ladung]

§ 562.

Der Verfrachter ist verpflichtet, statt der vertragsmäßigen Güter andere, von dem Befrachter zur Verschiffung nach demselben Bestimmungshafen ihm angebotene Güter anzunehmen, wenn dadurch seine Lage nicht erschwert wird.

Diese Vorschrift findet keine Anwendung, wenn die Güter im Vertrage nicht bloß nach Art oder Gattung, sondern speziell bezeichnet sind.

[Haftung des Befrachters für Verschulden bei der Abladung]

§ 563.

Der Befrachter oder Ablader, welcher die verladenen Güter unrichtig bezeichnet oder Kriegskontrebande oder Güter verladet, deren Ausfuhr oder deren Einfuhr in den Bestimmungshafen verboten ist, oder welcher bei der Abladung die gesetzlichen Vorschriften, insbesondere die Polizei-, Steuer- und Zollgesetze, übertritt, wird, sofern ihm dabei ein Verschulden zur Last fällt, nicht bloß dem Verfrachter, sondern auch allen übrigen im § 512 Abs. 1 bezeichneten Personen für den durch sein Verfahren veranlaßten Aufenthalt und jeden anderen Schaden verantwortlich.

Dadurch, daß er mit Zustimmung des Schiffers gehandelt hat, wird seine Verantwortlichkeit den übrigen Personen gegenüber nicht ausgeschlossen.

Er kann aus der Konfiskation der Güter keinen Grund herleiten, die Zahlung der Fracht zu verweigern.

Gefährden die Güter das Schiff oder die übrige Ladung, so ist der Schiffer befugt, die Güter ans Land zu setzen oder in dringenden Fällen über Bord zu werfen.

[Heimliches An-Bord-Bringen]

§ 564.

Auch derjenige, welcher ohne Wissen des Schiffers Güter an Bord bringt, ist nach Maßgabe des § 563 zum Ersatze des daraus entstehenden Schadens verpflichtet. Der Schiffer ist befugt, solche Güter wieder ans Land zu setzen oder, wenn sie das Schiff oder die übrige Ladung gefährden, nötigenfalls über Bord zu werfen. Hat der Schiffer die Güter an Bord behalten, so ist dafür die höchste am Abladungsorte zur Abladungszeit für solche Reisen und Güter bedungene Fracht zu bezahlen.

[Substitution eines anderen Schiffes]

§ 565.

Der Verfrachter ist nicht befugt, ohne Erlaubnis des Befrachters die Güter in ein anderes Schiff zu verladen. Handelt er dieser Vorschrift zuwider, so ist er für jeden daraus entstehenden Schaden verantwortlich, es sei denn, daß der Schaden auch dann entstanden und dem Befrachter zur Last gefallen sein würde, wenn die Güter nicht in ein anderes Schiff verladen worden wären.

Auf Umladungen in ein anderes Schiff, die in Fällen der Not nach dem Antritte der Reise erfolgen, finden die Vorschriften des Abs. 1 keine Anwendung.

[Unterbringung auf Deck]

§ 566.

Ohne Zustimmung des Abladers dürfen dessen Güter weder auf das Verdeck verladen noch an die Seiten des Schiffes gehängt werden.

Die Landesgesetze können bestimmen, daß diese Vorschrift, soweit sie die Beladung des Verdecks betrifft, auf die Küstenschiffahrt keine Anwendung findet.

[§§ 567—586 handeln von der Vollcharterung]

[Die Wartezeit bei der Vollcharterung]

§ 567.

Bei der Verfrachtung eines Schiffes im ganzen hat der Schiffer, sobald er zur Einnahme der Ladung fertig und bereit ist, dies dem Befrachter anzuzeigen.

Mit dem auf die Anzeige folgenden Tage beginnt die Ladezeit.

Über die Ladezeit hinaus hat der Verfrachter auf die Abladung noch länger zu warten, wenn es vereinbart ist (Überliegezeit).

Für die Ladezeit kann, sofern nicht das Gegenteil bedungen ist, keine besondere Vergütung verlangt werden. Dagegen hat der Befrachter dem Verfrachter für die Überliegezeit eine Vergütung (Liegegeld) zu gewähren.

[Dauer der Lade- u. Überliegezeit]

§ 568.

Ist die Dauer der Ladezeit durch Vertrag nicht festgesetzt, so wird sie durch die örtlichen Verordnungen des Abladungshafens und in deren Ermangelung durch den daselbst bestehenden Ortsgebrauch bestimmt. Besteht auch ein solcher Ortsgebrauch nicht, so gilt als Ladezeit eine den Umständen des Falles angemessene Frist.

Ist eine Überliegezeit, nicht aber deren Dauer, durch Vertrag bestimmt, so beträgt die Überliegezeit vierzehn Tage.

Enthält der Vertrag nur die Festsetzung eines Liegegeldes, so ist anzunehmen, daß eine Überliegezeit ohne Bestimmung der Dauer vereinbart sei.

[Beginn der Überliegezeit]

§ 569.

Ist die Dauer der Ladezeit oder der Tag, mit welchem die Ladezeit enden soll, durch Vertrag bestimmt, so beginnt die Überliegezeit ohne weiteres mit dem Ablaufe der Ladezeit.

In Ermangelung einer solchen vertragsmäßigen Bestimmung beginnt die Überliegezeit erst, nachdem der Verfrachter dem Befrachter erklärt hat, daß die Ladezeit abgelaufen sei. Der Verfrachter kann schon innerhalb der Ladezeit dem Befrachter erklären, an welchem Tage er die Ladezeit für abgelaufen halte. In diesem Falle ist zum Ablaufe der Ladezeit und zum Beginne der Überliegezeit eine neue Erklärung des Verfrachters nicht erforderlich.

[Erklärung nach Ablauf der Wartezeit] **§ 570.**

Nach dem Ablaufe der Ladezeit oder, wenn eine Überliegezeit vereinbart ist, nach dem Ablaufe der Überliegezeit ist der Verfrachter nicht verpflichtet, auf die Abladung noch länger zu warten. Er muß jedoch seinen Willen, nicht länger zu warten, spätestens drei Tage vor dem Ablaufe der Ladezeit oder der Überliegezeit dem Befrachter erklären.

Ist dies nicht geschehen, so läuft die Ladezeit oder Überliegezeit nicht eher ab, als bis die Erklärung nachgeholt ist und seit dem Tage der Abgabe der Erklärung drei Tage verstrichen sind.

Die in den Abs. 1, 2 erwähnten drei Tage werden in allen Fällen als ununterbrochen fortlaufende Tage nach dem Kalender gezählt.

[Formfreiheit der Erklärungen] **§ 571.**

Die in den §§ 569, 570 bezeichneten Erklärungen des Verfrachters sind an keine besondere Form gebunden. Weigert sich der Befrachter, den Empfang einer solchen Erklärung in genügender Weise zu bescheinigen, so ist der Verfrachter befugt, eine öffentliche Urkunde darüber auf Kosten des Befrachters errichten zu lassen.

[Höhe des Liegegeldes] **§ 572.**

Das Liegegeld ist, wenn es nicht durch Vertrag bestimmt ist, nach billigem Ermessen zu bestimmen.

Hierbei ist auf die näheren Umstände des Falles, insbesondere auf die Heuerbeträge und die Unterhaltskosten der Schiffsbesatzung sowie auf den dem Verfrachter entgehenden Frachtverdienst, Rücksicht zu nehmen.

[Berechnung der Lade- u. Überliegezeit] **§ 573.**

Bei der Berechnung der Lade- und Überliegezeit werden die Tage in ununterbrochen fortlaufender Reihenfolge gezählt; insbesondere kommen in Ansatz die Sonntage und die Feiertage sowie diejenigen Tage, an welchen der Befrachter durch Zufall die Ladung zu liefern verhindert ist.

Nicht in Ansatz kommen jedoch die Tage, an denen durch Wind und Wetter oder durch irgendeinen anderen Zufall entweder

1. die Lieferung nicht nur der bedungenen, sondern jeder Art von Ladung an das Schiff oder

2. die Übernahme der Ladung

verhindert ist.

[Liegegeld § 573] **§ 574.**

Für die Tage, die der Verfrachter wegen Verhinderung der Lieferung jeder Art von Ladung länger warten muß, gebührt ihm Liegegeld, selbst wenn die Verhinderung während der Ladezeit eintritt. Dagegen ist für die Tage, die er wegen Verhinderung der Übernahme der Ladung länger warten muß, Liegegeld nicht zu entrichten, selbst wenn die Verhinderung während der Überliegezeit eintritt.

[Ortsgebräuche] **§ 575.**

Sind für die Dauer der Ladezeit nach § 568 die örtlichen Verordnungen oder der Ortsgebrauch maßgebend, so kommen bei der Berechnung der Ladezeit die Vorschriften der §§ 573, 574 nur insoweit zur Anwendung, als die örtlichen Verordnungen oder der Ortsgebrauch nichts Abweichendes bestimmen.

[Fixierter Abladungstermin] **§ 576.**

Hat sich der Verfrachter ausbedungen, daß die Abladung bis zu einem bestimmten Tage beendigt sein muß, so wird er durch die Verhinderung der Lieferung jeder Art von Ladung (§ 573 Abs. 2 Nr. 1) zum längeren Warten nicht verpflichtet.

[Nichtermittlung des Abladers] **§ 577.**

Soll der Verfrachter die Ladung von einem Dritten erhalten und ist dieser Dritte ungeachtet der von dem Verfrachter in ortsüblicher Weise kundgemachten Bereitschaft zum Laden nicht zu ermitteln oder verweigert er die Lieferung der Ladung, so hat der Verfrachter den Befrachter schleunigst hiervon zu benachrichtigen und nur bis zum Ablaufe der Ladezeit, nicht auch während der etwa vereinbarten Überliegezeit auf die Abladung zu warten, es sei denn, daß er von dem Befrachter oder einem Bevollmächtigten des Befrachters noch innerhalb der Ladezeit eine entgegengesetzte Anweisung erhält.

Ist für die Ladezeit und die Löschzeit zusammen eine ungeteilte Frist bestimmt, so wird für den im Abs. 1 erwähnten Fall die Hälfte dieser Frist als Ladezeit angesehen.

[Reiseantritt auf Verlangen des Befrachters. Leerfracht] **§ 578.**

Der Verfrachter hat auf Verlangen des Befrachters die Reise auch ohne die volle bedungene Ladung anzutreten. Es gebührt ihm aber alsdann nicht nur die volle Fracht und das etwaige Liegegeld, sondern er ist auch berechtigt, soweit ihm durch die Unvollständigkeit der Ladung die Sicherheit für die volle Fracht entgeht, die Bestellung einer anderweitigen Sicherheit zu fordern. Außerdem sind ihm die Mehrkosten, die ihm infolge der Unvollständigkeit der Ladung etwa erwachsen, durch den Befrachter zu erstatten.

[Rechte des Verfrachters nach Ablauf der Wartezeit bei der Charterung]

§ 579.

Hat der Befrachter bis zum Ablaufe der Zeit, während welcher der Verfrachter auf die Abladung zu warten verpflichtet ist (Wartezeit), die Abladung nicht vollständig bewirkt, so ist der Verfrachter befugt, sofern der Befrachter nicht von dem Vertrage zurücktritt, die Reise anzutreten und die im § 578 bezeichneten Forderungen geltend zu machen.

[Rücktrittsrecht des Befrachters vor Reiseantritt bei der Vollcharterung. Fautfracht]

§ 580.

Der Befrachter kann vor dem Antritte der Reise, sei diese eine einfache oder eine zusammengesetzte, von dem Vertrag unter der Verpflichtung zurücktreten, die Hälfte der bedungenen Fracht als Fautfracht zu zahlen.

Im Sinne dieser Vorschrift wird die Reise schon dann als angetreten erachtet:

1. wenn der Befrachter den Schiffer bereits abgefertigt hat;
2. wenn er die Ladung bereits ganz oder zu einem Teile geliefert hat und die Wartezeit verstrichen ist.

[Entrichtung von Nebenkosten]

§ 581.

Macht der Befrachter von dem im § 580 bezeichneten Rechte Gebrauch, nachdem Ladung geliefert ist, so hat er auch die Kosten der Einladung und Wiederausladung zu tragen und für die Zeit der Wiederausladung, soweit sie nicht in die Ladezeit fällt, Liegegeld (§ 572) zu zahlen. Die Wiederausladung ist mit möglichster Beschleunigung zu bewirken.

Der Verfrachter ist verpflichtet, den Aufenthalt, den die Wiederausladung verursacht, selbst dann sich gefallen zu lassen, wenn dadurch die Wartezeit überschritten wird. Für die Zeit nach dem Ablaufe der Wartezeit hat er Anspruch auf Liegegeld und auf Ersatz des durch die Überschreitung der Wartezeit entstandenen Schadens, soweit der letztere den Betrag dieses Liegegeldes übersteigt.

[Rücktrittsrecht des Befrachters nach Reiseantritt bei der Vollcharterung]

§ 582.

Nachdem die Reise im Sinne des § 580 angetreten ist,

kann der Befrachter nur gegen Berichtigung der vollen Fracht sowie aller sonstigen Forderungen des Verfrachters (§ 614) und gegen Berichtigung oder Sicherstellung der im § 615 bezeichneten Forderungen von dem Vertrage zurücktreten und die Wiederausladung der Güter fordern.

Im Falle der Wiederausladung hat der Befrachter nicht nur die hierdurch entstehenden Mehrkosten, sondern auch den Schaden zu ersetzen, welcher aus dem durch die Wiederausladung verursachten Aufenthalte dem Verfrachter entsteht.

Zum Zwecke der Wiederausladung der Güter die Reise zu ändern oder einen Hafen anzulaufen, ist der Verfrachter nicht verpflichtet.

[Fautfracht bei zusammengesetzten Reisen]

§ 583.

Der Befrachter ist statt der vollen Fracht nur zwei Dritteile als Fautfracht zu zahlen verpflichtet, wenn das Schiff zugleich auf Rückladung verfrachtet ist oder in Ausführung des Vertrags zur Einnahme der Ladung eine Fahrt aus einem anderen Hafen zu machen hat und in diesen beiden Fällen der Rücktritt früher erklärt wird, als die Rückreise oder die Reise aus dem Abladungshafen im Sinne des § 580 angetreten ist.

[Fortsetzung von § 583]

§ 584.

Bei anderen zusammengesetzten Reisen erhält der Verfrachter, wenn der Befrachter den Rücktritt erklärt, bevor in bezug auf den letzten Reiseabschnitt die Reise im Sinne des § 580 angetreten ist, als Fautfracht zwar die volle Fracht, es kommt von dieser jedoch ein angemessener Bruchteil in Abzug, sofern die Umstände die Annahme begründen, daß der Verfrachter infolge der Aufhebung des Vertrags Kosten erspart und Gelegenheit zu anderweitigem Frachtverdienste gehabt habe.

Der Abzug darf in keinem Falle die Hälfte der Fracht übersteigen.

[Nichtlieferung der Ladung bis zum Ablauf der Wartezeit]

§ 585.

Liefert der Befrachter bis zum Ablaufe der Wartezeit keine Ladung, so ist der Verfrachter an seine Verpflichtungen aus dem Vertrage nicht länger gebunden und befugt, gegen den Befrachter dieselben Ansprüche geltend zu machen, welche ihm zugestanden haben würden, wenn der Befrachter von dem Vertrage zurückgetreten wäre (§§ 580, 583, 584).

[Einzelheiten über die Fautfracht]

§ 586.

Auf die Fautfracht wird die Fracht, welche der Verfrachter für andere Ladungsgüter erhält, nicht angerechnet. Die Vorschrift des § 584 Abs. 1 bleibt unberührt.

Der Anspruch des Verfrachters auf Fautfracht ist nicht davon abhängig, daß er die im Vertrage bezeichnete Reise ausführt.

Durch die Fautfracht werden die Ansprüche des Verfrachters auf Liegegeld und die übrigen ihm etwa zustehenden Forderungen (§ 614) nicht ausgeschlossen.

[Anwendung der vorangegangenen Vorschriften auf Teil- u. Raumcharterung]

§ 587.

Ist ein verhältnismäßiger Teil oder ein bestimmt bezeichneter Raum des Schiffes verfrachtet, so gelten die Vorschriften der §§ 567 bis 586 mit folgenden Abweichungen:

1. Der Verfrachter erhält in den Fällen, in denen er sich nach diesen Vorschriften mit einem Teile der Fracht begnügen müßte, als Fautfracht die volle Fracht, es sei denn, daß sämtliche Befrachter zurücktreten oder keine Ladung liefern.

   Von der vollen Fracht kommt jedoch die Fracht für diejenigen Güter in Abzug, welche der Verfrachter an Stelle der nicht gelieferten annimmt.

2. In den Fällen der §§ 581, 582 kann der Befrachter die Wiederausladung nicht verlangen, wenn sie eine Verzögerung der Reise zur Folge haben oder eine Umladung nötig machen würde, es sei denn, daß alle übrigen Befrachter zustimmen. Außerdem ist der Befrachter verpflichtet, sowohl die Kosten als auch den Schaden zu ersetzen, welche durch die Wiederausladung entstehen.

   Machen sämtliche Befrachter von dem Rechte des Rücktritts Gebrauch, so hat es bei den Vorschriften der §§ 581, 582 sein Bewenden.

[Stückgütervertrag: Abladezeit. Verzug des Befrachters]

§ 588.

Hat der Frachtvertrag Stückgüter zum Gegenstande, so muß der Befrachter auf die Aufforderung des Schiffers ohne Verzug die Abladung bewirken.

Ist der Befrachter säumig, so ist der Verfrachter nicht verpflichtet, auf die Lieferung der Güter zu warten; der Befrachter muß, wenn die Reise ohne die Güter angetreten wird, gleichwohl die volle Fracht entrichten. Es kommt von der letzteren jedoch die Fracht für diejenigen Güter in Abzug, welche der Verfrachter an Stelle der nicht gelieferten annimmt.

Der Verfrachter, der den Anspruch auf die Fracht gegen den säumigen Befrachter geltend machen will, ist bei Verlust des Anspruchs verpflichtet, dies dem Befrachter vor der Abreise kundzugeben. Auf diese Erklärung finden die Vorschriften des § 571 Anwendung.

[Stückgütervertrag: Rücktrittsrecht des Befrachters nach Abladung]

§ 589.

Nach der Abladung kann der Befrachter auch gegen Berichtigung der vollen Fracht sowie aller sonstigen Forderungen des Verfrachters (§ 614) und gegen Berichtigung oder Sicherstellung der im § 615 bezeichneten Forderungen nur nach Maßgabe des § 587 Nr. 2 Abs. 1 von dem Vertrage zurücktreten und die Wiederausladung der Güter fordern.

Die Vorschrift des § 582 Abs. 3 findet Anwendung.

[Richterliche Festsetzung der Abreise]

§ 590.

Ist ein Schiff auf Stückgüter angelegt und die Zeit der Abreise nicht festgesetzt, so hat auf Antrag des Befrachters der Richter nach den Umständen des Falles den Zeitpunkt zu bestimmen, über welchen hinaus der Antritt der Reise nicht verschoben werden darf.

[Pflicht des Befrachters zur Lieferung der Begleitpapiere]

§ 591.

Bei jeder Art von Frachtvertrag hat der Befrachter innerhalb der Zeit, binnen welcher die Güter zu liefern sind, dem Schiffer zugleich alle zur Verschiffung der Güter erforderlichen Papiere zuzustellen.

[Löschungsplatz]

§ 592 [1]).

Der Schiffer hat zur Löschung der Ladung das Schiff an den Platz hinzulegen, der ihm von demjenigen, an welchen die Ladung abzuliefern ist (Empfänger), oder, wenn die Ladung an mehrere Empfänger abzuliefern ist, von sämtlichen Empfängern angewiesen wird.

Erfolgt die Anweisung nicht rechtzeitig oder wird nicht von sämtlichen Empfängern derselbe Platz angewiesen oder gestatten die Wassertiefe, die Sicherheit des Schiffes oder die örtlichen Verordnungen oder Einrichtungen die Befolgung der Anweisung nicht, so hat der Schiffer an dem ortsüblichen Löschungsplatz anzulegen.

[Kosten der Löschung]

§ 593.

Sofern nicht durch Vertrag oder durch die örtlichen Verordnungen des Löschungshafens und in deren Ermangelung durch einen daselbst bestehenden Ortsgebrauch ein anderes bestimmt ist, werden die Kosten der Ausladung aus dem Schiffe von dem Verfrachter, alle übrigen Kosten der Löschung von dem Ladungsempfänger getragen.

---

[1]) Über Löschzeiten vgl. Hamburgische VO. vom 20. Dezember 1899, abgeändert am 1. September 1924 und Bremisches Ges. vom 12. Juli 1901.

[§§ 594—602 handeln von der Vollcharterung]

[Löschung bei der Vollcharterung]

§ 594.

Bei der Verfrachtung eines Schiffes im ganzen hat der Schiffer, sobald er zum Löschen fertig und bereit ist, dies dem Empfänger anzuzeigen.

Ist der Empfänger dem Schiffer unbekannt, so ist die Anzeige durch öffentliche Bekanntmachung in ortsüblicher Weise zu bewirken.

Mit dem auf die Anzeige folgenden Tage beginnt die Löschzeit.

Über die Löschzeit hinaus hat der Verfrachter nur dann auf die Abnahme der Ladung noch länger zu warten, wenn es vereinbart ist (Überliegezeit).

Für die Löschzeit kann, sofern nicht das Gegenteil bedungen ist, keine besondere Vergütung verlangt werden. Dagegen ist dem Verfrachter für die Überliegezeit eine Vergütung (Liegegeld) zu gewähren.

In Ansehung der Höhe des Liegegeldes finden die Vorschriften des § 572 Anwendung.

[Kosten der Löschung]

§ 595.

Ist die Dauer der Löschzeit durch Vertrag nicht festgesetzt, so wird sie durch die örtlichen Verordnungen des Löschungshafens und in deren Ermangelung durch den daselbst bestehenden Ortsgebrauch bestimmt. Besteht auch ein solcher Ortsgebrauch nicht, so gilt als Löschzeit eine den Umständen des Falles angemessene Frist.

Ist eine Überliegezeit, nicht aber deren Dauer, durch Vertrag bestimmt, so beträgt die Überliegezeit vierzehn Tage.

Enthält der Vertrag nur die Festsetzung eines Liegegeldes, so ist anzunehmen, daß eine Überliegezeit ohne Bestimmung der Dauer vereinbart sei.

[Dauer der Löschzeit u. Überliegezeit]

§ 596.

Ist die Dauer der Löschzeit oder der Tag, mit welchem die Löschzeit enden soll, durch Vertrag bestimmt, so beginnt die Überliegezeit ohne weiteres mit dem Ablaufe der Löschzeit.

In Ermangelung einer solchen vertragsmäßigen Bestimmung beginnt die Überliegezeit erst, nachdem der Verfrachter dem Empfänger erklärt hat, daß die Löschzeit abgelaufen sei. Der Verfrachter kann schon innerhalb der Löschzeit dem Empfänger erklären, an welchem Tage er die Löschzeit für abgelaufen halte. In diesem Falle ist zum Ablaufe der Löschzeit und zum Beginne der Überliegezeit eine neue Erklärung des Verfrachters nicht erforderlich.

Auf die im Abs. 2 erwähnten Erklärungen des Verfrachters finden die Vorschriften des § 571 Anwendung.

[Ihre Berechnung] **§ 597.**

Bei der Berechnung der Lösch- und Überliegezeit werden die Tage in ununterbrochen fortlaufender Reihenfolge gezählt; insbesondere kommen in Ansatz die Sonntage und die Feiertage sowie diejenigen Tage, an welchen der Empfänger durch Zufall die Ladung abzunehmen verhindert ist.

Nicht in Ansatz kommen jedoch die Tage, an denen durch Wind und Wetter oder durch irgend einen anderen Zufall entweder

1. die Beförderung nicht nur der im Schiffe befindlichen, sondern jeder Art von Ladung von dem Schiffe an das Land oder
2. die Ausladung aus dem Schiffe

verhindert ist.

[Zahlung von Liegegeld] **§ 598.**

Für die Tage, die der Verfrachter wegen der Verhinderung der Beförderung jeder Art von Ladung von dem Schiffe an das Land länger warten muß, gebührt ihm Liegegeld, selbst wenn die Verhinderung während der Löschzeit eintritt. Dagegen ist für die Tage, die er wegen Verhinderung der Ausladung aus dem Schiffe länger warten muß, Liegegeld nicht zu entrichten, selbst wenn die Verhinderung während der Überliegezeit eintritt.

[Örtliche Verordnungen] **§ 599.**

Sind für die Dauer der Löschzeit nach § 595 die örtlichen Verordnungen oder der Ortsgebrauch maßgebend, so kommen bei der Berechnung der Löschzeit die Vorschriften der §§ 597, 598 nur insoweit zur Anwendung, als die örtlichen Verordnungen oder der Ortsgebrauch nichts Abweichendes bestimmen.

[Fixierter Löschungstermin] **§ 600.**

Hat sich der Verfrachter ausbedungen, daß die Löschung bis zu einem bestimmten Tage beendigt sein muß, so wird er durch die Verhinderung der Beförderung jeder Art von Ladung von dem Schiffe an das Land (§ 597 Abs. 2 Nr. 1) zum längeren Warten nicht verpflichtet.

[Hinterlegung seitens des Schiffers] **§ 601.**

Wenn sich der Empfänger zur Abnahme der Güter bereit erklärt, die Abnahme aber über die von ihm einzuhaltenden Fristen verzögert, so ist der Schiffer befugt, die Güter unter Benachrichtigung des Empfängers in einem öffentlichen Lagerhaus oder sonst in sicherer Weise zu hinterlegen.

Der Schiffer ist verpflichtet, in dieser Weise zu verfahren und zugleich den Befrachter davon in Kenntnis zu setzen, wenn der Empfänger die Annahme der Güter verweigert oder sich über die Annahme auf die im § 594 vorgeschriebene Anzeige nicht erklärt oder wenn der Empfänger nicht zu ermitteln ist.

[Ansprüche des Verfrachters bei § 601]

§ 602.

Soweit durch die Säumnis des Empfängers oder durch das Hinterlegungsverfahren die Löschzeit ohne Verschulden des Schiffers überschritten wird, hat der Verfrachter Anspruch auf Liegegeld (§ 594), unbeschadet des Rechtes, für diese Zeit, soweit sie keine vertragsmäßige Überliegezeit ist, einen höheren Schaden geltend zu machen.

[Anwendung der §§ 594 ff. auf Teil- und Raumcharterung]

§ 603.

Die Vorschriften der §§ 594 bis 602 kommen auch zur Anwendung, wenn ein verhältnismäßiger Teil oder ein bestimmt bezeichneter Raum des Schiffes verfrachtet ist.

[Löschung von Stückgütern]

§ 604.

Stückgüter hat der Empfänger auf die Aufforderung des Schiffers ohne Verzug abzunehmen. Ist der Empfänger dem Schiffer unbekannt, so ist die Aufforderung durch öffentliche Bekanntmachung in ortsüblicher Weise zu bewirken.

In Ansehung des Rechtes und der Verpflichtung des Schiffers, die Güter zu hinterlegen, gelten die Vorschriften des § 601. Die im § 601 vorgeschriebene Benachrichtigung des Befrachters kann durch öffentliche, in ortsüblicher Weise zu bewirkende Bekanntmachung erfolgen.

Für die Tage, um welche durch die Säumnis des Empfängers oder durch das Hinterlegungsverfahren die Frist, binnen welcher das Schiff würde entlöscht worden sein, überschritten ist, hat der Verfrachter Anspruch auf Liegegeld (§ 594), unbeschadet des Rechtes, einen höheren Schaden geltend zu machen.

[Unterfrachtverträge über Stückgut]

§ 605.

Hat bei der Verfrachtung des Schiffes im ganzen oder eines verhältnismäßigen Teiles oder eines bestimmt bezeichneten Raumes des Schiffes der Befrachter Unterfrachtverträge über Stückgüter geschlossen, so bleiben für die Rechte und Pflichten des ursprünglichen Verfrachters die Vorschriften der §§ 594 bis 602 maßgebend.

[Haftung des Verfrachters für Verlust und Beschädigung der angenommenen Güter]

§ 606.

Der Verfrachter haftet für den Schaden, der durch Verlust oder

Beschädigung der Güter in der Zeit von der Annahme bis zur Ablieferung entsteht, es sei denn, daß der Verlust oder die Beschädigung auf Umständen beruht, die durch die Sorgfalt eines ordentlichen Verfrachters nicht abgewendet werden konnten.

[Kostbarkeiten] **§ 607.**

Für Kostbarkeiten, Kunstgegenstände, Geld und Wertpapiere haftet der Verfrachter nur, wenn diese Beschaffenheit oder der Wert der Güter bei der Abladung dem Schiffer angegeben worden ist.

[Schadensfeststellung] **§ 608.**

Bevor der Empfänger die Güter übernimmt, kann sowohl der Empfänger als der Schiffer, um den Zustand oder die Menge der Güter festzustellen, ihre Besichtigung durch die zuständige Behörde oder durch die zu dem Zwecke amtlich bestellten Sachverständigen bewirken lassen.

Bei diesem Verfahren ist die am Orte anwesende Gegenpartei zuzuziehen, sofern die Umstände es gestatten.

[Nachträgliche Besichtigung] **§ 609.**

Ist die Besichtigung vor der Übernahme nicht geschehen, so muß der Empfänger spätestens am zweiten Werktage nach dem Tage der Übernahme die nachträgliche Besichtigung der Güter nach Maßgabe des § 608 erwirken, widrigenfalls alle Ansprüche wegen Beschädigung oder teilweisen Verlustes erlöschen. Es macht keinen Unterschied, ob der Verlust oder die Beschädigung äußerlich erkennbar war oder nicht.

Diese Vorschrift findet keine Anwendung auf solche Verluste und Beschädigungen, die durch Vorsatz oder grobe Fahrlässigkeit einer Person der Schiffsbesatzung entstanden sind.

[Kosten] **§ 610.**

Die Kosten der Besichtigung hat derjenige zu tragen, welcher sie beantragt hat.

Ist jedoch die Besichtigung von dem Empfänger beantragt und wird ein Verlust oder eine Beschädigung ermittelt, wofür der Verfrachter Ersatz zu leisten hat, so fallen diesem die Kosten zur Last.

[Höhe des Ersatzes bei Verlust] **§ 611.**

Muß auf Grund des Frachtvertrags für gänzlichen oder teilweisen Verlust von Gütern Ersatz geleistet werden, so ist der gemeine Handelswert und in dessen Ermangelung der gemeine Wert zu ersetzen, welchen Güter derselben Art und Beschaffenheit am Bestimmungsorte der Güter bei Beginn der Löschung des

Schiffes oder, wenn eine Entlöschung des Schiffes an diesem Orte nicht erfolgt, bei seiner Ankunft daselbst haben; hiervon kommt in Abzug, was infolge des Verlustes an Zöllen und sonstigen Kosten sowie an Fracht erspart ist.

Wird der Bestimmungsort der Güter nicht erreicht, so tritt an dessen Stelle der Ort, wo die Reise endet, oder, wenn die Reise durch Verlust des Schiffes endet, der Ort, wohin die Ladung in Sicherheit gebracht ist.

[Anwendung auf § 541]

§ 612.

Die Vorschriften des § 611 finden auch auf diejenigen Güter Anwendung, für welche der Reeder nach § 541 Ersatz leisten muß.

Übersteigt im Falle der Verfügung über die Güter durch Verkauf der Reinerlös den im § 611 bezeichneten Preis, so tritt an die Stelle des letzteren der Reinerlös.

[Höhe des Ersatzes bei Beschädigung]

§ 613.

Muß auf Grund des Frachtvertrags für Beschädigung von Gütern Ersatz geleistet werden, so ist der Unterschied zwischen dem Verkaufswerte der Güter im beschädigten Zustande und dem gemeinen Handelswert oder dem gemeinen Werte zu ersetzen, welchen die Güter ohne die Beschädigung am Bestimmungsorte zur Zeit der Löschung des Schiffes gehabt haben würden; hiervon kommt in Abzug, was infolge der Beschädigung an Zöllen und sonstigen Kosten erspart ist.

[Verpflichtung des Empfängers zur Zahlung der Fracht]

§ 614.

Durch die Annahme der Güter wird der Empfänger verpflichtet, nach Maßgabe des Frachtvertrags oder des Konnossements, auf deren Grund die Empfangnahme geschieht, die Fracht nebst allen Nebengebühren sowie das etwaige Liegeld zu bezahlen, die ausgelegten Zölle und übrigen Auslagen zu erstatten und die ihm sonst obliegenden Verpflichtungen zu erfüllen.

Der Verfrachter hat die Güter gegen Zahlung der Fracht und gegen Erfüllung der übrigen Verpflichtungen des Empfängers auszuliefern.

[Zurückbehaltungsrecht des Verfrachters]

§ 615.

Der Verfrachter ist nicht verpflichtet, die Güter früher auszuliefern, als bis die darauf haftenden Beiträge zur großen Haverei, Bergungs- und Hilfskosten und Bodmereigelder bezahlt oder sichergestellt sind.

Ist die Verbodmung für Rechnung des Reeders geschehen, so gilt diese Vorschrift unbeschadet der Verpflichtung des Verfrachters, für die

Befreiung der Güter von der Bodmereischuld noch vor der Auslieferung zu sorgen.

[Hingabe der Güter an Zahlungs Statt]

§ 616.

Der Verfrachter ist nicht verpflichtet, die Güter, mögen sie verdorben oder beschädigt sein oder nicht, für die Fracht an Zahlungs Statt anzunehmen.

Sind jedoch Behältnisse, die mit flüssigen Waren angefüllt waren, während der Reise ganz oder zum größeren Teile ausgelaufen, so können sie dem Verfrachter für die Fracht und seine übrigen Forderungen (§ 614) an Zahlungs Statt überlassen werden.

Durch die Vereinbarung, daß der Verfrachter nicht für Leckage haftet, oder durch die Klausel: „frei von Leckage" wird dieses Recht nicht ausgeschlossen. Das Recht erlischt, sobald die Behältnisse in den Gewahrsam des Abnehmers gelangt sind.

Ist die Fracht in Bausch und Bogen bedungen und sind nur einige Behältnisse ganz oder zum größeren Teile ausgelaufen, so können diese für einen verhältnismäßigen Teil der Fracht und der übrigen Forderungen des Verfrachters an Zahlungs Statt überlassen werden.

[Keine Fracht bei Verlust von Gütern]

§ 617.

Für Güter, die durch irgend einen Unfall verlorengegangen sind, ist keine Fracht zu bezahlen und die etwa vorausbezahlte zu erstatten, sofern nicht das Gegenteil bedungen ist.

Diese Vorschrift kommt auch zur Anwendung, wenn das Schiff im ganzen oder ein verhältnismäßiger oder ein bestimmt bezeichneter Raum des Schiffes verfrachtet ist. Sofern in einem solchen Falle das Frachtgeld in Bausch und Bogen bedungen ist, berechtigt der Verlust eines Teiles der Güter zu einem verhältnismäßigen Abzuge von der Fracht.

[Ausnahmen von § 617]

§ 618.

Ungeachtet der nicht erfolgten Ablieferung ist die Fracht zu zahlen für Güter, deren Verlust infolge ihrer natürlichen Beschaffenheit, namentlich durch inneren Verderb, Schwinden, gewöhnliche Leckage, eingetreten ist, sowie für Tiere, die unterwegs gestorben sind.

Inwiefern die Fracht für Güter zu ersetzen ist, die in Fällen der großen Haverei aufgeopfert worden sind, wird durch die Vorschriften über die große Haverei bestimmt.

[übliche Fracht]

§ 619.

Für Güter, die ohne Abrede über die Höhe der Fracht zur Beförderung übernommen sind, ist die am Abladungsorte zur Abladungszeit übliche Fracht zu zahlen.

Für Güter, die über das mit dem Befrachter vereinbarte Maß hinaus zur Beförderung übernommen sind, ist die Fracht nach dem Verhältnisse der bedungenen Fracht zu zahlen.

[Fracht nach Maß, Gewicht, Menge] **§ 620.**

Ist die Fracht nach Maß, Gewicht oder Menge der Güter bedungen, so ist im Zweifel anzunehmen, daß Maß, Gewicht oder Menge der abgelieferten und nicht der eingelieferten Güter für die Höhe der Fracht entscheiden soll.

[Abs. II: Kleine Haverei] **§ 621.**

Außer der Fracht können Kaplaken, Prämien und dergleichen nicht gefordert werden, sofern sie nicht ausbedungen sind.

Die gewöhnlichen und ungewöhnlichen Kosten der Schiffahrt, wie Lootsengeld, Hafengeld, Leuchtfeuergeld, Schlepplohn, Quarantänegelder, Auseisungskosten und dergleichen, fallen in Ermangelung einer entgegenstehenden Abrede dem Verfrachter allein zur Last, selbst wenn er zu den Maßregeln, welche die Auslagen verursacht haben, auf Grund des Frachtvertrags nicht verpflichtet war.

Die Fälle der großen Haverei sowie die Fälle der Aufwendung von Kosten zur Erhaltung, Bergung und Rettung der Ladung werden durch die Vorschriften des Abs. 2 nicht berührt.

[Zeitfracht] **§ 622.**

Ist die Fracht nach Zeit bedungen, so beginnt sie in Ermangelung einer anderen Abrede mit dem Tage zu laufen, der auf denjenigen folgt, an welchem der Schiffer anzeigt, daß er zur Einnahme der Ladung, oder bei einer Reise in Ballast, daß er zum Antritte der Reise fertig und bereit sei, sofern aber bei einer Reise in Ballast diese Anzeige am Tage vor dem Antritte der Reise noch nicht erfolgt ist, mit dem Tage, an welchem die Reise angetreten wird.

Ist Liegegeld oder Überliegezeit bedungen, so beginnt in allen Fällen die Zeitfracht erst mit dem Tage zu laufen, an welchem der Antritt der Reise erfolgt.

Die Zeitfracht endet mit dem Tage, an welchem die Löschung vollendet ist.

Wird die Reise ohne Verschulden des Verfrachters verzögert oder unterbrochen, so muß für die Zwischenzeit die Zeitfracht fortentrichtet werden, jedoch unbeschadet der Vorschriften der §§ 637, 638.

[Gesetzliches Pfandrecht des Verfrachters] **§ 623.**

Der Verfrachter hat wegen der im § 614 erwähnten Forderungen ein Pfandrecht an den Gütern.

Das Pfandrecht besteht, solange die Güter zurückbehalten oder hinterlegt sind; es dauert auch nach der Ablieferung fort, sofern es binnen dreißig Tagen nach der Beendigung der Ablieferung gerichtlich geltend gemacht wird und das Gut noch im Besitze des Empfängers ist.

Die nach § 366 Abs. 3, § 368 für das Pfandrecht des Frachtführers geltenden Vorschriften finden auch auf das Pfandrecht des Verfrachters Anwendung.

Die im § 1234 Abs. 1 des Bürgerlichen Gesetzbuchs bezeichnete Androhung des Pfandverkaufs sowie die in den §§ 1237, 1241 des Bürgerlichen Gesetzbuchs vorgesehenen Benachrichtigungen sind an den Empfänger zu richten. Ist dieser nicht zu ermitteln oder verweigert er die Annahme des Gutes, so hat die Androhung und Benachrichtigung gegenüber dem Absender zu erfolgen.

[Hinterlegung streitiger Beträge] **§ 624.**

Im Falle des Streites über die Forderungen des Verfrachters ist dieser zur Auslieferung der Güter verpflichtet, sobald die streitige Summe öffentlich hinterlegt ist.

Nach der Ablieferung der Güter ist der Verfrachter zur Erhebung der hinterlegten Summe gegen angemessene Sicherheitsleistung berechtigt.

[Haftung des Befrachters nach Auslieferung der Güter] **§ 625.**

Hat der Verfrachter die Güter ausgeliefert, so kann er sich wegen der gegen den Empfänger ihm zustehenden Forderungen (§ 614) nicht an dem Befrachter erholen. Nur soweit sich der Befrachter mit dem Schaden des Verfrachters bereichern würde, findet ein Rückgriff statt.

[Haftung des Befrachters bei Nichterfüllung durch den Empfänger] **§ 626.**

Hat der Verfrachter die Güter nicht ausgeliefert und von dem Rechte des Pfandverkaufs Gebrauch gemacht, jedoch durch den Verkauf seine vollständige Befriedigung nicht erhalten, so kann er sich an dem Befrachter erholen, soweit er wegen seiner Forderungen aus dem zwischen ihm und dem Befrachter abgeschlossenen Frachtvertrage nicht befriedigt ist.

[Haftung des Befrachters bei Nichtabnahme durch den Empfänger] **§ 627.**

Werden die Güter vom Empfänger nicht abgenommen, so ist der Befrachter verpflichtet, den Verfrachter wegen der Fracht und der übrigen Forderungen dem Frachtvertrage gemäß zu befriedigen.

Bei der Abnahme der Güter durch den Befrachter kommen die

Vorschriften der §§ 592 bis 624 mit der Maßgabe zur Anwendung, daß an die Stelle des Empfängers der Befrachter tritt. Insbesondere steht in einem solchen Falle dem Verfrachter wegen seiner Forderungen das Zurückbehaltungs- und Pfandrecht an den Gütern nach den Vorschriften der §§ 623, 624 sowie das im § 615 bezeichnete Recht zu.

[§§ 628—641 handeln von der Beendigung des Frachtvertrages infolge Reisehinderungen. §§ 628—640 gelten uneingeschränkt nur für die Vollcharterung]

[Außerkrafttreten bei zufälligen, die Reise unmöglich machenden Ereignissen]

§ 628.

Der Frachtvertrag tritt außer Kraft, ohne daß ein Teil zur Entschädigung des anderen verpflichtet ist, wenn vor dem Antritte der Reise durch einen Zufall:

1. das Schiff verlorengeht, insbesondere
   wenn es verunglückt,
   wenn es als reparaturunfähig oder reparaturunwürdig kondemniert (§ 479) und in dem letzteren Falle unverzüglich öffentlich verkauft wird,
   wenn es geraubt wird,
   wenn es aufgebracht oder angehalten und für gute Prise erklärt wird, oder
2. die im Frachtvertrage nicht bloß nach Art oder Gattung, sondern speziell bezeichneten Güter verlorengehen
   oder
3. die nicht im Frachtvertrage speziell bezeichneten Güter verlorengehen, nachdem sie bereits an Bord gebracht oder behufs der Einladung in das Schiff an der Ladungsstelle vom Schiffer übernommen worden sind.

Gehen im Falle des Abs. 1 Nr. 3 die Güter noch innerhalb der Wartezeit (§ 579) verloren, so tritt der Vertrag nicht außer Kraft, sofern der Befrachter sich unverzüglich bereit erklärt, statt der verlorengegangenen andere Güter (§ 562) zu liefern, und mit der Lieferung noch innerhalb der Wartezeit beginnt. Er hat die Abladung der anderen Güter binnen kürzester Frist zu vollenden, die Mehrkosten dieser Abladung zn tragen und, soweit durch sie die Wartezeit überschritten wird, den dem Verfrachter daraus entstehenden Schaden zu ersetzen.

[Rücktrittsrechte bei Verfügungen von hoher Hand u. Krieg vor Antritt der Reise]

§ 629.

Jeder Teil ist befugt, von dem Vertrage zurückzutreten, ohne zur Entschädigung verpflichtet zu sein:

1. wenn vor dem Antritte der Reise

das Schiff mit Embargo belegt oder für den Dienst des Reichs oder einer fremden Macht in Beschlag genommen,
der Handel mit dem Bestimmungsort untersagt,
der Abladungs- oder Bestimmungshafen blockiert,
die Ausfuhr der nach dem Frachtvertrage zu verschiffenden Güter aus dem Abladungshafen oder ihre Einfuhr in den Bestimmungshafen verboten,
durch eine andere Verfügung von hoher Hand das Schiff am Auslaufen oder die Reise oder die Versendung der nach dem Frachtvertrage zu liefernden Güter verhindert wird.

In allen diesen Fällen berechtigt jedoch die Verfügung von hoher Hand nur dann zum Rücktritte, wenn das eingetretene Hindernis nicht voraussichtlich von nur unerheblicher Dauer ist;

2. wenn vor dem Antritte der Reise ein Krieg ausbricht, infolgedessen das Schiff oder die nach dem Frachtvertrage zu verschiffenden Güter oder beide nicht mehr als frei betrachtet werden können und der Gefahr der Aufbringung ausgesetzt würden.

Die Ausübung der im § 562 dem Befrachter erteilten Befugnis wird durch diese Vorschriften nicht ausgeschlossen.

[Endigung bei zufälligem Schiffsverlust nach Antritt der Reise. Distanzfracht]

§ 630.

Geht das Schiff nach dem Antritte der Reise durch einen Zufall verloren (§ 628 Abs. 1 Nr. 1), so endet der Frachtvertrag. Jedoch hat der Befrachter, soweit Güter geborgen oder gerettet werden, die Fracht im Verhältnisse der zurückgelegten zur ganze Reise zu zahlen (Distanzfracht).

Die Distanzfracht ist nur soweit zu zahlen, als der gerettete Wert der Güter reicht.

[Berechnung der Distanzfracht]

§ 631.

Bei der Berechnung der Distanzfracht kommt in Anschlag nicht allein das Verhältnis der bereits zurückgelegten zu der noch zurückzulegenden Entfernung, sondern auch das Verhältnis des Aufwandes an Kosten und Zeit, der Gefahren und Mühen, welche durchschnittlich mit dem vollendeten Teile der Reise verbunden sind, zu denen des nicht vollendeten Teiles.

[Verhaltungsmaßregeln des Schiffers nach Auflösung des Frachtvertrages]

§ 632.

Die Auflösung des Frachtvertrags ändert nichts in den Verpflichtungen des Schiffers, bei Abwesenheit der Beteiligten auch nach dem

Verluste des Schiffes für das Beste der Ladung zu sorgen (§§ 535 bis 537). Der Schiffer ist demzufolge berechtigt und verpflichtet, und zwar im Falle der Dringlichkeit auch ohne vorherige Anfrage, je nachdem es den Umständen entspricht, entweder die Ladung für Rechnung der Beteiligten mittels eines anderen Schiffes nach dem Bestimmungshafen befördern zu lassen oder die Auflagerung oder den Verkauf der Ladung zu bewirken und im Falle der Weiterbeförderung oder Auflagerung, behufs der Beschaffung der hierzu sowie zur Erhaltung der Ladung nötigen Mittel, einen Teil davon zu verkaufen oder im Falle der Weiterbeförderung die Ladung ganz oder zu einem Teile zu verbodmen.

Der Schiffer ist jedoch nicht verpflichtet, die Ladung auszuantworten oder zur Weiterbeförderung einem anderen Schiffer zu übergeben, bevor die Distanzfracht nebst den sonstigen Forderungen des Verfrachters (§ 614) und die auf der Ladung haftenden Beiträge zur großen Haverei, Bergungs- und Hilfskosten und Bodmereigelder bezahlt oder sichergestellt sind.

Auch für die Erfüllung der nach Abs. 1 dem Schiffer obliegenden Pflichten haftet der Reeder mit dem Schiffe, soweit etwas davon gerettet ist, und mit der Fracht.

[Endigung des Frachtvertrages bei zufälligem Verlust der Güter nach Antritt der Reise]

§ 633.

Gehen nach dem Antritte der Reise die Güter durch einen Zufall verloren, so endet der Frachtvertrag, ohne daß ein Teil zur Entschädigung des anderen verpflichtet ist; insbesondere ist die Fracht weder ganz noch teilweise zu zahlen, sofern nicht im § 618 das Gegenteil bestimmt ist.

[Rücktrittsrechte bei Verfügungen von hoher Hand u. Krieg nach Antritt der Reise]

§ 634.

Ereignet sich nach dem Antritte der Reise einer der im § 629 erwähnten Zufälle, so ist jeder Teil befugt, von dem Vertrage zurückzutreten, ohne zur Entschädigung verpflichtet zu sein.

Tritt jedoch einer der im § 629 Abs. 1 Nr. 1 bezeichneten Zufälle ein, so muß, bevor der Rücktritt stattfindet, auf die Beseitigung des Hindernisses drei oder fünf Monate gewartet werden, je nachdem sich das Schiff in einem europäischen oder in einem außereuropäischen Hafen befindet.

Die Frist wird, wenn der Schiffer das Hindernis während des Aufenthalts in einem Hafen erfährt, von dem Tage der erhaltenen Kunde, anderenfalls von dem Tage an berechnet, an welchem der Schiffer, nachdem er davon in Kenntnis gesetzt worden ist, mit dem Schiffe zuerst einen Hafen erreicht.

Die Ausladung des Schiffes erfolgt mangels einer anderweitigen

Vereinbarung in dem Hafen, in welchem es sich zur Zeit der Erklärung des Rücktritts befindet.

Für den zurückgelegten Teil der Reise ist der Befrachter Distanzfracht (§§ 630, 631) zu zahlen verpflichtet.

Ist das Schiff infolge des Hindernisses in den Abgangshafen oder in einen anderen Hafen zurückgekehrt, so wird bei der Berechnung der Distanzfracht der dem Bestimmungshafen nächste Punkt, welchen das Schiff erreicht hat, behufs der Feststellung der zurückgelegten Entfernung zum Anhalte genommen.

Der Schiffer ist auch in den vorstehenden Fällen verpflichtet, vor und nach der Auflösung des Frachtvertrags für das Beste der Ladung nach Maßgabe der §§ 535 bis 537, 632 zu sorgen.

[Aufenthaltskosten bei Verfügungen von hoher Hand]

§ 635.

Muß das Schiff, nachdem es die Ladung eingenommen hat, vor dem Antritte der Reise im Abladungshafen oder nach dem Antritte der Reise in einem Zwischen- oder Nothafen infolge eines der im § 629 erwähnten Ereignisse liegen bleiben, so werden die Kosten des Aufenthalts, auch wenn die Erfordernisse der großen Haverei nicht vorliegen, über Schiff, Fracht und Ladung nach den Grundsätzen der großen Haverei verteilt, gleichviel ob demnächst der Vertrag aufgehoben oder vollständig erfüllt wird. Zu den Kosten des Aufenthalts werden alle im § 706 Nr. 4 Abs. 2 aufgeführten Kosten gezählt, diejenigen des Ein- und Auslaufens jedoch nur, wenn wegen des Hindernisses ein Nothafen angelaufen ist.

[Zufälliger Verlust oder Reisehinderung bei einem Teil der Ladung]

§ 636.

Wird nur ein Teil der Ladung vor dem Antritte der Reise durch einen Zufall betroffen, der, wenn er die ganze Ladung betroffen hätte, nach den §§ 628, 629 den Vertrag aufgelöst oder die Parteien zum Rücktritte berechtigt haben würde, so ist der Befrachter nur befugt, entweder statt der vertragsmäßigen andere Güter abzuladen, sofern durch deren Beförderung die Lage des Verfrachters nicht erschwert wird (§ 562), oder von dem Vertrag unter der Verpflichtung zurückzutreten, die Hälfte der bedungenen Fracht und die sonstigen Forderungen des Verfrachters zu berichtigen (§§ 580, 581). Bei der Ausübung dieser Rechte ist der Befrachter nicht an die sonst einzuhaltende Zeit gebunden; er hat sich aber ohne Verzug zu erklären, von welchem der beiden Rechte er Gebrauch machen wolle, und, wenn er die Abladung anderer Güter wählt, die Abladung binnen kürzester Frist zu bewirken, auch die Mehrkosten dieser Abladung zu tragen und, soweit durch sie die Wartezeit überschritten wird, den dem Verfrachter daraus entstehenden Schaden zu ersetzen.

Macht er von keinem der beiden Rechte Gebrauch, so hat er auch für den durch den Zufall betroffenen Teil der Ladung die volle Fracht zu entrichten. Den durch Krieg, durch ein Einfuhr- oder Ausfuhrverbot oder durch eine andere Verfügung von hoher Hand unfrei gewordenen Teil der Ladung ist er jedenfalls aus dem Schiffe herauszunehmen verbunden.

Tritt der Zufall nach dem Antritte der Reise ein, so hat der Befrachter für den dadurch betroffenen Teil der Ladung die volle Fracht auch dann zu entrichten, wenn der Schiffer diesen Teil in einem anderen als dem Bestimmungshafen zu löschen sich genötigt gefunden und hierauf mit oder ohne Aufenthalt die Reise fortgesetzt hat.

Die Vorschriften der §§ 617, 618 bleiben unberührt.

[Zufällige Reiseverzögerungen außerhalb der §§ 629—636]

§ 637.

Abgesehen von den Fällen der §§ 629 bis 636 hat ein Aufenthalt, den die Reise vor oder nach ihrem Antritte durch Naturereignisse oder andere Zufälle erleidet, auf die Rechte und Pflichten der Parteien keinen Einfluß, es sei denn, daß der erkennbare Zweck des Vertrags durch einen solchen Aufenthalt vereitelt wird. Der Befrachter ist jedoch befugt, während jedes durch einen Zufall entstandenen, voraussichtlich längeren Aufenthalts die bereits in das Schiff geladenen Güter auf seine Gefahr und Kosten gegen Sicherheitsleistung für die rechtzeitige Wiedereinladung auszuladen. Unterläßt er die Wiedereinladung, so hat er die volle Fracht zu zahlen. In jedem Falle hat er den Schaden zu ersetzen, der aus der von ihm veranlaßten Wiederausladung entsteht.

Ist der Aufenthalt durch eine Verfügung von hoher Hand herbeigeführt, so ist für die Dauer der Verfügung keine Fracht zu bezahlen, wenn diese nach Zeit bedungen war (§ 622).

[Besonderheiten bei Ausbesserung des Schiffes]

§ 638.

Muß das Schiff während der Reise ausgebessert werden, so hat der Befrachter die Wahl, ob er die ganze Ladung an dem Orte, wo sich das Schiff befindet, gegen Berichtigung der vollen Fracht und der übrigen Forderungen des Verfrachters (§ 614) und gegen Berichtigung oder Sicherstellung der im § 615 bezeichneten Forderungen zurücknehmen oder die Wiederherstellung abwarten will. Im letzteren Falle ist für die Dauer der Ausbesserung keine Fracht zu bezahlen, wenn diese nach Zeit bedungen war.

[Löschungs- u. Hafenkosten bei Auflösung des Frachtvertrages]

§ 639.

Wird der Frachtvertrag nach den §§ 628 bis 634 aufgelöst, so werden die Kosten der Ausladung aus dem Schiffe von dem Verfrachter, die übrigen Löschungskosten von dem Befrachter getragen. Hat der Zufall jedoch nur die Ladung betroffen, so fallen die sämtlichen Kosten der Löschung dem Befrachter zur Last. Dasselbe gilt, wenn im Falle des § 636 ein Teil der Ladung gelöscht wird. Muß in einem solchen Falle behufs der Löschung ein Hafen angelaufen werden, so hat der Befrachter auch die Hafenkosten zu tragen.

[Anwendung der §§ 628 ff. auf zusammengesetzte Reisen]

§ 640.

Die §§ 628 bis 639 kommen auch zur Anwendung, wenn das Schiff zur Einnahme der Ladung eine Zureise in Ballast nach dem Abladungshafen zu machen hat. Die Reise gilt aber in einem solchen Falle erst dann als angetreten, wenn sie aus dem Abladungshafen angetreten ist. Wird der Vertrag, nachdem das Schiff den Abladungshafen erreicht hat, wenn auch vor dem Antritte der Reise aus dem letzteren, aufgelöst, so erhält der Verfrachter für die Zureise eine nach den Grundsätzen der Distanzfracht (§ 631) zu bemessende Entschädigung.

In anderen Fällen einer zusammengesetzten Reise kommen die §§ 628 bis 639 insoweit zur Anwendung, als die Natur und der Inhalt des Vertrags nicht entgegenstehen.

[Abweichungen für Teil-Raumcharterung u. Stückgütervertrag]

§ 641.

Bezieht sich der Vertrag nicht auf das Schiff im ganzen, sondern nur auf einen verhältnismäßigen Teil oder einen bestimmt bezeichneten Raum des Schiffes oder auf Stückgüter, so gelten die Vorschriften der §§ 628 bis 640 mit folgenden Abweichungen:

1. in den Fällen der §§ 629, 634 ist jeder Teil sogleich nach dem Eintritte des Hindernisses und ohne Rücksicht auf dessen Dauer befugt, von dem Vertrage zurückzutreten;
2. im Falle des § 636 kann von dem Befrachter das Recht, von dem Vertrage zurückzutreten, nicht ausgeübt werden;
3. im Falle des § 637 steht dem Befrachter das Recht der einstweiligen Löschung nur zu, wenn die übrigen Befrachter ihre Genehmigung erteilen;
4. im Falle des § 638 kann der Befrachter die Güter gegen Entrichtung der vollen Fracht und der übrigen Forderungen nur zurücknehmen, wenn während der Ausbesserung die Löschung dieser Güter ohnehin erfolgt ist.

Die Vorschriften der §§ 587, 589 bleiben unberührt.

[Die §§ 642—661 behandeln das Recht des Konnossements]

[Ausstellung des Konnossements. Übernahmekonnossement]

§ 642.

Nach der Beendigung jeder einzelnen Abladung hat der Schiffer dem Ablader unverzüglich gegen Rückgabe des etwa bei der Annahme der Güter erteilten vorläufigen Empfangsscheins ein **Konnossement** in so vielen Exemplaren auszustellen, als der Ablader verlangt.

Alle Exemplare des Konnossements müssen von gleichem Inhalte sein, dasselbe Datum haben und ausdrücken, wie viele Exemplare ausgestellt sind.

Der Ablader hat dem Schiffer auf Verlangen eine von ihm unterschriebene Abschrift des Konnossements zu erteilen.

Die Ausstellung des Konnossements kann an Stelle des Schiffers durch einen anderen dazu ermächtigten Vertreter des Reeders erfolgen.

Das Konnossement kann mit Zustimmung des Abladers auch über Güter ausgestellt werden, die zur Beförderung übernommen, aber noch nicht abgeladen sind.

[Inhalt des Konnossements] **§ 643.**

Das Konnossement enthält:

1. den Namen des Schiffers;
2. den Namen und die Nationalität des Schiffes;
3. den Namen des Abladers;
4. den Namen des Empfängers;
5. den Abladungshafen;
6. den Löschungshafen oder den Ort, an welchem Order über ihn einzuholen ist;
7. die Bezeichnung der abgeladenen oder zur Beförderung übernommenen Güter, deren Menge und Merkzeichen;
8. die Bestimmung in Ansehung der Fracht;
9. den Ort und den Tag der Ausstellung;
10. die Zahl der ausgestellten Exemplare.

[Orderkonnossement] **§ 644.**

Auf Verlangen des Abladers ist das Konnossement, sofern nicht das Gegenteil vereinbart ist, an die Order des Empfängers oder lediglich an Order zu stellen. Im letzteren Falle ist unter der Order die Order des Abladers zu verstehen.

Das Konnossement kann auch auf den Namen des Schiffers als Empfängers lauten.

[Auslieferungsfrist des Schiffers an den legitimierten Konnossementsinhaber] **§ 645.**

Der Schiffer ist verpflichtet, im Löschungshafen dem legitimierten Inhaber auch nur eines Exemplars des Konnossements die Güter auszuliefern.

Zur Empfangnahme der Güter legitimiert ist derjenige, an welchen die Güter nach dem Konnossement abgeliefert werden sollen, oder auf welchen das Konnossement, wenn es an Order lautet, durch Indossament übertragen ist.

[Meldung mehrerer Konnossementsinhaber]

§ 646.

Melden sich mehrere legitimierte Konnossementsinhaber, so ist der Schiffer verpflichtet, sie sämtlich zurückzuweisen, die Güter in einem öffentlichen Lagerhaus oder sonst in sicherer Weise zu hinterlegen und die Konnossementsinhaber, die sich gemeldet haben, unter Angabe der Gründe seines Verfahrens hiervon zu benachrichtigen.

Er ist befugt, über sein Verfahren und dessen Gründe eine öffentliche Urkunde errichten zu lassen und wegen der daraus entstehenden Kosten in gleicher Art wie wegen der Fracht sich an die Güter zu halten.

[Das Konnossement ist Traditionspapier]

§ 647.

Die Übergabe des Konnossements an denjenigen, welcher durch das Konnossement zur Empfangnahme legitimiert wird, hat, sobald die Güter von dem Schiffer oder einem anderen Vertreter des Reeders zur Beförderung übernommen sind, für den Erwerb von Rechten an den Gütern dieselben Wirkungen wie die Übergabe der Güter.

[Traditionswirkung bei mehreren Exemplaren]

§ 648.

Sind mehrere Exemplare eines an Order lautenden Konnossements ausgestellt, so können von dem Inhaber des einen Exemplars die im § 647 bezeichneten Wirkungen der Übergabe des Konnossements zum Nachteile desjenigen nicht geltend gemacht werden, welcher auf Grund eines anderen Exemplars gemäß § 645 die Auslieferung der Güter von dem Schiffer erlangt hat, bevor der Anspruch auf Auslieferung von dem Inhaber des ersteren Exemplars erhoben worden ist.

[Fortsetzung]

§ 649.

Hat der Schiffer die Güter noch nicht ausgeliefert, so geht unter mehreren sich meldenden Konnossementsinhabern, soweit die von ihnen auf Grund der Konnossementsübergabe an den Gütern geltend gemachten Rechte einander entgegenstehen, derjenige vor, dessen Exemplar von dem gemeinschaftlichen Vormanne, welcher mehrere Konnossementsexemplare an verschiedene Personen übertragen hat, zuerst der einen dieser Personen dergestalt übergeben worden ist, daß sie zur Empfangnahme der Güter legitimiert wurde.

Bei dem nach einem anderen Orte übersendeten Exemplare wird die Zeit der Übergabe durch den Zeitpunkt der Absendung bestimmt.

[Quittung auf dem Konnossement]

§ 650.

Der Schiffer ist zur Ablieferung der Güter nur gegen Rückgabe eines Exemplars des Konnossements, auf welchem die Ablieferung der Güter bescheinigt ist, verpflichtet.

[Skripturhaftung: der Inhalt des Forderungsrechts des Empfängers richtet sich nach dem Konnossement]

§ 651.

Das Konnossement ist für das Rechtsverhältnis zwischen dem Verfrachter und dem Empfänger der Güter maßgebend; insbesondere hat die Ablieferung der Güter an den Empfänger nach dem Inhalte des Konnossements zu erfolgen.

Die nicht in das Konnossement aufgenommenen Bestimmungen des Frachtvertrags sind dem Empfänger gegenüber unwirksam, sofern nicht das Konnossement ausdrücklich auf sie Bezug nimmt. Wird in Ansehung der Fracht auf den Frachtvertrag verwiesen (zum Beispiel durch die Worte: „Fracht laut Charteрartie"), so sind hierin die Bestimmungen über Löschzeit, Überliegezeit und Liegegeld nicht als einbegriffen anzusehen.

Für das Rechtsverhältnis zwischen dem Verfrachter und dem Befrachter bleiben die Bestimmungen des Frachtvertrags maßgebend.

[Insbesondere in bezug auf die Bezeichnung der Güter]

§ 652.

Der Verfrachter ist für die Richtigkeit der im Konnossement enthaltenen Bezeichnung der übernommenen Güter dem Empfänger verantwortlich. Seine Haftung beschränkt sich jedoch auf den Ersatz des Minderwerts, der sich aus der Nichtübereinstimmung der Güter mit der im Konnossement enthaltenen Bezeichnung ergibt.

[Skripturhaftung bei Verpackung u. geschlossenen Gefäßen]

§ 653.

Die im § 652 erwähnte Haftung des Verfrachters tritt auch dann ein, wenn die Güter dem Schiffer in Verpackung oder in geschlossenen Gefäßen übergeben worden sind.

Ist dies aus dem Konnossement ersichtlich, so ist der Verfrachter für die Richtigkeit der Bezeichnung der Güter dem Empfänger nicht verantwortlich, wenn ungeachtet der Sorgfalt eines ordentlichen Schiffers die Unrichtigkeit der in dem Konnossement enthaltenen Bezeichnung nicht wahrgenommen werden konnte.

Die Haftung des Verfrachters wird dadurch nicht ausgeschlossen, daß die Übereinstimmung der abgelieferten und der übernommenen Güter nicht bestritten oder daß sie vom Verfrachter nachgewiesen wird.

[Recht des Schiffers auf die Klausel „Inhalt unbekannt"]

§ 654.

Werden dem Schiffer Güter in Verpackung oder in geschlossenen Gefäßen übergeben, so kann er das Konnossement mit dem Zusatze: „Inhalt unbekannt" versehen. Enthält das Konnossement diesen oder einen gleichbedeutenden Zusatz, so ist der Verfrachter, falls der abgelieferte

Inhalt mit dem im Konnossement angegebenen nicht übereinstimmt, nur insoweit verantwortlich, als festgestellt wird, daß er einen anderen als den abgelieferten Inhalt empfangen hat.

[Ausschluß der Skripturhaftung durch die Klausel „Zahl, Maß, Gewicht unbekannt"]

§ 655.

Sind die im Konnossemente nach Zahl, Maß oder Gewicht bezeichneten Güter dem Schiffer nicht zugezählt, zugemessen oder zugewogen, so kann er das Konnossement mit dem Zusatze: „Zahl, Maß, Gewicht unbekannt" versehen. Enthält das Konnossement diesen oder einen gleichbedeutenden Zusatz, so hat der Verfrachter die Richtigkeit der Angaben des Konnossements über Zahl, Maß oder Gewicht der übernommenen Güter nicht zu vertreten.

[Abweichung von § 620]

§ 656.

Ist die Fracht nach Zahl, Maß oder Gewicht der Güter bedungen und im Konnossemente Zahl, Maß oder Gewicht angegeben, so ist diese Angabe für die Berechnung der Fracht entscheidend, wenn nicht das Konnossement eine abweichende Bestimmung enthält. Als eine solche ist der Zusatz: Zahl, Maß, Gewicht unbekannt" oder ein gleichbedeutender Zusatz nicht anzusehen.

[Ergänzung zu § 606 Klauseln: „Frei von Bruch", „frei von Leckage", „frei von Beschädigung"]

§ 657.

Ist das Konnossement mit dem Zusatze: „frei von Bruch" oder: „frei von Leckage" oder: „frei von Beschädigung" oder mit einem gleichbedeutenden Zusatze versehen, so haftet der Verfrachter nicht für Bruch, Leckage oder Beschädigung, es sei denn, daß den Schiffer oder eine Person, für die der Verfrachter verantwortlich ist, ein Verschulden trifft.

[Haftung bei Verpackung sichtbarer Mängel im Konnossement]

§ 658.

Werden dem Schiffer Güter übergeben, deren Beschädigung, schlechte Beschaffenheit oder schlechte Verpackung sichtbar ist, so hat er diese Mängel im Konnossemente zu bemerken, widrigenfalls er dem Empfänger dafür verantwortlich ist, auch wenn das Konnossement mit einem der im § 657 erwähnten Zusätze versehen ist.

[Auslieferungsanweisung beim Orderkonnossement; Abs. IV beim Namenkonnossement]

§ 659.

Hat der Schiffer ein an Order lautendes Konnossement ausgestellt, so darf er den Anweisungen des Abladers wegen Rückgabe oder Auslieferung der Güter nur dann Folge leisten, wenn ihm die sämtlichen Exemplare des Konnossements zurückgegeben werden.

Dasselbe gilt in Ansehung der Anforderungen eines Konnossementsinhabers auf Auslieferung der Güter, solange der Schiffer den Bestimmungshafen nicht erreicht hat.

Handelt er diesen Vorschriften entgegen, so bleibt er dem rechtmäßigen Inhaber des Konnossements verpflichtet.

Lautet das Konnossement nicht an Order, so ist der Schiffer zur Rückgabe oder Auslieferung der Güter auch ohne Beibringung eines Exemplars des Konnossements verpflichtet, sofern der Ablader und der im Konnossemente bezeichnete Empfänger in die Rückgabe oder Auslieferung der Güter willigen. Werden jedoch nicht sämtliche Exemplare des Konnossements zurückgestellt, so kann der Schiffer wegen der deshalb zu besorgenden Nachteile zuvor Sicherheitsleistung fordern.

[Bei Endigung des Frachtvertrages u. Erreichung des Bestimmungshafens]

§ 660.

Die Vorschriften des § 659 kommen auch zur Anwendung, wenn der Frachtvertrag vor der Erreichung des Bestimmungshafens infolge eines Zufalls nach den §§ 628 bis 641 aufgelöst wird.

[Haftung des Schiffers]

§ 661.

In Ansehung der Verpflichtungen des Schiffers aus den von ihm geschlossenen Frachtverträgen und ausgestellten Konnossementen hat es bei den Vorschriften der §§ 511, 512, 533 sein Bewenden.

[Unterverfrachtung]

§ 662.

Im Falle der Unterverfrachtung haftet für die Erfüllung des Unterfrachtvertrags, soweit dessen Ausführung zu den Dienstobliegenheiten des Schiffers gehört und von diesem übernommen ist, insbesondere durch Annahme der Güter und Ausstellung des Konnossements, nicht der Unterverfrachter, sondern der Reeder mit Schiff und Fracht (§ 486).

Ob und inwieweit im übrigen der Reeder oder der Unterverfrachter von dem Unterbefrachter in Anspruch genommen werden kann und ob im letzteren Falle der Unterverfrachter für die Erfüllung unbeschränkt zu haften oder nur die auf Schiff und Fracht beschränkte Haftung des Reeders zu vertreten hat, wird durch diese Vorschrift nicht berührt.

[Keine Anwendung auf Beförderungen der Post]

§ 663.

Auf die Beförderung von Gütern zur See durch die Postverwaltungen des Reichs und der Bundesstaaten finden die Vorschriften dieses Abschnitts keine Anwendung.

Fünfter Abschnitt.

Frachtgeschäft zur Beförderung von Reisenden.

[Abtretbarkeit des Rechts auf die Überfahrt] **§ 664.**

Ist der Reisende in dem Überfahrtsvertrage genannt, so ist er nicht befugt, das Recht auf die Überfahrt an einen anderen abzutreten.

[Befolgung der Schiffsordnung] **§ 665.**

Der Reisende ist verpflichtet, alle die Schiffsordnung betreffenden Anweisungen des Schiffers zu befolgen.

[Verspätung des Reisenden] **§ 666.**

Der Reisende, der sich vor oder nach dem Antritte der Reise nicht rechtzeitig an Bord begibt, hat das volle Überfahrtsgeld zu bezahlen, wenn der Schiffer die Reise antritt oder fortsetzt, ohne auf ihn zu warten.

[Rücktritt oder zufällige Verhinderung des Reisenden] **§ 667.**

Wenn der Reisende vor dem Antritte der Reise den Rücktritt von dem Überfahrtsvertrag erklärt oder stirbt oder durch Krankheit oder einen anderen in seiner Person sich ereignenden Zufall zurückzubleiben genötigt wird, so ist nur die Hälfte des Überfahrtsgeldes zu zahlen.

Wenn nach dem Antritte der Reise der Rücktritt erklärt wird oder einer der erwähnten Zufälle sich ereignet, so ist das volle Überfahrtsgeld zu zahlen.

[Endigung bei Verlust des Schiffes] **§ 668.**

Der Überfahrtsvertrag tritt außer Kraft, wenn durch einen Zufall das Schiff verlorengeht (§ 628 Abs. 1 Nr. 1).

[Rücktrittrechte bei Krieg u. Verfügungen von hoher Hand] **§ 669.**

Der Reisende ist befugt, von dem Vertrage zurückzutreten, wenn ein Krieg ausbricht, infolgedessen das Schiff nicht mehr als frei betrachtet werden kann und der Gefahr der Aufbringung ausgesetzt wäre, oder wenn die Reise durch eine das Schiff betreffende Verfügung von hoher Hand aufgehalten wird.

Das Recht des Rücktritts steht auch dem Verfrachter zu, wenn er in einem der vorstehenden Fälle die Reise aufgibt oder wenn das Schiff hauptsächlich zur Beförderung von Gütern bestimmt ist und die Unternehmung unterbleiben muß, weil die Güter ohne sein Verschulden nicht befördert werden können.

[Entschädigungsverpflichtung] **§ 670.**

In allen Fällen, in denen nach den §§ 668, 669 der Überfahrtsvertrag aufgelöst wird, ist kein Teil zur Entschädigung des anderen verpflichtet.

Ist jedoch die Auflösung erst nach dem Antritte der Reise erfolgt, so hat der Reisende das Überfahrtsgeld nach dem Verhältnisse der zurückgelegten zur ganzen Reise zu zahlen.

Bei der Berechnung des zu zahlenden Betrags ist die Vorschrift des § 631 maßgebend.

[Notwendige Ausbesserung des Schiffes] **§ 671.**

Muß das Schiff während der Reise ausgebessert werden, so hat der Reisende, auch wenn er die Ausbesserung nicht abwartet, das volle Überfahrtsgeld zu zahlen. Wartet er die Ausbesserung ab, so hat ihm der Verfrachter bis zum Wiederantritte der Reise ohne besondere Vergütung Wohnung zu gewähren, auch die nach dem Überfahrtsvertrag in Ansehung der Beköstigung ihm obliegenden Pflichten weiter zu erfüllen.

Erbietet sich jedoch der Verfrachter, den Reisenden mit einer anderen gleich guten Schiffsgelegenheit ohne Beeinträchtigung der übrigen vertragsmäßigen Rechte des Reisenden nach dem Bestimmungshafen zu befördern, und weigert sich der Reisende, von dem Anerbieten Gebrauch zu machen, so hat er auf Gewährung von Wohnung und Kost bis zum Wiederantritte der Reise nicht weiter Anspruch.

[Vergütung für Reisegut] **§ 672.**

Für die Beförderung des Reiseguts, welches der Reisende nach dem Überfahrtsvertrag an Bord zu bringen befugt ist, hat er, wenn nicht ein anderes bedungen ist, neben dem Überfahrtsgelde keine besondere Vergütung zu zahlen.

[Beförderung des Reiseguts. Sonstige Sachen des Reisenden] **§ 673.**

Auf das an Bord gebrachte Reisegut finden die Vorschriften der §§ 561, 593, 617 Anwendung.

Ist das Reisegut von dem Schiffer oder einem dazu bestellten Dritten übernommen, so gelten für den Fall seines Verlustes oder seiner Beschädigung die Vorschriften der §§ 606 bis 610.

Auf sämtliche von dem Reisenden an Bord gebrachte Sachen finden außerdem die Vorschriften der §§ 563 bis 565, 619 Anwendung.

[Gesetzliches Pfandrecht wegen des Überfahrtsgeldes] **§ 674.**

Der Verfrachter hat wegen des Überfahrtsgeldes an den von dem Reisenden an Bord gebrachten Sachen ein Pfandrecht.

Das Pfandrecht besteht jedoch nur, solange die Sachen zurückbehalten oder hinterlegt sind.

[Pflichten des Schiffers beim Tod des Reisenden] **§ 675.**

Stirbt ein Reisender, so ist der Schiffer verpflichtet, in Ansehung des an Bord befindlichen Reiseguts des Verstorbenen das Interesse der Erben nach den Umständen des Falles in geeigneter Weise wahrzunehmen.

[Verfrachtung eines Schiffes zur Beförderung von Reisenden] **§ 676.**

Wird ein Schiff zur Beförderung von Reisenden einem Dritten verfrachtet, sei es im ganzen oder zu einem Teile oder dergestalt, daß eine bestimmte Zahl von Reisenden befördert werden soll, so gelten für das Rechtsverhältnis zwischen dem Verfrachter und dem Dritten die Vorschriften des vierten Abschnitts, soweit die Natur der Sache ihre Anwendung zuläßt.

[Ausdruck Fracht umfaßt auch das Überfahrtsgeld] **§ 677.**

Wenn in den folgenden Abschnitten dieses Buches die Fracht erwähnt wird, so sind darunter, sofern nicht das Gegenteil bestimmt ist, auch die Überfahrtsgelder zu verstehen.

[Auswanderungswesen] **§ 678.**

Die auf das Auswanderungswesen sich beziehenden Landesgesetze werden, auch soweit sie privatrechtliche Vorschriften enthalten, durch die Vorschriften dieses Abschnitts nicht berührt [1]).

Sechster Abschnitt.

Bodmerei [2]).

[Begriff der Bodmerei] **§ 679.**

Bodmerei im Sinne dieses Gesetzbuchs ist ein Darlehnsgeschäft, welches von dem Schiffer als solchem kraft der in diesem Gesetzbuch ihm erteilten Befugnisse unter Zusicherung einer Prämie und unter Verpfändung von Schiff, Fracht und Ladung oder von einem oder mehreren dieser Gegenstände

[1]) Es kommt jetzt in Betracht das Reichsgesetz über das Auswanderungswesen v. 9. Juni 1897 (RGBl. S. 463); dazu VO. v. 14. Februar 1924 (RGBl. I S. 107) u. Bek. über den Geschäftsbetrieb der Auswanderungsunternehmer und Agenten v. 14. März 1898 (RGBl. S. 39) u. 23. August 1903 (RGBl. S. 274).

[2]) Das Institut der Bodmerei ist veraltet.

in der Art eingegangen wird, daß der Gläubiger wegen seiner Ansprüche nur an die verpfändeten (verbodmeten) Gegenstände nach der Ankunft des Schiffes an dem Orte sich halten kann, wo die Reise enden soll, für welche das Geschäft eingegangen ist (Bodmereireise).

[Fälle] **§ 680.**

Bodmerei kann von dem Schiffer nur in folgenden Fällen eingegangen werden:

1. während sich das Schiff außerhalb des Heimatshafens befindet, zum Zwecke der Ausführung der Reise nach Maßgabe der §§ 528, 538 bis 540, 542;
2. während der Reise im alleinigen Interesse der Ladungsbeteiligten zum Zwecke der Erhaltung und Weiterbeförderung der Ladung nach Maßgabe der §§ 535, 542, 632.

Im Falle des Abs. 1 Nr. 2 kann der Schiffer die Ladung allein verbodmen, in allen übrigen Fällen kann er zwar das Schiff oder die Fracht allein, die Ladung aber nur zusammen mit dem Schiffe und der Fracht verbodmen.

In der Verbodmung des Schiffes ohne Erwähnung der Fracht ist die Verbodmung der Fracht nicht enthalten. Werden aber Schiff und Ladung verbodmet, so gilt die Fracht als mitverbodmet.

Die Verbodmung der Fracht ist zulässig, solange diese der Seegefahr noch nicht entzogen ist.

Auch die Fracht desjenigen Teiles der Reise, welcher noch nicht angetreten ist, kann verbodmet werden.

[Prämie] **§ 681.**

Die Höhe der Bodmereiprämie ist ohne Beschränkung dem Übereinkommen der Parteien überlassen.

Die Prämie umfaßt in Ermangelung einer entgegenstehenden Vereinbarung auch die Zinsen.

[Bodmereibrief] **§ 682.**

Über die Verbodmung muß von dem Schiffer ein Bodmereibrief ausgestellt werden. Ist dies nicht geschehen, so hat der Gläubiger diejenigen Rechte, welche ihm zustehen würden, wenn der Schiffer zur Befriedigung des Bedürfnisses ein einfaches Kreditgeschäft eingegangen wäre.

[Sein Inhalt] **§ 683.**

Der Bodmereigeber kann verlangen, daß der Bodmereibrief enthält:

1. den Namen des Bodmereigläubigers;
2. den Kapitalbetrag der Bodmereischuld;

3. den Betrag der Bodmereiprämie oder den Gesamtbetrag der dem Gläubiger zu zahlenden Summe;
4. die Bezeichnung der verbodmeten Gegenstände;
5. die Bezeichnung des Schiffes und des Schiffers;
6. die Bodmereireise;
7. die Zeit, zu welcher die Bodmereischuld gezahlt werden soll;
8. den Ort, wo die Zahlung erfolgen soll;
9. die Bezeichnung der Urkunde im Texte als Bodmereibrief oder die Erklärung, daß die Schuld als Bodmereischuld eingegangen ist, oder eine andere das Wesen der Bodmerei genügend bezeichnende Erklärung;
10. die Umstände, welche die Eingehung der Bodmerei notwendig gemacht haben;
11. den Tag und den Ort der Ausstellung;
12. die Unterschrift des Schiffers.

Die Unterschrift des Schiffers ist auf Verlangen in öffentlich beglaubigter Form zu erteilen.

[Auf Verlangen Orderpapier] **§ 684.**

Auf Verlangen des Bodmereigebers ist der Bodmereibrief, sofern nicht das Gegenteil vereinbart ist, an die Order des Gläubigers oder lediglich an Order zu stellen. Im letzteren Falle ist unter der Order die Order des Bodmereigebers zu verstehen.

[Bescheinigung der Notwendigkeit] **§ 685.**

Ist vor der Ausstellung des Bodmereibriefs die Notwendigkeit der Eingehung des Geschäfts von dem deutschen Konsul und in dessen Ermangelung von dem Gericht oder der sonst zuständigen Behörde des Ortes der Ausstellung, sofern es aber auch an einer solchen fehlt, von den Schiffsoffizieren urkundlich bezeugt, so wird angenommen, daß der Schiffer zur Eingehung des Geschäfts in dem vorliegenden Umfange befugt gewesen sei. Es findet jedoch der Gegenbeweis statt.

[Mehrere Exemplare] **§ 686.**

Der Bodmereigeber kann die Ausstellung des Bodmereibriefs in mehreren Exemplaren verlangen.

Werden mehrere Exemplare ausgestellt, so ist in jedem Exemplar anzugeben, wieviele erteilt sind.

Der Einwand, daß der Schiffer zur Eingehung des Geschäfts überhaupt oder in dem vorliegenden Umfange nicht befugt gewesen sei, ist auch gegen den Indossatar zulässig.

[Zahlungsort u. Zahlungszeit. Verzinsung] **§ 687.**

Die Bodmereischuld ist, sofern nicht in dem Bodmereibriefe selbst eine andere Bestimmung getroffen ist, in dem Bestimmungshafen der Bodmereireise und am achten Tage nach der Ankunft des Schiffes in diesem Hafen zu zahlen.

Von dem Zahlungstag an laufen Zinsen von der ganzen Bodmereischuld einschließlich der Prämie. Diese Vorschrift findet keine Anwendung, wenn die Prämie nach Zeit bedungen ist; die Zeitprämie läuft aber bis zur Zahlung des Bodmereikapitals.

[Legitimation bei mehreren Exemplaren]

§ 688.

Zur Zahlungszeit kann die Zahlung der Bodmereischuld dem legitimierten Inhaber auch nur eines Exemplars des Bodmereibriefs nicht verweigert werden.

Die Zahlung kann nur gegen Rückgabe dieses Exemplars verlangt werden, auf welchem über die Zahlung zu quittieren ist.

[Fortsetzung]

§ 689.

Melden sich mehrere legitimierte Bodmereibriefsinhaber, so sind sie sämtlich zurückzuweisen, die Gelder, wenn die verbodmeten Gegenstände befreit werden sollen, öffentlich oder, falls dies nicht tunlich ist, sonst in sicherer Weise zu hinterlegen und die Bodmereibriefsinhaber, die sich gemeldet haben, unter Angabe der Gründe des Verfahrens hiervon zu benachrichtigen.

Kann eine öffentliche Hinterlegung nicht erfolgen, so ist der Hinterleger befugt, über sein Verfahren und dessen Gründe eine öffentliche Urkunde errichten zu lassen und die daraus entstehenden Kosten von der Bodmereischuld abzuziehen.

[Bodmerei trägt nicht Haverei]

§ 690.

Dem Bodmereigläubiger fällt weder die große noch die besondere Haverei zur Last.

Soweit jedoch die verbodmeten Gegenstände durch große oder besondere Haverei zur Befriedigung des Bodmereigläubigers unzureichend werden, hat er den hieraus entstehenden Nachteil zu tragen.

[Haftung der verbodmeten Gegenstände]

§ 691.

Jeder der verbodmeten Gegenstände haftet dem Bodmereigläubiger für die ganze Bodmereischuld.

Sobald das Schiff im Bestimmungshafen der Bodmereireise angekommen ist, kann der Gläubiger die verbodmeten Gegenstände mit Arrest belegen lassen; zur Anordnung des Arrestes ist nicht erforderlich, daß ein Arrestgrund glaubhaft gemacht wird.

[§§ 692—694 Pflichten des Schiffers gegenüber dem Bodmereigläubiger] § 692.

Der Schiffer hat für die Bewahrung und Erhaltung der verbodmeten Gegenstände zu sorgen; er darf ohne dringende Gründe keine Handlung vornehmen, durch welche die Gefahr für den Bodmereigeber eine größere oder eine andere wird, als dieser bei dem Abschlusse des Vertrags voraussetzen mußte.

Handelt der Schiffer diesen Vorschriften zuwider, so ist er dem Bodmereigläubiger für den daraus entstehenden Schaden verantwortlich (§ 512).

§ 693.

Verändert der Schiffer willkürlich die Bodmereireise oder weicht er von dem ihr entsprechenden Wege willkürlich ab oder setzt er nach ihrer Beendigung die verbodmeten Gegenstände von neuem einer Seegefahr aus, ohne daß das Interesse des Gläubigers es gebietet, so haftet er dem Gläubiger für die Bodmereischuld insoweit persönlich, als dieser aus den verbodmeten Gegenständen seine Befriedigung nicht erhält, es sei denn, daß die unterbliebene Befriedigung durch die Veränderung der Reise oder die Abweichung oder die neue Seegefahr nicht verursacht ist.

§ 694.

Der Schiffer darf die verbodmete Ladung vor der Befriedigung oder Sicherstellung des Gläubigers weder ganz noch teilweise ausliefern, widrigenfalls er dem Gläubiger für die Bodmereischuld insoweit persönlich verpflichtet wird, als dieser aus den ausgelieferten Gütern zur Zeit der Auslieferung hätte befriedigt werden können.

Es wird vermutet, daß der Gläubiger seine vollständige Befriedigung hätte erlangen können.

[Haftung des Reeders] § 695.

Hat der Reeder in den Fällen der §§ 692 bis 694 die Handlungsweise des Schiffers angeordnet, so kommen die Vorschriften des § 512 Abs. 2, 3 zur Anwendung.

[Befriedigung des Gläubigers] § 696.

Wird zur Zahlungszeit die Bodmereischuld nicht bezahlt, so kann sich der Gläubiger aus den verbodmeten Gegenständen befriedigen. Die Befriedigung erfolgt nach den für die Zwangsvollstreckung geltenden Vorschriften.

In Ansehung des Schiffes und der Fracht ist die Klage gegen

den Schiffer oder den Reeder zu richten; das gegen den Schiffer ergangene Urteil ist auch gegenüber dem Reeder wirksam. In Ansehung der Ladung ist die Klage vor der Auslieferung gegen den Schiffer zu richten.

Zum Nachteil eines dritten Erwerbers, der den Besitz der verbodmeten Ladung in gutem Glauben erlangt hat, kann der Gläubiger von seinen Rechten keinen Gebrauch machen.

[Beschränkt-persönliche Haftung des Empfängers]

§ 697.

Der Empfänger, dem bei der Annahme der verbodmeten Güter bekannt ist, daß auf ihnen eine Bodmereischuld haftet, wird dem Gläubiger für die Schuld bis zu dem Werte, welchen die Güter zur Zeit ihrer Auslieferung haben, insoweit persönlich verpflichtet, als der Gläubiger, falls die Auslieferung nicht erfolgt wäre, aus den Gütern hätte befriedigt werden können.

[Nichtausführung der Bodmereireise]

§ 698.

Wird vor dem Antritte der Bodmereireise die Unternehmung aufgegeben, so ist der Gläubiger befugt, die sofortige Bezahlung der Bodmereischuld an dem Orte zu verlangen, an welchem die Bodmerei eingegangen ist; er muß sich jedoch eine verhältnismäßige Herabsetzung der Prämie gefallen lassen; bei der Herabsetzung ist vorzugsweise das Verhältnis der bestandenen zu der übernommenen Gefahr maßgebend.

Wird die Bodmereireise in einem anderen als in ihrem Bestimmungshafen beendet, so ist die Bodmereischuld ohne einen Abzug von der Prämie in diesem anderen Hafen nach dem Ablaufe der vertragsmäßigen und in deren Ermangelung der achttägigen Zahlungsfrist (§ 687) zu zahlen. Die Zahlungsfrist wird von dem Tage der endgültigen Einstellung der Reise berechnet.

Soweit sich nicht aus den Vorschriften der Abs. 1, 2 ein anderes ergibt, kommen auch in diesen Fällen die Vorschriften der §§ 688 bis 697 zur Anwendung.

[Anwendung auch beim Schifferreeder u. Schifferladungsinteressenten]

§ 699.

Die Anwendung der Vorschriften dieses Abschnitts wird dadurch nicht ausgeschlossen, daß der Schiffer zugleich Miteigentümer oder Alleineigentümer des Schiffes oder der Ladung oder beider ist oder daß er auf Grund einer besonderen Anweisung der Beteiligten die Bodmerei eingegangen ist.

Siebenter Abschnitt.

Haverei

Erster Titel.

Große (gemeinschaftliche) Haverei [1]) und besondere Haverei.

[Begriff der großen Haverei]

§ 700.

Alle Schäden, die dem Schiffe oder der Ladung oder beiden zum Zwecke der Errettung beider aus einer gemeinsamen Gefahr von dem Schiffer oder auf dessen Geheiß vorsätzlich zugefügt werden, sowie auch die durch solche Maßregeln ferner verursachten Schäden, ingleichen die Kosten, die zu demselben Zwecke aufgewendet werden, sind **große Haverei.**

Die große Haverei wird von Schiff, Fracht und Ladung gemeinschaftlich getragen.

[Besondere Haverei. Kleine Haverei]

§ 701.

Alle nicht zur großen Haverei gehörigen, durch einen Unfall verursachten Schäden und Kosten, soweit die letzteren nicht unter den § 621 fallen, sind besondere Haverei.

Die besondere Haverei wird von den Eigentümern des Schiffes und der Ladung, von jedem für sich allein, getragen.

[Verschulden Dritter oder Beteiligter]

§ 702.

Die Anwendung der Vorschriften über die große Haverei wird dadurch nicht ausgeschlossen, daß die Gefahr infolge des Verschuldens eines Dritten oder auch eines Beteiligten herbeigeführt ist.

Der Beteiligte, welchem ein solches Verschulden zur Last fällt, kann jedoch nicht allein wegen des ihm entstandenen Schadens keine Vergütung fordern, sondern ist auch den Beitragspflichtigen für den Verlust verantwortlich, den sie dadurch erleiden, daß der Schaden als große Haverei zur Verteilung kommt.

Ist die Gefahr durch eine Person der Schiffsbesatzung verschuldet, so trägt die Folgen dieses Verschuldens auch der Reeder nach Maßgabe der §§ 485, 486.

---

[1]) Von der „International Law Association" sind für die große Haverei einheitliche Regeln aufgestellt worden. York-Antwerp-Rules 1890. Stockholm Rules 1924. Sie sind in die Konnossemente übergegangen. Vgl. R. Ulrich, Große Haverei 3. Aufl. herausg. von G. Hochgräber u. P. Brüders I (1927) II (1930).

[Wirkliche Rettung ist Voraussetzung]

§ 703.

Die Havereiverteilung tritt nur ein, wenn sowohl das Schiff als auch die Ladung und zwar jeder dieser Gegenstände entweder ganz oder teilweise wirklich gerettet worden ist.

[Einfluß späterer besonderer Haverei]

§ 704.

Die Verpflichtung, von einem geretteten Gegenstande beizutragen, wird dadurch, daß der Gegenstand später von einer besonderen Haverei betroffen wird, nur dann vollständig aufgehoben, wenn der Gegenstand ganz verlorengeht.

[Fortsetzung]

§ 705.

Der Anspruch auf Vergütung einer zur großen Haverei gehörenden Beschädigung wird durch eine besondere Haverei, die den beschädigten Gegenstand später trifft, sei es, daß er von neuem beschädigt wird oder ganz verlorengeht, nur dann aufgehoben, wenn der spätere Unfall mit dem früheren in keinem Zusammenhange steht, und nur insoweit, als der spätere Unfall auch den früheren Schaden nach sich gezogen haben würde, wenn dieser nicht bereits entstanden gewesen wäre.

Sind jedoch vor dem Eintritte des späteren Unfalls zur Wiederherstellung des beschädigten Gegenstandes bereits Aufwendungen gemacht, so bleibt rücksichtlich dieser der Anspruch auf Vergütung bestehen.

[Die wichtigsten Fälle der großen Haverei]

§ 706.

Große Haverei liegt namentlich in den nachstehenden Fällen vor, vorausgesetzt, daß zugleich die Erfordernisse der §§ 700, 702, 703 insoweit vorhanden sind, als in den folgenden Vorschriften nichts besonderes bestimmt ist:

1. Wenn Waren, Schiffsteile oder Schiffsgerätschaften über Bord geworfen, Masten gekappt, Taue oder Segel weggeschnitten, Anker, Ankertaue oder Ankerketten geschlippt oder gekappt werden.

   Sowohl diese Schäden selbst als die durch solche Maßregeln an Schiff oder Ladung ferner verursachten Schäden gehören zur großen Haverei.

2. Wenn zur Erleichterung des Schiffes die Ladung ganz oder teilweise in Leichterfahrzeuge übergeladen wird.

   Es gehört zur großen Haverei sowohl der Leichterlohn als der Schaden, der bei dem Überladen in das Leichterfahrzeug oder bei dem Rückladen in das Schiff der Ladung oder dem Schiffe zugefügt wird, sowie der Schaden, den die Ladung auf dem Leichterfahrzeug erleidet.

   Muß die Erleichterung im regelmäßigen Verlaufe der Reise erfolgen, so liegt große Haverei nicht vor.

3. Wenn das Schiff absichtlich auf den Strand gesetzt wird, jedoch nur wenn es zum Zwecke der Abwendung des Unterganges oder der Nehmung geschieht.

Sowohl die durch die Strandung einschließlich der Abbringung entstehenden Schäden als auch die Kosten der Abbringung gehören zur großen Haverei.

Wird das behufs der Abwendung des Unterganges auf den Strand gesetzte Schiff nicht abgebracht oder nach der Abbringung reparaturunfähig befunden (§ 479), so findet eine Havereiverteilung nicht statt.

Strandet das Schiff, ohne daß die Strandung zur Rettung von Schiff und Ladung vorsätzlich herbeigeführt ist, so gehören zwar nicht die durch die Strandung veranlaßten Schäden, wohl aber die auf die Abbringung verwendeten Kosten und die zu diesem Zwecke dem Schiffe oder der Ladung absichtlich zugefügten Schäden zur großen Haverei.

4. Wenn das Schiff zur Vermeidung einer dem Schiffe und der Ladung im Falle der Fortsetzung der Reise drohenden gemeinsamen Gefahr in einen Nothafen einläuft, insbesondere wenn das Einlaufen zur notwendigen Ausbesserung eines Schadens erfolgt, den das Schiff während der Reise erlitten hat.

Es gehören in diesem Falle zur großen Haverei die Kosten des Einlaufens und des Auslaufens, die das Schiff selbst treffenden Aufenthaltskosten, die der Schiffsbesatzung während des Aufenthalts gebührende Heuer und Kost, die Auslagen für die Unterbringung der Schiffsbesatzung am Lande, solange die Besatzung nicht an Bord verbleiben kann, ferner, falls die Ladung wegen des Grundes, welcher das Einlaufen in den Nothafen herbeigeführt hat, gelöscht werden muß, die Kosten des Verbringens von Bord und an Bord sowie die Kosten der Aufbewahrung der Ladung am Lande bis zu dem Zeitpunkte, in welchem sie wieder an Bord gebracht werden kann.

Die sämtlichen Aufenthaltskosten kommen nur für die Zeit der Fortdauer des Grundes in Rechnung, der das Einlaufen in den Nothafen herbeigeführt hat. Liegt der Grund in einer notwendigen Ausbesserung des Schiffes, so kommen außerdem die Aufenthaltskosten nur bis zu dem Zeitpunkt in Rechnung, in welchem die Ausbesserung hätte vollendet sein können.

Die Kosten der Ausbesserung des Schiffes gehören nur insoweit zur großen Haverei, als der auszubessernde Schaden selbst große Haverei ist.

5. Wenn das Schiff gegen Feinde oder Seeräuber verteidigt wird.

Die bei der Verteidigung dem Schiffe oder der Ladung zugefügten Beschädigungen, der dabei verbrauchte Schießbedarf und, falls eine Person der Schiffsbesatzung bei der Verteidigung verwundet oder getötet wird, die Heilungs- und Begräbniskosten sowie die nach den §§ 553, 554 dieses Gesetzbuchs und den §§ 49, 51 der Seemannsordnung zu zahlenden Belohnungen bilden die große Haverei.

6. Wenn im Falle der Anhaltung des Schiffes durch Feinde oder Seeräuber Schiff und Ladung losgekauft werden.

Was zum Loskaufe gegeben ist, bildet nebst den durch den Unterhalt und die Auslösung der Geiseln entstehenden Kosten die große Haverei.

7. Wenn die Beschaffung der zur Deckung der großen Haverei während der Reise erforderlichen Gelder Verluste und Kosten verursacht oder wenn durch die Auseinandersetzung unter den Beteiligten Kosten entstehen.

Diese Verluste und Kosten gehören gleichfalls zur großen Haverei.

Dahin werden insbesondere gezählt der Verlust an den während der Reise verkauften Gütern; die Bodmereiprämie, wenn das erforderliche Geld durch Bodmerei aufgenommen wird, und wenn dies nicht der Fall ist, die Prämie für die Versicherung des aufgewendeten Geldes, die Kosten für die Ermittelung der Schäden und für die Aufmachung der Rechnung über die große Haverei (Dispache).

[Einzelne Fälle der besonderen Haverei]

§ 707.

Nicht als große Haverei, sondern als besondere Haverei werden angesehen:

1. die Verluste und Kosten, welche, wenn auch während der Reise, aus der infolge einer besonderen Haverei nötig gewordenen Beschaffung von Geld entstehen;
2. die Reklamekosten, auch wenn Schiff und Ladung zusammen und beide mit Erfolg reklamiert werden;
3. die durch Prangen verursachte Beschädigung des Schiffes, seines Zubehörs und der Ladung, selbst wenn, um der Strandung oder Nehmung zu entgehen, geprangt worden ist.

[Schäden an Gegenständen, die außer Ansatz bleiben]

§ 708.

In den Fällen der großen Haverei bleiben bei der Schadensberechnung die Beschädigungen und Verluste außer Ansatz, welche die nachstehenden Gegenstände betreffen:

1. nicht unter Deck geladene Güter; diese Vorschrift findet jedoch bei der Küstenschiffahrt insofern keine Anwendung, als Deckladungen durch die Landesgesetze für zulässig erklärt sind (§ 566);

2. Güter, über die weder ein Konnossement ausgestellt ist noch das Manifest oder Ladebuch Auskunft gibt;
3. Kostbarkeiten, Kunstgegenstände, Geld und Wertpapiere, die dem Schiffer nicht gehörig bezeichnet worden sind (§ 607).

[Ermittlung des Schadens am Schiff]

§ 709.

Der an dem Schiffe oder dem Zubehöre des Schiffes entstandene, zur großen Haverei gehörige Schaden ist, wenn die Ausbesserung während der Reise erfolgt, am Orte der Ausbesserung und vor dieser, sonst an dem Orte, wo die Reise endet, durch Sachverständige zu ermitteln und zu schätzen. Die Taxe muß die Veranschlagung der erforderlichen Ausbesserungskosten enthalten. Sie ist, wenn während der Reise ausgebessert wird, für die Schadensberechnung insoweit maßgebend, als nicht die Ausführungskosten unter den Anschlagssummen bleiben. War die Aufnahme einer Taxe nicht ausführbar, so entscheidet der Betrag der auf die erforderlichen Ausbesserungen wirklich verwendeten Kosten.

Soweit die Ausbesserung nicht während der Reise geschieht, ist die Abschätzung für die Schadensberechnung ausschließlich maßgebend.

[Abzüge]

§ 710.

Der nach Maßgabe des § 709 ermittelte volle Betrag der Ausbesserungskosten bestimmt die zu leistende Vergütung, wenn das Schiff zur Zeit der Beschädigung noch nicht ein volles Jahr zu Wasser war.

Dasselbe gilt von der Vergütung für einzelne Teile des Schiffes, namentlich für die Metallhaut, sowie für einzelne Teile des Zubehörs, wenn solche Teile noch nicht ein volles Jahr in Gebrauch waren.

In den übrigen Fällen wird von dem vollen Betrage wegen des Unterschieds zwischen alt und neu ein Dritteil, bei den Ankerketten ein Sechsteil, bei den Ankern jedoch nichts abgezogen.

Von dem vollen Betrage kommen ferner in Abzug der volle Erlös oder Wert der noch vorhandenen alten Stücke, welche durch neue ersetzt sind oder zu ersetzen sind.

Findet ein solcher Abzug und zugleich der Abzug wegen des Unterschieds zwischen alt und neu statt, so ist zuerst dieser letztere und sodann von dem verbleibenden Betrage der andere Abzug zu machen.

[Vergütung für aufgeopferte Güter]

§ 711.

Die Vergütung für aufgeopferte Güter wird durch den Marktpreis bestimmt, welchen Güter derselben Art und Beschaffenheit am Bestimmungsorte bei dem Beginne der Löschung des Schiffes haben.

In Ermangelung eines Marktpreises oder sofern über den Marktpreis oder dessen Anwendung, insbesondere mit Rücksicht auf die

Beschaffenheit der Güter, Zweifel bestehen, wird der Preis durch Sachverständige ermittelt.

Von dem Preise kommt in Abzug, was an Fracht, Zöllen und Kosten infolge des Verlustes der Güter erspart wird.

Zu den aufgeopferten Gütern gehören auch diejenigen, welche zur Deckung der großen Haverei verkauft worden sind (§ 706 Nr. 7).

[Vergütung für beschädigte Güter]

§ 712.

Die Vergütung für Güter, die eine zur großen Haverei gehörige Beschädigung erlitten haben, wird bestimmt durch den Unterschied zwischen dem durch Sachverständige zu ermittelnden Verkaufswerte, welchen die Güter im beschädigten Zustande am Bestimmungsorte bei dem Beginne der Löschung des Schiffes haben, und dem im § 711 bezeichneten Preise nach Abzug der Zölle und Kosten, soweit sie infolge der Beschädigung erspart sind.

[Abzüge von anderen Wertsverringerungen]

§ 713.

Die vor, bei oder nach dem Havereifall entstandenen, zur großen Haverei nicht gehörenden Wertsverringerungen und Verluste sind bei der Berechnung der Vergütung (§§ 711, 712) in Abzug zu bringen.

[Anormale Fälle der Reisebeendigung]

§ 714.

Endet die Reise für Schiff und Ladung nicht im Bestimmungshafen, sondern an einem anderen Orte, so tritt dieser letztere, endet sie durch Verlust des Schiffes, so tritt der Ort, wohin die Ladung in Sicherheit gebracht ist, für die Ermittelung der Vergütung an die Stelle des Bestimmungsorts.

[Vergütung für entgangene Fracht]

§ 715.

Die Vergütung für entgangene Fracht wird bestimmt durch den Frachtbetrag, welcher für die aufgeopferten Güter zu entrichten gewesen sein würde, wenn sie mit dem Schiffe an dem Orte ihrer Bestimmung oder, wenn dieser von dem Schiffe nicht erreicht wird, an dem Orte angelangt wären, wo die Reise endet.

[§§ 716—724 behandeln die Berechnung der Havereibeiträge]
[(Grundsatz)]

§ 716.

Der gesamte Schaden, welcher die große Haverei bildet, wird über das Schiff, die Ladung und die Fracht nach dem Verhältnisse des Wertes des Schiffes und der Ladung und des Betrags der Fracht verteilt.

[Beitrag des Schiffes] **§ 717.**

Das Schiff nebst Zubehör trägt bei:

1. mit dem Werte, welchen es in dem Zustand am Ende der Reise bei dem Beginne der Löschung hat;
2. mit dem als große Haverei in Rechnung kommenden Schaden an Schiff und Zubehör.

Von dem im Abs. 1 Nr. 1 bezeichneten Werte ist der noch vorhandene Wert derjenigen Ausbesserungen und Anschaffungen abzuziehen, welche erst nach dem Havereifall erfolgt sind.

[Beitrag der Ladung] **§ 718.**

Die Ladung trägt bei:

1. mit den am Ende der Reise bei dem Beginne der Löschung noch vorhandenen Gütern oder, wenn die Reise durch den Verlust des Schiffes endet (§ 714), mit den in Sicherheit gebrachten Gütern, soweit in beiden Fällen diese Güter sich zur Zeit des Havereifalls an Bord des Schiffes oder eines Leichterfahrzeugs (§ 706 Nr. 2) befunden haben;
2. mit den aufgeopferten Gütern (§ 711).

[Einzelne Wertbestimmungen] **§ 719.**

Bei der Ermittelung des Beitrags kommt in Ansatz:

1. für Güter, die unversehrt sind, der Marktpreis oder der durch Sachverständige zu ermittelnde Preis (§ 711), welchen sie am Ende der Reise bei dem Beginn und am Orte der Löschung des Schiffes, oder, wenn die Reise durch Verlust des Schiffes endet (§ 714), zur Zeit und am Orte der Bergung haben, nach Abzug der Fracht, Zölle und sonstigen Kosten;
2. für Güter, die während der Reise verdorben sind oder eine zur großen Haverei nicht gehörige Beschädigung erlitten haben, der durch Sachverständige zu ermittelnde Verkaufswert (§ 712), welchen die Güter im beschädigten Zustande zu der in Nr. 1 erwähnten Zeit und an dem dort bezeichneten Orte haben, nach Abzug der Fracht, Zölle und sonstigen Kosten;
3. für Güter, die aufgeopfert worden sind, der Betrag, welcher dafür nach § 711 als große Haverei in Rechnung kommt;
4. für Güter, die eine zur großen Haverei gehörige Beschädigung erlitten haben, der nach Nr. 2 zu ermittelnde Wert, welchen die Güter im beschädigten Zustande haben, und der Wertsunterschied, welcher nach § 712 für die Beschädigung als große Haverei in Rechnung kommt.

[Geworfene u. wieder geborgene Güter] **§ 720.**

Sind Güter geworfen, so haben sie zu der gleichzeitigen oder einer späteren großen Haverei im Falle ihrer Bergung nur beizutragen, wenn der Eigentümer eine Vergütung verlangt.

[Beitrag der Fracht- u. Überfahrtsgelder] **§ 721.**

Die Frachtgelder tragen bei mit zwei Dritteilen:

1. des Bruttobetrags, welcher verdient ist;
2. des Betrags, welcher nach § 715 als große Haverei in Rechnung kommt.

Überfahrtsgelder tragen bei mit dem Betrage, welcher im Falle des Verlustes des Schiffes eingebüßt wäre (§ 670), nach Abzug der Kosten, die alsdann erspart sein würden.

[Abzüge bei Forderungen aus späteren Notfällen] **§ 722.**

Haftet auf einem beitragspflichtigen Gegenstand eine durch einen späteren Notfall begründete Forderung, so trägt der Gegenstand nur mit seinem Werte nach Abzug dieser Forderung bei.

[Gegenstände, die nicht oder nur beschränkt beitragspflichtig sind] **§ 723.**

Zur großen Haverei tragen nicht bei:

1. die Kriegs- und Mundvorräte des Schiffes;
2. die Heuer und die Habe der Schiffsbesatzung;
3. das Reisegut der Reisenden.

Sind Sachen dieser Art aufgeopfert oder haben sie eine zur großen Haverei gehörige Beschädigung erlitten, so wird dafür nach Maßgabe der §§ 711 bis 715 Vergütung gewährt; für Kostbarkeiten, Kunstgegenstände, Geld und Wertpapiere wird jedoch nur dann Vergütung gewährt, wenn sie dem Schiffer gehörig bezeichnet worden sind (§ 607). Sachen, für die eine Vergütung gewährt wird, tragen mit dem Werte oder dem Wertsunterschiede bei, welcher als große Haverei in Rechnung kommt.

Die im § 708 erwähnten Gegenstände sind beitragspflichtig, soweit sie gerettet sind.

Die Bodmereigelder sind nicht beitragspflichtig.

[Spätere Änderungen] **§ 724.**

Wenn nach dem Havereifall und bis zum Beginne der Löschung am Ende der Reise ein beitragspflichtiger Gegenstand ganz verlorengeht (§ 704) oder zu einem Teile verlorengeht oder im Werte verringert, insbesondere gemäß § 722 mit einer Forderung belastet wird, so tritt eine verhältnismäßige Erhöhung der von den übrigen Gegenständen zu entrichtenden Beiträge ein.

Ist der Verlust oder die Wertsverringerung erst nach dem Beginne der

Löschung erfolgt, so geht der Beitrag, welcher auf den Gegenstand fällt, soweit dieser zur Berichtigung des Beitrags unzureichend geworden ist, den Vergütungsberechtigten verloren.

[Die Vergütungsberechtigten sind Schiffsgläubiger u. haben ein gesetzliches Pfandrecht an der Ladung] § 725.

Die Vergütungsberechtigten haben wegen der von dem Schiffe und der Fracht zu entrichtenden Beiträge die Rechte von Schiffsgläubigern. Auch in Ansehung der beitragspflichtigen Güter steht ihnen an den einzelnen Gütern wegen des von diesen zu entrichtenden Beitrags ein Pfandrecht zu. Das Pfandrecht kann jedoch nach der Auslieferung der Güter nicht zum Nachteile des dritten Erwerbers, welcher den Besitz in gutem Glauben erlangt hat, geltend gemacht werden.

[Beschränkte Haftung mit den beitragspflichtigen Gegenständen. Beschränkt-persönliche Haftung des Empfängers beitragspflichtiger Güter] § 726.

Eine persönliche Verpflichtung zur Entrichtung des Beitrags wird durch den Havereifall an sich nicht begründet.

Der Empfänger beitragspflichtiger Güter wird jedoch, wenn ihm bei der Annahme der Güter bekannt ist, daß davon ein Beitrag zu entrichten ist, für den letzteren bis zu dem Werte, welchen die Güter zur Zeit ihrer Auslieferung haben, insoweit persönlich verpflichtet, als der Beitrag, falls die Auslieferung nicht erfolgt wäre, aus den Gütern hätte geleistet werden können.

[Aufmachung der Dispache: Ort] § 727.

Die Feststellung und Verteilung der Schäden erfolgt an dem Bestimmungsort und, wenn dieser nicht erreicht wird, in dem Hafen, wo die Reise endet.

[Betreibung der Aufmachung] § 728.

Der Schiffer ist verpflichtet, die Aufmachung der Dispache ohne Verzug zu veranlassen. Handelt er dieser Verpflichtung zuwider, so macht er sich jedem Beteiligten verantwortlich.

Wird die Aufmachung der Dispache nicht rechtzeitig veranlaßt, so kann jeder Beteiligte die Aufmachung in Antrag bringen und betreiben.

[Dispacheure] § 729.

Im Gebiete dieses Gesetzbuchs wird die Dispache durch die ein für allemal bestellten oder in deren Ermangelung durch die vom Gerichte besonders ernannten Personen (Dispacheure) aufgemacht.

Jeder Beteiligte ist verpflichtet, die zur Aufmachung der Dispache erforderlichen Urkunden, soweit er sie zu seiner Verfügung hat, namentlich Chartepartieen, Konnossemente und Fakturen, dem Dispacheur mitzuteilen.

[Sicherheitsleistung] **§ 730.**

Für die von dem Schiffe zu leistenden Beiträge ist den Ladungsbeteiligten Sicherheit zu bestellen, bevor das Schiff den Hafen verlassen darf, in welchem nach § 727 die Feststellung und Verteilung der Schäden zu erfolgen hat.

[Haftung des Schiffers und Reeders für Auslieferung von Gütern. Ausübung des Pfandrechts] **§ 731.**

Der Schiffer darf Güter, auf denen Havereibeiträge haften, vor der Berichtigung oder Sicherstellung der letzteren (§ 615) nicht ausliefern, widrigenfalls er, unbeschadet der Haftung der Güter, für die Beiträge persönlich verantwortlich wird.

Hat der Reeder die Handlungsweise des Schiffers angeordnet, so kommen die Vorschriften des § 512 Abs. 2, 3 zur Anwendung.

Das an den beitragspflichtigen Gütern den Vergütungsberechtigten zustehende Pfandrecht wird für diese durch den Verfrachter ausgeübt. Die Geltendmachung des Pfandrechts durch den Verfrachter erfolgt nach Maßgabe der Vorschriften, die für das Pfandrecht des Verfrachters wegen der Fracht und der Auslagen gelten.

[Uneigentliche große Haverei] **§ 732.**

Hat der Schiffer zur Fortsetzung der Reise, jedoch zum Zwecke einer nicht zur großen Haverei gehörenden Aufwendung, die Ladung verbodmet oder über einen Teil der Ladung durch Verkauf oder Verwendung verfügt, so ist der Verlust, den ein Ladungsbeteiligter dadurch erleidet, daß er wegen seiner Ersatzansprüche aus Schiff und Fracht gar nicht oder nicht vollständig befriedigt werden kann (§§ 540, 541, 612), von sämtlichen Ladungsbeteiligten nach den Grundsätzen der großen Haverei zu tragen.

Bei der Ermittelung des Verlustes ist im Verhältnisse zu den Ladungsbeteiligten in allen Fällen, namentlich auch im Falle des § 612 Abs. 2, die im § 711 bezeichnete Vergütung maßgebend. Mit dem Werte, durch welchen diese Vergütung bestimmt wird, tragen die verkauften Güter auch zu einer etwa eintretenden großen Haverei bei (§ 718).

[Fortsetzung] **§ 733.**

Die in den Fällen der §§ 635, 732 zu entrichtenden Beiträge und eintretenden Vergütungen stehen in allen rechtlichen Beziehungen den Beiträgen und Vergütungen in den Fällen der großen Haverei gleich.

Zweiter Titel.

Schaden durch Zusammenstoß von Schiffen.[1])

[Zusammenstoß durch Zufall] **§ 734.**

Im Falle eines Zusammenstoßes von Schiffen findet, wenn der Zusammenstoß durch Zufall oder höhere Gewalt herbeigeführt ist oder Ungewißheit über seine Ursachen besteht, kein Anspruch auf Ersatz des Schadens statt, der den Schiffen oder den an Bord befindlichen Personen oder Sachen durch den Zusammenstoß zugefügt ist.

[Zusammenstoß durch Verschulden der Besatzung eines Schiffes] **§ 735.**

Ist der Zusammenstoß durch Verschulden der Besatzung eines der Schiffe herbeigeführt, so ist der Reeder dieses Schiffes zum Ersatz des Schadens verpflichtet.

[Zusammenstoß durch gemeinsames Verschulden der Besatzungen] **§ 736.**

Ist der Zusammenstoß durch gemeinsames Verschulden der Besatzung der beteiligten Schiffe herbeigeführt, so sind die Reeder dieser Schiffe zum Ersatze des Schadens, der durch den Zusammenstoß den Schiffen oder den an Bord befindlichen Sachen zugefügt wird, nach Verhältnis der Schwere des auf jeder Seite obwaltenden Verschuldens verpflichtet. Kann nach den Umständen ein solches Verhältnis nicht festgesetzt werden oder erscheint das auf jeder Seite obwaltende Verschulden als gleich schwer, so sind die Reeder zu gleichen Teilen ersatzpflichtig.

Für den Schaden, der durch die Tötung oder die Verletzung des Körpers oder der Gesundheit einer an Bord befindlichen Person entstanden ist, haften die Reeder der Schiffe, wenn der Zusammenstoß durch gemeinsames Verschulden herbeigeführt ist, dem Verletzten als Gesamtschuldner. Im Verhältnis der Reeder zueinander gelten auch für einen solchen Schaden die Vorschriften des Abs. 1.

[Verschulden des Zwangslotsen] **§ 737.**

Hat sich das Schiff unter der Führung eines Zwangslotsen befunden, so ist der Reeder des Schiffes für den von dem Lotsen verschuldeten Zusammenstoß nicht verantwortlich, es sei denn, daß die zur Schiffsbesatzung gehörigen Personen die ihnen obliegenden Pflichten nicht erfüllt haben.

---

[1]) §§ 734—739 in der Fassung des Ges. v. 7. Januar 1913 (RGBl. S. 90ff.). Dieses geht zurück auf das internationale Übereinkommen v. 23. September 1910 (RGBl. 1913 S. 49).

[Schadenszufügung ohne Zusammenstoß] **§ 738.**

Fügt ein Schiff durch Ausführung oder Unterlassung eines Manövers oder durch Nichtbeobachtung einer Verordnung einem anderen Schiffe oder den an Bord der Schiffe befindlichen Personen oder Sachen einen Schaden zu, ohne daß ein Zusammenstoß stattfindet, so finden die Vorschriften dieses Titels entsprechende Anwendung.

[Beteiligung eines Binnenschiffes] **§ 739.**

Die Vorschriften dieses Titels gelten auch dann, wenn bei dem Unfall ein der Binnenschiffahrt dienendes Schiff beteiligt ist.

Unberührt bleiben die Vorschriften über die Beschränkung der Haftung des Reeders auf Schiff und Fracht und über seine Haftung aus Verträgen sowie die Vorschriften, nach denen die zur Schiffsbesatzung gehörigen Personen verpflichtet sind, für die Folgen ihres Verschuldens aufzukommen.

Achter Abschnitt.

Bergung und Hilfsleistung in Seenot.

[Voraussetzungen für Bergelohn und Hilfslohn] **§ 740.**[1])

Wenn in Seenot ein Schiff oder die an Bord befindlichen Sachen von dritten Personen in Besitz genommen und in Sicherheit gebracht werden, nachdem die Schiffsbesatzung die Verfügung darüber verloren hatte (Bergung), oder wenn außer dem bezeichneten Falle ein Schiff oder die an Bord befindlichen Sachen aus einer Seenot durch die Hilfe dritter Personen gerettet werden (Hilfsleistung), so ist ein Anspruch auf **Berge- oder Hilfslohn** nach Maßgabe der Vorschriften dieses Titels begründet. Ein solcher Anspruch ist auch dann begründet, wenn von einem den Vorschriften des Handelsgesetzbuchs unterliegenden Schiffe ein der Binnenschiffahrt dienendes Schiff geborgen oder einem solchen Schiffe Hilfe geleistet wird.

[Kein Anspruch bei erfolglosen Diensten. Begrenzung der Höhe] **§ 741.**

Sind die geleisteten Dienste ohne Erfolg geblieben, so kann kein Berge- oder Hilfslohn beansprucht werden.

Der zu zahlende Betrag darf in keinem Falle den

---

[1]) §§ 740—748 und § 750 in der Fassung des Ges. v. 7. Januar 1913 (RGBl. S. 90ff.). Dieses schließt sich an an das internationale Übereinkommen v. 23. September 1910 (RGBl. 1913 S. 66).

Wert der geborgenen oder geretteten Gegenstände übersteigen.

[Ausschluß des Anspruchs] § 742.

Wer einem Schiffe gegen das ausdrückliche Verbot des Schiffers Beistand geleistet hat, kann Berge- oder Hilfslohn nicht beanspruchen, es sei denn, daß das Verbot unverständig war.

Auch der Schiffsbesatzung des in Gefahr befindlichen Schiffes steht ein solcher Anspruch nicht zu.

Der Schlepper kann für die Bergung oder Rettung des von ihm geschleppten Schiffes oder dessen Ladung Berge- oder Hilfslohn nur beanspruchen, wenn er außergewöhnliche Dienste geleistet hat, die nicht als zur Erfüllung des Schleppvertrags gehörig angesehen werden können.

[Anspruch auch bei mehreren Schiffen desselben Reeders] § 743.

Berge- oder Hilfslohn kann auch beansprucht werden, wenn die Bergung oder Hilfsleistung zwischen mehreren Schiffen desselben Reeders stattgefunden hat.

[Festsetzung mangels Vereinbarung] § 744.

In Ermangelung einer Vereinbarung der Parteien ist der Betrag des Berge- oder Hilfslohns unter Berücksichtigung der Umstände des Falles nach billigem Ermessen zu bestimmen.

Das gleiche gilt, unbeschadet der Vorschrift des § 749, von dem Verhältnis, in dem der Berge- oder Hilfslohn unter mehrere an der Bergung oder Hilfsleistung Beteiligte zu verteilen ist.

Der Berge- oder Hilfslohn ist in Geld festzusetzen. Er darf ohne den übereinstimmenden Antrag der Beteiligten nicht auf einen Bruchteil des Wertes der geborgenen oder geretteten Gegenstände festgesetzt werden.

[Umstände, die bei der Festsetzung zu berücksichtigen sind] § 745.

Bei der Bestimmung des Betrags des Berge- oder Hilfslohns kommen insbesondere in Anschlag:

der erzielte Erfolg, die Anstrengungen und Verdienste der tätig gewesenen Personen, die Gefahr, die dem geborgenen oder geretteten Schiffe und den darauf befindlichen Personen oder Sachen gedroht hat, die Gefahr, welcher die an der Bergung oder Rettung Beteiligten sich und ihre Fahrzeuge ausgesetzt haben, die verwendete Zeit, die entstandenen Kosten und Schäden, die Gefahr einer Haftung oder anderer Nachteile, der sich die an der Bergung oder Rettung Beteiligten unterzogen haben, der Wert des von ihnen in Gefahr gebrachten Materials, gegebenenfalls auch die besondere Zweckbestimmung des bergenden oder rettenden Schiffes.

Der Wert der geborgenen oder geretteten Gegenstände, mit Einschluß des erhalten gebliebenen Anspruchs auf Fracht- und Überfahrtsgelder, ist nur an zweiter Stelle zu berücksichtigen.

Auf die im § 744 Abs. 2 vorgesehene Verteilung finden diese Vorschriften entsprechende Anwendung.

[Besondere Kosten außerhalb des Berge- und Hilfslohns]

§ 746.

In dem Berge- oder Hilfslohn sind nicht enthalten die Kosten und Gebühren der Behörden, die von den geborgenen oder geretteten Gegenständen zu entrichtenden Zölle und sonstigen Abgaben sowie die Kosten zum Zwecke der Aufbewahrung, Erhaltung, Abschätzung und Veräußerung dieser Gegenstände.

[Abänderung von Hilfsleistungsverträgen]

§ 747.

Ein über die Bergung oder Hilfsleistung geschlossener Vertrag kann von dem Gericht auf Antrag geändert oder für nichtig erklärt werden, wenn der Vertrag zur Zeit und unter dem Einfluß der Gefahr geschlossen ist und die vereinbarten Bedingungen unbillig sind. Das gleiche gilt, wenn einer der Vertragschließenden zu dem Vertragschluß durch arglistige Täuschung bestimmt worden ist oder der Berge- oder Hilfslohn in einem außerordentlichen Maße nach der einen oder anderen Richtung außer Verhältnis zu den geleisteten Diensten steht.

[Einfluß eines schuldhaften Verhaltens des Retters]

§ 748.

Der Berge- oder Hilfslohn kann herabgesetzt oder gänzlich versagt werden, wenn die Berger oder Retter die Notwendigkeit der Bergung oder Hilfsleistung durch ihre Schuld herbeigeführt oder sich des Diebstahls, der Verheimlichung oder anderer unredlicher Handlungen schuldig gemacht haben.

[Verteilung des Lohnes bei Rettung durch ein anderes Schiff]

§ 749. [1]

Wird ein Schiff oder dessen Ladung ganz oder teilweise von einem anderen Schiffe geborgen oder gerettet, so wird der Berge- oder Hilfslohn zwischen dem Reeder, dem Schiffer und der übrigen Besatzung des anderen Schiffes in der Weise verteilt, daß zunächst dem Reeder die Schäden am Schiffe und Betriebsmehrkosten ersetzt werden, welche durch die Bergung oder Rettung entstanden sind, und

[1] In der Fassung des Ges. v. 2. Juni 1902 (RGBl. S. 218).

daß von dem Reste der Reeder eines Dampfschiffs zwei Drittel, eines Segelschiffs die Hälfte, der Schiffer und die übrige Besatzung eines Dampfschiffs je ein Sechstel, eines Segelschiffs je ein Viertel erhält. Der auf die Schiffsbesatzung mit Ausnahme des Schiffers entfallende Betrag wird unter alle Mitglieder derselben mit besonderer Berücksichtigung der sachlichen und persönlichen Leistungen eines jeden verteilt. Die Verteilung erfolgt durch den Schiffer mittels eines vor Beendigung der Reise der Besatzung bekannt zu gebenden Verteilungsplans, der den jedem Beteiligten zukommenden Bruchteil festsetzt.

Gegen den Verteilungsplan ist Einspruch bei demjenigen Seemannsamte zulässig, welches nach Bekanntgabe des Planes zuerst angegangen werden kann. Das Seemannsamt entscheidet nach Anhörung der Beteiligten endgültig, unter Ausschluß des Rechtswegs, über den Einspruch und eine etwaige andere Verteilung. Beglaubigte Abschrift der Entscheidung ist dem Reeder vom Seemannsamte mit tunlichster Beschleunigung mitzuteilen.

Vereinbarungen, welche den Vorschriften der Abs. 1, 2 zuwiderlaufen, sind nichtig.

Diese Vorschriften finden für den Fall der Bergung oder Rettung durch Bergungs- oder Schleppdampfer keine Anwendung.

[Rettung von Menschenleben]

§ 750.[1])

Wer sich bei Gelegenheit des Unfalls, der den Anlaß zur Bergung oder Hilfsleistung gibt, der Rettung von Menschenleben unterzieht, kann einen billigen Anteil an der Vergütung beanspruchen, die den Personen zusteht, welche das Schiff oder die an Bord befindlichen Sachen gerettet haben. Die geretteten Personen haben Berge- oder Hilfslohn nicht zu entrichten.

[Gesetzliches Pfandrecht. Zurückbehaltungsrecht]

§ 751.

Wegen der Bergungs- und Hilfskosten, insbesondere auch wegen des Berge- und Hilfslohns, steht dem Gläubiger ein Pfandrecht an den geborgenen oder geretteten Gegenständen, an den geborgenen Gegenständen bis zur Sicherheitsleistung zugleich das Zurückbehaltungsrecht zu.

Auf die Geltendmachung des Pfandrechts finden die Vorschriften des § 696 entsprechende Anwendung.

[Zurückbehaltungspflicht des Schiffers]

§ 752.

Der Schiffer darf die Güter vor der Befriedigung oder Sicherstellung des Gläubigers weder ganz noch teilweise ausliefern, widrigenfalls er dem Gläubiger insoweit persönlich verpflichtet wird, als dieser

---

1) Siehe Anm. zu §§ 740ff.

aus den ausgelieferten Gütern zur Zeit der Auslieferung hätte befriedigt werden können.

Hat der Reeder die Handlungsweise des Schiffers angeordnet, so kommen die Vorschriften des § 512 Abs. 2, 3 zur Anwendung.

[Beschränkte Haftung mit den geretteten Gegenständen. Beschränkt persönliche Haftung des Empfängers] **§ 753.**

Eine persönliche Verpflichtung zur Entrichtung der Bergungs- und Hilfskosten wird durch die Bergung oder Rettung an sich nicht begründet.

Der Empfänger von Gütern wird jedoch, wenn ihm bei der Annahme der Güter bekannt ist, daß davon Bergungs- oder Hilfskosten zu berichtigen sind, für diese Kosten insoweit persönlich verpflichtet, als sie, falls die Auslieferung nicht erfolgt wäre, aus den Gütern hätten berichtigt werden können.

Sind noch andere Gegenstände gemeinschaftlich mit den ausgelieferten Gütern geborgen oder gerettet, so geht die persönliche Haftung des Empfängers über den Betrag nicht hinaus, welcher bei einer Verteilung der Kosten über sämtliche Gegenstände auf die ausgelieferten Güter fällt.

Neunter Abschnitt.

Schiffsgläubiger.

[Aufzählung der Schiffsgläubiger] **§ 754.**

Die nachbenannten Forderungen gewähren die Rechte eines **Schiffsgläubigers:**

1. die zu den Kosten der Zwangsvollstreckung nicht gehörenden Kosten der Bewachung und Verwahrung des Schiffes und seines Zubehörs seit der Einbringung des Schiffes in den letzten Hafen, falls das Schiff im Wege der Zwangsvollstreckung verkauft wird;
2. die öffentlichen Schiffs-, Schiffahrts- und Hafenabgaben, insbesondere die Tonnen-, Leuchtfeuer-, Quarantäne- und Hafengelder;
3. die aus den Dienst- und Heuerverträgen herrührenden Forderungen der Schiffsbesatzung;
4. die Lotsengelder sowie die Bergungs-, Hilfs-, Loskaufs- und Reklamekosten;
5. die Beiträge des Schiffes zur großen Haverei;
6. die Forderungen der Bodmereigläubiger, welchen das Schiff verbodmet ist, sowie die Forderungen aus sonstigen Kreditgeschäften, die der Schiffer als solcher während des Aufenthalts des Schiffes

außerhalb des Heimatshafens in Notfällen abgeschlossen hat (§§ 528, 541), auch wenn er Miteigentümer oder Alleineigentümer des Schiffes ist; den Forderungen aus solchen Kreditgeschäften stehen die Forderungen wegen Lieferungen oder Leistungen gleich, die ohne Gewährung eines Kredits dem Schiffer als solchem während des Aufenthalts des Schiffes außerhalb des Heimatshafens in Notfällen zur Erhaltung des Schiffes oder zur Ausführung der Reise gemacht sind, soweit diese Lieferungen oder Leistungen zur Befriedigung des Bedürfnisses erforderlich waren;

7. die Forderungen wegen Nichtablieferung oder Beschädigung der Ladungsgüter und des im § 673 Abs. 2 erwähnten Reiseguts;
8. die nicht unter eine der vorigen Nummern fallenden Forderungen aus Rechtsgeschäften, die der Schiffer als solcher kraft seiner gesetzlichen Befugnisse und nicht mit Bezug auf eine besondere Vollmacht geschlossen hat (§ 486 Abs. 1 Nr. 1), sowie die nicht unter eine der vorigen Nummern fallenden Forderungen wegen Nichterfüllung oder wegen unvollständiger oder mangelhafter Erfüllung eines von dem Reeder abgeschlossenen Vertrags, insofern die Ausführung des letzteren zu den Dienstobliegenheiten des Schiffers gehört hat (§ 486 Abs. 1 Nr. 2);
9. die Forderungen aus dem Verschulden einer Person der Schiffsbesatzung (§ 485, § 486 Abs. 1 Nr. 3), auch wenn diese Person zugleich Miteigentümer oder Alleineigentümer des Schiffes ist;
10. die Forderungen, welche der Berufsgenossenschaft nach den Vorschriften über die Unfallversicherung und der Versicherungsanstalt nach den Vorschriften über die Invalidenversicherung gegen den Reeder zustehen.

[Verhaftung von Schiff u. Zubehör. Wirkung gegen Dritte]

§ 755.

Den Schiffsgläubigern, welchen das Schiff nicht schon durch Verbodmung verpfändet ist, steht ein gesetzliches Pfandrecht an dem Schiffe und dem Zubehöre des Schiffes zu.

Das Pfandrecht ist gegen jeden dritten Besitzer des Schiffes verfolgbar.

[Verhaftung der Bruttofracht]

§ 756.

Das gesetzliche Pfandrecht eines jeden dieser Schiffsgläubiger erstreckt sich außerdem auf die Bruttofracht derjenigen Reise, aus welcher seine Forderung entstanden ist.

[Begriff der Reise] **§ 757.**

Als eine Reise im Sinne dieses Abschnitts wird diejenige angesehen, zu welcher das Schiff von neuem ausgerüstet oder welche entweder auf Grund eines neuen Frachtvertrags oder nach vollständiger Löschung der Ladung angetreten wird.

[Privileg der Heuerforderungen in bezug auf die Fracht] **§ 758.**

Den im § 754 unter Nr. 3 aufgeführten Schiffsgläubigern steht wegen der aus einer späteren Reise entstandenen Forderungen zugleich ein gesetzliches Pfandrecht an der Fracht der früheren Reisen zu, sofern die verschiedenen Reisen unter denselben Dienst- und Heuervertrag fallen.

[Pfandrecht des Bodmereigläubigers] **§ 759.**

Auf das dem Bodmereigläubiger nach § 679 zustehende Pfandrecht finden dieselben Vorschriften Anwendung, welche für das gesetzliche Pfandrecht der übrigen Schiffsgläubiger gelten.

Der Umfang des Pfandrechts des Bodmereigläubigers bestimmt sich jedoch nach dem Inhalte des Bodmereivertrags (§ 680).

[Verhaftung auch für Nebenforderungen] **§ 760.**

Das einem Schiffsgläubiger zustehende Pfandrecht gilt in gleichem Maße für Kapital, Zinsen, Bodmereiprämie und Kosten.

[Befriedigung des Schiffsgläubigers durch Zwangsvollstreckung] **§ 761.**

Die Befriedigung des Schiffsgläubigers aus dem Schiffe und der Fracht erfolgt nach den für die Zwangsvollstreckung geltenden Vorschriften.

Die Klage kann sowohl gegen den Reeder als gegen den Schiffer gerichtet werden, gegen den letzteren auch dann, wenn sich das Schiff im Heimatshafen (§ 480) befindet; das gegen den Schiffer ergangene Urteil ist auch gegenüber dem Reeder wirksam.

[Einflußlosigkeit persönlicher Haftung] **§ 762.**

Auf die Rechte eines Schiffsgläubigers hat es keinen Einfluß, daß der Reeder für die Forderung bei deren Entstehung oder später zugleich persönlich verpflichtet wird.

Diese Vorschrift findet insbesondere auf die Forderungen der Schiffsbesatzung aus den Dienst- und Heuerverträgen Anwendung.

[Haftung des Schiffsvermögens bei der Partenreederei]

§ 763.

Gehört das Schiff einer Reederei, so haften das Schiff und die Fracht den Schiffsgläubigern in gleicher Weise, als wenn das Schiff nur einem Reeder gehörte.

[Erlöschen der Verhaftung des Schiffes bei Zwangsverkauf und Notverkauf]

§ 764.

Das Pfandrecht der Schiffsgläubiger am Schiffe erlischt außer dem Falle der im Inland erfolgten Zwangsversteigerung des Schiffes auch durch den von dem Schiffer im Falle zwingender Notwendigkeit auf Grund seiner gesetzlichen Befugnisse bewirkten Verkauf des Schiffes (§ 530); an die Stelle des Schiffes tritt für die Schiffsgläubiger das Kaufgeld, solange es bei dem Käufer aussteht oder noch in den Händen des Schiffers ist.

Diese Vorschriften finden auch auf sonstige Pfandrechte am Schiffe Anwendung.

[Aufgebot unbekannter Schiffsgläubiger]

§ 765.

Wird außer den im § 764 bezeichneten Fällen das Schiff veräußert, so ist der Erwerber berechtigt, die Ausschließung der unbekannten Schiffsgläubiger mit ihren Pfandrechten im Wege des Aufgebotsverfahrens zu beantragen.

[§§ 766—770 regeln die gesetzliche Rangordnung der Schiffsgläubiger in Ansehung des Schiffes]

§ 766.

In Ansehung des Schiffes haben die Bewachungs- und Verwahrungskosten seit der Einbringung in den letzten Hafen (§ 754 Nr. 1) vor allen anderen Forderungen der Schiffsgläubiger den Vorzug.

§ 767.

Von den im § 754 unter Nr. 2 bis 9 aufgeführten Forderungen gehen die die letzte Reise (§ 757) betreffenden Forderungen, zu welchen auch die nach der Beendigung der letzten Reise entstandenen Forderungen gerechnet werden, den Forderungen vor, welche die früheren Reisen betreffen.

Von den Forderungen, welche nicht die letzte Reise betreffen, gehen die eine spätere Reise betreffenden denjenigen vor, welche eine frühere Reise betreffen.

Den im § 754 unter Nr. 3 aufgeführten Schiffsgläubigern gebührt jedoch wegen der eine frühere Reise betreffenden Forderungen dasselbe Vorzugsrecht, welches ihnen wegen der eine spätere Reise betreffenden Forderungen zusteht, sofern die verschiedenen Reisen unter denselben Dienst- oder Heuervertrag fallen.

Wenn die Bodmereireise mehrere Reisen im Sinne des § 757 umfaßt, so steht der Bodmereigläubiger denjenigen Schiffsgläubigern nach, deren Forderungen die nach der Vollendung der ersten dieser Reisen angetretenen späteren Reisen betreffen.

§ 768.

Die Forderungen, welche dieselbe Reise betreffen, sowie diejenigen, welche als dieselbe Reise betreffend anzusehen sind (§ 767), werden in nachstehender Ordnung berichtigt:

1. die öffentlichen Schiffs-, Schiffahrts- und Hafenabgaben (§ 754 Nr. 2);
2. die aus den Dienst- und Heuerverträgen herrührenden Forderungen der Schiffsbesatzung (§ 754 Nr. 3);
3. die Lotsengelder sowie die Bergungs-, Hilfs-, Loskaufs- und Reklamekosten (§ 754 Nr. 4), die Beiträge des Schiffes zur großen Haverei (§ 754 Nr. 5), die Forderungen aus den von dem Schiffer in Notfällen abgeschlossenen Bodmerei- und sonstigen Kreditgeschäften sowie die diesen Forderungen gleichzuachtenden Forderungen (§ 754 Nr. 6);
4. die Forderungen wegen Nichtablieferung oder Beschädigung von Ladungsgütern und Reisegut (§ 754 Nr. 7);
5. die im § 754 unter Nr. 8, 9 aufgeführten Forderungen.

§ 769.

Von den im § 768 unter Nr. 1, 2, 4, 5 aufgeführten Forderungen sind die dort unter derselben Nummer aufgeführten gleichberechtigt.

Von den im § 768 unter Nr. 3 aufgeführten Forderungen geht dagegen die später entstandene der früher entstandenen vor; die gleichzeitig entstandenen sind gleichberechtigt.

Hat der Schiffer aus Anlaß desselben Notfalls verschiedene Geschäfte abgeschlossen (§ 754 Nr. 6), so gelten die daraus herrührenden Forderungen als gleichzeitig entstanden.

Forderungen aus Kreditgeschäften, namentlich aus Bodmereiverträgen, die von dem Schiffer zur Berichtigung früherer unter § 768 Nr. 3 fallender Forderungen eingegangen sind, sowie Forderungen aus Verträgen, die von ihm behufs einer Verlängerung der Zahlungszeit oder behufs der Anerkennung oder Erneuerung solcher früheren Forderungen abgeschlossen sind, haben auch dann, wenn das Kreditgeschäft oder der Vertrag zur Fortsetzung der Reise notwendig war, nur dasjenige Vorzugsrecht, welches der früheren Forderung zustand.

§ 770.

Die im § 754 unter Nr. 10 bezeichneten Forderungen stehen allen übrigen Forderungen von Schiffsgläubigern ohne Rücksicht auf die Zeit ihrer Entstehung nach.

[Verhaftung der Fracht. Beschränkt-persönliche Haftung des Reeders]

§ 771.

Das Pfandrecht der Schiffsgläubiger an der Fracht (§ 756) ist nur so lange wirksam, als die Fracht noch aussteht oder die Frachtgelder in den Händen des Schiffers sind.

Auch auf dieses Pfandrecht finden die Vorschriften der §§ 766 bis 770 über die Rangordnung Anwendung.

Im Falle der Abtretung der Fracht kann das Pfandrecht der Schiffsgläubiger, solange die Fracht noch aussteht oder die Frachtgelder in den Händen des Schiffers sind, auch dem neuen Gläubiger gegenüber geltend gemacht werden.

Soweit der Reeder die Fracht einzieht, haftet er den Schiffsgläubigern, welchen das Pfandrecht dadurch ganz oder zu einem Teile entgeht, persönlich und zwar einem jeden in Höhe desjenigen Betrags, welcher sich für ihn bei einer Verteilung des eingezogenen Betrags nach der gesetzlichen Rangordnung ergibt.

Dieselbe persönliche Haftung des Reeders tritt ein in Ansehung der am Abladungsorte zur Abladungszeit üblichen Fracht für die Güter, welche für seine Rechnung abgeladen sind.

[Beschränkt-persönliche Haftung des Reeders in bezug auf die Fracht]

§ 772.

Verwendet der Reeder die Fracht zur Befriedigung eines oder mehrerer Gläubiger, denen ein Pfandrecht an der Fracht zusteht, so ist er den Gläubigern, welchen der Vorzug gebührt hätte, nur insoweit verantwortlich, als er sie wissentlich verkürzt hat.

[Haftung des früheren Reeders]

§ 773.

Soweit der Reeder in den Fällen der §§ 764, 765 das Kaufgeld einzieht, haftet er den Schiffsgläubigern, deren Pfandrechte infolge der Zwangsversteigerung, des Verkaufs oder des Aufgebotsverfahrens erloschen sind, in gleicher Weise persönlich wie den Gläubigern einer Reise im Falle der Einziehung der Fracht (§§ 771, 772).

[Haftung des Reeders bei neuer Reise]

§ 774.

Sendet der Reeder, nachdem er von der Forderung eines Schiffsgläubigers, für die er nur mit Schiff und Fracht haftet, Kenntnis erhalten hat, das Schiff zu einer neuen Reise (§ 757) in See, ohne daß das Interesse des Schiffsgläubigers es gebietet, so wird er für die Forderung in Höhe desjenigen Betrags zugleich persönlich verpflichtet, welcher sich für den Gläubiger ergeben haben würde, falls der Wert, den das Schiff bei dem Antritte der Reise hatte, unter die Schiffsgläubiger nach der gesetzlichen Rangordnung verteilt worden wäre.

Es wird vermutet, daß der Gläubiger bei dieser Verteilung seine vollständige Befriedigung erlangt haben würde.

Die persönliche Verpflichtung des Reeders, welche aus der Einziehung der dem Gläubiger haftenden Fracht entsteht (§ 771), wird durch diese Vorschriften nicht berührt.

[Verhaftung der Havereivergütungen und Entschädigungssummen für die Schiffsgläubiger]

§ 775.

Die Vergütung für Aufopferung oder Beschädigung in Fällen der großen Haverei tritt für die Schiffsgläubiger an die Stelle desjenigen, wofür die Vergütung bestimmt ist.

Dasselbe gilt von der Entschädigung, die im Falle des Verlustes oder der Beschädigung des Schiffes oder wegen entzogener Fracht im Falle des Verlustes oder der Beschädigung von Gütern dem Reeder von demjenigen zu zahlen ist, welcher den Schaden durch eine rechtswidrige Handlung verursacht hat.

Ist die Vergütung oder Entschädigung von dem Reeder eingezogen, so haftet er in Höhe des eingezogenen Betrags den Schiffsgläubigern in gleicher Weise persönlich wie den Gläubigern einer Reise im Falle der Einziehung der Fracht (§§ 771, 772).

[Vorrang der Schiffsgläubiger vor anderen Gläubigern]

§ 776.

Treffen Schiffsgläubiger, die ihr Pfandrecht verfolgen, mit anderen Pfandgläubigern oder sonstigen Gläubigern zusammen, so haben die Schiffsgläubiger den Vorzug.

[Pfandrechte an der Ladung]

§ 777.

Von den auf den Gütern wegen der Fracht, der Bodmereigelder, der Beiträge zur großen Haverei und der Bergungs- und Hilfskosten (§§ 623, 679, 725, 751) haftenden Pfandrechten steht das wegen der Fracht allen übrigen nach; unter diesen übrigen hat das später entstandene vor dem früher entstandenen den Vorzug; die gleichzeitig entstandenen sind gleichberechtigt. Die Forderungen aus den von dem Schiffer aus Anlaß desselben Notfalls abgeschlossenen Geschäften gelten als gleichzeitig entstanden.

In den Fällen der großen Haverei und des Verlustes oder der Beschädigung durch rechtswidrige Handlungen kommen die Vorschriften des § 775 und im Falle des von dem Schiffer zur Abwendung oder Verringerung eines Verlustes nach Maßgabe des § 535 Abs. 3 bewirkten Verkaufs die Vorschriften des § 764 und, wenn derjenige, für dessen Rechnung der Verkauf geschehen ist, das Kaufgeld einzieht, auch die Vorschrift des § 773 zur Anwendung.

Zehnter Abschnitt.

Versicherung gegen die Gefahren der Seeschiffahrt.*

Erster Titel.

Allgemeine Vorschriften.

[Versicherbares Interesse] **§ 778.**

Jedes in Geld schätzbare Interesse, welches jemand daran hat, daß Schiff oder Ladung die Gefahren der Seeschiffahrt besteht, kann Gegenstand der Seeversicherung sein.

§ 779.

Es können insbesondere versichert werden:

das Schiff;
die Fracht;
die Überfahrtsgelder;
die Güter;
die Bodmereigelder;
die Havereigelder;
andere Forderungen, zu deren Deckung Schiff, Fracht, Überfahrtsgelder oder Güter dienen;
der von der Ankunft der Güter am Bestimmungsort erwartete Gewinn (imaginäre Gewinn);
die zu verdienende Provision;
die von dem Versicherer übernommene Gefahr (Rückversicherung).

In der einen dieser Versicherungen ist die andere nicht enthalten.

§ 780.

Die Heuerforderung des Schiffers und der Schiffsmannschaft kann nicht versichert werden.

[Eigenes u. fremdes Interesse] **§ 781.**

Der Versicherungsnehmer kann entweder sein eigenes Interesse (Versicherung für eigene Rechnung) oder das Interesse eines Dritten (Versicherung für fremde Rechnung) und im letzteren Falle mit oder ohne Bezeichnung der Person des Versicherten unter Versicherung bringen.

---

*) In der Praxis, namentlich im hanseſtädtischen Verkehr, kommen nicht die Vorschriften des HGB., sondern die Allgemeinen Deutschen Seeversicherungsbedingungen von 1919, welche von den deutschen Seeversicherern herausgegeben sind, zur Anwendung. (Kommentar von Ritter 1922, 1924.)

Es kann im Vertrag auch unbestimmt gelassen werden, ob die Versicherung für eigene oder für fremde Rechnung genommen wird (für Rechnung „wen es angeht"). Ergibt sich bei einer Versicherung für Rechnung „wen es angeht", daß sie für fremde Rechnung genommen ist, so kommen die Vorschriften über die Versicherung für fremde Rechnung zur Anwendung.

Die Versicherung gilt als für eigene Rechnung des Versicherungsnehmers geschlossen, wenn der Vertrag nicht ergibt, daß sie für fremde Rechnung oder für Rechnung „wen es angeht" genommen ist.

§ 782.[1])

[Versicherung durch einen Vertreter]

§ 783.

Wird die Versicherung von einem Bevollmächtigten, einem Geschäftsführer ohne Auftrag oder einem sonstigen Vertreter des Versicherten in dessen Namen geschlossen, so ist im Sinne dieses Gesetzbuchs weder der Vertreter Versicherungsnehmer noch die Versicherung selbst eine Versicherung für fremde Rechnung.

Im Zweifel wird angenommen, daß selbst die auf das Interesse eines benannten Dritten sich beziehende Versicherung eine Versicherung für fremde Rechnung sei.

[Versicherungsschein auf Verlangen]

§ 784.

Der Versicherer ist verpflichtet, eine von ihm unterzeichnete Urkunde (**Police**) über den Versicherungsvertrag dem Versicherungsnehmer auf dessen Verlangen auszuhändigen.

[Fehlendes Interesse]

§ 785.

Auf die Gültigkeit des Versicherungsvertrags hat es keinen Einfluß, daß zur Zeit des Abschlusses die Möglichkeit des Eintritts eines zu ersetzenden Schadens schon ausgeschlossen oder der zu ersetzende Schaden bereits eingetreten ist.

Waren jedoch beide Teile von dem Sachverhältnis unterrichtet, so ist der Vertrag als Versicherungsvertrag ungültig.

Wußte nur der Versicherer, daß die Möglichkeit des Eintritts eines zu ersetzenden Schadens schon ausgeschlossen war, oder wußte nur der Versicherungsnehmer, daß der zu ersetzende Schaden schon eingetreten war, so ist der Vertrag für den anderen, von dem Sachverhältnisse nicht unterrichteten Teil unverbindlich. Im zweiten Falle kann der Versicherer, auch wenn er die Unverbindlichkeit des Vertrags geltend macht, die volle Prämie beanspruchen.

---

[1]) § 782 ist aufgehoben durch Ges. v. 30. Mai 1908 (RGBl. S. 307).

Im Falle, daß der Vertrag für den Versicherungsnehmer durch einen Vertreter abgeschlossen wird, kommt die Vorschrift des § 806 Abs. 2, im Falle der Versicherung für fremde Rechnung die Vorschrift des § 807 und im Falle der Versicherung mehrerer Gegenstände oder einer Gesamtheit von Gegenständen die Vorschrift des § 810 zur Anwendung.

[Versicherungswert. Überversicherung]

§ 786.

Der volle Wert des versicherten Gegenstandes ist der Versicherungswert.

Die Versicherungssumme kann den Versicherungswert nicht übersteigen.

Soweit die Versicherungssumme den Versicherungswert übersteigt **(Überversicherung)**, hat die Versicherung keine rechtliche Geltung.

[Doppelversicherung]

§ 787.[1])

Ist ein Gegenstand gegen dieselbe Gefahr bei mehreren Versicherern versichert und übersteigen die Versicherungssummen zusammen den Versicherungswert **(Doppelversicherung)**, so sind die Versicherer in der Weise als Gesamtschuldner verpflichtet, daß dem Versicherten jeder Versicherer für den Betrag haftet, dessen Zahlung ihm nach seinem Vertrag obliegt, der Versicherte aber im ganzen nicht mehr als den Betrag des Schadens verlangen kann.

Die Versicherer sind im Verhältnisse zueinander zu Anteilen nach Maßgabe der Beträge verpflichtet, deren Zahlung ihnen dem Versicherten gegenüber vertragsmäßig obliegt. Findet auf eine der Versicherungen ausländisches Recht Anwendung, so kann der Versicherer, für den das ausländische Recht gilt, gegen den anderen Versicherer einen Anspruch auf Ausgleichung nur geltend machen, wenn er selbst nach dem für ihn maßgebenden Rechte zur Ausgleichung verpflichtet ist.

Hat der Versicherte eine Doppelversicherung in der Absicht genommen, sich dadurch einen rechtswidrigen Vermögensvorteil zu verschaffen, so ist jeder in dieser Absicht geschlossene Vertrag nichtig; der Versicherer kann die ganze Prämie verlangen, sofern er nicht bei der Schließung des Vertrags von der Nichtigkeit Kenntnis hatte.

[Beseitigung der Doppelversicherung]

§ 788.[1])

Hat der Versicherungsnehmer den Vertrag, durch den die Doppelversicherung entstanden ist, ohne Kenntnis von der anderen Versicherung geschlossen, so kann er von jedem Versicherer verlangen,

[1]) In der Fassung des Ges. v. 30. Mai 1908 (RGBl. S. 307).

daß die Versicherungssumme, unter verhältnismäßiger Minderung der Prämie, auf den Betrag des Anteils herabgesetzt wird, den der Versicherer im Verhältnisse zu dem anderen Versicherer zu tragen hat.

Die Herabsetzung der Versicherungssumme und der Prämie wirkt von dem Beginne der Versicherung an. Hatte die Gefahr für den einen Versicherer schon zu laufen begonnen, bevor der Vertrag mit dem anderen Versicherer geschlossen wurde, so wird dem ersten Versicherer gegenüber die Herabsetzung erst mit dem Zeitpunkte wirksam, in welchem sie verlangt wird.

Dem Versicherer steht eine angemessene Ristornogebühr zu.

Das Recht, die Herabsetzung zu verlangen, erlischt, wenn der Versicherungsnehmer es nicht unverzüglich geltend macht, nachdem er von der Doppelversicherung Kenntnis erlangt hat.

[Mitteilungspflicht bei mehrfacher Versicherung]

§ 789.[1])

Wer für ein Interesse gegen dieselbe Gefahr bei mehreren Versicherern Versicherung nimmt, hat jedem Versicherer von der anderen Versicherung unverzüglich Mitteilung zu machen.

§ 790.[2])

§ 791.[2])

[Unterversicherung]

§ 792.

Erreicht die Versicherungssumme den Versicherungswert nicht, so haftet der Versicherer im Falle eines teilweisen Schadens für den Betrag des letzteren nur nach dem Verhältnisse der Versicherungssumme zum Versicherungswerte.

[Taxierte Police]

§ 793.

Wird durch Vereinbarung der Parteien der Versicherungswert auf eine bestimmte Summe (Taxe) festgestellt **(taxierte Police),** so ist die Taxe unter den Parteien für den Versicherungswert maßgebend.

Der Versicherer kann jedoch eine Herabsetzung der Taxe fordern, wenn sie wesentlich übersetzt ist; ist imaginärer Gewinn taxiert, so kann der Versicherer eine Herabsetzung der Taxe fordern, wenn sie den Gewinn übersteigt, der zur Zeit des Abschlusses des Vertrags nach kaufmännischer Berechnung möglicherweise zu erwarten war.

Eine Police mit der Bestimmung: „vorläufig taxiert“ wird, solange die Taxe nicht in eine feste verwandelt ist, einer nicht taxierten Police (offenen Police) gleichgeachtet.

---

[1]) In der Fassung des Ges. v. 30. Mai 1908 (RGBl. S. 307).

[2]) Sind aufgehoben durch Ges. v. 30. Mai 1908 (RGBl. S. 307).

Bei der Versicherung von Fracht ist die Taxe in bezug auf einen von dem Versicherer zu ersetzenden Schaden nur maßgebend, wenn es besonders bedungen ist.

[Besondere Taxe] **§ 794.**

Wenn in einem Vertrage mehrere Gegenstände oder eine Gesamtheit von Gegenständen unter einer Versicherungssumme begriffen, aber für einzelne dieser Gegenstände besondere Taxen vereinbart sind, so gelten die Gegenstände, welche besonders taxiert sind, auch als abgesondert versichert.

[Versicherungswert des Schiffes] **§ 795.**

Als Versicherungswert des Schiffes gilt, wenn die Parteien nicht eine andere Grundlage für die Schätzung vereinbaren, der Wert, welchen das Schiff in dem Zeitpunkte hat, in welchem die Gefahr für den Versicherer zu laufen beginnt.

Diese Vorschrift kommt auch zur Anwendung, wenn der Versicherungswert des Schiffes taxiert ist.

[Versicherung der Ausrüstungskosten] **§ 796.**[1]

Die Ausrüstungskosten, die Heuer und die Versicherungskosten können zugleich mit dem Schiffe oder durch Versicherung der Bruttofracht oder besonders versichert werden. Sie gelten nur dann als mit dem Schiffe versichert, wenn es besonders vereinbart ist.

[Versicherung der Fracht] **§ 797.**[1]

Die Fracht kann bis zu ihrem Bruttobetrage versichert werden.

Als Versicherungswert der Fracht gilt der Betrag der in den Frachtverträgen bedungenen Fracht und, wenn eine bestimmte Fracht nicht bedungen ist oder soweit Güter für Rechnung des Reeders verschifft sind, der Betrag der üblichen Fracht (§ 619).

[Umfang der Frachtversicherung] **§ 798.**

Ist bei der Versicherung der Fracht nicht bestimmt, ob sie ganz oder ob nur ein Teil versichert werden soll, so gilt die ganze Fracht als versichert.

Ist nicht bestimmt, ob die Brutto- oder die Nettofracht versichert werden soll, so gilt die Bruttofracht als versichert.

Sind die Fracht der Hinreise und die Fracht der Rückreise unter einer Versicherungssumme versichert, ohne daß bestimmt ist, welcher Teil der Versicherungssumme auf die Fracht der Hinreise und welcher Teil auf die Fracht der Rückreise fallen soll, so wird die Hälfte auf die Fracht der Hinreise, die Hälfte auf die Fracht der Rückreise gerechnet.

---

[1]) In der Fassung des Ges. v. 30. Mai 1908 (RGBl. S. 307).

[Versicherungswert der Güter] **§ 799.**

Als Versicherungswert der Güter gilt, wenn die Parteien nicht eine andere Grundlage für die Schätzung vereinbaren, derjenige Wert, welchen die Güter am Orte und zur Zeit der Abladung haben, unter Hinzurechnung aller Kosten bis an Bord einschließlich der Versicherungskosten.

Die Fracht sowie die Kosten während der Reise und am Bestimmungsorte werden nur hinzugerechnet, sofern es vereinbart ist.

Diese Vorschriften kommen auch zur Anwendung, wenn der Versicherungswert der Güter taxiert ist.

[Versicherung der Ausrüstungskosten] **§ 800.**

Sind die Ausrüstungskosten oder die Heuer, sei es selbständig, sei es durch Versicherung der Bruttofracht, versichert oder sind bei der Versicherung von Gütern die Fracht oder die Kosten während der Reise und am Bestimmungsorte versichert, so leistet der Versicherer für denjenigen Teil der Kosten, der Heuer oder der Fracht keinen Ersatz, welcher infolge eines Unfalls erspart wird.

[Versicherung von imaginärem Gewinn u. Provision] **§ 801.**

Bei der Versicherung von Gütern ist der imaginäre Gewinn oder die Provision, auch wenn der Versicherungswert der Güter taxiert ist, als mitversichert nur anzusehen, sofern es im Vertrage bestimmt ist.

Ist im Falle der Mitversicherung des imaginären Gewinns der Versicherungswert taxiert, aber nicht bestimmt, welcher Teil der Taxe sich auf den imaginären Gewinn beziehen soll, so wird angenommen, daß zehn Prozent der Taxe auf den imaginären Gewinn fallen. Wenn im Falle der Mitversicherung des imaginären Gewinns der Versicherungswert nicht taxiert ist, so werden als imaginärer Gewinn zehn Prozent des Versicherungswertes der Güter (§ 799) als versichert betrachtet.

Die Vorschriften des Abs. 2 kommen auch im Falle der Mitversicherung der Provision mit der Maßgabe zur Anwendung, daß an die Stelle der zehn Prozent zwei Prozent treten.

[Versicherungssumme als Taxe] **§ 802.**

Ist der imaginäre Gewinn oder die Provision selbständig versichert, der Versicherungswert jedoch nicht taxiert, so wird im Zweifel angenommen, daß die Versicherungssumme zugleich als Taxe des Versicherungswerts gelten soll.

[Versicherung der Bodmereigelder] **§ 803.**

Die Bodmereigelder können einschließlich der Bodmereiprämie für den Bodmereigläubiger versichert werden.

Ist bei der Versicherung von Bodmereigeldern nicht angegeben, welche Gegenstände verbodmet sind, so wird angenommen, daß Bodmereigelder auf Schiff, Fracht und Ladung versichert sind. Hierauf kann sich, wenn in Wirklichkeit nicht alle diese Gegenstände verbodmet sind, nur der Versicherer berufen.

[Übergang von Schadensersatzansprüchen]

§ 804.

Hat der Versicherer seine Verpflichtungen erfüllt, so tritt er, soweit er einen Schaden vergütet hat, dessen Erstattung der Versicherte von einem Dritten zu fordern befugt ist, in die Rechte des Versicherten gegen den Dritten ein, jedoch unbeschadet der Vorschriften des § 775 Abs. 2 und des § 777 Abs. 2.

Der Versicherte ist verpflichtet, dem Versicherer, wenn er es verlangt, auf dessen Kosten eine öffentlich beglaubigte Anerkennungsurkunde über den Eintritt in die Rechte gegen den Dritten zu erteilen.

Der Versicherte ist verantwortlich für jede Handlung, durch die er jene Rechte beeinträchtigt.

[Versicherung einer Forderung]

§ 805.

Ist eine Forderung versichert, zu deren Deckung eine den Gefahren der See ausgesetzte Sache dient, so ist der Versicherte im Falle eines Schadens verpflichtet, dem Versicherer, nachdem dieser seine Verpflichtungen erfüllt hat, seine Rechte gegen den Schuldner insoweit abzutreten, als der Versicherer Ersatz geleistet hat.

Der Versicherte ist nicht verpflichtet, die ihm gegen den Schuldner zustehenden Rechte geltend zu machen, bevor er den Versicherer in Anspruch nimmt.

Zweiter Titel.

Anzeigen bei dem Abschlusse des Vertrags.

[Anzeigepflicht]

§ 806.

Der Versicherungsnehmer ist sowohl im Falle der Versicherung für eigene Rechnung als im Falle der Versicherung für fremde Rechnung verpflichtet, bei dem Abschlusse des Vertrags dem Versicherer alle ihm bekannten Umstände anzuzeigen, die wegen ihrer Erheblichkeit für die Beurteilung der von dem Versicherer zu tragenden Gefahr geeignet sind, auf den Entschluß des letzteren, sich auf den Vertrag überhaupt oder unter denselben Bestimmungen einzulassen, Einfluß zu üben.

Wenn der Vertrag für den Versicherungsnehmer durch einen Vertreter abgeschlossen wird, so sind auch die dem Vertreter bekannten Umstände anzuzeigen.

[Anzeigepflicht bei Versicherung für fremde Rechnung]

§ 807.

Im Falle der Versicherung für fremde Rechnung müssen dem Versicherer bei dem Abschlusse des Vertrags auch diejenigen Umstände angezeigt werden, welche dem Versicherten selbst oder einem Zwischenbeauftragten bekannt sind.

Die Kenntnis des Versicherten oder eines Zwischenbeauftragten kommt jedoch nicht in Betracht, wenn ihnen der Umstand so spät bekannt wird, daß sie den Versicherungsnehmer ohne Anwendung außergewöhnlicher Maßregeln vor dem Abschlusse des Vertrags nicht mehr davon benachrichtigen können.

Die Kenntnis des Versicherten kommt auch dann nicht in Betracht, wenn die Versicherung ohne seinen Auftrag und ohne sein Wissen genommen und der Mangel des Auftrags bei dem Abschlusse des Vertrags dem Versicherer angezeigt worden ist[1]).

[Rücktrittsrecht wegen Verschweigung]

§ 808.[2])

Der Versicherer kann von dem Vertrage zurücktreten, wenn den Vorschriften der §§ 806, 807 zuwider die Anzeige eines erheblichen Umstandes unterblieben ist. Das gleiche gilt, wenn die Anzeige eines erheblichen Umstandes deshalb unterblieben ist, weil sich der Versicherungsnehmer oder ein Beteiligter, dessen Kenntnis nach § 806 Abs. 2 oder nach § 807 erheblich ist, der Kenntnis des Umstandes arglistig entzogen hat.

Der Rücktritt ist ausgeschlossen, wenn der Versicherer den nicht angezeigten Umstand kannte oder wenn die Anzeige ohne Verschulden unterblieben ist.

[Rücktrittsrecht wegen Unrichtigkeit]

§ 809.

Der Versicherer kann von dem Vertrag auch dann zurücktreten, wenn über einen erheblichen Umstand eine unrichtige Anzeige gemacht worden ist.

Der Rücktritt ist ausgeschlossen, wenn die Unrichtigkeit dem Versicherer bekannt war oder die Anzeige ohne Verschulden unrichtig gemacht worden ist.

[Teilweiser Rücktritt]

§ 810.

Liegen die Voraussetzungen, unter denen der Versicherer zum Rücktritte berechtigt ist, in Ansehung eines Teiles der Gegenstände vor, auf

---

[1]) § 807 Abs. III in der Fassung des Ges. v. 30. Mai 1908 (RGBl. S. 307).

[2]) §§ 808—811b in der Fassung des Ges. v. 30. Mai 1908 (RGBl. S. 307).

welche sich die Versicherung bezieht, so steht dem Versicherer das Recht des Rücktritts für den übrigen Teil nur zu, wenn anzunehmen ist, daß für diesen allein der Versicherer den Vertrag unter den gleichen Bestimmungen nicht geschlossen haben würde.

[Ausübung des Rücktrittsrechts] **§ 811.**

Der Rücktritt kann nur innerhalb einer Woche erfolgen. Die Frist beginnt mit dem Zeitpunkt, in welchem der Versicherer von der Verletzung der Anzeigepflicht Kenntnis erlangt.

Der Rücktritt erfolgt durch Erklärung gegenüber dem Versicherungsnehmer. Tritt der Versicherer zurück, so gebührt ihm gleichwohl die ganze Prämie; die empfangene Entschädigungssumme ist zurückzugewähren und von der Zeit des Empfanges an zu verzinsen.

Tritt der Versicherer zurück, nachdem ein Unfall, für den der Versicherer haftet, eingetreten ist, so bleibt die Verpflichtung des Versicherers zur Zahlung der Entschädigung bestehen, wenn der Umstand, in Ansehung dessen die Anzeigepflicht verletzt ist, keinen Einfluß auf den Eintritt des Versicherungsfalls und auf den Umfang der Leistung des Versicherers gehabt hat.

[Prämienerhöhungsrecht] **§ 811 a.**

Ist die Anzeigepflicht verletzt worden, das Rücktrittsrecht des Versicherers aber ausgeschlossen, weil dem anderen Teile ein Verschulden nicht zur Last fällt, so kann der Versicherer, falls mit Rücksicht auf die höhere Gefahr eine höhere Prämie angemessen ist, die höhere Prämie verlangen. Das gleiche gilt, wenn bei der Schließung des Vertrags ein für die Übernahme der Gefahr erheblicher Umstand dem Versicherer nicht angezeigt worden ist, weil er dem anderen Teile nicht bekannt war.

Der Anspruch auf die höhere Prämie erlischt, wenn er nicht innerhalb einer Woche von dem Zeitpunkt an geltend gemacht wird, in welchem der Versicherer von der Verletzung der Anzeigepflicht oder von dem nicht angezeigten Umstande Kenntnis erlangt.

[Anfechtung wegen arglistiger Täuschung] **§ 811 b.**

Das Recht des Versicherers, den Vertrag wegen arglistiger Täuschung anzufechten, bleibt unberührt.

Dritter Titel.

Verpflichtungen des Versicherten aus dem Versicherungsvertrage.

[Verpflichtung zur Prämienzahlung] **§ 812.**

Die Prämie ist, sofern nicht ein anderes vereinbart ist, sofort nach dem Abschlusse des Vertrags und, wenn eine Police verlangt wird, gegen Auslieferung der Police zu zahlen.

Zur Zahlung der Prämie ist der Versicherungsnehmer verpflichtet[1]).

[Veränderung der Reise] **§ 813.**

Wird statt der versicherten Reise, bevor die Gefahr für den Versicherer zu laufen begonnen hat, eine andere Reise angetreten, so ist der Versicherer bei der Versicherung von Schiff und Fracht von jeder Haftung frei, bei anderen Versicherungen trägt er die Gefahr für die andere Reise nur dann, wenn die Veränderung der Reise weder von dem Versicherten noch in dessen Auftrag oder mit dessen Zustimmung bewirkt ist.

Wird die versicherte Reise verändert, nachdem die Gefahr für den Versicherer zu laufen begonnen hat, so haftet der Versicherer nicht für die nach der Veränderung der Reise eintretenden Unfälle. Er haftet jedoch für diese Unfälle, wenn die Veränderung weder von dem Versicherten noch in dessen Auftrag oder mit dessen Zustimmung bewirkt oder wenn sie durch einen Notfall verursacht ist, es sei denn, daß sich der Notfall auf eine Gefahr gründet, die der Versicherer nicht zu tragen hat.

Die Reise ist verändert, sobald der Entschluß, sie nach einem anderen Bestimmungshafen zu richten, zur Ausführung gebracht wird, sollten sich auch die Wege nach beiden Bestimmungshäfen noch nicht geschieden haben. Diese Vorschrift gilt sowohl für die Fälle des Abs. 1 als für die Fälle des Abs. 2.

[Gefahränderung] **§ 814.**

Wenn von dem Versicherten oder in dessen Auftrag oder mit dessen Zustimmung der Antritt oder die Vollendung der Reise ungebührlich verzögert, von dem der versicherten Reise entsprechenden Wege abgewichen oder ein Hafen angelaufen wird, dessen Angehung als in der versicherten Reise begriffen nicht erachtet werden kann, oder wenn der Versicherte in anderer Weise eine Vergrößerung oder Veränderung der Gefahr veranlaßt, namentlich eine in dieser Beziehung erteilte besondere Zusage nicht erfüllt, so haftet der Versicherer nicht für die später sich ereignenden Unfälle.

Diese Wirkung tritt jedoch nicht ein:

1. wenn anzunehmen ist, daß die Vergrößerung oder Veränderung der Gefahr keinen Einfluß auf den späteren Unfall hat üben können;
2. wenn die Vergrößerung oder Veränderung der Gefahr, nachdem die Gefahr für den Versicherer bereits zu laufen begonnen

[1]) § 812 Abs. III ist fortgelassen durch das in vor. Anm. angeführte Gesetz.

hat, durch einen Notfall verursacht ist, es sei denn, daß sich der Notfall auf eine Gefahr gründet, die der Versicherer nicht zu tragen hat;

3. wenn der Schiffer zu der Abweichung von dem Wege durch das Gebot der Menschlichkeit genötigt worden ist.

[Bezeichnung des Schiffers] **§ 815.**

Wird bei dem Abschlusse des Vertrags der Schiffer bezeichnet, so ist in dieser Bezeichnung allein noch nicht die Zusage enthalten, daß der benannte Schiffer die Führung des Schiffes behalten werde.

[Änderung der Beförderung von Gütern] **§ 816.**

Bei der Versicherung von Gütern haftet der Versicherer für keinen Unfall, soweit die Beförderung der Güter nicht mit dem dazu bestimmten Schiffe geschieht. Er haftet jedoch nach Maßgabe des Vertrags, wenn die Güter, nachdem die Gefahr für ihn bereits zu laufen begonnen hat, ohne Auftrag und ohne Zustimmung des Versicherten in anderer Art als mit dem zur Beförderung bestimmten Schiffe weiter befördert werden oder wenn dies infolge eines Unfalls geschieht, es sei denn, daß sich der Unfall auf eine Gefahr gründet, die der Versicherer nicht zu tragen hat.

[Benachrichtigung über das Schiff] **§ 817.**

Bei der Versicherung von Gütern ohne Bezeichnung des Schiffes oder der Schiffe (in unbestimmten oder unbenannten Schiffen) hat der Versicherte, sobald er Nachricht erhält, in welches Schiff versicherte Güter abgeladen sind, diese Nachricht dem Versicherer mitzuteilen.

Im Falle der Nichterfüllung dieser Verpflichtung haftet der Versicherer für keinen Unfall, der den abgeladenen Gütern zustößt.

[Unfallsanzeige] **§ 818.**

Jeder Unfall ist, sobald der Versicherungsnehmer oder der Versicherte, wenn dieser von der Versicherung Kenntnis hat, Nachricht von dem Unfall erhält, dem Versicherer anzuzeigen, widrigenfalls der Versicherer befugt ist, von der Entschädigungssumme den Betrag abzuziehen, um den sie sich bei rechtzeitiger Anzeige gemindert hätte.

[Abwendung und Minderung des Schadens] **§ 819.**

Der Versicherte ist verpflichtet, wenn sich ein Unfall zuträgt, sowohl für die Rettung der versicherten Sachen als für die Abwendung größerer Nachteile tunlichst zu sorgen.

Er hat jedoch, wenn tunlich, über die erforderlichen Maßregeln vorher mit dem Versicherer Rücksprache zu nehmen.

Vierter Titel.

Umfang der Gefahr.

[Umfang der Haftung] **§ 820.**

Der Versicherer trägt alle Gefahren, denen Schiff oder Ladung während der Dauer der Versicherung ausgesetzt sind, soweit nicht durch die nachfolgenden Vorschriften oder durch Vertrag ein anderes bestimmt ist.

Er trägt insbesondere:

1. die Gefahr der Naturereignisse und der sonstigen Seeunfälle, auch wenn diese durch das Verschulden eines Dritten veranlaßt sind, wie Eindringen des Seewassers, Strandung, Schiffbruch, Sinken, Feuer, Explosion, Blitz, Erdbeben, Beschädigung durch Eis usw.;
2. die Gefahr des Krieges und der Verfügungen von hoher Hand;
3. die Gefahr des auf Antrag eines Dritten angeordneten, von dem Versicherten nicht verschuldeten Arrestes;
4. die Gefahr des Diebstahls sowie die Gefahr des Seeraubs, der Plünderung und sonstiger Gewalttätigkeiten;
5. die Gefahr der Verbodmung der versicherten Güter zur Fortsetzung der Reise oder der Verfügung über die Güter durch Verkauf oder durch Verwendung zu gleichem Zwecke (§§ 538 bis 541, 732);
6. die Gefahr der Unredlichkeit oder des Verschuldens einer Person der Schiffsbesatzung, sofern daraus für den versicherten Gegenstand ein Schaden entsteht;
7. die Gefahr des Zusammenstoßes von Schiffen, und zwar ohne Unterschied, ob der Versicherte infolge des Zusammenstoßes unmittelbar oder ob er mittelbar dadurch einen Schaden erleidet, daß er den einem Dritten zugefügten Schaden zu ersetzen hat.

[Ausschluß der Haftung] **§ 821.**

Dem Versicherer fallen die nachstehend bezeichneten Schäden nicht zur Last:

1. bei der Versicherung von Schiff oder Fracht:
   der Schaden, welcher daraus entsteht, daß das Schiff in einem nicht seetüchtigen Zustand oder nicht gehörig ausgerüstet oder bemannt oder ohne die erforderlichen Papiere (§ 513) in See gesandt ist;
   der Schaden, welcher außer dem Falle des Zusammenstoßes von Schiffen daraus entsteht, daß der Reeder für den durch eine Person der Schiffsbesatzung einem Dritten zugefügten Schaden haften muß (§§ 485, 486);
2. bei einer auf das Schiff sich beziehenden Versicherung:
   der Schaden an Schiff und Zubehör, welcher nur eine

Folge der Abnutzung des Schiffes im gewöhnlichen Gebrauch ist;

der Schaden an Schiff und Zubehör, welcher nur durch Alter, Fäulnis oder Wurmfraß verursacht wird;

3. bei einer auf Güter oder Fracht sich beziehenden Versicherung der Schaden, welcher durch die natürliche Beschaffenheit der Güter, namentlich durch inneren Verderb, Schwinden, gewöhnliche Leckage und dergleichen, oder durch mangelhafte Verpackung der Güter entsteht oder an diesen durch Ratten oder Mäuse verursacht wird; wenn jedoch die Reise durch einen Unfall, für den der Versicherer haftet, ungewöhnlich verzögert wird, so hat der Versicherer den unter dieser Nummer bezeichneten Schaden in dem Maße zu ersetzen, in welchem die Verzögerung dessen Ursache ist;

4 [1]). der Schaden, welcher von dem Versicherten vorsätzlich oder fahrlässig verursacht wird; der Versicherer hat jedoch den von dem Versicherten durch die fehlerhafte Führung des Schiffes verursachten Schaden zu ersetzen, es sei denn, daß dem Versicherten eine bösliche Handlungsweise zur Last fällt;

5 [2]). bei der Versicherung von Gütern oder imaginärem Gewinn der Schaden, welcher von dem Ablader, Empfänger oder Kargadeur in dieser Eigenschaft vorsätzlich oder fahrlässig verursacht wird.

[Haftung des Versicherers bei Ersatzansprüchen gegen Dritte]

§ 822.

Die Verpflichtung des Versicherers zum Ersatz eines Schadens tritt auch dann ein, wenn dem Versicherten ein Anspruch auf dessen Vergütung gegen den Schiffer oder eine andere Person zusteht. Der Versicherte kann sich wegen des Ersatzes des Schadens zunächst an den Versicherer halten. Er hat jedoch dem Versicherer die zur wirksamen Verfolgung eines solchen Anspruchs etwa erforderliche Hilfe zu gewähren, auch für die Sicherstellung des Anspruchs durch Einbehaltung der Fracht, Erwirkung des Arrestes in das Schiff oder sonst in geeigneter Weise auf Kosten des Versicherers die nach den Umständen angemessene Sorge zu tragen (§ 819).

[Dauer der Versicherung bei einem Schiff]

§ 823.

Bei der Versicherung des Schiffes für eine Reise beginnt die Gefahr für den Versicherer mit dem Zeitpunkt, in welchem mit der Einnahme der Ladung oder des Ballastes angefangen wird, oder, wenn weder Ladung noch Ballast einzunehmen ist, mit dem Zeit-

---

[1]) In der Fassung des Ges. v. 30. Mai 1908 (RGBl. S. 307).

[2]) Siehe die vorige Anm.

punkte der Abfahrt des Schiffes. Sie endet mit dem Zeitpunkt, in welchem die Löschung der Ladung oder des Ballastes im Bestimmungshafen beendigt ist.

Wird die Löschung von dem Versicherten ungebührlich verzögert, so endet die Gefahr mit dem Zeitpunkt, in welchem die Löschung beendigt sein würde, falls ein solcher Verzug nicht stattgefunden hätte.

Wird vor der Beendigung der Löschung für eine neue Reise Ladung oder Ballast eingenommen, so endet die Gefahr mit dem Zeitpunkt, in welchem mit der Einnahme der Ladung oder des Ballastes begonnen wird.

[Dauer der Versicherung bei Gütern u. imaginärem Gewinn]

§ 824.

Sind Güter, imaginärer Gewinn oder die von verschifften Gütern zu verdienende Provision versichert, so beginnt die Gefahr mit dem Zeitpunkt, in welchem die Güter zum Zwecke der Einladung in das Schiff oder in die Leichterfahrzeuge vom Lande scheiden; sie endet mit dem Zeitpunkt, in welchem die Güter im Bestimmungshafen wieder an das Land gelangen.

Wird die Löschung von dem Versicherten oder bei der Versicherung von Gütern oder imaginärem Gewinne von dem Versicherten oder von einer der im § 821 Nr. 5 bezeichneten Personen ungebührlich verzögert, so endet die Gefahr mit dem Zeitpunkt, in welchem die Löschung beendigt sein würde, falls ein solcher Verzug nicht stattgefunden hätte[1]).

Bei der Einladung und Ausladung trägt der Versicherer die Gefahr der ortsgebräuchlichen Benutzung von Leichterfahrzeugen.

[Dauer der Versicherung bei der Fracht]

§ 825.

Bei der Versicherung der Fracht beginnt und endet die Gefahr in Ansehung der Unfälle, denen das Schiff und dadurch die Fracht ausgesetzt ist, mit demselben Zeitpunkt, in welchem die Gefahr bei der Versicherung des Schiffes für dieselbe Reise beginnen und enden würde, in Ansehung der Unfälle, denen die Güter und dadurch die Fracht ausgesetzt sind, mit demselben Zeitpunkt, in welchem die Gefahr bei der Versicherung der Güter für dieselbe Reise beginnen und enden würde.

Bei der Versicherung von Überfahrtsgeldern beginnt und endet die Gefahr mit demselben Zeitpunkt, in welchem die Gefahr bei der Versicherung des Schiffes beginnen und enden würde.

Der Versicherer von Fracht- und Überfahrtsgeldern haftet für einen Unfall, von dem das Schiff betroffen wird, nur insoweit, als Fracht- oder Überfahrtsverträge bereits abgeschlossen sind, und wenn der Reeder Güter für seine Rechnung verschifft, nur insoweit, als diese zum Zwecke der Einladung in das Schiff oder in die Leichterfahrzeuge bereits vom Lande geschieden sind.

---

[1]) Abs. 2 in der Fassung des Ges. v. 30. Mai 1908 (RGBl. S. 307).

[Dauer der Reiseversicherung] Havereigeldern]

§ 826.

Bei der Versicherung von Bodmerei- und Havereigeldern beginnt die Gefahr mit dem Zeitpunkt, in welchem die Gelder vorgeschossen sind, oder, wenn der Versicherte selbst die Havereigelder verausgabt hat, mit dem Zeitpunkt, in welchem sie verwendet sind; sie endet mit dem Zeitpunkt, in welchem sie bei einer Versicherung der Gegenstände, welche verbodmet oder auf welche die Havereigelder verwendet sind, enden würde.

[Dauer der Reiseversicherung]

§ 827.

Die begonnene Gefahr läuft für den Versicherer während der bedungenen Zeit oder der versicherten Reise ununterbrochen fort. Der Versicherer trägt insbesondere die Gefahr auch während des Aufenthalts in einem Not- oder Zwischenhafen und im Falle der Versicherung für die Hinreise und Rückreise während des Aufenthalts des Schiffes in dem Bestimmungshafen der Hinreise.

Müssen die Güter einstweilen gelöscht werden oder wird das Schiff zur Ausbesserung an das Land gebracht, so trägt der Versicherer die Gefahr auch für die Zeit, während welcher sich die Güter oder das Schiff am Lande befinden.

[Aufgabe der Reise]

§ 828.

Wird nach dem Beginne der Gefahr die versicherte Reise freiwillig oder gezwungen aufgegeben, so tritt in Ansehung der Beendigung der Gefahr der Hafen, in welchem die Reise beendigt wird, an die Stelle des Bestimmungshafens.

Werden die Güter, nachdem die Reise des Schiffes aufgegeben ist, in anderer Art als mit dem zur Beförderung bestimmten Schiffe nach dem Bestimmungshafen weiter befördert, so läuft in betreff der Güter die begonnene Gefahr fort, auch wenn die Weiterbeförderung ganz oder zu einem Teile zu Lande geschieht. Der Versicherer trägt in solchen Fällen zugleich die Kosten der früheren Löschung, die Kosten der einstweiligen Lagerung und die Mehrkosten der Weiterbeförderung, auch wenn diese zu Lande erfolgt.

§ 829.

Die Vorschriften der §§ 827, 828 gelten nur unbeschadet der Vorschriften der §§ 814, 816.

[Berechnung der Dauer]

§ 830.[1])

Ist die Dauer der Versicherung nach Tagen, Wochen, Monaten oder nach einem mehrere Monate umfassenden Zeitraum bestimmt,

---

1) In der Fassung des Ges. v. 30. Mai 1908 (RGBl. S. 307).

so beginnt die Versicherung am Mittage des Tages, an welchem die Versicherung geschlossen wird. Sie endigt am Mittage des letzten Tages der Frist.

Bei der Berechnung der Zeit ist der Ort, wo sich das Schiff befindet, maßgebend.

[Verlängerung der Zeitversicherung] § 831.

Ist im Falle der Versicherung des Schiffes auf Zeit das Schiff bei dem Ablaufe der im Vertrage festgesetzten Versicherungszeit unterwegs, so gilt die Versicherung in Ermangelung einer entgegenstehenden Vereinbarung als verlängert bis zur Ankunft des Schiffes im nächsten Bestimmungshafen und, falls in diesem gelöscht wird, bis zur Beendigung der Löschung (§ 823). Der Versicherte ist jedoch befugt, die Verlängerung durch eine dem Versicherer, solange das Schiff noch nicht unterwegs ist, kundzugebende Erklärung auszuschließen.

Im Falle der Verlängerung hat der Versicherte für deren Dauer und, wenn die Verschollenheit des Schiffes eintritt, bis zum Ablaufe der Verschollenheitsfrist die vereinbarte Zeitprämie fortzuentrichten.

Ist die Verlängerung ausgeschlossen, so kann der Versicherer, wenn die Verschollenheitsfrist über die Versicherungszeit hinausläuft, auf Grund der Verschollenheit nicht in Anspruch genommen werden.

[Anlaufen von Häfen] § 832.

Bei einer Versicherung nach einem oder dem anderen unter mehreren Häfen ist dem Versicherten gestattet, einen dieser Häfen zu wählen; bei einer Versicherung nach einem und einem anderen oder nach einem und mehreren anderen Häfen ist der Versicherte zum Besuch eines jeden der bezeichneten Häfen befugt.

[Fortsetzung] § 833.

Ist die Versicherung nach mehreren Häfen geschlossen oder dem Versicherten das Recht vorbehalten, mehrere Häfen anzulaufen, so ist dem Versicherten nur gestattet, die Häfen nach der vereinbarten oder in Ermangelung einer Vereinbarung nach der den Schiffahrtsverhältnissen entsprechenden Reihenfolge zu besuchen; er ist jedoch zum Besuch aller einzelnen Häfen nicht verpflichtet.

Die in der Police enthaltene Reihenfolge wird, soweit nicht ein anderes sich ergibt, als die vereinbarte angesehen.

[Haftung des Versicherers für Aufopferungen u. Aufwendungen] § 834.

Dem Versicherer fallen zur Last:

1. die Beiträge zur großen Haverei mit Einschluß derjenigen, welche der Versicherte selbst wegen eines von ihm

erlittenen Schadens zu tragen hat; die in Gemäßheit der §§ 635, 732 nach den Grundsätzen der großen Haverei zu beurteilenden Beiträge werden den Beiträgen zur großen Haverei gleich geachtet;
2. die Aufopferungen, welche zur großen Haverei gehören würden, wenn das Schiff Güter, und zwar andere als Güter des Reeders an Bord gehabt hätte;
3. die sonstigen zur Rettung sowie zur Abwendung größerer Nachteile notwendig oder zweckmäßig aufgewendeten Kosten (§ 819), selbst wenn die ergriffenen Maßregeln erfolglos geblieben sind;
4. die zur Ermittelung und Feststellung des dem Versicherer zur Last fallenden Schadens erforderlichen Kosten, insbesondere die Kosten der Besichtigung, der Abschätzung, des Verkaufs und der Anfertigung der Dispache.

[Beiträge zur großen Haverei] **§ 835.**

In Ansehung der Beiträge zur großen Haverei und der nach den Grundsätzen der großen Haverei zu beurteilenden Beiträge bestimmen sich die Verpflichtungen des Versicherers nach der am gehörigen Orte im Inland oder im Ausland, im Einklange mit dem am Orte der Aufmachung geltenden Rechte aufgemachten Dispache[1]). Insbesondere ist der Versicherte, der einen zur großen Haverei gehörenden Schaden erlitten hat, nicht berechtigt, von dem Versicherer mehr als den Betrag zu fordern, zu welchem der Schaden in der Dispache berechnet ist; andererseits haftet der Versicherer für diesen ganzen Betrag, ohne daß namentlich der Versicherungswert maßgebend ist.

Auch kann der Versicherte, wenn der Schaden nach dem am Orte der Aufmachung geltenden Rechte als große Haverei nicht anzusehen ist, den Ersatz des Schadens von dem Versicherer nicht aus dem Grunde fordern, weil der Schaden nach einem anderen Rechte, insbesondere nach dem Rechte des Versicherungsorts, große Haverei sei.

[Fortsetzung] **§ 836.**

Der Versicherer haftet jedoch für die im § 835 erwähnten Beiträge nicht, soweit sie sich auf einen Unfall gründen, für den der Versicherer nach dem Versicherungsvertrage nicht haftet.

[Gültigkeit der Dispache] **§ 837.**

Ist die Dispache von einer durch Gesetz oder Gebrauch dazu berufenen Person aufgemacht worden, so kann der Versicherer sie wegen Nichtübereinstimmung mit dem am Orte der Aufmachung geltenden Rechte und

---

[1]) Über die Aufmachung der Dispache bestimmt § 34 der Allgemeinen Deutschen Seeversicherungsbedingungen von 1919 das Nähere.

der dadurch bewirkten Benachteiligung des Versicherten nicht anfechten, es sei denn, daß der Versicherte durch mangelhafte Wahrnehmung seiner Rechte die Benachteiligung verschuldet hat.

Dem Versicherten liegt jedoch ob, die Ansprüche gegen die zu seinem Nachteile Begünstigten dem Versicherer abzutreten.

Dagegen ist der Versicherer befugt, in allen Fällen die Dispache dem Versicherten gegenüber insoweit anzufechten, als ein von dem Versicherten selbst erlittener Schaden, für den ihm nach dem am Orte der Aufmachung der Dispache geltenden Rechte eine Vergütung nicht gebührt hätte, gleichwohl als große Haverei behandelt worden ist.

[Haftung des Versicherers für Schäden der großen Haverei]

§ 838.

Wegen eines von dem Versicherten erlittenen, zur großen Haverei gehörenden oder nach den Grundsätzen der letzteren zu beurteilenden Schadens haftet der Versicherer, wenn die Einleitung des die Feststellung und Verteilung des Schadens bezweckenden ordnungsmäßigen Verfahrens stattgefunden hat, in Ansehung der Beiträge, welche dem Versicherten zu entrichten sind, nur insoweit, als der Versicherte die ihm gebührende Vergütung auch im Rechtswege, sofern er diesen füglich betreten konnte, nicht erhalten hat.

[Fortsetzung]

§ 839.

Ist die Einleitung des Verfahrens ohne Verschulden des Versicherten unterblieben, so kann er den Versicherer wegen des ganzen Schadens nach Maßgabe des Versicherungsvertrags unmittelbar in Anspruch nehmen.

[Haftung grundsätzlich nur bis zur Versicherungssumme]

§ 840.

Der Versicherer haftet für den Schaden nur bis zur Höhe der Versicherungssumme.

Er hat jedoch die im § 834 Nr. 3, 4 erwähnten Kosten vollständig zu erstatten, wenngleich die hiernach im ganzen zu zahlende Vergütung die Versicherungssumme übersteigt.

Sind infolge eines Unfalls solche Kosten bereits aufgewendet, zum Beispiel Loskaufs- oder Reklamekosten verausgabt, oder sind zur Wiederherstellung oder Ausbesserung der durch den Unfall beschädigten Sache bereits Verwendungen geschehen, zum Beispiel zu einem solchen Zwecke Havereigelder verausgabt, oder sind von dem Versicherten Beiträge zur großen Haverei bereits entrichtet oder ist eine persönliche Verpflichtung des Versicherten zur Entrichtung solcher Beiträge bereits entstanden und ereignet sich später ein neuer Unfall, so haftet der Versicherer für den durch den späteren Unfall entstehenden Schaden bis zur Höhe der ganzen Versicherungssumme ohne Rücksicht auf die ihm zur Last fallenden früheren Aufwendungen und Beiträge.

[Befreiung von der Haftung durch Zahlung der Versicherungssumme] **§ 841.**

Der Versicherer ist nach dem Eintritt eines Unfalls berechtigt, sich durch Zahlung der vollen Versicherungssumme von allen weiteren Verbindlichkeiten aus dem Versicherungsvertrage zu befreien, insbesondere von der Verpflichtung, die Kosten zu erstatten, welche zur Rettung, Erhaltung und Wiederherstellung der versicherten Sachen erforderlich sind.

War zur Zeit des Eintritts des Unfalls ein Teil der versicherten Sachen der vom Versicherer zu tragenden Gefahr bereits entzogen, so hat der Versicherer, welcher von dem Rechte des Abs. 1 Gebrauch macht, den auf jenen Teil fallenden Teil der Versicherungssumme nicht zu entrichten.

Der Versicherer erlangt durch Zahlung der Versicherungssumme keinen Anspruch auf die versicherten Sachen.

Ungeachtet der Zahlung der Versicherungssumme bleibt der Versicherer zum Ersatze derjenigen Kosten verpflichtet, welche auf die Rettung, Erhaltung oder Wiederherstellung der versicherten Sachen verwendet worden sind, bevor seine Erklärung, von dem Rechte Gebrauch zu machen, dem Versicherten zugegangen ist.

[Abandonerklärung des Versicherers] **§ 842.**

Der Versicherer muß seinen Entschluß, von dem im § 841 bezeichneten Rechte Gebrauch zu machen, bei Verlust dieses Rechtes dem Versicherten spätestens am dritten Tage nach dem Ablaufe desjenigen Tages erklären, an welchem ihm der Versicherte den Unfall unter Bezeichnung seiner Beschaffenheit und seiner unmittelbaren Folgen angezeigt und alle sonstigen auf den Unfall sich beziehenden Umstände mitgeteilt hat, soweit die letzteren dem Versicherten bekannt sind.

[Haftung bei der Unterversicherung für Aufopferungen] **§ 843.**

Ist nicht zum vollen Werte versichert, so haftet der Versicherer für die im § 834 erwähnten Beiträge, Aufopferungen und Kosten nur nach dem Verhältnisse der Versicherungssumme zum Versicherungswerte.

[Kausalzusammenhang zur Zeit des Versicherungsfalls entscheidet] **§ 844.**

Die Verpflichtung des Versicherers, einen Schaden zu ersetzen, wird dadurch nicht wieder aufgehoben oder geändert, daß später infolge einer Gefahr, die der Versicherer nicht zu tragen hat, ein neuer Schaden und selbst ein Totalverlust eintritt.

[Schäden von weniger wie 3% des Versicherungswerts nicht ersetzt] **§ 845.**

Besondere Havereien hat der Versicherer nicht zu ersetzen, wenn sie ohne die Kosten der Ermittelung und Feststellung des Schadens (§ 834 Nr. 4) drei Prozent des Versicherungswerts nicht übersteigen; betragen sie mehr als drei Prozent, so sind sie ohne Abzug der drei Prozent zu vergüten.

Ist das Schiff auf Zeit oder auf mehrere Reisen versichert, so sind die drei Prozent für jede einzelne Reise zu berechnen. Der Begriff der Reise bestimmt sich nach § 757.

[Ausnahmen von § 845]

§ 846.

Die im § 834 unter Nr. 1 bis 3 erwähnten Beiträge, Aufopferungen und Kosten muß der Versicherer ersetzen, auch wenn sie drei Prozent des Versicherungswerts nicht erreichen. Sie kommen jedoch bei der Ermittelung der im § 845 bezeichneten drei Prozent nicht in Berechnung.

[Klausel: Frei von bestimmten Prozenten]

§ 847.

Ist vereinbart, daß der Versicherer von bestimmten Prozenten frei sein soll, so kommen die Vorschriften der §§ 845, 846 mit der Maßgabe zur Anwendung, daß an die Stelle der dort erwähnten drei Prozent die im Vertrag angegebene Anzahl von Prozenten tritt.

[Klausel: Frei von Kriegsmolest]

§ 848.

Ist vereinbart, daß der Versicherer die Kriegsgefahr nicht übernimmt, auch die Versicherung rücksichtlich der übrigen Gefahren nur bis zum Eintritt einer Kriegsbelästigung dauern soll, so endet die Gefahr für den Versicherer mit dem Zeitpunkt, in welchem die Kriegsgefahr auf die Reise Einfluß zu üben beginnt, insbesondere also, wenn der Antritt oder die Fortsetzung der Reise durch Kriegsschiffe, Kaper oder Blockade behindert oder zur Vermeidung der Kriegsgefahr aufgeschoben wird, wenn das Schiff aus einem solchen Grunde von seinem Wege abweicht oder wenn der Schiffer durch Kriegsbelästigung die freie Führung des Schiffes verliert.

Eine Vereinbarung der im Abs. 1 bezeichneten Art wird namentlich angenommen, wenn der Vertrag mit der Klausel: „frei von Kriegsmolest" abgeschlossen ist.

§ 849.[1])

Ist vereinbart, daß der Versicherer zwar nicht die Kriegsgefahr übernimmt, alle übrigen Gefahren aber auch nach dem Eintritt einer Kriegsbelästigung tragen soll, so endet die Gefahr für den Versicherer erst mit

[1]) Nach den Allgemeinen deutschen Seeversicherungsbedingungen von 1919 § 35 trägt der Versicherer auch ohne besondere Vereinbarung nicht die „Kriegsgefahr".

der Kondemnation der versicherten Sache oder sobald sie geendet hätte, wenn die Kriegsgefahr nicht ausgenommen worden wäre; der Versicherer haftet aber nicht für die zunächst durch Kriegsgefahr verursachten Schäden, also insbesondere nicht:

für Konfiskation durch kriegführende Mächte;

für Nehmung, Beschädigung, Vernichtung und Plünderung durch Kriegsschiffe und Kaper;

für die Kosten, welche entstehen aus der Anhaltung und Reklamierung, aus der Blockade des Aufenthaltshafens oder der Zurückweisung von einem blockierten Hafen oder aus dem freiwilligen Aufenthalte wegen Kriegsgefahr;

für die nachstehenden Folgen eines solchen Aufenthalts: Verderb und Verminderung der Güter, Kosten und Gefahr ihrer Entlöschung und Lagerung, Kosten ihrer Weiterbeförderung.

Im Zweifel wird angenommen, daß ein eingetretener Schaden durch Kriegsgefahr nicht verursacht sei.

Eine Vereinbarung der im Abs. 1 bezeichneten Art wird namentlich angenommen, wenn der Vertrag mit der Klausel: „nur für Seegefahr" abgeschlossen ist.

[„Für behaltene Ankunft"]

§ 850.

Ist der Vertrag mit der Klausel: „für behaltene Ankunft" abgeschlossen, so endet die Gefahr für den Versicherer schon mit dem Zeitpunkt, in welchem das Schiff im Bestimmungshafen am gebräuchlichen oder gehörigen Platze den Anker hat fallen lassen oder befestigt ist.

Auch haftet der Versicherer nur:

1. bei der auf das Schiff sich beziehenden Versicherung, wenn entweder ein Totalverlust eintritt oder wenn das Schiff abandonniert (§ 861) oder infolge eines Unfalls vor der Erreichung des Bestimmungshafens wegen Reparaturunfähigkeit oder wegen Reparaturunwürdigkeit verkauft wird (§ 873);
2. bei der auf Güter sich beziehenden Versicherung, wenn die Güter oder ein Teil der Güter infolge eines Unfalls den Bestimmungshafen nicht erreichen, insbesondere wenn sie vor der Erreichung des Bestimmungshafens infolge eines Unfalls verkauft werden. Erreichen die Güter den Bestimmungshafen, so haftet der Versicherer weder für eine Beschädigung noch für einen Verlust, der die Folge einer Beschädigung ist.

Überdies hat der Versicherer in keinem Falle die im § 834 erwähnten Beiträge, Aufopferungen und Kosten zu tragen.

[„Frei von Beschädigung außer im Strandungsfall"]

§ 851.

Ist der Vertrag mit der Klausel: „frei von Beschädigung außer im Strandungsfall" abgeschlossen, so haftet der Versicherer nicht für einen Schaden, der aus einer Beschädigung entsteht, ohne Unterschied, ob der Schaden in einer Wertsverringerung oder in einem gänzlichen oder teilweisen Verlust und insbesondere darin besteht, daß die versicherten Güter gänzlich verdorben und in ihrer ursprünglichen Beschaffenheit zerstört den Bestimmungshafen erreichen oder während der Reise wegen Beschädigung und drohenden Verderbs verkauft worden sind, es sei denn, daß das Schiff oder das Leichterfahrzeug, in welchem sich die versicherten Güter befanden, gestrandet ist. Der Strandung werden folgende Seeunfälle gleich geachtet: Kentern, Sinken, Zerbrechen des Rumpfes, Scheitern und jeder Seeunfall [1]), durch den das Schiff oder das Leichterfahrzeug reparaturunfähig geworden ist.

Hat sich eine Strandung oder ein dieser gleich zu achtender anderer Seeunfall ereignet, so haftet der Versicherer für jede drei Prozent (§ 845) übersteigende Beschädigung, die infolge eines solchen Seeunfalls entstanden ist, nicht aber für eine sonstige Beschädigung. Es wird vermutet, daß eine Beschädigung, die möglicherweise Folge des eingetretenen Seeunfalls sein kann, infolge des Unfalls entstanden sei.

Für jeden Schaden, der nicht aus einer Beschädigung entsteht, haftet der Versicherer, ohne Unterschied, ob sich eine Strandung oder ein anderer der erwähnten Unfälle zugetragen hat oder nicht, in derselben Weise, als wenn der Vertrag ohne die Klausel abgeschlossen wäre. Jedenfalls haftet er für die im § 834 unter Nr. 1, 2, 4 erwähnten Beiträge, Aufopferungen und Kosten, für die im § 834 unter Nr. 3 erwähnten Kosten aber nur dann, wenn sie zur Abwendung eines ihm zur Last fallenden Verlustes verausgabt worden sind.

Eine Beschädigung, die ohne Selbstentzündung durch Feuer oder durch Löschung eines solchen Feuers oder durch Beschießen entstanden ist, wird als eine solche Beschädigung, von welcher der Versicherer durch die Klausel befreit wird, nicht angesehen.

[„Frei von Bruch außer im Strandungsfall"]

§ 852.

Wenn der Vertrag mit der Klausel: „frei von Bruch außer im Strandungsfall" abgeschlossen ist, so finden die Vorschriften des § 851 mit der Maßgabe Anwendung, daß der Versicherer für Bruch insoweit haftet, als er nach § 851 für Beschädigung aufzukommen hat.

[Begriff der Strandung]

§ 853.

Eine Strandung [2]) im Sinne der §§ 851, 852 ist vorhanden, wenn das Schiff unter nicht gewöhnlichen Verhältnissen der See-

[1]) Abweichend § 114 Abs. 2 der Allgemeinen deutschen Seeversicherungsbedingungen v. 1919.

[2]) Etwas abweichend § 114 der Allgemeinen deutschen Seeversicherungsbedingungen.

schiffahrt auf den Grund festgerät und nicht wieder flott wird oder zwar wieder flott wird, jedoch entweder

1. nur unter Anwendung ungewöhnlicher Maßregeln, wie Kappen der Masten, Werfen oder Löschung eines Teiles der Ladung und dergleichen, oder durch den Eintritt einer ungewöhnlich hohen Flut, nicht aber ausschließlich durch Anwendung gewöhnlicher Maßregeln, wie Winden auf den Anker, Backstellen der Segel und dergleichen, oder
2. erst nachdem das Schiff durch das Festgeraten einen erheblichen Schaden am Schiffskörper erlitten hat.

Fünfter Titel.

Umfang des Schadens.

[Totalverlust des Schiffes und der Güter] **§ 854.**

Ein Totalverlust des Schiffes oder der Güter liegt vor, wenn das Schiff oder die Güter zugrundegegangen oder dem Versicherten ohne Aussicht auf Wiedererlangung entzogen sind, namentlich wenn sie unrettbar gesunken oder in ihrer ursprünglichen Beschaffenheit zerstört oder für gute Prise erklärt sind. Ein Totalverlust des Schiffes wird dadurch nicht ausgeschlossen, daß einzelne Teile des Wrackes oder des Inventars gerettet sind.

[Totalverlust der Fracht] **§ 855.**

Ein Totalverlust in Ansehung der Fracht liegt vor, wenn die ganze Fracht verlorengegangen ist.

[Totalverlust des imaginären Gewinns] **§ 856.**

Ein Totalverlust in Ansehung des imaginären Gewinns oder in Ansehung der Provision, welche von der Ankunft der Güter am Bestimmungsort erwartet werden, liegt vor, wenn die Güter den Bestimmungsort nicht erreicht haben.

[Totalverlust der Havereigelder] **§ 857.**

Ein Totalverlust in Ansehung der Bodmerei- und Havereigelder liegt vor, wenn die Gegenstände, welche verbodmet oder für welche die Havereigelder vorgeschossen oder verausgabt sind, entweder von einem Totalverlust oder dergestalt von anderen Unfällen betroffen sind, daß infolge der dadurch herbeigeführten Beschädigungen, Verbodmungen oder sonstigen Belastungen zur Deckung jener Gelder nichts übrig geblieben ist.

[Bei Totalverlust Versicherungssumme]

§ 858.

Im Falle des Totalverlustes hat der Versicherer die Versicherungssumme zum vollen Betrage zu zahlen, jedoch unbeschadet der nach § 800 etwa zu machenden Abzüge.

[Anrechnungen. Übergang der Rechte auf den Versicherer]

§ 859.

Ist im Falle des Totalverlustes vor der Zahlung der Versicherungssumme etwas gerettet, so kommt der Erlös des Geretteten von der Versicherungssumme in Abzug. War nicht zum vollen Werte versichert, so wird nur ein verhältnismäßiger Teil des Geretteten von der Versicherungssumme abgezogen.

Mit der Zahlung der Versicherungssumme gehen die Rechte des Versicherten an der versicherten Sache auf den Versicherer über.

Erfolgt erst nach der Zahlung der Versicherungssumme eine vollständige oder teilweise Rettung, so hat auf das nachträglich Gerettete nur der Versicherer Anspruch. War nicht zum vollen Werte versichert, so gebührt dem Versicherer nur ein verhältnismäßiger Teil des Geretteten.

[Anrechnung bei Versicherung des imaginären Gewinns]

§ 860.

Sind bei einem Totalverlust in Ansehung des imaginären Gewinns (§ 856) die Güter während der Reise so günstig verkauft, daß der Reinerlös mehr beträgt als der Versicherungswert der Güter, oder ist für die Güter, wenn sie in Fällen der großen Haverei aufgeopfert worden sind oder wenn dafür nach Maßgabe der §§ 611, 612 Ersatz geleistet werden muß, mehr als jener Wert vergütet, so kommt von der Versicherungssumme des imaginären Gewinns der Überschuß in Abzug.

[Abandonrecht des Versicherten]

§ 861.

Der Versicherte ist befugt, die Zahlung der Versicherungssumme zum vollen Betrage gegen Abtretung der in Ansehung des versicherten Gegenstandes ihm zustehenden Rechte in folgenden Fällen zu verlangen (**Abandon**):

1. wenn das Schiff verschollen ist;
2. wenn der Gegenstand der Versicherung dadurch bedroht ist, daß das Schiff oder die Güter unter Embargo gelegt, von einer kriegführenden Macht aufgebracht, auf andere Weise durch Verfügung von hoher Hand angehalten oder durch Seeräuber genommen und während einer Frist[1]) von sechs, neun oder zwölf Monaten

[1]) Die Frist ist in den Allgemeinen deutschen Seeversicherungsbedingungen von 1919 § 73 auf zwei Monate festgesetzt.

nicht freigegeben sind, je nachdem die Aufbringung, Anhaltung oder Nehmung geschehen ist:

a) in einem europäischen Hafen oder in einem europäischen Meere einschließlich aller Häfen oder Teile des Mittelländischen, Schwarzen und Asowschen Meeres oder

b) in einem anderen Gewässer, jedoch diesseits des Vorgebirges der guten Hoffnung und des Kap Horn, oder

c) in einem Gewässer jenseits des einen jener Vorgebirge.

Die Fristen werden von dem Tage an berechnet, an welchem dem Versicherer der Unfall durch den Versicherten angezeigt wird (§ 818).

[Verschollenheit]

§ 862.

Ein Schiff, welches eine Reise angetreten hat, ist als verschollen anzusehen, wenn es innerhalb der Verschollenheitsfrist den Bestimmungshafen nicht erreicht hat, auch innerhalb dieser Frist den Beteiligten keine Nachrichten über das Schiff zugegangen sind.

Die Verschollenheitsfrist beträgt[1]):

1. wenn sowohl der Abgangshafen als der Bestimmungshafen ein europäischer Hafen ist, bei Segelschiffen sechs, bei Dampfschiffen vier Monate;
2. wenn entweder nur der Abgangshafen oder nur der Bestimmungshafen ein außereuropäischer Hafen ist, falls er diesseits des Vorgebirges der guten Hoffnung und des Kap Horn belegen ist, bei Segel- und Dampfschiffen neun Monate, falls er jenseits des einen jener Vorgebirge belegen ist, bei Segel- und Dampfschiffen zwölf Monate;
3. wenn sowohl der Abgangs- als der Bestimmungshafen ein außereuropäischer Hafen ist, bei Segel- und Dampfschiffen sechs, neun oder zwölf Monate, je nachdem die Durchschnittsdauer der Reise nicht über zwei oder nicht über drei oder mehr als drei Monate beträgt.

Im Zweifel ist die längere Frist abzuwarten.

[Berechnung d. Verschollenheitsfrist]

§ 863.

Die Verschollenheitsfrist wird von dem Tage an berechnet, an welchem das Schiff die Reise angetreten hat. Sind jedoch seit dessen Abgange Nachrichten von ihm angelangt, so wird von dem Tage an, bis zu welchem die letzte Nachricht reicht, diejenige Frist berechnet, welche maßgebend sein würde, wenn das Schiff von dem Punkte, an welchem es sich nach sicherer Nachricht zuletzt befunden hat, abgegangen wäre.

---

[1]) Sie ist in den Allgemeinen deutschen Seeversicherungsbedingungen § 72 anders bestimmt.

[Abandonerklärung] **§ 864.**

Die Abandonerklärung muß dem Versicherer innerhalb der Abandonfrist zugegangen sein [1]).

Die Abandonfrist beträgt sechs Monate, wenn im Falle der Verschollenheit (§ 861 Abs. 1 Nr. 1) der Bestimmungshafen ein europäischer Hafen ist und wenn im Falle der Aufbringung, Anhaltung oder Nehmung (§ 861 Abs. 1 Nr. 2) der Unfall sich in einem europäischen Hafen oder in einem europäischen Meere einschließlich aller Häfen oder Teile des Mittelländischen, Schwarzen und Asowschen Meeres zugetragen hat. In den übrigen Fällen beträgt die Abandonfrist neun Monate. Die Abandonfrist beginnt mit dem Ablaufe der in den §§ 861, 862 bezeichneten Fristen.

Bei der Rückversicherung beginnt die Abandonfrist mit dem Ablaufe des Tages, an welchem dem Rückversicherten von dem Versicherten der Abandon erklärt worden ist.

[Versäumung der Abandonfrist] **§ 865.**

Nach dem Ablaufe der Abandonfrist ist der Abandon unstatthaft, unbeschadet des Rechtes des Versicherten, nach Maßgabe der sonstigen Grundsätze Vergütung eines Schadens in Anspruch zu nehmen.

Ist im Falle der Verschollenheit des Schiffes die Abandonfrist versäumt, so kann der Versicherte zwar den Ersatz eines Totalschadens fordern; er hat jedoch, wenn die versicherte Sache wieder zum Vorscheine kommt und sich dabei ergibt, daß ein Totalverlust nicht vorliegt, auf Verlangen des Versicherers gegen Verzicht des letzteren auf die infolge der Zahlung der Versicherungssumme nach § 859 ihm zustehenden Rechte die Versicherungssumme zu erstatten und sich mit dem Ersatz eines etwa erlittenen teilweisen Schadens zu begnügen.

[Unbedingtheit der Abandonerklärung] **§ 866.**

Die Abandonerklärung muß, um gültig zu sein, ohne Vorbehalt oder Bedingung erfolgen und sich auf den ganzen versicherten Gegenstand erstrecken, soweit dieser zur Zeit des Unfalls den Gefahren der See ausgesetzt war.

Wenn jedoch nicht zum vollen Werte versichert war, so ist der Versicherte nur den verhältnismäßigen Teil des versicherten Gegenstandes zu abandonnieren verpflichtet.

Die Abandonerklärung ist unwiderruflich.

[Unverbindlichkeit der Abandonerklärung] **§ 867.**

Die Abandonerklärung ist ohne rechtliche Wirkung, wenn die Tatsachen, auf welche sie gestützt wird, sich nicht bestätigen oder zur Zeit der

---

[1]) Die Allgemeinen deutschen Seeversicherungsbedingungen von 1919 kennen keine besondere Abandonfrist.

Mitteilung der Erklärung nicht mehr bestehen. Dagegen bleibt sie für beide Teile verbindlich, auch wenn sich später Umstände ereignen, deren früherer Eintritt das Recht zum Abandon ausgeschlossen haben würde.

[Übergang der Rechte durch die Abandonerklärung]

§ 868.

Durch Abandonerklärung gehen auf den Versicherer alle Rechte über, die dem Versicherten in Ansehung des abandonnierten Gegenstandes zustanden.

Der Versicherte hat dem Versicherer Gewähr zu leisten wegen der auf dem abandonnierten Gegenstande zur Zeit der Abandonerklärung haftenden dinglichen Rechte, es sei denn, daß sich diese auf Gefahren gründen, für die der Versicherer nach dem Versicherungsvertrag aufzukommen hat.

Wird das Schiff abandonniert, so gebührt dem Versicherer des Schiffes die Nettofracht der Reise, auf welcher sich der Unfall zugetragen hat, soweit die Fracht erst nach der Abandonerklärung verdient ist. Dieser Teil der Fracht wird nach den für die Ermittelung der Distanzfracht geltenden Vorschriften berechnet.

Den hiernach für den Versicherten entstehenden Verlust hat, wenn die Fracht selbständig versichert ist, der Versicherer der Fracht zu tragen.

[Erteilung von Auskunft]

§ 869.

Die Zahlung der Versicherungssumme kann erst verlangt werden, nachdem die zur Rechtfertigung des Abandons dienenden Urkunden dem Versicherer mitgeteilt sind und eine angemessene Frist zu deren Prüfung abgelaufen ist. Wird wegen Verschollenheit des Schiffes abandonniert, so gehören zu den mitzuteilenden Urkunden glaubhafte Bescheinigungen über die Zeit, in welcher das Schiff den Abgangshafen verlassen hat, und über die Nichtankunft des Schiffes im Bestimmungshafen während der Verschollenheitsfrist.

Der Versicherte ist verpflichtet, bei der Abandonerklärung, soweit er dazu imstande ist, dem Versicherer anzuzeigen, ob und welche andere den abandonnierten Gegenstand betreffende Versicherungen genommen sind sowie ob und welche Bodmereischulden oder sonstige Belastungen darauf haften. Ist die Anzeige unterblieben, so kann der Versicherer die Zahlung der Versicherungssumme so lange verweigern, bis die Anzeige nachträglich geschehen ist; wenn eine Zahlungsfrist bedungen ist, so beginnt diese erst mit dem Zeitpunkt, in welchem die Anzeige nachgeholt wird.

[Unterstützungspflicht des Versicherten nach der Abandonerklärung]

§ 870.

Der Versicherte ist verpflichtet, auch nach der Abandonerklärung für die Rettung der versicherten Sachen und für die Abwendung größerer Nachteile nach § 819, und zwar so lange zu sorgen, bis der Versicherer selbst dazu imstande ist.

Erfährt der Versicherte, daß ein für verloren erachteter Gegenstand wieder zum Vorscheine gekommen ist, so muß er dies dem Versicherer sofort anzeigen und ihm auf Verlangen die zur Erlangung oder Verwertung des Gegenstandes erforderliche Hilfe leisten.

Die Kosten hat der Versicherer zu ersetzen; auch hat er den Versicherten auf Verlangen mit einem angemessenen Vorschusse zu versehen.

[Urkunde des Versicherten über den Übergang]

§ 871.

Der Versicherte muß dem Versicherer, wenn dieser die Rechtmäßigkeit des Abandons anerkennt, auf dessen Verlangen und auf dessen Kosten über den nach § 868 durch die Abandonerklärung eingetretenen Übergang der Rechte eine öffentlich beglaubigte Anerkennungsurkunde (Abandonrevers) erteilen und die auf die abandonnierten Gegenstände sich beziehenden Urkunden ausliefern.

[Teilschaden am Schiff]

§ 872.

Bei einem teilweisen Schaden am Schiffe besteht der Schaden in dem nach den §§ 709, 710 zu ermittelnden Betrage der Ausbesserungskosten, soweit diese die Beschädigungen betreffen, welche dem Versicherer zur Last fallen.

[Reparaturunfähigkeit und Reparaturunwürdigkeit]

§ 873.

Ist die Reparaturunfähigkeit oder Reparaturunwürdigkeit des Schiffes (§ 479) auf dem im § 530 vorgeschriebenen Wege [1]) festgestellt, so ist der Versicherte dem Versicherer gegenüber befugt, das Schiff oder das Wrack zum öffentlichen Verkaufe zu bringen; im Falle des Verkaufs besteht der Schaden in dem Unterschiede zwischen dem Reinerlös und dem Versicherungswerte.

Die übernommene Gefahr endet für den Versicherer erst mit dem Verkaufe des Schiffes oder des Wrackes; auch haftet der Versicherer für den Eingang des Kaufpreises.

Bei der zur Ermittelung der Reparaturunwürdigkeit erforderlichen Feststellung des Wertes des Schiffes im unbeschädigten Zustande bleibt dessen Versicherungswert, gleichviel ob er taxiert ist oder nicht, außer Betracht.

[Spätere Feststellung]

§ 874.

Der Beginn der Ausbesserung schließt die Ausübung des im § 873 dem Versicherten eingeräumten Rechtes nicht aus, wenn erst

---

[1]) Nach den Allgemeinen deutschen Seeversicherungsbedingungen von 1919 erfolgt die Feststellung durch Sachverständige nach Maßgabe des § 74.

später erhebliche Schäden entdeckt werden, die dem Versicherten ohne sein Verschulden unbekannt geblieben waren.

Macht der Versicherte von dem Rechte nachträglich Gebrauch, so muß der Versicherer die bereits aufgewendeten Ausbesserungskosten insoweit besonders vergüten, als durch die Ausbesserung bei dem Verkaufe des Schiffes ein höherer Erlös erzielt worden ist.

[Beschädigung von Gütern] **§ 875.**

Bei Gütern, die beschädigt im Bestimmungshafen ankommen, ist durch Vergleichung des Bruttowerts, den sie daselbst im beschädigten Zustande haben, mit dem Bruttowerte, welchen sie dort im unbeschädigten Zustande haben würden, zu ermitteln, wie viele Prozente des Wertes der Güter verloren sind. Ebensoviele Prozente des Versicherungswerts sind als der Betrag des Schadens anzusehen.

Die Ermittelung des Wertes, welchen die Güter im beschädigten Zustande haben, erfolgt durch öffentlichen Verkauf oder, wenn der Versicherer einwilligt, durch Abschätzung. Der Wert, welchen die Güter im unbeschädigten Zustande haben würden, bestimmt sich nach § 611 Abs. 1.

Der Versicherer hat außerdem die Besichtigungs-, Abschätzungs- und Verkaufskosten zu tragen.

[Teilverlust von Gütern] **§ 876.**

Geht ein Teil der Güter auf der Reise verloren, so besteht der Schaden in ebensovielen Prozenten des Versicherungswerts, als Prozente des Wertes der Güter verlorengegangen sind.

[Verkauf infolge eines Unfalls] **§ 877.**

Sind Güter auf der Reise infolge eines Unfalls verkauft worden, so besteht der Schaden in dem Unterschiede zwischen dem nach Abzug der Fracht, der Zölle und Verkaufskosten sich ergebenden Reinerlöse der Güter und deren Versicherungswerte.

Die übernommene Gefahr endet für den Versicherer erst mit dem Verkaufe der Güter; auch haftet der Versicherer für den Eingang des Kaufpreises.

Die Vorschriften der §§ 834 bis 838 bleiben unberührt.

[Teilverlust der Fracht] **§ 878.**

Bei einem teilweisen Verluste der Fracht besteht der Schaden in demjenigen Teile der bedungenen oder in deren Ermangelung der üblichen Fracht, welcher verlorengegangen ist.

Ist die Fracht taxiert und die Taxe nach § 793 Abs. 4 in bezug auf einen von dem Versicherer zu ersetzenden Schaden maßgebend, so besteht der Schaden in ebensovielen Prozenten der Taxe, als Prozente der bedungenen oder üblichen Fracht verloren sind.

[Teilverlust bei imaginärem Gewinn]

§ 879.

Bei einem imaginären Gewinn oder einer Provision, die von der Ankunft der Güter erwartet werden, besteht der Schaden, wenn die Güter in beschädigtem Zustand ankommen, in ebensovielen Prozenten des als Gewinn oder Provision versicherten Betrags, als der nach § 875 zu ermittelnde Schaden an den Gütern Prozente des Versicherungswerts der letzteren beträgt.

Erreicht ein Teil der Güter den Bestimmungshafen nicht, so besteht der Schaden in ebensovielen Prozenten des als Gewinn oder Provision versicherten Betrags, als der Wert des in dem Bestimmungshafen nicht angelangten Teiles der Güter Prozente des Wertes aller Güter beträgt.

Sind bei der Versicherung des imaginären Gewinns in Ansehung des nicht angelangten Teiles der Güter die Voraussetzungen des § 860 vorhanden, so kommt von dem Schaden der im § 860 bezeichnete Überschuß in Abzug.

[Teilverlust bei Havereigeldern]

§ 880.

Bei Bodmerei- oder Havereigeldern besteht im Falle eines teilweisen Verlustes der Schaden in dem Ausfalle, welcher sich darauf gründet, daß der Gegenstand, der verbodmet oder für den die Havereigelder vorgeschossen oder verausgabt sind, zur Deckung der Bodmerei- oder Havereigelder infolge späterer Unfälle nicht mehr genügt.

[Unterversicherung]

§ 881.

Der Versicherer hat den nach den §§ 872 bis 880 zu berechnenden Schaden vollständig zu vergüten, wenn zum vollen Werte versichert war, jedoch unbeschadet der Vorschrift des § 800; war nicht zum vollen Werte versichert, so hat er nach Maßgabe des § 792 nur einen verhältnismäßigen Teil dieses Schadens zu vergüten.

Sechster Titel.

Bezahlung des Schadens.

[Schadensrechnung. Belege]

§ 882.

Der Versicherte hat, um den Ersatz eines Schadens fordern zu können[1]), eine Schadensberechnung dem Versicherer mitzuteilen.

Er muß zugleich durch genügende Belege dem Versicherer dartun:

1. sein Interesse;
2. daß der versicherte Gegenstand den Gefahren der See ausgesetzt worden ist;

[1]) Die Allgemeinen deutschen Seeversicherungsbedingungen von 1919 verlangen rechtzeitige „Andienung“ (§ 42).

3. den Unfall, auf den der Anspruch gestützt wird;
4. den Schaden und dessen Umfang.

[Ausweis bei der Versicherung für fremde Rechnung]

§ 883 [1]).

Bei der Versicherung für fremde Rechnung hat sich außerdem der Versicherte darüber auszuweisen, daß er dem Versicherungsnehmer zum Abschlusse des Vertrags Auftrag erteilt hat. Ist die Versicherung ohne Auftrag geschlossen, so muß der Versicherte die Umstände dartun, aus welchen hervorgeht, daß die Versicherung in seinem Interesse genommen ist.

[Arten der Belege]

§ 884.

Als genügende Belege sind im allgemeinen solche Belege anzusehen, die im Handelsverkehre, namentlich wegen der Schwierigkeit der Beschaffung anderer Beweise, nicht beanstandet zu werden pflegen, insbesondere

1. zum Nachweise des Interesses:
   bei der Versicherung des Schiffes die üblichen Eigentumsurkunden;
   bei der Versicherung von Gütern die Fakturen und Konnossemente, sofern nach deren Inhalt der Versicherte zur Verfügung über die Güter befugt erscheint;
   bei der Versicherung der Fracht die Chartepartien und Konnossemente;
2. zum Nachweise der Verladung der Güter die Konnossemente;
3. zum Nachweise des Unfalls die Verklarung und das Tagebuch, in Kondemnationsfällen das Erkenntnis des Prisengerichts, in Verschollenheitsfällen glaubhafte Bescheinigungen über die Zeit, in welcher das Schiff den Abgangshafen verlassen hat, und über die Nichtankunft des Schiffes im Bestimmungshafen während der Verschollenheitsfrist;
4. zum Nachweise des Schadens und dessen Umfanges die den Gesetzen oder Gebräuchen des Ortes der Schadensermittelung entsprechenden Besichtigungs-, Abschätzungs- und Versteigerungsurkunden sowie die Kostenanschläge der Sachverständigen, ferner die quittierten Rechnungen über die ausgeführten Ausbesserungen und andere Quittungen über geleistete Zahlungen; in Ansehung eines teilweisen Schadens am Schiffe (§§ 872, 873) genügen jedoch die Besichtigungs- und Abschätzungsurkunden sowie die Kostenanschläge nur dann, wenn die etwaigen Schäden, die sich auf Abnutzung, Alter, Fäulnis oder Wurmfraß gründen, gehörig ausgeschieden sind und wenn zugleich, soweit es ausführbar war, solche Sachverständige zugezogen worden sind, die entweder ein für allemal obrigkeitlich bestellt oder von dem Ortsgericht oder dem deutschen Konsul und,

---

1) In der Fassung des Ges. v. 30. Mai 1908 (RGBl. S. 307).

in deren Ermangelung oder sofern deren Mitwirkung sich nicht erlangen ließ, von einer anderen Behörde besonders ernannt waren.

[Befreiung des Versicherten] **§ 885.**

Eine Vereinbarung, durch die der Versicherte von dem Nachweise der im § 882 erwähnten Umstände oder eines Teiles dieser Umstände befreit wird, ist gültig, jedoch unbeschadet des Rechtes des Versicherers, das Gegenteil zu beweisen.

Die bei der Versicherung von Gütern getroffene Vereinbarung, daß das Konnossement nicht vorzulegen ist, befreit nur von dem Nachweise der Verladung.

[Rechte des Versicherten bei Versicherung für fremde Rechnung] **§ 886.**[1])

Bei der Versicherung für fremde Rechnung stehen die Rechte aus dem Versicherungsvertrage dem Versicherten zu. Die Aushändigung einer Police kann jedoch nur der Versicherungsnehmer verlangen.

Der Versicherte kann ohne Zustimmung des Versicherungsnehmers über seine Rechte nur verfügen und diese Rechte nur gerichtlich geltend machen, wenn er im Besitz einer Police ist.

[Stellung des Versicherungsnehmers für fremde Rechnung] **§ 887.**[1])

Der Versicherungsnehmer kann über die Rechte, welche dem Versicherten aus dem Versicherungsvertrage zustehen, im eigenen Namen verfügen.

Ist eine Police ausgestellt, so ist der Versicherungsnehmer ohne Zustimmung des Versicherten zur Annahme der Zahlung sowie zur Übertragung der Rechte des Versicherten nur befugt, wenn er im Besitze der Police ist.

Der Versicherer ist zur Zahlung an den Versicherungsnehmer nur verpflichtet, wenn dieser ihm gegenüber nachweist, daß der Versicherte seine Zustimmung zu der Versicherung erteilt hat.

[Verhältnis des Versicherungsnehmers zum Versicherten] **§ 888.**

Der Versicherungsnehmer ist nicht verpflichtet, die Police dem Versicherten oder den Gläubigern oder der Konkursmasse des Versicherten auszuliefern, bevor er wegen der gegen den Versicherten in bezug auf den versicherten Gegenstand ihm zustehenden Ansprüche befriedigt ist. Im Falle eines Schadens kann der Versicherungsnehmer sich wegen dieser Ansprüche aus der Forderung, welche gegen

---

[1]) In der Fassung des Ges. v. 30. Mai 1908 (RGBl. S. 307).

den Versicherer begründet ist, und nach Einziehung der Versicherungsgelder aus den letzteren vorzugsweise vor dem Versicherten und vor dessen Gläubigern befriedigen.

[Verantwortlichkeit des Versicherers]

§ 889.

Der Versicherer macht sich dem Versicherungsnehmer verantwortlich, wenn er, während sich dieser noch im Besitze der Police befindet, durch Zahlungen, die er dem Versicherten oder den Gläubigern oder der Konkursmasse des Versicherten leistet, oder durch Verträge, die er mit ihnen schließt, das im § 888 bezeichnete Recht des Versicherungsnehmers beeinträchtigt.

Inwiefern sich der Versicherer einem Dritten, welchem Rechte aus der Police eingeräumt sind, dadurch verantwortlich macht, daß er über diese Rechte Verträge schließt oder Versicherungsgelder zahlt, ohne sich die Police zurückgeben zu lassen oder sie mit der erforderlichen Bemerkung zu versehen, bestimmt sich nach den Vorschriften des bürgerlichen Rechtes.

[Aufrechnung des Versicherers bei Versicherung für fremde Rechnung]

§ 890.[1])

Der Versicherer kann gegen die Entschädigungsforderung eine Forderung, die ihm gegen den Versicherungsnehmer zusteht, insoweit aufrechnen, als sie auf der für den Versicherten genommenen Versicherung beruht.

[Abtretung der Entschädigungsansprüche]

§ 891.

Der Versicherte ist befugt, nicht nur die aus einem bereits eingetretenen Unfall ihm zustehenden, sondern auch die künftigen Entschädigungsansprüche einem Dritten abzutreten. Ist die Police nach § 363 Abs. 2 an Order gestellt, so ist bei der Versicherung für fremde Rechnung zur Gültigkeit der ersten Übertragung das Indossament des Versicherungsnehmers genügend.

[Abschlagszahlungen]

§ 892.

Wenn nach dem Ablaufe von zwei Monaten seit der Anzeige des Unfalls die Schadensberechnung (§ 882) ohne Verschulden des Versicherten noch nicht vorgelegt, wohl aber durch ungefähre Ermittelung die Summe festgestellt worden ist, welche dem Versicherer mindestens zur Last fällt, so hat der letztere diese Summe in Anrechnung auf seine Schuld vorläufig zu zahlen, jedoch nicht vor dem Ablaufe der etwa für die Zahlung der Ver-

---

1) In der Fassung des Ges. v. 30. Mai 1908 (RGBl. S. 304).

sicherungsgelder bedungenen Frist. Soll die Zahlungsfrist mit dem Zeitpunkte beginnen, in welchem dem Versicherer die Schadensberechnung mitgeteilt ist, so wird sie in dem bezeichneten Falle von der Zeit an berechnet, in welcher dem Versicherer die vorläufige Ermittelung mitgeteilt ist[1]).

[Vorschüsse] **§ 893.**

Der Versicherer hat:

1. in Havereifällen zu den für die Rettung, Erhaltung oder Wiederherstellung der versicherten Sache nötigen Ausgaben in Anrechnung auf seine später festzustellende Schuld zwei Dritteile des ihm zur Last fallenden Betrags,
2. bei Aufbringung des Schiffes oder der Güter den vollen Betrag der ihm zur Last fallenden Kosten des Reklameprozesses, sowie sie erforderlich werden, vorzuschießen.

Siebenter Titel.

Aufhebung der Versicherung und Rückzahlung der Prämie.

[Anspruch des Versicherers auf Ristornogebühr] **§ 894.**

Wird die Unternehmung, auf welche sich die Versicherung bezieht, ganz oder zu einem Teile von dem Versicherten aufgegeben oder wird ohne sein Zutun die ganze versicherte Sache oder ein Teil dieser Sache der von dem Versicherer übernommenen Gefahr nicht ausgesetzt, so kann die Prämie ganz oder zu dem verhältnismäßigen Teile bis auf eine dem Versicherer gebührende Vergütung zurückgefordert oder einbehalten werden (Ristorno).

Die Vergütung (Ristornogebühr) besteht, sofern nicht ein anderer Betrag vereinbart oder am Orte der Versicherung üblich ist, in einem halben Prozente der ganzen oder des entsprechenden Teiles der Versicherungssumme, wenn aber die Prämie nicht ein Prozent der Versicherungssumme erreicht, in der Hälfte der ganzen oder des verhältnismäßigen Teiles der Prämie.

[Weitere Fälle] **§ 895[2]).**

Ist die Versicherung wegen Mangels des versicherten Interesses (§ 778) oder wegen Überversicherung (§ 786) unwirksam und hat sich der Versicherungsnehmer bei dem Abschlusse des Vertrags und im Falle der Versicherung für fremde Rechnung auch der Versicherte bei der Erteilung des Auftrags in gutem Glauben befunden, so kann die Prämie gleichfalls bis auf die im § 894 bezeichnete Ristornogebühr zurückgefordert oder einbehalten werden.

---

[1]) Siehe § 44 Abs. 1 Satz 2 der Allgemeinen deutschen Seeversicherungsbedingungen von 1919.

[2]) In der Fassung des Ges. v. 30. Mai 1908 (RGBl. S. 307).

[Fortsetzung]

§ 896.

Die Anwendung der Vorschriften der §§ 894, 895 wird dadurch nicht ausgeschlossen, daß der Versicherungsvertrag für den Versicherer wegen Verletzung der Anzeigepflicht oder aus anderen Gründen unverbindlich ist, selbst wenn der Versicherer ungeachtet dieser Unverbindlichkeit auf die volle Prämie Anspruch hätte.

[Ausschluß des Ristorno]

§ 897.

Ein Ristorno findet nicht statt, wenn die Gefahr für den Versicherer bereits zu laufen begonnen hat.

[Zahlungsunfähigkeit des Versicherers]

§ 898 [1]).

Wenn der Versicherer zahlungsunfähig geworden ist, so ist der Versicherte befugt, nach seiner Wahl entweder von dem Vertrage zurückzutreten und die ganze Prämie zurückzufordern oder einzubehalten oder auf Kosten des Versicherers eine neue Versicherung zu nehmen. Dieses Recht steht ihm jedoch nicht zu, wenn ihm wegen der Erfüllung der Verpflichtungen des Versicherers genügende Sicherheit bestellt wird, bevor er von dem Vertrage zurückgetreten ist oder die neue Versicherung genommen hat.

[Veräußerung der versicherten Sache]

§ 899 [1]).

Wird die versicherte Sache von dem Versicherten veräußert, so tritt an die Stelle des Veräußerers der Erwerber in die sich während der Dauer seines Eigentums aus dem Versicherungsverhältnis ergebenden Rechte und Pflichten des Versicherten ein. Für die Prämie haften der Veräußerer und der Erwerber als Gesamtschuldner.

Der Versicherer hat in Ansehung der durch das Versicherungsverhältnis gegen ihn begründeten Forderungen die Veräußerung erst dann gegen sich gelten zu lassen, wenn er von ihr Kenntnis erlangt; die Vorschriften der §§ 406 bis 408 des Bürgerlichen Gesetzbuchs finden entsprechende Anwendung.

Der Versicherer haftet nicht für die Gefahren, welche nicht eingetreten sein würden, wenn die Veräußerung unterblieben wäre.

Der Erwerber ist berechtigt, das Versicherungsverhältnis ohne Einhaltung einer Kündigungsfrist zu kündigen. Das Kündigungsrecht erlischt, wenn es nicht innerhalb eines Monats nach dem Erwerb ausgeübt wird; hatte der Erwerber von der Versicherung keine Kenntnis, so bleibt das Kündigungsrecht bis zum Ablauf eines Monats

---

[1]) In der Fassung des Ges. v. 30. Mai 1908 (RGBl. S. 307).

von dem Zeitpunkt an bestehen, in welchem der Erwerber von der Versicherung Kenntnis erlangt. Kündigt der Erwerber, so haftet er für die Prämie nicht.

Bei einer Zwangsversteigerung der versicherten Sache finden die Vorschriften der Abs. 1 bis 4 entsprechende Anwendung.

[Versicherung von Schiffsparten u. Schiffen]

§ 900.

Die Vorschriften des § 899 gelten auch im Falle der Versicherung einer Schiffspart.

Ist das Schiff selbst versichert, so kommen sie nur zur Anwendung, wenn das Schiff während einer Reise veräußert wird. Der Anfang und das Ende der Reise bestimmen sich nach § 823. Ist das Schiff auf Zeit oder für mehrere Reisen (§ 757) versichert, so dauert die Versicherung im Falle der Veräußerung während einer Reise nur bis zur Entlöschung des Schiffes im nächsten Bestimmungshafen (§ 823).

Elfter Abschnitt.

Verjährung.

[Verjährung der Schiffsgläubigerforderungen]

§ 901.

Die im § 754 Nr. 1 bis 9 aufgeführten Forderungen verjähren in einem Jahre. Es beträgt jedoch die Verjährungsfrist zwei Jahre:

1. für die aus den Dienst- und Heuerverträgen herrührenden Forderungen der Schiffsbesatzung, wenn die Entlassung jenseits des Vorgebirges der guten Hoffnung oder des Kap Horn erfolgt ist;
2. [1]) für die Entschädigungsforderungen aus einem Zusammenstoße von Schiffen oder aus einem unter § 738 fallenden Ereignis sowie für die Forderungen auf Berge- oder Hilfslohn.

[Erstreckung auf persönliche Forderungen]

§ 902.

Die nach § 901 eintretende Verjährung bezieht sich zugleich auf die persönlichen Ansprüche, die dem Gläubiger etwa gegen den Reeder oder eine Person der Schiffsbesatzung zustehen.

[Beginn der Verjährung]

§ 903.

Die Verjährung beginnt:

1. in Ansehung der Forderungen der Schiffsbesatzung (§ 754 Nr. 3) mit dem Ablaufe des Jahres, in welchem das Dienst- oder Heuerverhältnis endet, und, falls die Anstellung der Klage früher mög-

---

[1]) In der Fassung des Ges. v. 7. Januar 1913 (RGBl. S. 90).

lich und zulässig ist, mit dem Ablaufe des Jahres, in welchem diese Voraussetzung eintritt; jedoch kommt das Recht, Vorschuß- und Abschlagszahlungen zu verlangen, für den Beginn der Verjährung nicht in Betracht;

2. in Ansehung der Forderungen wegen Beschädigung oder verspäteter Ablieferung von Ladungsgütern und Reisegut (§ 754 Nr. 7, 9) und wegen der Beiträge zur großen Haverei (§ 754 Nr. 5) mit dem Ablaufe des Jahres, in welchem die Ablieferung erfolgt ist, in Ansehung der Forderungen wegen Nichtablieferung von Gütern mit dem Ablaufe des Jahres, in welchem das Schiff den Hafen erreicht, wo die Ablieferung erfolgen sollte, und wenn dieser Hafen nicht erreicht wird, mit dem Ablaufe des Jahres, in welchem der Beteiligte sowohl hiervon als auch von dem Schaden zuerst Kenntnis erlangt;

3.[1]) in Ansehung der nicht unter Nr. 2 fallenden Forderungen aus dem Verschulden einer Person der Schiffsbesatzung (§ 754 Nr. 9) mit dem Ablaufe des Jahres, in welchem der Beteiligte von dem Schaden Kenntnis erlangt hat, jedoch in Ansehung der Entschädigungsforderungen aus dem Zusammenstoße von Schiffen oder aus einem unter den § 738 fallenden Ereignis mit dem Ablauf des Tages, an welchem das Ereignis stattgefunden hat;

3a)[1]) in Ansehung der Forderungen auf Berge- und Hilfslohn mit dem Ablauf des Tages, an welchem das Bergungs- oder Hilfeleistungswerk beendigt worden ist.

4. in Ansehung aller anderen Forderungen mit dem Ablaufe des Jahres, in welchem die Forderung fällig geworden ist.

[Verjährung von Rückgriffsforderungen u. Ladungsgläubigeransprüchen]

§ 904.

Die Rückgriffsforderungen, die den Reedern untereinander nach § 736 Abs. 2 zustehen, verjähren in einem Jahre. Die Verjährung beginnt mit dem Ablauf des Tages, an welchem die den Rückgriff begründende Zahlung erfolgt ist.

Ferner verjähren in einem Jahre die auf den Gütern wegen der Bodmereigelder und der Beiträge zur großen Haverei haftenden Forderungen sowie die wegen dieser Gelder und Beiträge begründeten persönlichen Ansprüche.

Die Verjährung beginnt in Ansehung der Bodmereigelder mit dem Ablauf des Jahres, in welchem die Fälligkeit eingetreten ist, in Ansehung der Beiträge zur großen Haverei mit dem Ablauf des Jahres, in welchem die beitragspflichtigen Güter abgeliefert sind.

Die auf den Gütern wegen der Bergungs- und Hilfskosten haftenden

---

[1]) In der Fassung des Ges. v. 7. Januar 1913 (RGBl. S. 90).

Forderungen sowie die wegen dieser Kosten begründeten persönlichen Ansprüche verjähren in zwei Jahren. Die Verjährung beginnt mit dem Ablauf des Tages, an welchem das Bergungs- oder Hilfeleistungswerk beendigt worden ist.

[Verjährung der Ansprüche aus dem Seeversicherungsvertrage] **§ 905.**

Es verjähren in fünf Jahren die Forderungen des Versicherers und des Versicherten aus dem Versicherungsvertrage.

Die Verjährung beginnt mit dem Ablaufe des Jahres, in welchem die versicherte Reise beendigt ist, und bei der Versicherung auf Zeit mit dem Ablaufe des Tages, an welchem die Versicherungszeit endet. Sie beginnt, wenn das Schiff verschollen ist, mit dem Ablaufe des Tages, an welchem die Verschollenheitsfrist endet.

Anhang.

Einführungsgesetz zum Handelsgesetzbuch.

Vom 10. Mai 1897

(RGBl. S. 437).

[Inkrafttreten des HGB.] **Art. 1.**

Das Handelsgesetzbuch tritt gleichzeitig mit dem Bürgerlichen Gesetzbuch in Kraft.

Der sechste Abschnitt des ersten Buches des Handelsgesetzbuchs tritt mit Ausnahme des § 65 am 1. Januar 1898 in Kraft.

Der siebente Abschnitt des dritten Buches des Handelsgesetzbuchs kann durch Kaiserliche Verordnung mit Zustimmung des Bundesrats vor dem im Abs. 1 bezeichneten Zeitpunkt in Kraft gesetzt werden[1]).

[Handelssachen] **Art. 2.**

In Handelssachen kommen die Vorschriften des Bürgerlichen Gesetzbuchs nur insoweit zur Anwendung, als nicht im Handelsgesetzbuch oder in diesem Gesetz ein anderes bestimmt ist.

Im übrigen werden die Vorschriften der Reichsgesetze durch das Handelsgesetzbuch nicht berührt.

---

[1]) Ist nicht geschehen.

[Ersetzung des A. D. HGB. durch das HGB.]

Art. 3.

Soweit in Reichsgesetzen oder in Landesgesetzen auf Vorschriften des Allgemeinen Deutschen Handelsgesetzbuchs verwiesen ist, treten die entsprechenden Vorschriften des Handelsgesetzbuchs an deren Stelle.

[Wirkungen der Eintragungen in das Güterrechtsregister]

Art. 4.

Die nach dem bürgerlichen Rechte mit einer Eintragung in das Güterrechtsregister verbundenen Wirkungen treten, sofern ein Ehegatte Kaufmann ist und seine Handelsniederlassung sich nicht in dem Bezirke des für den Wohnsitz des Ehemanns zuständigen Registergerichts befindet, in Ansehung der auf den Betrieb des Handelsgewerbes sich beziehenden Rechtsverhältnisse nur ein, wenn die Eintragung auch in das Güterrechtsregister des für den Ort der Handelsniederlassung zuständigen Gerichts erfolgt ist. Bei mehreren Niederlassungen genügt die Eintragung in das Register des Ortes der Hauptniederlassung.

Wird die Niederlassung verlegt, so finden die Vorschriften des § 1559 des Bürgerlichen Gesetzbuchs entsprechende Anwendung.

[Bergwerksgesellschaften älteren Rechts]

Art. 5.

Auf Bergwerksgesellschaften, die nach den Vorschriften der Landesgesetze nicht die Rechte einer juristischen Person besitzen, findet der § 2 des Handelsgesetzbuchs keine Anwendung.

[Ausdehnung seehandelsrechtlicher Vorschriften]

Art. 6.

Die Vorschriften der §§ 474, 475 des Handelsgesetzbuchs finden auch im Falle der Veräußerung eines Seeschiffs, das nicht zum Erwerbe durch die Seefahrt bestimmt ist, sowie im Falle der Veräußerung eines Anteils an einem solchen Schiffe Anwendung.

[Fortsetzung]

Art. 7.

Die Vorschriften des § 485 und des § 486 Abs. 1 Nr. 3 des Handelsgesetzbuchs über die Haftung des Reeders für das Verschulden einer Person der Schiffsbesatzung sowie die Vorschriften der §§ 734 bis 739 des Handelsgesetzbuchs über die Haftung im Falle des Zusammenstoßes von Schiffen finden auch Anwendung, wenn die Verwendung eines Schiffes zur Seefahrt nicht des Erwerbes wegen erfolgt.

[Aufhebung bestimmter reichsgesetzlicher Vorschriften]

Art. 8.

Aufgehoben werden:

1. das Gesetz, betreffend die Löschung nicht mehr bestehender Firmen

und Prokuren im Handelsregister, vom 30. März 1888 (Reichs-Gesetzbl. S. 129);
2. der Artikel 80 der Wechselordnung;
3. der § 68 der Seemannsordnung vom 27. Dezember 1872 (Reichs-Gesetzbl. S. 409);
4. der § 86 Abs. 2 des Gesetzes, betreffend die Unfallversicherung der Seeleute und anderer bei der Seeschiffahrt beteiligter Personen, vom 13. Juli 1887 (Reichs-Gesetzbl. S. 329).

[Änderung der Gewerbeordnung] **Art. 9.**

Die Gewerbeordnung wird dahin geändert:

I. Als § 15 a werden folgende Vorschriften eingestellt:

Gewerbetreibende, die einen offenen Laden haben oder Gast- oder Schankwirtschaft betreiben, sind verpflichtet, ihren Familiennamen mit mindestens einem ausgeschriebenen Vornamen an der Außenseite oder am Eingange des Ladens oder der Wirtschaft in deutlich lesbarer Schrift anzubringen.

Kaufleute, die eine Handelsfirma führen, haben zugleich die Firma in der bezeichneten Weise an dem Laden oder der Wirtschaft anzubringen; ist aus der Firma der Familienname des Geschäftsinhabers mit dem ausgeschriebenen Vornamen zu ersehen, so genügt die Anbringung der Firma.

Auf offene Handelsgesellschaften, Kommanditgesellschaften und Kommanditgesellschaften auf Aktien finden diese Vorschriften mit der Maßgabe Anwendung, daß für die Namen der persönlich haftenden Gesellschafter gilt, was in betreff der Namen der Gewerbetreibenden bestimmt ist.

Sind mehr als zwei Beteiligte vorhanden, deren Namen hiernach in der Aufschrift anzugeben wären, so genügt es, wenn die Namen von zweien mit einem das Vorhandensein weiterer Beteiligter andeutenden Zusatz aufgenommen werden. Die Polizeibehörde kann im einzelnen Falle die Angabe der Namen aller Beteiligter anordnen.

II. Als § 133 f wird folgende Vorschrift eingestellt:

Eine Vereinbarung zwischen dem Gewerbeunternehmer und einem der im § 133 a bezeichneten Angestellten, durch die der Angestellte für die Zeit nach der Beendigung des Dienstverhältnisses in seiner gewerblichen Tätigkeit beschränkt wird, ist für den Angestellten nur insoweit verbindlich, als die Beschränkung nach Zeit, Ort und Gegenstand nicht die Grenzen überschreitet, durch welche eine unbillige Erschwerung seines Fortkommens ausgeschlossen wird.

Die Vereinbarung ist nichtig, wenn der Angestellte zur Zeit des Abschlusses minderjährig ist.

III. Der § 148 erhält folgenden Zusatz:

14. wer den Vorschriften des § 15a zuwiderhandelt.

Art. 10—Art. 14

ändern einige Vorschriften des Ges. betr. die Erwerbs- u. Wirtschaftsgenossenschaften vom 1. Mai 1889, des Ges. betr. die Gesellschaften mit beschränkter Haftung v. 20. April 1892, des Ges. betr. die privatrechtlichen Verhältnisse der Binnenschiffahrt v. 15. Juni 1895, und des alten Börsengesetzes v. 22. Juni 1896 ab.

[Landesrecht nur bei Vorbehalt]

Art. 15.

Die privatrechtlichen Vorschriften der Landesgesetze bleiben insoweit unberührt, als es in diesem Gesetze bestimmt oder als im Handelsgesetzbuch auf die Landesgesetze verwiesen ist.

Soweit die Landesgesetze unberührt bleiben, können auch neue landesgesetzliche Vorschriften erlassen werden.

[Vorbehalt für Lagerscheine u. Lagerpfandscheine]

Art. 16.[1])

Unberührt bleiben die landesgesetzlichen Vorschriften über Lagerscheine und Lagerpfandscheine, die Vorschriften über Lagerscheine jedoch nur insoweit, als sie den § 363 Abs. 2 und die §§ 364, 365, 424 des Handelsgesetzbuchs ergänzen.

[Vorbehalt für Schecks]

Art. 17.[2])

Unberührt bleiben die landesgesetzlichen Vorschriften über Schecks.

[Vorbehalt für Bierlieferungsverträge]

Art. 18.

Unberührt bleiben die landesgesetzlichen Vorschriften über den Vertrag zwischen dem Brauer und dem Wirte über die Lieferung von Bier, soweit sie das aus dem Vertrage sich ergebende Schuldverhältnis für den Fall regeln, daß nicht besondere Vereinbarungen getroffen werden.

[Seerechtliche Vorbehalte]

Art. 19.

Unberührt bleiben:

1. für das Großherzogtum Mecklenburg-Schwerin die §§ 51 bis 53, 55 der Verordnung vom 28. Dezember 1863, betreffend

---

[1]) Lagerpfandscheine sind zugelassen in Bremen (Ges. v. 13. Mai 1877, abgeändert durch Ges. v. 18. Juli 1899).

[2]) Erledigt durch das Reichsscheckgesetz v. 11. März 1908.

die Publikation des Handelsgesetzbuchs, sowie die zur Abänderung dieser Verordnung ergangene Verordnung vom 22. Oktober 1869 [1]);

2. für die freie Hansestadt Bremen die Verordnung vom 12. Februar 1866, betreffend die Löschung der Seeschiffe, nebst den dazu später ergangenen Gesetzen [2]);
3. für die freie und Hansestadt Hamburg der § 50 des Einführungsgesetzes zum Allgemeinen Deutschen Handelsgesetzbuche vom 22. Dezember 1865 [3]).

[Vorbehalt für Schiffe, die im Bau begriffen sind]

Art. 20.

Unberührt bleiben die landesgesetzlichen Vorschriften, nach welchen ein Pfandrecht an einem im Bau begriffenen Schiffe ohne Übergabe des Schiffes durch Eintragung in ein besonderes Register bestellt werden kann, sowie die landesgesetzlichen Vorschriften über die Zwangsversteigerung eines solchen Schiffes [4]).

[Wechselrechtliche Vorbehalte]

Art. 21.

Unberührt bleiben die landesgesetzlichen Vorschriften zur Ausführung der Allgemeinen Deutschen Wechselordnung, soweit sie durch das Bundesgesetz vom 5. Juni 1869 (Bundes-Gesetzbl. S. 379) aufrecht erhalten sind. Dies gilt jedoch nicht für die Vorschriften über kaufmännische Anweisungen.

[Fortführung alter, eingetragener Firmen]

Art. 22.

Die zur Zeit des Inkrafttretens des Handelsgesetzbuchs im Handelsregister eingetragenen Firmen können weitergeführt werden, soweit sie nach den bisherigen Vorschriften geführt werden durften.

Die Vorschriften des § 20 des Handelsgesetzbuchs über die in die Firma der Aktiengesellschaften und der Kommanditgesellschaften auf Aktien aufzunehmenden Bezeichnungen finden jedoch auf die bei dem Inkrafttreten des Handelsgesetzbuchs für eine solche Gesellschaft in das Handelsregister eingetragene Firma Anwendung, wenn die

---

[1]) Diese VO. sind ersetzt durch §§ 9—21 der AusfV. z. HGB. v. 9. April 1899. §§ 11—20 regeln das „Setzungsrecht". Vgl. § 501 HGB. u. Schaps-Mittelstein-Sebba, Das deutsche Seerecht [2], S. 159 ff. Das Recht ist seit dem Weltkriege eingeengt worden.

[2]) Zu ihr sind später neue Gesetze ergangen.

[3]) Ersetzt durch § 8 des AusfGes. z. HGB. v. 25. Dezember 1899 (betrifft § 609 HGB.).

[4]) Bremen: § 30 AusfGes. z. HGB. v. 18. Juli 1899 u. § 5 AusfGes. zum ZVG. v. 18. Juli 1891. Oldenburg: Ges. v. 10. März 1903. Abgedruckt bei Schaps-Mittelstein-Sebba, Das deutsche Seerecht [2] S. 58ff.

Firma aus Personennamen zusammengesetzt ist und nicht erkennen läßt, daß eine Aktiengesellschaft oder eine Kommanditgesellschaft auf Aktien die Inhaberin ist.

[Übergangsbestimmungen für die Errichtungen von AG.]

Art. 23.

Auf die Errichtung einer Aktiengesellschaft oder Kommanditgesellschaft auf Aktien, die vor dem Inkrafttreten des Handelsgesetzbuchs zur Eintragung in das Handelsregister angemeldet ist, finden die bisherigen Vorschriften Anwendung, sofern vor diesem Zeitpunkte die Voraussetzungen erfüllt sind, an deren Nachweis die bisherigen Vorschriften die Eintragung knüpfen.

[Übergangsbestimmungen für Aktienbeträge]

Art. 24.

Sind die Aktien einer bestehenden Aktiengesellschaft oder Kommanditgesellschaft auf Aktien gemäß den vor dem Inkrafttreten des Gesetzes vom 18. Juli 1884 (Reichs-Gesetzbl. S. 123) in Geltung gewesenen Vorschriften auf einen geringeren Betrag als eintausend Mark gestellt, so bleiben im Falle einer Zusammenlegung oder sonstigen Umwandlung dieser Aktien die Vorschriften des § 180 Abs. 1 des Handelsgesetzbuchs außer Anwendung. Der Nennbetrag der Aktien darf jedoch nicht herabgesetzt werden.

Wird das Grundkapital einer bestehenden Aktiengesellschaft oder Kommanditgesellschaft auf Aktien durch Ausgabe neuer Aktien erhöht, so finden die Vorschriften des § 180 Abs. 1 des Handelsgesetzbuchs auf die neuen Aktien Anwendung, auch wenn die Ausgabe mittels Umwandlung von Aktien der im Abs. 1 bezeichneten Art geschieht.

Diese Vorschriften gelten auch für Interimsscheine.

[Übergangsbestimmungen für Kraftloserklärung von Aktien]

Art. 25.

Die Vorschriften des § 228 des Handelsgesetzbuchs über die Kraftloserklärung abhanden gekommener oder vernichteter Aktien finden auch in dem Falle Anwendung, daß eine Aktie vor dem Inkrafttreten des Handelsgesetzbuchs abhanden gekommen oder vernichtet worden ist.

[Außerkurssetzung von Inhaberaktien]

Art. 26.

Die vor dem Inkrafttreten des Handelsgesetzbuchs erfolgte Außerkurssetzung einer auf den Inhaber lautenden Aktie verliert mit dem Inkrafttreten des Handelsgesetzbuchs ihre Wirkung.

[Übergangsbestimmungen für Vorstandsmitglieder einer AG.]

Art. 27.

Auf Personen, die bei dem Inkrafttreten des Handelsgesetzbuchs Mitglieder des Vorstandes einer Aktiengesellschaft sind, finden für die Dauer der Bestellung die Vorschriften des § 236 des Handelsgesetzbuchs über den Betrieb eines Handelsgewerbes und über die Beteiligung an einer anderen Gesellschaft nur in der Beschränkung auf den Handelszweig der Aktiengesellschaft Anwendung.

[Übergangsbestimmungen für Bezugsrechte] **Art. 28.**

Die Vorschrift des § 283 Abs. 1 des Handelsgesetzbuchs über die Zusicherung von Rechten auf den Bezug neu auszugebender Aktien findet auf eine vor dem Inkrafttreten des Handelsgesetzbuchs erteilte Zusicherung keine Anwendung.

Wechselordnung

in der Fassung der Bekanntmachung vom 3. Juni 1908.

(RGBl. 1908 S. 327) [1] [2] [3].

Erster Abschnitt.

Von der Wechselfähigkeit.

[Passive Wechselgeschäftsfähigkeit] **Art. 1.**

Wechselfähig ist jeder, welcher sich durch Verträge verpflichten kann.

Art. 2 ist aufgehoben worden durch Bundesgesetz v. 29. Mai 1869 (Personalarrest als Exekutionsmittel).

---

[1]) Die Allgemeine Deutsche Wechselordnung ist zuerst durch Ges. v. 26. November 1848 von der Frankfurter Nationalversammlung veröffentlicht und durch Landesgesetz eingeführt worden. Zur Ergänzung ergingen die Nürnberger Novellen. Die Allgemeine Deutsche WO. wurde dann zum Bundesgesetz (Ges. v. 5. Juni 1869) und Reichsgesetz erhoben. Durch Ges. v. 30. Mai 1908 betreffend die Erleichterung des Wechselprotestes (RGBl. S. 321) § 5 wurde der Reichskanzler ermächtigt, den Text des jetzt „Wechselordnung" zu nennenden Ges. neu zu publizieren; dies ist durch die Bek. v. 3. Juni 1908 geschehen.

[2]) In bezug auf die Besteuerung ist maßgebend das Wechselsteuergesetz in der Fassung der Bek. v. 12. Juli 1930 (RGBl. S. 219).

[3]) In bezug auf ein einheitliches Weltwechselrecht ist zustande gekommen das Genfer Wechselrechtsabkommen 1930. Vgl. E. Hirsch in den Bl. für Intern. Privatrecht 1930 S. 257ff.; Magnus, Tabellen zum Internationalen Recht Bd. IV, Wechselrecht 1930.

[Selbständigkeit der Wechselerklärungen]

Art. 3.

Finden sich auf einem Wechsel Unterschriften von Personen, welche eine Wechselverbindlichkeit überhaupt nicht oder nicht mit vollem Erfolg eingehen können, so hat dies auf die Verbindlichkeit der übrigen Wechselverpflichteten keinen Einfluß.

Zweiter Abschnitt.

Von gezogenen Wechseln.

I. Erfordernisse eines gezogenen Wechsels.

[Wesentliche Erfordernisse]

Art. 4.

Die wesentlichen Erfordernisse eines gezogenen Wechsels sind:

1. die in den Wechsel selbst aufzunehmende Bezeichnung als Wechsel oder, wenn der Wechsel in einer fremden Sprache ausgestellt ist, ein jener Bezeichnung entsprechender Ausdruck in der fremden Sprache;
2. die Angabe der zu zahlenden Geldsumme[1]);
3. der Name der Person oder die Firma, an welche oder an deren Order gezahlt werden soll (des **Remittenten**);
4. die Angabe der Zeit, zu welcher gezahlt werden soll; die Zahlungszeit kann für die gesamte Geldsumme nur eine und dieselbe sein und nur festgesetzt werden
   auf einen bestimmten Tag,
   auf Sicht (Vorzeigung, a vista usw.) oder auf eine bestimmte Zeit nach Sicht,
   auf eine bestimmte Zeit nach dem Tage der Ausstellung (nach dato),
   auf eine Messe oder einen Markt (Meß- oder Marktwechsel);
5. die Unterschrift des Ausstellers **(Trassanten)** mit seinem Namen oder seiner Firma;
6. die Angabe des Ortes, Monatstags und Jahres der Ausstellung;
7. der Name der Person oder die Firma, welche die Zahlung leisten soll (des **Bezogenen** oder **Trassaten**);
8. die Angabe des Ortes, wo die Zahlung geschehen soll; der bei dem Namen oder der Firma des Bezogenen angegebene Ort gilt für den Wechsel, insofern nicht ein eigener Zahlungsort angegeben ist, als Zahlungsort und zugleich als Wohnort des Bezogenen.

---

[1]) Über Goldmarkwechsel siehe VO. v. 6. Februar 1924 (RGBl. S. 50) u. DurchfV. v. 17. April 1924 (RGBl. S. 414).

[Angabe der Geldsumme in Buchstaben u. Ziffern] **Art. 5.**

Ist die zu zahlende Geldsumme (Artikel 4 Nr. 2) in Buchstaben und in Ziffern ausgedrückt, so gilt bei Abweichungen die in Buchstaben ausgedrückte Summe.

Ist die Summe mehrmals mit Buchstaben oder mehrmals mit Ziffern geschrieben, so gilt bei Abweichungen die geringere Summe.

[Wechsel an eigene Order. Trassiert eigener Wechsel] **Art. 6.**

Der Aussteller kann sich selbst als Remittenten (Artikel 4 Nr. 3) bezeichnen **(Wechsel an eigne Order).**

Desgleichen kann der Aussteller sich selbst als Bezogenen (Artikel 4 Nr. 7) bezeichnen, sofern die Zahlung an einem anderen Orte als dem der Ausstellung geschehen soll **(trassiert-eigener Wechsel).**

[Unverbindlichkeit beim Fehlen wesentlicher Erfordernisse] **Art. 7.**

Aus einer Schrift, welcher eines der wesentlichen Erfordernisse eines Wechsels (Artikel 4) fehlt, entsteht keine wechselmäßige Verbindlichkeit. Auch haben die auf eine solche Schrift gesetzten Erklärungen (Indossament, Akzept, Aval) keine Wechselkraft. Das in einem Wechsel enthaltene Zinsversprechen gilt als nicht geschrieben.

II. Verpflichtungen des Ausstellers.

[Haftung des Ausstellers] **Art. 8.**

Der Aussteller eines Wechsels haftet für dessen Annahme und Zahlung wechselmäßig.

III. Indossament.

[Übertragung durch Indossament] **Art. 9.**

Der Remittent kann den Wechsel an einen anderen durch **Indossament** (Giro) übertragen.

Hat jedoch der Aussteller die Übertragung im Wechsel durch die Worte „nicht an Order“ oder durch einen gleichbedeutenden Ausdruck untersagt, so hat das Indossament keine wechselrechtliche Wirkung.

[Transportfunktion] **Art. 10.**

Durch das Indossament gehen alle Rechte aus dem Wechsel auf den Indossatar über, insbesondere auch die Befugnis, den Wechsel weiter zu indossieren. Auch an den Aussteller, Bezogenen, Akzeptanten oder einen früheren Indossanten kann der Wechsel gültig indossiert und von denselben weiter indossiert werden.

[Form des Indossaments] **Art. 11.**

Das Indossament muß auf den Wechsel, eine Kopie desselben oder ein mit dem Wechsel oder der Kopie verbundenes Blatt (Allonge) geschrieben werden.

[Blankoindossament] **Art. 12.**

Ein Indossament ist gültig, wenn der Indossant auch nur seinen Namen oder seine Firma auf die Rückseite des Wechsels oder der Kopie oder auf die Allonge schreibt **(Blanko-Indossament).**

[Ausfüllungsbefugnis beim Blankoindossament] **Art. 13.**

Jeder Inhaber eines Wechsels ist befugt, die auf demselben befindlichen Blanko-Indossamente auszufüllen; er kann den Wechsel aber auch ohne diese Ausfüllung weiter indossieren.

[Garantiefunktion] **Art. 14.**

Der Indossant haftet jedem späteren Inhaber des Wechsels für dessen Annahme und Zahlung wechselmäßig. Hat er aber dem Indossamente die Bemerkung „ohne Gewährleistung", „ohne Obligo" oder einen gleichbedeutenden Vorbehalt hinzugefügt, so ist er von der Verbindlichkeit aus seinem Indossamente befreit.

[Rektaindossament] **Art. 15.**

Ist in dem Indossamente die Weiterbegebung durch die Worte „nicht an Order" oder durch einen gleichbedeutenden Ausdruck verboten, so haben diejenigen, an welche der Wechsel aus der Hand des Indossatars gelangt, gegen den Indossanten keinen Regreß.

[Nachindossament] **Art. 16.**

Wenn ein Wechsel indossiert wird, nachdem die für die Protesterhebung mangels Zahlung bestimmte Frist abgelaufen ist, so erlangt der Indossatar die Rechte aus dem etwa vorhandenen Akzepte gegen den Bezogenen und Regreßrechte gegen diejenigen, welche den Wechsel nach Ablauf dieser Frist indossiert haben.

Ist aber der Wechsel vor dem Indossamente bereits mangels Zahlung protestiert worden, so hat der Indossatar nur die Rechte seines Indossanten gegen den Akzeptanten, den Aussteller und diejenigen, welche den Wechsel bis zur Protesterhebung indossiert haben. Auch ist in einem solchen Falle der Indossant nicht wechselmäßig verpflichtet.

[Prokuraindossament] **Art. 17.**

Ist dem Indossamente die Bemerkung „zur Einkassierung", „in Prokura" oder eine andere die Bevollmächtigung ausdrückende Formel beigefügt worden, so überträgt das Indossament das Eigentum an dem Wechsel nicht, ermächtigt aber den Indossatar zur Einziehung der Wechselforderung, Protesterhebung und Benachrichtigung des Vormanns seines Indossanten von der unterbliebenen Zahlung (Artikel 45) sowie zur Einklagung der nicht bezahlten und zur Erhebung der deponierten Wechselschuld. Ein solcher Indossatar ist auch berechtigt, diese Befugnis durch ein weiteres Prokura-Indossament einem anderen zu übertragen. Dagegen ist derselbe zur weiteren Begebung durch eigentliches Indossament selbst dann nicht befugt, wenn dem Prokura-Indossamente der Zusatz „oder Order" hinzugefügt ist.

IV. Präsentation zur Annahme.

[Recht zur sofortigen Präsentation. Besitz legitimiert] **Art. 18.**

Der Inhaber eines Wechsels ist berechtigt, den Wechsel dem Bezogenen sofort zur Annahme zu präsentieren und in Ermangelung der Annahme Protest erheben zu lassen. Eine entgegenstehende Übereinkunft hat keine wechselrechtliche Wirkung. Nur bei Meß- oder Marktwechseln findet eine Ausnahme dahin statt, daß solche Wechsel erst in der an dem Meß- oder Marktorte gesetzlich bestimmten Präsentationszeit zur Annahme präsentiert und in Ermangelung derselben protestiert werden können. Der bloße Besitz des Wechsels ermächtigt zur Präsentation des Wechsels und zur Erhebung des Protestes mangels Annahme [1]).

[Präsentationspflicht bei Nachsichtwechseln] **Art. 19.**

Eine Verpflichtung des Inhabers, den Wechsel zur Annahme zu präsentieren, findet nur bei Wechseln statt, welche auf eine bestimmte Zeit nach Sicht lauten. Solche Wechsel müssen bei Verlust des wechselmäßigen Anspruchs gegen die Indossanten und den Aussteller nach Maßgabe der besonderen im Wechsel enthaltenen Bestimmung und in Ermangelung derselben binnen zwei Jahren nach der Ausstellung zur Annahme präsentiert werden. Hat ein Indossant auf einem Wechsel dieser Art seinem Indossament eine besondere Präsentationsfrist hinzugefügt, so erlischt seine wechselmäßige Verpflichtung, wenn der Wechsel nicht innerhalb dieser Frist zur Annahme präsentiert worden ist.

---

[1]) Siehe hierzu § 20 der Postordnung v. 30. Januar 1929 (RGBl. I S. 33).

[Protesterhebung] **Art. 20.**

Wenn die Annahme eines auf bestimmte Zeit nach Sicht gestellten Wechsels nicht zu erhalten ist oder der Bezogene die Datierung seines Akzepts verweigert, so muß der Inhaber bei Verlust des wechselmäßigen Anspruchs gegen die Indossanten und den Aussteller die rechtzeitige Präsentation des Wechsels durch einen innerhalb der Präsentationsfrist (Artikel 19) erhobenen Protest feststellen lassen.

Der Protesttag gilt in diesem Falle für den Tag der Präsentation.

Ist die Protesterhebung unterblieben, so wird gegen den Akzeptanten, welcher die Datierung seines Akzepts unterlassen hat, die Verfallzeit des Wechsels vom letzten Tage der Präsentationsfrist an gerechnet.

V. Annahme (Akzeptation).

[Form der Annahme] **Art. 21.**

Die Annahme des Wechsels muß auf dem Wechsel schriftlich geschehen.

Jede auf den Wechsel geschriebene und von dem Bezogenen unterschriebene Erklärung gilt für eine unbeschränkte Annahme, sofern nicht in derselben ausdrücklich ausgesprochen ist, daß der Bezogene entweder überhaupt nicht oder nur unter gewissen Einschränkungen annehmen wolle.

Gleichergestalt gilt es für eine unbeschränkte Annahme, wenn der Bezogene ohne weiteren Beisatz seinen Namen oder seine Firma auf die Vorderseite des Wechsels schreibt.

Die einmal erfolgte Annahme kann nicht wieder zurückgenommen werden.

[Teilakzept] **Art. 22.**

Der Bezogene kann die Annahme auf einen Teil der im Wechsel verschriebenen Summe beschränken.

Werden dem Akzept andere Einschränkungen beigefügt, so wird der Wechsel einem solchen gleichgeachtet, dessen Annahme gänzlich verweigert worden ist, der Akzeptant haftet aber nach dem Inhalt seines Akzepts wechselmäßig.

[Haftung aus der Annahme] **Art. 23.**

Der Bezogene wird durch die Annahme wechselmäßig verpflichtet, die von ihm akzeptierte Summe zur Verfallzeit zu zahlen.

Auch dem Aussteller haftet der Bezogene aus dem Akzepte wechselmäßig.

Dagegen steht dem Bezogenen kein Wechselrecht gegen den Aussteller zu.

[Bezeichnung des Domiziliaten] **Art. 24.**

Ist in dem Wechsel ein vom Wohnorte des Bezogenen verschiedener Zahlungsort (Artikel 4 Nr. 8) angegeben **(Domizilwechsel),** so ist, insofern der Wechsel nicht schon ergibt, durch wen die Zahlung am Zahlungsort erfolgen soll, dies vom Bezogenen bei der Annahme auf dem Wechsel zu bemerken. Ist dies nicht geschehen, so wird angenommen, daß der Bezogene selbst die Zahlung am Zahlungsorte leisten wolle.

Der Aussteller eines Domizilwechsels kann in demselben die Präsentation zur Annahme vorschreiben. Die Nichtbeobachtung dieser Vorschrift hat den Verlust des Regresses gegen den Aussteller und die Indossanten zur Folge.

VI. Regreß auf Sicherstellung.

1. Wegen nicht erhaltener Annahme.

[Verpflichtung zur Sicherheitsleistung] **Art. 25.**

Wenn die Annahme eines Wechsels überhaupt nicht oder unter Einschränkungen oder nur auf eine geringere Summe erfolgt ist, so sind die Indossanten und der Aussteller wechselmäßig verpflichtet, gegen Aushändigung des mangels Annahme aufgenommenen Protestes genügende Sicherheit dahin zu leisten, daß die Bezahlung der im Wechsel verschriebenen Summe oder des nicht angenommenen Betrags sowie die Erstattung der durch die Nichtannahme veranlaßten Kosten am Verfalltag erfolgen werde.

Jedoch sind diese Personen auch befugt, auf ihre Kosten die schuldige Summe bei Gericht oder bei einer anderen zur Annahme von Depositen ermächtigten Behörde oder Anstalt niederzulegen.

[Legitimation durch den Protest. Sprungregreß] **Art. 26.**

Der Remittent sowie jeder Indossatar wird durch den Besitz des mangels Annahme aufgenommenen Protestes ermächtigt, von dem Aussteller und den übrigen Vormännern Sicherheit zu fordern und im Wege des Wechselprozesses darauf zu klagen.

Der Regreßnehmer ist hierbei an die Folgeordnung der Indossamente und die einmal getroffene Wahl nicht gebunden.

Der Beibringung des Wechsels und des Nachweises, daß der Regreßnehmer seinen Nachmännern selbst Sicherheit bestellt habe, bedarf es nicht.

[Haftung der Sicherheit] **Art. 27.**

Die bestellte Sicherheit haftet nicht bloß dem Regreßnehmer, sondern auch allen übrigen Nachmännern des Bestellers, insofern sie gegen ihn den Regreß auf Sicherstellung nehmen. Dieselben sind weitere Sicherheit zu verlangen nur in dem Falle berechtigt, wenn sie gegen die Art oder Größe der bestellten Sicherheit Einwendungen zu begründen vermögen.

[Rückgabe der Sicherheit] **Art. 28.**

Die bestellte Sicherheit muß zurückgegeben werden:

1. sobald die vollständige Annahme des Wechsels nachträglich erfolgt ist;
2. wenn gegen den Regreßpflichtigen, welcher sie bestellt hat, binnen Jahresfrist, vom Verfalltage des Wechsels an gerechnet, auf Zahlung aus dem Wechsel nicht geklagt worden ist;
3. wenn die Zahlung des Wechsels erfolgt oder die Wechselkraft desselben erloschen ist.

2. Wegen Unsicherheit des Akzeptanten.

[Voraussetzungen] **Art. 29.**

Ist ein Wechsel ganz oder teilweise angenommen worden, so kann in betreff der akzeptierten Summe Sicherheit nur gefordert werden:

1. wenn über das Vermögen des Akzeptanten der Konkurs eröffnet worden ist oder der Akzeptant auch nur seine Zahlungen eingestellt hat;
2. wenn nach Ausstellung des Wechsels eine Exekution in das Vermögen des Akzeptanten fruchtlos ausgefallen ist.

Wenn in diesen Fällen die Sicherheit von dem Akzeptanten nicht geleistet und dieserhalb Protest gegen denselben erhoben wird, auch von den auf dem Wechsel etwa benannten Notadressen die Annahme nach Ausweis des Protestes nicht zu erhalten ist, so kann der Inhaber des Wechsels und jeder Indossatar gegen Auslieferung des Protestes von seinen Vormännern Sicherstellung fordern (Artikel 25 bis 28). Der bloße Besitz des Wechsels vertritt die Stelle einer Vollmacht, in den Nr. 1 und 2 genannten Fällen von dem Akzeptanten Sicherheitsbestellung zu fordern und, wenn solche nicht zu erhalten ist, Protest erheben zu lassen. Der Wechselinhaber ist berechtigt, in den Nr. 1 und 2 genannten Fällen auch von dem Akzeptanten im Wege des Wechselprozesses Sicherheitsbestellung zu fordern.

VII. Erfüllung der Wechselverbindlichkeit.

1. Zahlungstag.

[Verfallzeit bei Tagwechseln] **Art. 30.**

Ist in dem Wechsel ein bestimmter Tag als Zahlungstag bezeichnet, so tritt die Verfallzeit an diesem Tage ein. Ist die Zahlungszeit auf die Mitte eines Monats gesetzt worden, so ist der Wechsel am fünfzehnten dieses Monats fällig. Ist die Zahlungszeit auf Anfang oder ist sie auf Ende eines Monats gesetzt worden, so ist darunter der erste oder letzte Tag des Monats zu verstehen.

[Verfallzeit bei Sichtwechseln. Präsentationsfrist]

Art. 31.

Ein auf Sicht gestellter Wechsel ist bei der Vorzeigung fällig. Ein solcher Wechsel muß bei Verlust des wechselmäßigen Anspruchs gegen die Indossanten und den Aussteller nach Maßgabe der besonderen im Wechsel enthaltenen Bestimmung und in Ermangelung derselben binnen zwei Jahren nach der Ausstellung zur Zahlung präsentiert werden. Hat ein Indossant auf einem Wechsel dieser Art seinem Indossament eine besondere Präsentationsfrist hinzugefügt, so erlischt seine wechselmäßige Verpflichtung, wenn der Wechsel nicht innerhalb dieser Frist präsentiert worden ist.

[Verfallzeit bei Nach-Sicht- oder Datowechseln]

Art. 32.

Bei Wechseln, welche mit dem Ablauf einer bestimmten Frist nach Sicht oder nach Dato zahlbar sind, tritt die Verfallzeit ein:

1. wenn die Frist nach Tagen bestimmt ist, an dem letzten Tag der Frist; bei Berechnung der Frist wird der Tag, an welchem der nach Dato zahlbare Wechsel ausgestellt oder der nach Sicht zahlbare zur Annahme präsentiert ist, nicht mitgerechnet;
2. wenn die Frist nach Wochen, Monaten oder einem mehrere Monate umfassenden Zeitraume (Jahr, halbes Jahr, Vierteljahr) bestimmt ist, an demjenigen Tage der Zahlungswoche oder des Zahlungsmonats, der durch seine Benennung oder Zahl dem Tage der Ausstellung oder Präsentation entspricht; fehlt dieser Tag in dem Zahlungsmonate, so tritt die Verfallzeit am letzten Tage des Zahlungsmonats ein.

Der Ausdruck „halber Monat" wird einem Zeitraume von fünfzehn Tagen gleichgeachtet. Ist der Wechsel auf einen oder mehrere ganze Monate und einen halben Monat gestellt, so sind die fünfzehn Tage zuletzt zu zählen.

[Respekttage[1])]

Art. 33.

Respekttage finden nicht statt.

[Zeitrechnung nach altem Stil]

Art. 34.

Ist in einem Lande, in welchem nach altem Stile gerechnet wird, ein im Inlande zahlbarer Wechsel nach Dato ausgestellt und dabei nicht be-

[1]) Respekttage sind Tage, die dem Schuldner nach dem Verfall noch zustehen, ehe der Gläubiger seine Rechte weiterverfolgen kann.

merkt, daß der Wechsel nach neuem Stile datiert sei, oder ist derselbe nach beiden Stilen datiert, so wird der Verfalltag nach demjenigen Kalendertage des neuen Stiles berechnet, welcher dem nach altem Stile sich ergebenden Tage der Ausstellung entspricht.

[Zahlungszeit bei Meß- u. Marktwechseln]

Art. 35.

Meß- oder Marktwechsel werden zu der durch die Gesetze des Meß- oder Marktorts bestimmten Zahlungszeit und in Ermangelung einer solchen Festsetzung an dem Tage vor dem gesetzlichen Schlusse der Messe oder des Marktes fällig. Dauert die Messe oder der Markt nur einen Tag, so tritt die Verfallzeit des Wechsels an diesem Tage ein.

2. Zahlung.

[Legitimation durch eine zusammenhängende Kette von Indossamenten]

Art. 36.

Der Inhaber eines indossierten Wechsels wird durch eine zusammenhängende, bis auf ihn hinuntergehende Reihe von Indossamenten als Eigentümer des Wechsels legitimiert. Das erste Indossament muß demnach mit dem Namen des Remittenten, jedes folgende Indossament mit dem Namen desjenigen unterzeichnet sein, welchen das unmittelbar vorhergehende Indossament als Indossatar benennt. Wenn auf ein Blanko-Indossament ein weiteres Indossament folgt, so wird angenommen, daß der Aussteller des letzteren den Wechsel durch das Blanko-Indossament erworben hat. Ausgestrichene Indossamente werden bei Prüfung der Legitimation als nicht geschrieben angesehen. Die Echtheit der Indossamente zu prüfen, ist der Zahlende nicht verpflichtet.

[Klausel „Effektiv"]

Art. 37.

Lautet ein Wechsel auf eine Münzsorte, welche am Zahlungsorte keinen Umlauf hat, oder auf eine Rechnungswährung, so kann die Wechselsumme nach ihrem Werte zur Verfallzeit in der Landesmünze gezahlt werden, sofern nicht der Aussteller durch den Gebrauch des Wortes „effektiv" oder eines ähnlichen Zusatzes die Zahlung in der im Wechsel benannten Münzsorte ausdrücklich bestimmt hat.

[Recht zu Teilzahlungen]

Art. 38.

Der Inhaber des Wechsels darf eine ihm angebotene Teilzahlung selbst dann nicht zurückweisen, wenn die Annahme auf den ganzen Betrag der verschriebenen Summe erfolgt ist.

[Aushändigung des Wechsels]

Art. 39.

Der Wechselschuldner ist nur gegen Aushändigung des quittierten Wechsels zu zahlen verpflichtet. Hat der Wechselschuldner eine Teilzahlung geleistet, so kann er nur verlangen, daß die Zahlung auf dem Wechsel abgeschrieben und ihm Quittung erteilt werde.

[Hinterlegung der Wechselsumme]

Art. 40.

Wird die Zahlung des Wechsels zur Verfallzeit nicht gefordert, so ist der Akzeptant nach Ablauf der für die Protesterhebung mangels Zahlung bestimmten Frist befugt, die Wechselsumme auf Gefahr und Kosten des Inhabers bei Gericht oder bei einer anderen zur Annahme von Depositen ermächtigten Behörde oder Anstalt niederzulegen. Der Vorladung des Inhabers bedarf es nicht.

VIII. Regreß mangels Zahlung.

[Voraussetzungen]

Art. 41.

Zur Ausübung des bei nicht erlangter Zahlung statthaften Regresses gegen den Aussteller und die Indossanten ist erforderlich:

1. daß der Wechsel zur Zahlung präsentiert worden ist und
2. daß sowohl diese Präsentation als die Nichterlangung der Zahlung durch einen rechtzeitig darüber aufgenommenen Protest dargetan wird.

Die Erhebung des Protestes ist am Zahlungstage zulässig, sie muß aber spätestens am zweiten Werktage nach dem Zahlungstage geschehen[1]).

[Protesterlaß]

Art. 42.

Die Aufforderung, keinen Protest erheben zu lassen („ohne Protest", „ohne Kosten" usw.) gilt als Erlaß des Protestes, nicht aber als Erlaß der Pflicht zur rechtzeitigen Präsentation. Der Wechselverpflichtete, von welchem jene Aufforderung ausgeht, muß die Beweislast übernehmen, wenn er die rechtzeitig geschehene Präsentation in Abrede stellt. Gegen die Pflicht zum Ersatze der Protestkosten schützt jene Aufforderung nicht.

[Präsentation bei Domizilwechseln]

Art. 43.

Domizilierte Wechsel sind dem Domiziliaten oder, wenn ein solcher nicht benannt ist, dem Bezogenen selbst an demjenigen Orte,

---

[1]) Durch Ges. v. 4. August 1914 (RGBl. S. 327) — dazu VO. v. 20. Januar 1919 (RGBl. S. 91) — wird Verhinderung durch höhere Gewalt berücksichtigt. Die Fristen verlängern sich, soweit erforderlich, mindestens aber für zwei Wochen. Entsprechendes gilt bei Verhinderung infolge Stilllegung eines Bankbetriebes Ges. v. 19. April 1919 (RGBl. S. 397).

wohin der Wechsel domiziliert ist, zur Zahlung zu präsentieren und, wenn die Zahlung unterbleibt, dort zu protestieren.

Ein Wechsel, dessen Zahlung am Wohnorte des Bezogenen durch eine andere Person erfolgen soll, ist dieser Person zur Zahlung zu präsentieren und, wenn die Zahlung unterbleibt, gegen sie zu protestieren.

[Haftung des Akzeptanten ohne Präsentation u. ohne Protest] **Art. 44.**

Zur Erhaltung des Wechselrechts gegen den Akzeptanten bedarf es weder der Präsentation am Zahlungstage noch der Erhebung eines Protestes.

[Notifikationspflicht] **Art. 45.**

Der Inhaber eines mangels Zahlung protestierten Wechsels ist verpflichtet, seinen unmittelbaren Vormann innerhalb zweier Tage nach dem Tage der Protesterhebung von der Nichtzahlung des Wechsels schriftlich zu benachrichtigen, zu welchem Ende es genügt, wenn das Benachrichtigungsschreiben innerhalb dieser Frist zur Post gegeben ist. Jeder benachrichtigte Vormann muß binnen derselben, vom Tage des empfangenen Berichts zu berechnenden Frist seinen nächsten Vormann in gleicher Weise benachrichtigen. Der Inhaber oder Indossatar, welcher die Benachrichtigung unterläßt oder dieselbe nicht an den unmittelbaren Vormann ergehen läßt, wird hierdurch den sämtlichen oder den übersprungenen Vormännern zum Ersatze des aus der unterlassenen Benachrichtigung entstandenen Schadens verflichtet. Auch verliert derselbe gegen diese Personen den Anspruch auf Zinsen und Kosten, so daß er nur die Wechselsumme zu fordern berechtigt ist.

[Nachweis der Benachrichtigung] **Art. 46.**

Kommt es auf den Nachweis der dem Vormanne rechtzeitig gegebenen schriftlichen Benachrichtigung an, so genügt zu diesem Zwecke der durch ein Postattest geführte Beweis, daß ein Brief von dem Beteiligten an den Adressaten an dem angegebenen Tage abgesandt ist, sofern nicht dargetan wird, daß der angekommene Brief einen anderen Inhalt gehabt hat. Auch der Tag des Empfanges der erhaltenen schriftlichen Benachrichtigung kann durch ein Postattest nachgewiesen werden.

[Fortfall der Notifikationspflicht] **Art. 47.**

Hat ein Indossant den Wechsel ohne Hinzufügung einer Ortsbezeichnung weiter begeben, so ist der Vormann desselben von der unterbliebenen Zahlung zu benachrichtigen[1]).

[1]) Da regelmäßig die Indossamente ohne Ortsbezeichnung ausgestellt werden, spielen die Vorschriften über die Notifikationspflicht praktisch keine Rolle.

[Recht jedes Wechselschuldners auf Zahlung]

Art. 48.

Jeder Wechselschuldner hat das Recht, gegen Erstattung der Wechselsumme nebst Zinsen und Kosten die Auslieferung des quittierten Wechsels und des wegen Nichtzahlung erhobenen Protestes von dem Inhaber zu fordern.

[Sprungregreß]

Art. 49.

Der Inhaber eines mangels Zahlung protestierten Wechsels kann die Wechselklage gegen alle Wechselverpflichtete oder auch nur gegen einige oder einen derselben anstellen, ohne dadurch seinen Anspruch gegen die nicht in Anspruch genommenen Verpflichteten zu verlieren. Derselbe ist an die Reihenfolge der Indossamente nicht gebunden.

[Inhalt des Regreßanspruchs des Inhabers. Fingierte Rücktratte]

Art. 50.

Die Regreßansprüche des Inhabers, welcher den Wechsel mangels Zahlung hat protestieren lassen, beschränken sich auf:

1. die nicht bezahlte Wechselsumme nebst sechs [1]) Prozent jährlicher Zinsen vom Verfalltag ab;
2. die Protestkosten und anderen Auslagen;
3. eine Provision von ein Drittel Prozent.

Die vorstehenden Beträge müssen, wenn der Regreßpflichtige an einem anderen Orte als dem Zahlungsorte wohnt, zu demjenigen Kurse gezahlt werden, welchen ein vom Zahlungsort auf den Wohnort des Regreßpflichtigen gezogener Wechsel auf Sicht hat. Besteht am Zahlungsorte kein Kurs auf jenen Wohnort, so wird der Kurs nach demjenigen Platze genommen, welcher dem Wohnorte des Regreßpflichtigen am nächsten liegt. Der Kurs ist auf Verlangen des Regreßpflichtigen durch einen unter öffentlicher Autorität ausgestellten Kurszettel oder durch das Attest eines vereideten Mäklers oder in Ermangelung derselben durch ein Attest zweier Kaufleute zu bescheinigen.

[Inhalt des Regreßanspruchs des Indossanten]

Art. 51.

Der Indossant, welcher den Wechsel eingelöst oder als Rimesse erhalten hat, ist von einem früheren Indossanten oder von dem Aussteller zu fordern berechtigt:

1. die von ihm gezahlte oder durch Rimesse berichtigte Summe nebst sechs [2]) Prozent jährlicher Zinsen vom Tage der Zahlung;

---

[1]) Nach Ges. v. 3. Juli 1925 (RGBl. I S. 93) beträgt der Zinssatz zwei vom Hundert über dem jeweiligen Reichsbankdiskontsatz, mindestens aber sechs vom Hundert.

[2]) Siehe die vorige Anmerkung.

2. die ihm erstandenen Kosten;
3. eine Provision von ein Drittel Prozent.

Die vorstehenden Beträge müssen, wenn der Regreßpflichtige an einem anderen Orte als der Regreßnehmer wohnt, zu demjenigen Kurse gezahlt werden, welchen ein vom Wohnorte des Regreßnehmers auf den Wohnort des Regreßpflichtigen gezogener Wechsel auf Sicht hat. Besteht im Wohnorte des Regreßnehmers kein Kurs auf den Wohnort des Regreßpflichtigen, so wird der Kurs nach demjenigen Platze genommen, welcher dem Wohnorte des Regreßpflichtigen am nächsten liegt. Wegen der Bescheinigung des Kurses kommt die Bestimmung des Artikel 50 zur Anwendung.

[Regreß auf einen ausländischen Ort]

Art. 52.

Durch die Bestimmungen der Artikel 50 und 51 Nr. 1 und 3 wird bei einem Regreß auf einen ausländischen Ort die Berechnung höherer dort zulässiger Sätze nicht ausgeschlossen.

[Rückwechsel]

Art. 53.

Der Regreßnehmer kann über den Betrag seiner Forderung einen Rückwechsel auf den Regreßpflichtigen ziehen. Der Forderung treten in diesem Falle noch die Mäklergebühren für Negozierung des Rückwechsels sowie die etwaigen Stempelgebühren hinzu. Der Rückwechsel muß auf Sicht zahlbar und unmittelbar (a drittura) gestellt werden.

[Retourrechnung]

Art. 54.

Der Regreßpflichtige ist nur gegen Auslieferung des Wechsels, des Protestes und einer quittierten Retourrechnung Zahlung zu leisten verbunden.

[Recht auf Durchstreichung von Indossamenten]

Art. 55.

Jeder Indossant, der einen seiner Nachmänner befriedigt hat, kann sein eigenes und seiner Nachmänner Indossament ausstreichen.

IX. Intervention.

1. Ehrenannahme.

[Ehrenannahme bei einer Notadresse]

Art. 56.

Befindet sich auf einem mangels Annahme protestierten Wechsel eine auf den Zahlungsort lautende Notadresse, so muß, ehe Sicherstellung verlangt werden kann, die Annahme von der Notadresse gefordert werden. Unter mehreren Notadressen gebührt derjenigen der Vorzug, durch deren Zahlung die meisten Verpflichteten befreit werden.

[Ehrenannahme ohne Notadresse] **Art. 57.**

Die Ehrenannahme von seiten einer nicht auf dem Wechsel als Notadresse benannten Person braucht der Inhaber nicht zuzulassen.

[Pflichten des Ehrenakzeptanten] **Art. 58.**

Der Ehrenakzeptant muß sich den Protest mangels Annahme gegen Erstattung der Kosten aushändigen und in einem Anhange zu demselben die Ehrenannahme bemerken lassen. Er muß den Honoraten unter Übersendung des Protestes von der geschehenen Intervention benachrichtigen und diese Benachrichtigung mit dem Protest innerhalb zweier Tage nach dem Tage der Protesterhebung zur Post geben. Unterläßt er dies, so haftet er für den durch die Unterlassung entstehenden Schaden.

[Der Aussteller als Honorat] **Art. 59.**

Wenn der Ehrenakzeptant unterlassen hat, in seinem Akzepte zu bemerken, zu wessen Ehren die Annahme geschieht, so wird der Aussteller als Honorat angesehen.

[Haftung des Ehrenakzeptanten] **Art. 60.**

Der Ehrenakzeptant wird den sämtlichen Nachmännern des Honoraten durch die Annahme wechselmäßig verpflichtet. Diese Verpflichtung erlischt, wenn dem Ehrenakzeptanten der Wechsel nicht spätestens am dritten Werktage nach dem Zahlungstage zur Zahlung vorgelegt wird.

[Inhaber u. Nachmänner des Honoraten haben keinen Regreß auf Sicherstellung] **Art. 61.**

Wenn der Wechsel von einer Notadresse oder einem anderen Intervenienten zu Ehren angenommen wird, so haben der Inhaber und die Nachmänner des Honoraten keinen Regreß auf Sicherstellung. Derselbe kann aber von dem Honoraten und dessen Vormännern geltend gemacht werden.

2. Ehrenzahlung.

[Vorlegung bei der Notadresse oder Ehrenakzept] **Art. 62.**

Befinden sich auf dem von dem Bezogenen nicht eingelösten Wechsel oder der Kopie Notadressen oder ein Ehrenakzept, welche auf den Zahlungsort lauten, so muß der Inhaber den Wechsel spätestens am dritten Werktage nach dem Zahlungstage den sämtlichen Notadressen und dem Ehrenakzeptanten zur Zahlung vorlegen und den Erfolg im Proteste mangels Zahlung oder in einem Anhange zu demselben bemerken lassen. Unterläßt er dies, so verliert er den Regreß gegen den Adressanten oder Honoraten und deren Nachmänner. Weist der Inhaber die von einem anderen Intervenienten angebotene Ehrenzahlung zurück, so verliert er den Regreß gegen die Nachmänner des Honoraten.

[Eintritt des Ehrenzahlers in die Rechte des Inhabers] **Art. 63.**

Dem Ehrenzahler muß der Wechsel und der Protest mangels Zahlung gegen Erstattung der Kosten ausgehändigt werden. Er tritt durch die Ehrenzahlung in die Rechte des Inhabers (Artikel 50 und 52) gegen den Honoraten, dessen Vormänner und den Akzeptanten.

[Mehrere Ehrenzahler] **Art. 64.**

Unter mehreren, welche sich zur Ehrenzahlung erbieten, gebührt demjenigen der Vorzug, durch dessen Zahlung die meisten Wechselverpflichteten befreit werden. Ein Intervenient, welcher zahlt, obgleich aus dem Wechsel oder Protest ersichtlich ist, daß ein anderer, dem er hiernach nachstehen müßte, den Wechsel einzulösen bereit war, hat keinen Regreß gegen diejenigen Indossanten, welche durch Leistung der von dem anderen angebotenen Zahlung befreit worden wären.

[Provisionsanspruch des Ehrenakzeptanten] **Art. 65.**

Der Ehrenakzeptant, welcher nicht zur Zahlungsleistung gelangt, weil der Bezogene oder ein anderer Intervenient bezahlt hat, ist berechtigt, von dem Zahlenden eine Provision von ein Drittel Prozent zu verlangen.

X. Vervielfältigung eines Wechsels.

1. Wechselduplikate.

[Verpflichtung zur Ausstellung von Duplikaten] **Art. 66.**

Der Aussteller eines gezogenen Wechsels ist verpflichtet, dem Remittenten auf Verlangen mehrere gleichlautende Exemplare des Wechsels zu überliefern. Dieselben müssen im Kontext als Prima, Sekunda, Tertia usw. bezeichnet sein, widrigenfalls jedes Exemplar als ein für sich bestehender Wechsel (Solawechsel) erachtet wird. Auch ein Indossatar kann ein Duplikat des Wechsels verlangen. Er muß sich dieserhalb an seinen unmittelbaren Vormann wenden, welcher wieder an seinen Vormann zurückgehen muß, bis die Anforderung an den Aussteller gelangt. Jeder Indossatar kann von seinem Vormanne verlangen, daß die früheren Indossamente auf dem Duplikate wiederholt werden.

[Bezahlung eines Duplikates] **Art. 67.**

Ist von mehreren ausgefertigten Exemplaren das eine bezahlt, so verlieren dadurch die anderen ihre Kraft. Jedoch bleiben aus den übrigen Exemplaren verhaftet:

1. der Indossant, welcher mehrere Exemplare desselben Wechsels an verschiedene Personen indossiert hat, und alle späteren Indossanten, deren Unterschriften sich auf den bei der Zahlung nicht zurückgegebenen Exemplaren befinden, aus ihren Indossamenten;
2. der Akzeptant, welcher mehrere Exemplare desselben Wechsels akzeptiert hat, aus den Akzepten auf den bei der Zahlung nicht zurückgegebenen Exemplaren.

[Antreffungsvermerk] **Art. 68.**

Wer eines von mehreren Exemplaren eines Wechsels zur Annahme versandt hat, muß auf den übrigen Exemplaren bemerken, bei wem das von ihm zur Annahme versandte Exemplar anzutreffen ist. Das Unterlassen dieser Bemerkung entzieht jedoch dem Wechsel nicht die Wechselkraft. Der Verwahrer des zum Akzepte versandten Exemplars ist verpflichtet, dasselbe demjenigen auszuliefern, der sich als Indossatar (Artikel 36) oder auf andere Weise zur Empfangnahme legitimiert.

[Voraussetzungen des Regresses des Duplikatsinhabers] **Art. 69.**

Der Inhaber eines Duplikats, auf welchem angegeben ist, bei wem das zum Akzepte versandte Exemplar sich befindet, kann mangels Annahme desselben den Regreß auf Sicherstellung und mangels Zahlung den Regreß auf Zahlung nicht eher nehmen, als bis er durch Protest hat feststellen lassen:

1. daß das zum Akzepte versandte Exemplar ihm vom Verwahrer nicht verabfolgt worden ist und
2. daß auch auf das Duplikat die Annahme oder die Zahlung nicht zu erlangen gewesen.

2. Wechselkopien.

[Begriff] **Art. 70.**

Wechselkopien müssen eine Abschrift des Wechsels und der darauf befindlichen Indossamente und Vermerke enthalten und mit der Erklärung „bis hierher Abschrift (Kopie)" oder mit einer ähnlichen Bezeichnung versehen sein. In der Kopie ist zu bemerken, bei wem das zur Annahme versandte Original des Wechsels anzutreffen ist. Das Unterlassen dieses Vermerkes entzieht jedoch der indossierten Kopie nicht ihre wechselmäßige Kraft.

[Kopieindossament] **Art. 71.**

Jedes auf einer Kopie befindliche Original-Indossament verpflichtet den Indossanten ebenso, als wenn es auf einem Originalwechsel stünde.

[Verpflichtung zur Herausgabe des Originalwechsels] **Art. 72.**

Der Verwahrer des Originalwechsels ist verpflichtet, denselben dem Besitzer einer mit einem oder mehreren Original-Indossamenten versehenen Kopie auszuliefern, sofern sich derselbe als Indossatar oder auf andere Weise zur Empfangnahme legitimiert. Wird der Originalwechsel vom Verwahrer nicht ausgeliefert, so ist der Inhaber der Wechselkopie nur nach Aufnahme des im Artikel 69 Nr. 1 erwähnten Protestes Regreß auf Sicherstellung und nach Eintritt des in der Kopie angegebenen Verfalltags Regreß auf Zahlung gegen diejenigen Indossanten zu nehmen berechtigt, deren Original-Indossamente auf der Kopie befindlich sind.

XI. Abhanden gekommene Wechsel.

[Kraftloserklärung] **Art. 73.**

Der Eigentümer eines abhanden gekommenen Wechsels kann die Amortisation des Wechsels bei dem Gerichte des Zahlungsorts beantragen. Nach Einleitung des Amortisationsverfahrens kann derselbe vom Akzeptanten Zahlung fordern, wenn er bis zur Amortisation des Wechsels Sicherheit bestellt. Ohne eine solche Sicherheitsstellung ist er nur die Deposition der aus dem Akzepte schuldigen Summe bei Gericht oder bei einer anderen zur Annahme von Depositen ermächtigten Behörde oder Anstalt zu fordern berechtigt.

[Herausgabeanspruch gegen den legitimierten Besitzer beschränkt] **Art. 74.**

Der nach den Bestimmungen des Artikel 36 legitimierte Besitzer eines Wechsels kann nur dann zur Herausgabe desselben angehalten werden, wenn er den Wechsel in bösem Glauben erworben hat oder ihm bei der Erwerbung des Wechsels eine grobe Fahrlässigkeit zur Last fällt.

XII. Falsche Wechsel.

[Falsche Unterschrift des Ausstellers] **Art. 75.**

Auch wenn die Unterschrift des Ausstellers eines Wechsels falsch oder verfälscht ist, behalten dennoch das echte Akzept und die echten Indossamente die wechselmäßige Wirkung.

[Falsches Akzept. Falsches Indossament] **Art. 76.**

Aus einem mit einem falschen oder verfälschten Akzept oder Indossamente versehenen Wechsel bleiben sämtliche Indossanten und der Aussteller, deren Unterschriften echt sind, wechselmäßig verpflichtet.

XIII. Wechselverjährung.

[Verjährung gegen den Akzeptanten] **Art. 77.**

Der wechselmäßige Anspruch gegen den Akzeptanten verjährt in drei Jahren, vom Verfalltage des Wechsels an gerechnet.

[Verjährung des Regreßanspruchs des Inhabers] **Art. 78.**

Die Regreßansprüche des Inhabers (Artikel 50) gegen den Aussteller und die übrigen Vormänner verjähren:

1. in drei Monaten, wenn der Wechsel in Europa, mit Ausnahme von Island und den Faröern, zahlbar war;
2. in sechs Monaten, wenn der Wechsel in den Küstenländern von Asien und Afrika längs des Mittelländischen und Schwarzen Meeres oder in den dazu gehörigen Inseln dieser Meere zahlbar war;
3. in achtzehn Monaten, wenn der Wechsel in einem anderen außereuropäischen Lande oder in Island oder den Faröern zahlbar war.

Die Verjährung beginnt gegen den Inhaber mit dem Tage des erhobenen Protestes.

[Verjährung des Regreßanspruchs des Indossanten] **Art. 79.**

Die Regreßansprüche des Indossanten (Artikel 51) gegen den Aussteller und die übrigen Vormänner verjähren:

1. in drei Monaten, wenn der Regreßnehmer in Europa, mit Ausnahme von Island und den Faröern, wohnt:
2. in sechs Monaten, wenn der Regreßnehmer in den Küstenländern von Asien und Afrika längs des Mittelländischen und Schwarzen Meeres oder in den dazu gehörigen Inseln dieser Meere wohnt;
3. in achtzehn Monaten, wenn der Regreßnehmer in einem anderen außereuropäischen Lande oder in Island oder den Faröern wohnt.

Gegen den Indossanten läuft die Frist, wenn er, ehe eine Wechselklage gegen ihn angestellt worden, gezahlt hat, vom Tage der Zahlung, in allen übrigen Fällen aber vom Tage der ihm geschehenen Behändigung der Klage oder Ladung.

Art. 80 (Unterbrechung der Verjährung) ist aufgehoben durch Art. 8 Nr. 2 EG. z. HGB. Maßgebend sind §§ 209ff. BGB.

XIV. Klagerecht des Wechselgläubigers.

[Die wechselmäßig Verpflichteten. Der Bürge]

Art. 81.

Die wechselmäßige Verpflichtung trifft den Aussteller, Akzeptanten und Indossanten des Wechsels sowie einen jeden, welcher den Wechsel, die Wechselkopie, das Akzept oder das Indossament mitunterzeichnet hat, selbst dann, wenn er sich dabei nur als Bürge (per aval) benannt hat. Die Verpflichtung dieser Personen erstreckt sich auf alles, was der Wechselinhaber wegen Nichterfüllung der Wechselverbindlichkeit zu fordern hat. Der Wechselinhaber kann sich wegen seiner ganzen Forderung an den einzelnen halten; es steht in seiner Wahl, welchen Wechselverpflichteten er zuerst in Anspruch nehmen will.

[Beschränkung der Einreden]

Art. 82.

Der Wechselschuldner kann sich nur solcher Einreden bedienen, welche aus dem Wechselrechte selbst hervorgehen oder ihm unmittelbar gegen den jedesmaligen Kläger zustehen.

[Wechselbereicherungsklage]

Art. 83.

Ist die wechselmäßige Verbindlichkeit des Ausstellers oder des Akzeptanten durch Verjährung oder dadurch, daß die zur Erhaltung des Wechselrechts gesetzlich vorgeschriebenen Handlungen verabsäumt sind, erloschen, so bleiben dieselben dem Inhaber des Wechsels nur soweit, als sie sich mit dessen Schaden bereichern würden, verpflichtet. Gegen die Indossanten, deren wechselmäßige Verbindlichkeit erloschen ist, findet ein solcher Anspruch nicht statt.

XV. Ausländische Gesetzgebung.

[Wechselfähigkeit des Ausländers]

Art. 84.

Die Fähigkeit eines Ausländers, wechselmäßige Verpflichtungen zu übernehmen, wird nach den Gesetzen des Staates beurteilt, welchem derselbe angehört. Jedoch wird ein nach den Gesetzen seines Vaterlandes nicht wechselfähiger Ausländer durch Übernahme von Wechselverbindlichkeiten im Inlande verpflichtet, insofern er nach den Gesetzen des Inlandes wechselfähig ist.

[Wesentliche Erfordernisse einer im Ausland ausgestellten Wechselerklärung]

Art. 85.

Die wesentlichen Erfordernisse eines im Ausland ausgestellten Wechsels sowie jeder anderen im Ausland ausgestellten Wechselerklärung werden nach den Gesetzen des Ortes beurteilt, an welchem die Erklärung erfolgt ist. Entsprechen jedoch die im Auslande geschehenen Wechselerklärungen den Anforderungen des inländischen Gesetzes, so kann daraus, daß sie nach ausländischen Gesetzen mangelhaft sind, kein Einwand gegen die Rechtsverbindlichkeit der später im Inland auf den Wechsel gesetzten Erklärungen entnommen werden. Ebenso haben Wechselerklärungen, wodurch sich ein Inländer einem anderen Inländer im Auslande verpflichtet, Wechselkraft, wenn sie auch nur den Anforderungen der inländischen Gesetzgebung entsprechen.

[Form für Wechselrechtshandlungen im Ausland]

Art. 86.

Über die Form der mit einem Wechsel an einem ausländischen Platze zur Ausübung oder Erhaltung des Wechselrechts vorzunehmenden Handlungen entscheidet das dort geltende Recht.

XVI. Protest.

[Aufnahme des Protestes]

Art. 87.

Jeder Protest muß durch einen Notar oder einen Gerichtsbeamten oder einen Postbeamten [1]) aufgenommen werden. Der Zuziehung von Zeugen oder eines Protokollführers bedarf es dabei nicht.

Den Postbeamten stehen solche Personen gleich, denen von der Postverwaltung die Aufnahme von Protesten übertragen ist [2]).

[Inhalt des Protestes]

Art. 88.

In den Protest ist aufzunehmen:

1. der Name oder die Firma der Personen, für welche und gegen welche der Protest erhoben wird;
2. die Angabe, daß die Person, gegen welche protestiert wird, ohne Erfolg zur Vornahme der wechselrechtlichen Leistung aufgefordert worden oder nicht anzutreffen gewesen ist oder daß ihr Geschäftslokal oder ihre Wohnung sich nicht hat ermitteln lassen;

---

[1]) Siehe Bek. v. 5. August 1908 (RGBl. S. 482) u. § 20 der Postordnung v. 30. Januar 1929 (RGBl. I S. 33). Hiernach übernimmt die Post nur Proteste mangels Zahlung mit bestimmten Einschränkungen, insbesondere nicht bei Wechseln über 1000 M.

[2]) Abs. 2 ist eingefügt durch Ges. v. 18. Dezember 1926 (RGBl. I S. 503).

3. die Angabe des Ortes sowie des Kalendertags, Monats und Jahres, an welchem die Aufforderung (Nr. 2) geschehen oder ohne Erfolg versucht worden ist;
4. im Falle einer Ehrenannahme oder einer Ehrenzahlung die Erwähnung, von wem, für wen und wie sie angeboten oder geleistet wird.

Der Protest ist von dem Protestbeamten zu unterzeichnen und mit dem Amtssiegel oder dem Amtsstempel zu versehen.

[Protest mangels Zahlung] **Art. 88 a.**

Der Protest mangels Zahlung ist auf den Wechsel oder auf ein mit dem Wechsel zu verbindendes Blatt zu setzen.

Der Protest soll unmittelbar hinter den letzten auf der Rückseite des Wechsels befindlichen Vermerk, in Ermangelung eines solchen unmittelbar an einen Rand der Rückseite gesetzt werden.

Wird der Protest auf ein Blatt gesetzt, das mit dem Wechsel verbunden wird, so soll die Verbindungsstelle mit dem Amtssiegel oder dem Amtsstempel versehen werden. Ist dies geschehen, so braucht der Unterschrift des Protestbeamten ein Siegel oder Stempel nicht beigefügt zu werden.

Wird der Protest unter Vorlegung mehrerer Exemplare desselben Wechsels oder unter Vorlegung des Originals und einer Kopie erhoben, so genügt die Beurkundung auf einem der Exemplare oder auf dem Originalwechsel. Auf den anderen Exemplaren oder auf der Kopie ist zu vermerken, daß sich der Protest mangels Zahlung auf dem ersten Exemplar oder auf dem Originalwechsel befindet. Auf den Vermerk finden die Vorschriften des Abs. 2 und des Abs. 3 Satz 1 entsprechende Anwendung. Der Protestbeamte hat den Vermerk zu unterzeichnen.

[Sonstiger Protest] **Art. 88 b.**

Bezieht sich der Protest auf eine andere wechselrechtliche Leistung als die Zahlung, so ist er auf eine Abschrift des Wechsels oder der Kopie oder auf ein mit der Abschrift zu verbindendes Blatt zu setzen. Die Abschrift hat auch die auf dem Wechsel oder der Kopie befindlichen Indossamente und anderen Vermerke zu enthalten. Die Vorschriften des Artikel 88a Abs. 2, 3 finden entsprechende Anwendung.

[Mehrheit von Schuldnern] **Art. 89.**

Muß eine wechselrechtliche Leistung von mehreren Personen verlangt werden, so ist über die mehrfache Aufforderung nur eine Protesturkunde erforderlich.

[Zahlung an den Protestbeamten] **Art. 89.**

Die Wechselzahlung kann an den Protestbeamten erfolgen. Die Befugnis des Protestbeamten zur Annahme der Zahlung kann nicht ausgeschlossen werden.

[Berichtigungen. Abschrift. Vermerk über den Inhalt des Wechsels] **Art. 90.**

Schreibfehler, Auslassungen und sonstige Mängel der Protesturkunde können bis zur Aushändigung der Urkunde an die Person, für welche der Protest erhoben ist, von dem Protestbeamten berichtigt werden. Die Berichtigung ist als solche unter Beifügung der Unterschrift kenntlich zu machen.

Von dem Protest ist eine beglaubigte Abschrift zurückzubehalten. Über den Inhalt des Wechsels oder der Kopie ist ein Vermerk aufzunehmen. Der Vermerk hat zu enthalten:

1. den Betrag des Wechsels;
2. die Zahlungszeit;
3. den Ort, den Monatstag und das Jahr der Ausstellung;
4. die Namen des Ausstellers, des Remittenten und des Bezogenen;
5. falls eine vom Bezogenen verschiedene Person angegeben ist, durch welche die Zahlung erfolgen soll, den Namen dieser Person sowie die Namen der etwaigen Notadressen und Ehrenakzeptanten.

Die Abschriften und Vermerke sind geordnet aufzubewahren.

XVII. Ort und Zeit für die Präsentation und andere im Wechselverkehre vorkommende Handlungen.

[Ort für Präsentation u. Protest] **Art. 91.**

Die Präsentation zur Annahme oder Zahlung, die Protesterhebung, die Abforderung eines Wechselduplikats sowie alle sonstigen bei einer bestimmten Person vorzunehmenden Akte müssen in deren Geschäftslokal und in Ermangelung eines solchen in deren Wohnung vorgenommen werden. An einer anderen Stelle, z. B. an der Börse, kann dies nur mit beiderseitigem Einverständnisse geschehen.

Ist in dem Proteste vermerkt, daß sich das Geschäftslokal oder die Wohnung nicht hat ermitteln lassen, so ist der Protest nicht deshalb ungültig, weil die Ermittelung möglich war.

Die Verantwortlichkeit des Protestbeamten, der es unterläßt, geeignete Ermittelungen anzustellen, wird durch die Vorschrift des Abs. 2 nicht berührt. Ist eine Nachfrage bei der Polizeibehörde des Ortes ohne Erfolg geblieben, so ist der Protestbeamte zu weiteren Nachforschungen nicht verpflichtet.

[Benachbarter Ort] **Art. 91 a.**

Eine in dem Geschäftslokal oder in der Wohnung eines Beteiligten vorgenommene Handlung ist auch dann gültig, wenn an Stelle des Ortes, in welchem das Geschäftslokal oder die Wohnung liegt, ein benachbarter Ort in dem Wechsel angegeben ist. Mit beiderseitigem Einverständnisse können auch in anderen Fällen die bei einem Beteiligten vorzunehmenden Handlungen an einem Orte erfolgen, der dem im Wechsel angegebenen Orte benachbart ist.

Welche Orte im Sinne dieser Vorschriften als benachbarte anzusehen sind, bestimmt der Bundesrat; die Bestimmung ist im Reichs-Gesetzblatte bekanntzumachen [1].

[Zeit für Wechselrechtshandlungen] **Art. 92.**

Verfällt der Wechsel an einem Sonntag oder allgemeinen Feiertage, so ist der nächste Werktag der Zahlungstag. Auch die Herausgabe eines Wechselduplikats, die Erklärung über die Annahme sowie jede andere Handlung können nur an einem Werktage gefordert werden. Fällt der Zeitpunkt, in welchem die Vornahme einer der vorstehenden Handlungen spätestens gefordert werden mußte, auf einen Sonntag oder allgemeinen Feiertag, so muß diese Handlung am nächsten Werktage gefordert werden. Dieselbe Bestimmung findet auch auf die Protesterhebung Anwendung.

Die Proteste sollen nur in der Zeit von 9 Uhr vormittags bis 6 Uhr abends erhoben werden. Außerhalb dieser Zeit soll die Protesterhebung nur erfolgen, wenn die Person, gegen welche protestiert wird, ausdrücklich einwilligt.

[Kassiertage] **Art. 93.**

Bestehen an einem Wechselplatz allgemeine Zahltage (Kassiertage), so braucht die Zahlung eines zwischen den Zahltagen fällig gewordenen Wechsels erst am nächsten Zahltage geleistet zu werden, sofern nicht der Wechsel auf Sicht lautet. Die im Artikel 41 für die Aufnahme des Protestes mangels Zahlung bestimmte Frist darf jedoch nicht überschritten werden [2].

XVIII. Mangelhafte Unterschriften.

[Handzeichen] **Art. 94.**

Wechselerklärungen, welche statt des Namens mit Kreuzen oder anderen Zeichen vollzogen sind, haben nur dann, wenn diese Zeichen gerichtlich oder notariell beglaubigt worden, Wechselkraft.

[Unterzeichnung durch Falschvertreter] **Art. 95.**

Wer eine Wechselerklärung als Bevollmächtigter eines anderen unterzeichnet, ohne dazu Vollmacht zu haben, haftet persönlich in gleicher Weise, wie der angebliche Machtgeber gehaftet haben würde, wenn die Vollmacht erteilt gewesen wäre. Dasselbe gilt von Vormündern und anderen Vertretern, welche mit Überschreitung ihrer Befugnisse Wechselerklärungen ausstellen.

---

[1]) Siehe dritte VO. über benachbarte Orte im Wechsel- u. Scheckverkehr v. 7. Dezember 1927 (RGBl. I S. 343).

[2]) Kassiertage bestehen in Deutschland nicht mehr.

Dritter Abschnitt.
Von eigenen Wechseln.

[Wesentliche Erfordernisse des eigenen Wechsels]

Art. 96.

Die wesentlichen Erfordernisse eines eigenen (trockenen) Wechsels sind:

1. die in den Wechsel selbst aufzunehmende Bezeichnung als Wechsel oder, wenn der Wechsel in einer fremden Sprache ausgestellt ist, ein jener Bezeichnung entsprechender Ausdruck in der fremden Sprache;
2. die Angabe der zu zahlenden Geldsumme;
3. der Name der Person oder die Firma, an welche oder an deren Order der Aussteller Zahlung leisten will;
4. die Bestimmung der Zeit, zu welcher gezahlt werden soll (Artikel 4 Nr. 4);
5. die Unterschrift des Ausstellers mit seinem Namen oder seiner Firma;
6. die Angabe des Ortes, Monatstags und Jahres der Ausstellung.

[Zahlungsort]

Art. 97.

Der Ort der Ausstellung gilt für den eigenen Wechsel, insofern nicht ein besonderer Zahlungsort angegeben ist, als Zahlungsort und zugleich als Wohnort des Ausstellers.

[Vorschriften der Tratte, welche für den eigenen Wechsel gelten]

Art. 98.

Nachstehende, in diesem Gesetze für gezogene Wechsel gegebene Vorschriften gelten auch für eigene Wechsel:

1. die Artikel 5 und 7 über die Form des Wechsels;
2. die Artikel 9 bis 17 über das Indossament;
3. die Artikel 19 und 20 über die Präsentation der Wechsel auf eine Zeit nach Sicht mit der Maßgabe, daß die Präsentation dem Aussteller geschehen muß;
4. der Artikel 29 über den Sicherheitsregreß mit der Maßgabe, daß derselbe im Falle der Unsicherheit des Ausstellers stattfindet;
5. die Artikel 30 bis 40 über die Zahlung und die Befugnis zur Deposition des fälligen Wechselbetrags mit der Maßgabe, daß letztere durch den Aussteller geschehen kann;
6. die Artikel 41 und 42 sowie die Artikel 45 bis 55 über den Regreß mangels Zahlung gegen die Indossanten;
7. die Artikel 62 bis 65 über die Ehrenzahlung;
8. die Artikel 70 bis 72 über die Kopien;
9. die Artikel 73 bis 76 über abhanden gekommene und falsche

Wechsel mit der Maßgabe, daß im Falle des Artikel 73 die Zahlung durch den Aussteller erfolgen muß;

10. die Artikel 78 bis 95 über die allgemeinen Grundsätze der Wechselverjährung, die Verjährung der Regreßansprüche gegen die Indossanten, das Klagerecht des Wechselgläubigers, die ausländischen Wechselgesetze, den Protest, den Ort und die Zeit für die Präsentation und andere im Wechselverkehre vorkommende Handlungen sowie über mangelhafte Unterschriften.

[Eigene Domizilwechsel] **Art. 99**[1]).

Eigene domizilierte Wechsel sind dem Domiziliaten oder, wenn ein solcher nicht benannt ist, dem Aussteller selbst an demjenigen Orte, wohin der Wechsel domiziliert ist, zur Zahlung zu präsentieren und, wenn die Zahlung unterbleibt, dort zu protestieren.

Ein eigener Wechsel, dessen Zahlung am Wohnorte des Ausstellers durch eine andere Person erfolgen soll, ist dieser Person zur Zahlung zu präsentieren und, wenn die Zahlung unterbleibt, gegen sie zu protestieren.

Bei eigenen Wechseln bedarf es zur Erhaltung des Wechselrechts gegen den Aussteller weder der Präsentation am Zahlungstage noch der Erhebung eines Protestes.

[Verjährung] **Art. 100.**

Der wechselmäßige Anspruch gegen den Aussteller eines eigenen Wechsels verjährt in drei Jahren, vom Verfalltage des Wechsels an gerechnet.

---

[1]) Vgl. Art. 43 u. 44.

Scheckgesetz[1]).

Vom 11. März 1908

(RGBl. S. 71).

[Wesentliche Erfordernisse] **§ 1.**

Der Scheck muß enthalten:

1. die in den Text aufzunehmende Bezeichnung als Scheck oder, wenn der Scheck in einer fremden Sprache ausgestellt ist, einen jener Bezeichnung entsprechenden Ausdruck in der fremden Sprache;
2. die an den Bezogenen gerichtete Anweisung des Ausstellers, aus seinem Guthaben eine bestimmte Geldsumme[2]) zu zahlen;
3. die Unterschrift des Ausstellers;
4. die Angabe des Ortes und des Tages der Ausstellung.

[Sollvorschriften für den Bezogenen] **§ 2.**

Als Bezogene sollen nur bezeichnet werden[3]):

1. diejenigen Anstalten des öffentlichen Rechtes, diejenigen unter staatlicher Aufsicht stehenden Anstalten sowie diejenigen in das Genossenschaftsregister eingetragenen Genossenschaften, welche sich nach den für ihren Geschäftsbetrieb maßgebenden Bestimmungen mit der Annahme von Geld und der Leistung von Zahlungen für fremde Rechnung befassen, ferner die unter amtlicher Aufsicht stehenden Sparkassen, wenn sie die nach Landesrecht für sie geltenden Aufsichtsbestimmungen erfüllen;
2. die in das Handelsregister eingetragenen Firmen, welche gewerbsmäßig Bankiergeschäfte betreiben.

[Begriff des Guthabens] **§ 3.**

Als Guthaben ist der Geldbetrag anzusehen, bis zu welchem der Bezogene nach dem zwischen ihm und dem

---

[1]) Für die Besteuerung kommt in Betracht das Wechselsteuergesetz in der Fassung v. 12. Juli 1930 (RGBl. I S. 219). Der normale Scheck ist aber von der Wechselsteuer befreit.

[2]) Über Goldmarkschecks siehe VO. v. 6. Februar 1924 (RGBl. I S. 50) nebst DurchfVO. v. 17. April 1924 (RGBl. I S. 414).

[3]) Sind die Vorschriften nicht erfüllt, so unterliegt der Scheck der Wechselsteuer.

Aussteller bestehenden Rechtsverhältnisse Schecks einzulösen verpflichtet ist.

[Zahlungsempfänger] § 4.

Als Zahlungsempfänger kann entweder eine bestimmte Person oder Firma oder der Inhaber des Schecks angegeben werden. Der Aussteller kann sich selbst als Zahlungsempfänger bezeichnen.

Sind dem Namen oder der Firma des Zahlungsempfängers die Worte „oder Überbringer" oder ein gleichbedeutender Zusatz beigefügt oder enthält der Scheck keine Angabe darüber, an wen zu zahlen ist, so gilt er als auf den Inhaber gestellt.

[Zahlungsort] § 5.

Der bei dem Namen oder der Firma des Bezogenen angegebene Ort gilt als Zahlungsort. Die Angabe eines anderen Zahlungsorts gilt als nicht geschrieben. Ist bei dem Namen oder der Firma des Bezogenen ein Ort nicht angegeben, so gilt der Ausstellungsort als Zahlungsort.

[Geldsumme in Buchstaben u. Ziffern] § 6.

Ist die zu zahlende Geldsumme in Buchstaben und in Ziffern ausgedrückt, so gilt bei Abweichungen die in Buchstaben ausgedrückte Summe. Ist die Summe mehrmals mit Buchstaben oder mehrmals mit Ziffern geschrieben, so gilt bei Abweichungen die geringere Summe.

[Nur Sichtschecks zulässig] § 7.

Der Scheck ist bei Sicht zahlbar. Die Angabe einer anderen Zahlungszeit macht den Scheck nichtig.

Ein Scheck, der dem Bezogenen vor dem Tage, der auf dem Scheck als Tag der Ausstellung bezeichnet ist, zur Einlösung vorgelegt wird, gilt als am Tage der Vorlegung ausgestellt. Der Nachweis der Vorlegung kann nur durch die im § 16 Abs. 1 bezeichnete Erklärung, Bescheinigung oder Protesturkunde geführt werden [1]).

[Bei bestimmtem Zahlungsempfänger geborenes Orderpapier] § 8.

Der auf einen bestimmten Zahlungsempfänger gestellte Scheck kann durch Indossament übertragen werden, wenn nicht der Aussteller die Übertragung durch die

---

1) Abs. 2 ist eingefügt durch Ges. v. 28. März 1930 (RGBl. I S. 107).

Worte „nicht an Order" oder durch einen gleichbedeutenden Zusatz untersagt hat.

In betreff der Form des Indossaments, in betreff der Legitimation des Besitzers eines indossierten Schecks und der Prüfung der Legitimation sowie in betreff der Verpflichtung des Besitzers zur Herausgabe finden die Vorschriften der Art. 11 bis 13, 36, 74 der Wechselordnung entsprechende Anwendung. Ein auf eine Abschrift des Schecks gesetztes Indossament ist jedoch unwirksam. Das gleiche gilt von einem Indossamente des Bezogenen. Ein Indossament an den Bezogenen gilt als Quittung.

[Mehrere Ausfertigungen] **§ 9.**

Schecks, die auf einen bestimmten Zahlungsempfänger gestellt und im Auslande zahlbar sind, können in mehreren Ausfertigungen ausgestellt werden. Jede Ausfertigung muß im Texte mit der Bezeichnung „Erste, zweite, dritte usw. Ausfertigung" oder mit einer gleichbedeutenden Bezeichnung versehen werden; ist dies nicht geschehen, so gilt jede Ausfertigung als ein für sich bestehender Scheck.

Ist von mehreren Ausfertigungen eine bezahlt, so verlieren dadurch die anderen ihre Kraft. Jedoch bleiben aus den übrigen Ausfertigungen der Indossant, welcher mehrere Ausfertigungen an verschiedene Personen indossiert hat, und alle späteren Indossanten, deren Unterschriften sich auf den bei der Zahlung nicht zurückgegebenen Ausfertigungen befinden, auf Grund ihres Indossaments verpflichtet.

[Verbot des Akzepts] **§ 10.**

Der Scheck kann nicht angenommen werden. Ein auf den Scheck gesetzter Annahmevermerk gilt als nicht geschrieben.

[Vorlegungsfrist] **§ 11.**

Der im Inland ausgestellte und zahlbare Scheck ist binnen zehn Tagen nach der Ausstellung dem Bezogenen am Zahlungsorte zur Zahlung vorzulegen.

Für Schecks, die im Ausland ausgestellt, im Inlande zahlbar sind, bestimmt der Reichsrat die Vorlegungsfrist [1]). Das gleiche gilt für Schecks, die im Inland ausgestellt, im Auslande zahlbar sind, sofern das ausländische Recht keine Vorschrift über die Zeit der Vorlegung enthält.

Fällt der letzte Tag der Frist auf einen Sonntag oder einen am

[1]) Bek. v. 19. März 1908 (RGBl. S. 85).

Zahlungsorte staatlich anerkannten allgemeinen Feiertag, so tritt an die Stelle des Sonntags oder des Feiertags der nächstfolgende Werktag.

Bei vordatierten Schecks, deren vorzeitige Vorlegung gemäß § 16 Abs. 1 nachgewiesen wird, ist eine nochmalige Vorlegung nicht erforderlich. Die Vorschriften über die Vorlegungsfrist finden aber, soweit die Berechnung der Benachrichtigungsfrist (§ 17) und des Beginns der Verjährung (§ 20 Abs. 2) in Betracht kommt, auch auf diese Schecks Anwendung; für den Beginn der Frist tritt an die Stelle des Tages der Ausstellung der Tag der Vorlegung [1]).

[Einlieferung in eine Abrechnungsstelle]

§ 12.

Die Einlieferung eines Schecks in eine Abrechnungsstelle, bei welcher der Bezogene vertreten ist, gilt als Vorlegung zur Zahlung am Zahlungsorte, sofern die Einlieferung den für den Geschäftsverkehr der Abrechnungsstelle maßgebenden Bestimmungen entspricht.

Der Reichsrat bestimmt, welche Stellen als Abrechnungsstellen im Sinne dieses Gesetzes zu gelten haben.

[Rechte bei der Zahlung. Widerruf]

§ 13.

Der Bezogene, der den Scheckbetrag bezahlt, kann die Aushändigung des quittierten Schecks verlangen.

Der Ablauf der Vorlegungsfrist ist auf das Recht des Bezogenen zur Zahlung ohne Einfluß.

Ein Widerruf des Schecks ist erst nach dem Ablaufe der Vorlegungsfrist wirksam.

[Verrechnungsschecks]

§ 14.

Der Aussteller sowie jeder Inhaber eines Schecks kann durch den quer über die Vorderseite gesetzten Vermerk: „Nur zur Verrechnung" verbieten, daß der Scheck bar bezahlt werde. Der Bezogene darf in diesem Falle den Scheck nur durch Verrechnung einlösen. Die Verrechnung gilt als Zahlung im Sinne dieses Gesetzes.

Das Verbot kann nicht zurückgenommen werden. Die Übertretung des Verbots macht den Bezogenen für den dadurch entstehenden Schaden verantwortlich.

[Haftung aus dem Scheck]

§ 15.

Der Aussteller und die Indossanten haften dem Inhaber für die Einlösung des Schecks.

Auch bei dem auf den Inhaber gestellten Scheck haftet jeder,

[1]) Abs. 4 ist eingefügt durch Ges. v. 28. März 1930 (RGBl. I S. 107).

der seinen Namen oder seine Firma auf die Rückseite des Schecks geschrieben hat, dem Inhaber für die Einlösung. Auf den Bezogenen findet diese Vorschrift keine Anwendung.

Hat ein Indossant dem Indossamente die Bemerkung „ohne Gewährleistung" oder einen gleichbedeutenden Vorbehalt hinzugefügt, so ist er von der Verbindlichkeit aus seinem Indossamente befreit.

[Voraussetzungen des Regreßrechts]

§ 16.

Zur Ausübung des Regreßrechts muß nachgewiesen werden, daß der Scheck rechtzeitig zur Zahlung vorgelegt und nicht eingelöst oder daß die Vorlegung vergeblich versucht worden ist. Der Nachweis kann nur geführt werden:

1. durch eine auf den Scheck gesetzte, von dem Bezogenen unterschriebene und den Tag der Vorlegung enthaltende Erklärung;
2. durch eine auf den Scheck gesetzte und den Tag der Vorlegung enthaltende Bescheinigung der Abrechnungsstelle [1]);
3. durch einen Protest.

Auf die Vorlegung des Schecks und den Protest finden die Vorschriften der Art. 87 bis 88a, 89a, 90 bis 91a, 92 Abs. 2 der Wechselordnung entsprechende Anwendung [2]).

Enthält der Scheck die Aufforderung keinen Protest zu erheben, so finden die Vorschriften des Art. 42 der Wechselordnung entsprechende Anwendung.

[Notifikationspflicht. Inhalt der Regreßansprüche]

§ 17.

Wegen der Benachrichtigung der Vormänner und ihres Einlösungsrechts sowie wegen des Umfanges der Regreßforderung [3]) und der Befugnis zur Ausstreichung von Indossamenten finden die Vorschriften der Art. 45 bis 48, 50 bis 52 und des Art. 55 der Wechselordnung mit der Maßgabe entsprechende Anwendung, daß der Inhaber des vergeblich zur Zahlung vorgelegten Schecks verpflichtet ist, seinen unmittelbaren Vormann innerhalb zweier Tage nach der Ausstellung der im § 16 Abs. 1 bezeichneten Erklärung, Bescheinigung oder Protesturkunde, spätestens aber innerhalb zweier Tage nach dem Ablaufe der Vorlegungsfrist, von der Nichtzahlung des Schecks zu benachrichtigen.

---

[1]) Nr. 2 in der Fassung des Ges. v. 28. März 1930 (RGBl. I S. 107).

[2]) Die Fassung ergibt sich aus § 30 Abs. 2. Siehe auch dritte VO. über benachbarte Orte v. 7. Dezember 1927.

[3]) Hierzu Ges. über die Wechsel- u. Scheckzinsen v. 3. Juli 1925 (RGBl. I S. 93).

[Sprungregreß. Beschränkung der Einwendungen] **§ 18.**

Der Inhaber des Schecks kann sich wegen seiner ganzen Regreßforderung an alle Verpflichtete oder auch nur an einige oder einen halten, ohne dadurch seinen Anspruch gegen die nicht in Anspruch genommenen Verpflichteten zu verlieren. Es steht in seiner Wahl, welchen Verpflichteten er zuerst in Anspruch nehmen will.

Dem Inhaber des Schecks kann der Schuldner nur solche Einwendungen entgegensetzen, welche die Gültigkeit seiner Erklärung in dem Scheck betreffen oder sich aus dem Inhalte des Schecks ergeben oder ihm unmittelbar gegen den Inhaber zustehen.

[Auslieferung des Schecks] **§ 19.**

Der Regreßpflichtige ist nur gegen Auslieferung des Schecks, der zum Nachweise der rechtzeitigen Vorlegung und der Nichteinlösung oder des vergeblichen Versuchs der Vorlegung dienenden Urkunden und einer quittierten Rechnung Zahlung zu leisten verbunden.

[Verjährung der Regreßansprüche] **§ 20.**

Die Regreßansprüche gegen den Aussteller und die übrigen Vormänner verjähren, wenn der Scheck in Europa mit Ausnahme von Island und den Faröern zahlbar ist, in drei Monaten, andernfalls in sechs Monaten.

Die Verjährung beginnt gegen den Inhaber des Schecks mit dem Ablaufe der Vorlegungsfrist, gegen jeden Indossanten, wenn er, bevor eine Klage gegen ihn erhoben worden ist, gezahlt hat, mit der Zahlung, in allen übrigen Fällen mit der Erhebung der Klage.

[Bereicherungsanspruch] **§ 21.**

Der Aussteller, dessen Regreßverbindlichkeit durch Unterlassung rechtzeitiger Vorlegung oder durch Verjährung erloschen ist, bleibt dem Inhaber des Schecks so weit verpflichtet, als er sich mit dessen Schaden bereichern würde.

[Besondere Verjährung] **§ 22.**

In den Fällen des § 14 Abs. 2 und des § 21 verjährt der Anspruch in einem Jahre seit der Ausstellung des Schecks.

[Falsche Unterschriften] **§ 23.**

Aus einem Scheck, auf dem die Unterschrift des Ausstellers oder eines Indossanten gefälscht ist, bleiben diejenigen, deren Unterschriften echt sind, verpflichtet.

[Anwendung des § 34 KO.] **§ 24.**

Auf die Anfechtung einer auf einen Scheck geleisteten Zahlung finden die Vorschriften des § 34 der Konkursordnung entsprechende Anwendung.

[Im Ausland zahlbare Schecks] **§ 25.**

Im Auslande zahlbare Schecks dürfen auch auf solche Bezogene lauten, auf die nach dem ausländischen Rechte ein Scheck gezogen werden darf.

[Wesentliche Erfordernisse bei Auslandsschecks] **§ 26.**

Die wesentlichen Erfordernisse eines im Ausland ausgestellten Schecks sowie jeder im Ausland auf einen Scheck gesetzten Erklärung werden nach den Gesetzen des Ortes beurteilt, an welchem die Ausstellung oder die Erklärung erfolgt ist.

Entspricht jedoch der im Ausland ausgestellte Scheck oder die im Ausland auf einen Scheck gesetzte Erklärung den Anforderungen des inländischen Gesetzes, so kann daraus, daß nach ausländischem Gesetz ein Mangel vorliegt, kein Einwand gegen die Rechtsverbindlichkeit der später im Inland auf den Scheck gesetzten Erklärungen entnommen werden. Auch ist die im Ausland erfolgte Ausstellung eines im Inlande zahlbaren Schecks sowie die auf einen solchen Scheck im Auslande gesetzte Erklärung wirksam, wenn sie auch nur den Anforderungen des inländischen Gesetzes entspricht.

[Kraftloserklärung] **§ 27.**

Abhanden gekommene oder vernichtete Schecks unterliegen der Kraftloserklärung im Wege des Aufgebotsverfahrens. Die Aufgebotsfrist muß mindestens zwei Monate betragen.

Nach Einleitung des Aufgebotsverfahrens kann der Berechtigte, falls der Scheck rechtzeitig zur Zahlung vorgelegt, von dem Bezogenen aber nicht eingelöst worden war, von dem Aussteller Zahlung fordern, wenn er bis zur Kraftloserklärung Sicherheit leistet.

[Prozeßrechtliches] **§ 28.**

Bürgerliche Rechtsstreitigkeiten, in welchen durch die Klage ein Anspruch auf Grund dieses Gesetzes geltend gemacht wird, gehören, sofern in erster Instanz die Landgerichte zuständig sind, vor die Kammern für Handelssachen.

In bürgerlichen Rechtsstreitigkeiten, in welchen durch Klage oder Widerklage ein Anspruch auf Grund dieses Gesetzes geltend gemacht ist, wird die Verhandlung und Entscheidung letzter Instanz im Sinne des § 8 des Einführungsgesetzes zum Gerichtsverfassungsgesetze dem Reichsgerichte zugewiesen.

Auf die Geltendmachung von Regreßansprüchen aus einem Scheck finden die den Wechselprozeß betreffenden Vorschriften der §§ 602 bis 605 der Zivilprozeßordnung entsprechende Anwendung. Die Rechtsstreitigkeiten, in welchen ein solcher Anspruch geltend gemacht wird, gelten als Feriensachen.

[Stempelsteuer] **§ 29**

ist durch Ges. v. 28. März 1930 (RGBl. I S. 107) gestrichen.

[Inkrafttreten] **§ 30.**

Dieses Gesetz tritt am 1. April 1908 in Kraft. Die Vorschriften finden auf früher ausgestellte Schecks keine Anwendung.

Mit dem Inkrafttreten des Gesetzes, betreffend die Erleichterung des Wechselprotestes[1], werden die in § 16 des gegenwärtigen Gesetzes angeführten Vorschriften durch die neuen Art. 87 bis 88a, 89a, 90 bis 91a, 92 Abs. 2 der Wechselordnung sowie durch die §§ 3, 4 des erstgenannten Gesetzes ersetzt.

---

[1]) 1. Oktober 1908.

Sachregister.

(Die Ziffern ohne weiteren Zusatz bedeuten die Paragraphen des HGB.; Zusätze EG., WO. u. SchG. bedeuten, daß es sich um Artikel bzw. Paragraphen des Einführungsgesetzes zum HGB., der Wechselordnung oder des Scheckgesetzes handelt.)

A.

Abandon 842, 861–871.
Abberufung der Liquidatoren 147, 295, 331.
Abgehen vom Kaufvertrag 376, von Frachtverträgen 629, 634, vom Versicherungsvertrag 808, 809, 898.
Abhanden gekommene Papiere 228, 367; Schecks SchG. 27; Wechsel WO. 73, 74, 98.
Ablader 563 ff.
Abladezeit 588.
Ablehnung eines Antrags 362.
Ablieferung des Frachtguts 437, 440, 442, 448.
Ablieferungsort 434, 435, 468.
Abnahme der Güter beim Kauf 373, beim Frachtgeschäft 436 bis 438.
Abrechnungsstelle, Einlieferung des Schecks SchG. 12.
Abreeder 501.
Abschrift des Handelsregisters 9, von Handelsbriefen 38, des Gesellschaftsvertrages 201, der Bilanz 263, des Ladescheins 445, des Wechsels WO. 70 ff., 88 b, des Protestes WO. 90.
Absender 433.
Abwesenheitsprotest WO. 88.
Abzug am Kaufpreis 380, beim Frachtgeschäft 430.
A drittura WO. 53.
Agenten s. Handlungsagenten.
Aktien 178–181, 183–185, 209, 222, 223, 227–229, 281, EG. 24 ff.
Aktienbuch 220, 222, 223.
Aktiengesellschaften, Firma 20, Eintragung 198, Allgemeine Vorschriften 178–209, Rechtsverhältnisse 210–230, Verfassung und Geschäftsführung 231–273, Änderungen des Gesellschaftsvertrags 274–291, Auflösung und Nichtigkeit 292–311, Strafvorschriften 312–319, Übergangsbestimmungen EG. 23 ff.
Aktienübernahme 182.
Akzept WO. 7, 18–20, 21–24; s. a. Annahme, beim Scheck verboten SchG. 10.
Akzeptant, Haftung WO. 21–28, 73, 81, Unsicherheit des A. WO. 29.
Allonge WO. 11.
Amortisation von Aktien 227; s. Kraftloserklärung.
Änderung der Firma 31, 107, des Gesellschaftsvertrags 274–291, der Vorstandsmitglieder 234, der Vorzugsrechte von Aktien 275, des Aufsichtsrats 244, der Satzung juristischer Personen 34.
Anfechtung des Beschlusses einer

Generalversammlung 271—273, 308, seitens des Konkursverwalters 342, des Versicherungsvertrags 811 b, der Zahlung SchG. 24.
Angestellter 83, in Läden 50.
Ankauf von Waren als Handelsgewerbe 1.
Ankündigung von Aktien 203, der Tagesordnung der Generalversammlung 256.
Anlagen, Erwerb von — 207, 261.
Anmeldung der Firma 29, 31, 157, zur Eintragung in das Handelsregister 12—14, 16, einer offenen Gesellschaft 106—108, 123, 143, 144, 148, der Kommanditgesellschaft 162, 175, 323, 330, 333, einer Aktiengesellschaft 195, 198, 201, 234, 277, 280, 284—286, 289, 291, 293, 296, 304, 307, 313, einer juristischen Person 33, 34, der Prokura 53.
Annahme von Gütern 373, 436, 464, von Schlußnoten 94, 95, WO. 18—20, 21 ff.; s. a. Akzept.
Annahmeverzug des Käufers 373.
Anschaffung von Waren als Handelsgewerbe 1, 93.
Anschaffungspreis 261.
Anteil s. Beteiligung.
Anteilsrecht des Aktionärs 219, Übertragung 200, 212, 287, Versteigerung 220.
Antrag auf Besorgung von Geschäften 362.
Antreffungsvermerk WO. 68.
Anweisungen der Kaufleute 363, des Absenders hinsichtlich des Gutes 433, 447, 455, des Empfängers 433—435.
Anzeige des Lagerhalters 417, des Frachtführers 437, des Kommissionärs 384, 400, 401, 405, von Mängeln der Ware 55, 86, 377, vom Geschäftsabschluß 84, beim Seeversicherungsvertrag 806—811.
Arbeitsverhinderung 63.
Arretierungsklausel WO. 70.
Aufbewahrung der Handelsbücher 44, von Waren 379, 390, 416, Entgelt für — 354.
Aufforderung der Aktionäre 218, 219, 290, der Gläubiger 289, 297, 334.
Aufgeben der Schiffspart 501.
Auflösung der offenen Gesellschaft 131, 133, der Kommanditg. 176, der Kommanditg. auf Aktien 330, der Aktieng. 292—311, der stillen Gesellschaft 340, der Reederei 506, im übrigen s. Kündigung.
Aufrechnung 129, 221, 414, 469.
Aufsichtsrat der Kommanditgesellschaft auf Aktien 328, der Aktienges. 190, 192, 204, 207, 243—249, 298, 315.
Aufwendungen des Gesellschafters 110.
Ausbesserung s. Reparatur.
Auseinandersetzung der Gesellschafter 135, 140, 142, 158, 340.
Ausfolgungsprozeß WO. 69, 72.
Ausgabe von Aktien 179, 184, 200, 209, 315, neuer Aktien 278, 287.
Ausgabepreis 179, 211, 226.
Aushändigung der quittierten Urkunde 364, des Frachtbriefes 433, des quittierten Wechsels WO. 39, 63, 68, des Protestes und der Nebenpapiere WO. 29, 48, 58, des quittierten Schecks SchG. 13.
Aushilfe, vorübergehende, Kündigung bei — 69.
Auslagen eines Agenten 90, eines Kaufmanns 354, der Revisoren 194.

Ausland, Aktiengesellschaften im — 201, Hauptniederlassung im — 13.
Ausländische Vorschriften für den Schiffer 515.
Auslandsrecht für Wechsel WO. 52, 84—86.
Auslandsschecks SchG. 25, 26.
Auslieferung der Güter durch den Verfrachter 624—626, des Schecks SchG. 19.
Auslieferungsprovision 396.
Auslosung von Aktien 227.
Ausnahmetarif bei Schadensersatz 461.
Ausrüster (des Schiffes) 510.
Ausscheiden eines Gesellschafters 24, 139, 141, 330, 331.
Ausschließlichkeit der Firma 30.
Ausschließung eines Gesellschafters 140, eines Kommanditisten von der Geschäftsführung 164, — von der Vertretung 170, eines Aktionärs 219, 220.
Aussteller des Wechsels, Haftung WO. 8, Unterschrift WO. 4, 96, Anspruch WO. 23, Identität mit den Remittenten WO. 6, Wohnort WO. 97, A. des eigenen Wechsels WO. 100, des Schecks SchG. 1, 15.
Auswanderungswesen 678.
Auszug aus Handelsbüchern 46, aus Mäklerbüchern 101.
Aval WO. 7, 81.
A vista WO. 4.

B.

Bankiergeschäfte 1, 367.
Barzahlung 186, 195, 279, 321.
Baureederei 509.
Bauzinsen 215.
Beanstandung von Waren 379.
Bearbeitung beweglicher Sachen 1.
Beförderung von Gütern und Personen auf der Eisenbahn 453—473, Ausschluß von — 467; s. a. Speditionsgeschäft und Frachtgeschäft.
Beförderungskosten 413.
Beförderungszeit 428.
Befrachter 561, 563, 577 ff.
Befriedigung der Gläubiger 356, 371, 372, des Kommissionärs 398, 399, der Schiffsgläubiger 761, 762.
Beginn des Geschäftsbetriebs 123, 176.
Begleitpapiere 426, 427, 591.
Begleitung auf Transport 459.
Behörde des Handelsregisters 8.
Beitrag der Mitreeder 500.
Bekanntmachung der Eintragungen im Handelsregister 10, 11, 199, 201, 277, der Aktiengesellschaften 182, 199, 201, 219, 244, 257, 265.
Benachbarte Orte WO. 91 a, 92.
Benachrichtigung des Vormannes WO. 45 ff.
Berechnung des Gewinnanteils 120, 121, 167, der Fristen 359, der Lade- und Überliegezeit 573—575, der Löschzeit 597 bis 599.
Bereicherungsanspruch SchG. 21.
Bereicherungsklage WO. 83.
Bergelohn 740 ff.
Bergung in Seenot 740—753.
Bergwerksgesellschaften EG. 5.
Berufung einer Generalversammlung 190, 196, 197, 240, 246, 253—257.
Beschädigung von Aktien, Interimsscheinen 229, von Gütern beim Kommissionär 388, 390, beim Spediteur 414, beim Frachtführer 430, 438, bei der Eisenbahn 456 ff., bei der Seefracht 606, bei der Haverei 708 ff., bei der Seeversicherung 875 ff.

Bescheinigung der Eintragung im Handelsregister 9, der Hinterlegung von Aktien 316.
Beschluß der Handelsgesellschaften 119, 131, der Aktionäre s. Generalversammlung.
Beschlußfassung der Gesellschafter 119.
Beschränkung der Prokura 50, der Vertretungsmacht der Gesellschafter 126, der Liquidatoren 151, des Vorstandes 235, des Schiffers 531.
Besichtigung der Güter bei Seefracht 609.
Besitz des Wechsels WO. 18, 29, 74.
Besondere Haverei 621, 701, 707.
Bestellung von Prokuristen 116, 238, der Liquidatoren 146, 295, des Vorstandes 231, der Revisoren 266.
Beteiligung des stillen Gesellschafters 336, 337, s. auch Gewinn.
Betrieb eines Handelsgewerbes 236, gewöhnlicher — 164, durch Handlungsgehilfen 60.
Betrug bei Doppelversicherung 787.
Beurkundung beim Protest WO. 88 ff.
Bewertung (Inventar und Bilanz) 40.
Bezeichnung, ungenaue — des Beförderungsguts 467.
Bezirksagent 89.
Bezogener WO. 4, 6, 10. — des Schecks SchG. 1, 2.
Bezugsrecht auf Aktien 282, 283, EG. 28.
Bierlieferungsverträge EG. 18.
Bilanz 39—41, 44, 118, 120, 154, 166, 260—267, 299, 333, 334, 338.
Binnenschiffahrt 425 Anm., Änderungen des Gesetzes betreffend — EG. 12.
Blankoindossament WO. 12, 13, 36.
Bodmerei 93, 528, 679—699, 826, 880.
Bodmereibrief 363, 638—686.
Bodmereigläubiger 690—694, 696 bis 698.
Bodmereischuld 687, 688, 803.
Börsengesetz, Änderungen des — EG. 14.
Börsenpreis 220, 261, 290, 373, 400.
Bösliche Schädigung durch Gründer 202, 203, — Handlungsweise 269, 273.
Buchauszug 91.
Buchdruckereien 1.
Buchführung 38, 239, 498.
Buchhandel 1.
Bürge WO. 81.
Bürgerliche Ehrenrechte, Voraussetzung für den Lehrherrn 81.
Bürgerliches Gesetzbuch 27, 62, 105, 139, 228, 338, 347, 371, 374, 440.
Bürgschaft 349, 350.

C.

Charterpartie 557.
Chartervertrag 556.

D.

Darlehen 54, 354.
Datowechsel WO. 4, 32.
Datum der Ausstellung WO. 4, 96, des Akzepts WO. 20, des Protestes WO. 88, s. a. Tag.
Delkrederehaftung und -provision 394.
Depotgesetz 383 Anm.
Dienste s. Handlungsgehilfen.
Dingliche Rechte 210.

Dispache, Dispacheure 727, 729, 837.
Distanzfracht 630, 631.
Domiziliat WO. 24, 43.
Domizilwechsel WO. 24, 43, 99.
Doppelversicherung 787—789.
Drittura WO. 53.
Druckereien 1.
Duplikat des Frachtbriefs 455, des Zeichnungsscheins 195, 284, des Schecks SchG. 9, des Wechsels WO. 66—69.
Durchstreichen in Handelsbüchern 43.
Durchstreichung der Indossamente WO. 55.

E.

Echtheit der Indossamente WO. 36, 75, der Unterschriften WO. 76, SchG. 23.
Effektiv-Klausel WO. 37.
Ehrenannahme WO. 56—61.
Ehrenrechte, bürgerliche 81, 312 bis 319.
Ehrenzahlung WO. 62—65, 98.
Ehrverletzungen 71, 72.
Eigener Wechsel WO. 96—100.
Eigentumserwerb an eigenlagerten Sachen 419, an verkauften Sachen und Wertpapieren 366, 367.
Einberufungsfrist der Generalversammlung 255.
Einheits- (Simultan-) Gründung 188.
Einkaufskommission 391.
Einlage bei offener Gesellschaft 111, 121, bei Kommanditg. 162, 172, 174, 175, bei Kommanditg. auf Aktien 322, bei Aktieng. 178, 186, 211—213, 279, bei stiller Gesellschaft 335, 341.
Einlagerer 417, 418.
Einreden des Wechselschuldners WO. 77—79, 82, 100.
Einseitige Handelsgeschäfte 345.
Einsicht des Registers 9, 199, der Bücher und Papiere 118, 157, 166, 246, 267, 302, 338, des Prüfungsberichts 199, 267.
Eintragungen in die Handelsbücher 38, 39, 43, in die Mäklerbücher 100, in das Handelsregister 9, 10, 15, 16, 32, 123, 148, 162, 176, 189, 198—201, 208, 209, 234, 244, 277, 280, 284—286, 289, 291, 293, 296, 304, 313, 323, 333, ins Güterrechtsregister EG. 4.
Eintritt von Gesellschaftern 130, von Kommanditisten 173.
Einwendungen SchG. 18.
Einzahlung des Aktienbetrags 179, 214, 218, 219, 300.
Einzelkaufmann, Firma des 18.
Einziehung von Aktien 227.
Eisenbahnen, deren Frachtgeschäft 453—473, als Spediteur 468.
Eisenbahnverkehrsordnung 453, 454.
Emittenten, Haftung 203.
Empfänger von Frachtgütern 433 bis 437, 447.
Entgelt des Kaufmanns 354.
Entlassung des Schiffers 545 bis 552.
Entlastung 248, 252, 260.
Entstehung der Akt.-Ges. 200.
Entziehung der Vertretungsmacht 127.
Erben 22, 24, 27, 137, 139, 148, 225.
Erfüllung der Wechselverbindlichkeit WO. 30—40.
Erfüllungsort 361.
Erfüllungszeit 359.
Erhöhung des Grundkapitals 278 bis 280, 284, der Einlage des Kommanditisten 172, 175.
Erlaß der Einlage 172, 342, des Protestes WO. 42.

Erlöschen der Firma 31, 157, der Gesellschaftsfirma 302, 304, 308, der Prokura 53, der Ansprüche gegen den Frachtführer 438, der Wechselkraft WO. 28, der Wechselverbindlichkeit WO. 83.
Ermächtigung zur Berufung der Generalversammlung 254.
Erneuerungsschein 230.
Errichtung einer offenen G. 105 bis 108, einer Aktieng. 188 bis 190, 196, einer Kommanditgesellschaft auf Aktien 323.
Ersatz bei Verlust 611.
Ersatzklagen 268.
Ersatzpflicht des Reeders 541.
Ersatzurkunden (Aktien) 229.
Erstattung der Wechselsummen WO. 48.
Erwerb eigener Aktien 226, eines Handelsgeschäfts 22, 25, 26, von Eigentum und Rechten 366, 419, des Wechsels WO. 74, Legitimation WO. 36.
Europäische Häfen 483.

F.

Fälligkeit 353, 369, des Wechsels WO. 20, 31, 32, 35.
Falsche Angaben, falsche Bescheinigungen s. Unrichtige Angaben.
Falschlieferung 378.
Fälschung von Hinterlegungsscheinen 316, des Schecks SchG. 23, des Wechsels WO. 75, 76, 98.
Faulfracht 580, 583, 584, 586.
Feiertag als Zahlungstag WO. 92.
Fernreisende 55.
Firma 2, 3, 5, 17–26, EG. 22, Fortführung der — 21–27, Veräußerung 23, Mißbrauch 37, — von Gesellschaften 182, Löschung nach Liquidation 157, 302, — des Ausstellers WO. 4, des Bezogenen WO. 4, 21, des Remittenten WO. 4.
Fixgeschäfte 376.
Fixhandelskauf 376.
Forderungen, bei Erwerb eines Handelsgeschäfts 25, aus Handelsgeschäften 353, versicherte 356, fällige 369, 370, zweifelhafte 40, im Kommissionsverhältnis 392, 397–399, die zum Schiffsgläubiger machen 754.
Form der Annahme WO. 21, des Protestes WO. 87 ff.
Formmangel WO. 7, 90, 94, 95.
Forstwirtschaft 3.
Fortführung einer Firma 21 bis 27.
Fortsetzung einer Gesellschaft 138, 139, 141, 144, 307.
Fracht 408, 420, Nachzahlung 470, bei Seetransporten 619–622, 771.
Frachtbrief 426, 455.
Frachtführer 1, 368, 388, 425 ff., der letzte — 441.
Frachtgeschäft zu Lande, auf Flüssen und Binnengewässern 425–452, der Eisenbahnen 453–473, betr. Beförderung von Gütern zur See 556–663, von Personen zur See 664–678.
Frachtgut, Verlust, Beschädigung 429, 430.
Frachtvertrag s. Frachtgeschäft, im Seehandel 556–559, Außerkrafttreten 628, Abgehen vom — 629, 630.
Frei von Beschädigung außer im Strandungsfall (Klausel) 851.
Frei von bestimmten Prozenten (Klausel) 847.
„Frei von Bruch" usw.-Klausel 657, — außer im Strandungsfall (Klausel) 852.

Frei von Kriegsmolest (Klausel) 848.
Frühjahr 359.
Für behaltene Ankunft (Klausel) 850.
Fürsorger beim Tod oder Konkurs eines Gesellschafters 137.
Fürsorgepflicht des Prinzipals 62.
Fusion bei Akt.-Ges. 305—308.

G.

Garantiefunktion WO. 14.
Gattungsschuld 360.
Gebrauch, unbefugter — einer Firma 37.
Gefahr 393, Umfang der — des Versicherers 814, 820—853, — im Verzug 115, 116, 137, 379.
Gehalt der Handlungsgehilfen 63, 64, 68.
Gekorene Orderpapiere 363 ff.
Geld 363, 462, verauslagtes 110, entnommenes 111, 121.
Geldeinlagen und Geldentnahmen des Gesellschafters 111, 122.
Geldstrafen 82, 103, 312—319.
Geldsummenangabe WO. 4, SchG. 6.
Gemeindeunternehmen, keine Eintragungspflicht 36, Rechnungsabschluß 42.
Gemeinnütziges Unternehmen 180.
Genehmigung 195, 201, 284.
Genehmigungsurkunde 195, 284.
Generalversammlung der Aktionäre 182, 196, 197, 207, 250 bis 260, 271, 274, 292, 310, der Kommanditgesellschaft auf Aktien 327, 330.
Genossenschaften, Gesetz über Erwerbs- und Wirtschafts— EG. 10.
Gerichtliche Auflösung der Gesellschaft 133.
Gesamtaufwand 186.
Gesamtgeschäftsführung 150.
Gesamtprokura 48, 53.
Gesamtschuldner 78, 128, 200, 202—204, 209, 225, 241, 249, 273, 306, 334, 356.
Gesamtvertretung der Gesellschaft 125, 150.
Geschäftsbesorgung 362.
Geschäftsbetrieb, kaufmännischer 2.
Geschäftsführung der offenen G. 114—117, 136, 149, 152, der Kommanditges. 164, des Vorstandes der Aktienges. 241, 246, bei der Reederei 496.
Geschäftsverbindung 355.
Geschäftszeit 358.
Gesellschaft, offene 105, 106, stille 335—342, s. Handels-, Aktien-, Kommanditgesellschaft.
Gesellschaften mit beschränkter Haftung, Ges. betr. — EG. 11.
Gesellschafter, Änderung des — und Firmenfortführung 24, — und Haftung 28.
Gesellschaftsblätter 219, 244, 265, 272, 282.
Gesellschaftsvermögen 124, 155, 158, 185, 300, 304, 305.
Gesellschaftsvertrag 109, 125, 182, 196, 227, 274—291, 321, 322.
Gesundheit der Handlungsgehilfen 62.
Gewalt, höhere 453, 456.
Gewerbebetrieb 4, 6.
Gewerbeordnung EG. 9.
Gewicht der Ware 361, 380.
Gewichtsverlust auf dem Transport 460.
Gewinn, Gewinnanteil, Gewinnverteilung 120, 121, 167—169, 185, 214, 217, 246, 260, 329, 336, 337, bei der Reederei 502.
Gewinnanteilscheine 228, 230.
Gezogene Wechsel WO. 4 ff.
Giro WO. 9; s. a. Indossament.

Gläubiger 356, 357, 371, der Gesellschaft 129, 171, 172, 174, 217, 289, 306, 334.
Großbahnen s. Eisenbahnen.
Große Haverei 700–706, 708 ff., Beiträge 716–726.
Gründer einer Aktiengesellschaft 188–191, 202, 208, einer Kommanditgesellschaft auf Aktien 321.
Gründerbericht 191.
Grundkapital 182, 198, 278–291, s. auch Erhöhung, Herabsetzung.
Grundstücke 49, 54, 126, Erwerb durch Aktienges. 207, 210.
Gründung, Aufwand 202, Prüfung 192, 193, Ansprüche aus – 205, 268–270.
Gründungsaufwand bei der Akt.-Ges. 186.
Güterbeförderung zur See 556 ff., s. Speditionsgeschäft, Frachtgeschäft, Eisenbahnen.
Güterrechtsregister EG. 4.
Güterverladung ohne Einwilligung des Reeders 544.
Guter Glaube, 172, 217, 366, 367.
Guthaben für Schecks SchG. 3.

H.

Haftung, des Handelsmäklers 98, des Gesellschafters 128–130, des Kommanditisten 171, 172, 173, 176, des persönlich haftenden Gesellschafters 161, der Gründer 202, des Emittenten 203, des Aufsichtsrats 204, 249, der Aktionäre 217, der Rechtsvorgänger 220, des Vorstandes 204, 241, des Kommissionärs 384–386, 389, 390, des Spediteurs 414, des Frachtführers 429, 442, der Eisenbahnen 456, 458, 459, 467, des Reeders 485–488, 533, 695, 731, 771–774, der Mitreeder 507, des Schiffers 511, 512, 658, 661, 731, des Befrachters 563, 625–627, des Verfrachters 606–613, des verbodmeten Gegenstandes 691, 696, bei der Haverei 700 ff., bei der Seeversicherung 820 ff., des Akzeptanten WO. 21 ff., 44, 73, 81, 83, des Ausstellers WO. 8, des Indossanten WO. 14, des Regreßschuldners WO. 50, 51, des Pseudovertreters WO. 95, aus dem Scheck SchG. 15.
Handelsbetrieb 60, 326.
Handelsbriefe 38, 44.
Handelsbücher 38–47.
Handelsgebrauch 90, 346, 359, 380, 393, 394.
Handelsgeschäfte 343 ff., Forderungen aus beiderseitigen – 353, 369.
Handelsgesellschaft 6, Teilnahme an mehreren 112, 210, 326, s. offene, Kommandit-, Aktiengesellschaft.
Handelsgesetzbuch, Inkrafttreten des – EG. 1, 22–28.
Handelsgewerbe 1–3, 5, 60, 116, 210, 236, 343, 344, 348, 406.
Handelskauf 373–382.
Handelsmäkler 1, 93–104, 376.
Handelsniederlassung 29, 68.
Handelsregister 8–16, 106–108, 143, 144, 148, 157, 162, 172, 174, 175, 189, 195, 198—201, 207, 234, 244, 277, 280, 284–286, 289, 291, 293, 296, 304, 313, 323, 333.
Handelssachen EG. 2.
Handelssitte s. Handelsgebrauch.
Handelswert, gemeiner 430, 457, 611, 613.
Handlungsagenten 1, 84–92.
Handlungsbevollmächtigte 54–58.

Handlungsgehilfen 59—75.
Handlungslehrlinge 76—82.
Handlungsreisende 55, 87.
Handlungsvollmacht 54.
Handlungsvolontär 82 a.
Handwerk 1, 4.
Handzeichen als Unterschrift WO. 94.
Hauptniederlassung 13, 26.
Haverei 539, 540, 700—739, 754, 826, 835, 838, 880, kleine 621, 701, 707.
Havereibeiträge 716—724.
Heimatshafen 480, 488, 508, 526, 550, 553 a.
Hemmung der Verjährung 470.
Herabsetzung der Einlage des Kommanditisten 174, 175, des Grundkapitals 227, 288—291.
Heuer des Schiffers 547—550, 553b, 754, 758.
Hilfeleistung in Seenot 740—753.
Hilfslohn 740 ff.
Hinterlegung von Aktien 255—257, 266, 269, der Bücher und Papiere 302, von Waren 373, 389, 419, 437, im Lagerhaus 601, 602, streitiger Beträge bei der Seefracht 624, verbodmeter Gegenstände 689, der Wechselsumme WO. 25, 40.
Hinterlegungsscheine, Fälschung von 316.
Höchstbetrag des Schadensersatzes 461, 462, 465.
Honorant und Honorat WO. 56 ff.

J.

Jahresbilanz 240.
Jahresgewinn 121, 214, 237, 245.
Identität des Ausstellers und des Remittenten WO. 6, des Ausstellers und des Bezogenen WO. 6.
Indossable Papiere 363—365.
Indossament 222, 223, 363—365, 424, SchG. 8, WO. 7, 9—17, 36, 55, 67, 98.
Indossant WO. 10, 14, 51, des Schecks, Haftung SchG. 15.
Indossatar WO. 10.
Informationsrecht des Gesellschafters 118.
Inhaber einer Firma 13, 26, eines Handelsgeschäfts 48, 52, 53, 325 ff.
Inhaberaktie 183.
Inhaberpapiere 367.
„**Inhalt unbekannt**" — Klausel 654.
Inkrafttreten des HGB. EG. 1, des Scheckgesetzes SchG. 30.
Innerer Verderb des Frachtgutes 456, 459.
Interesse, Angabe des — 463, 466.
Interimsschein 179, 209, 224, 226, 228, 229, 287.
Intervention WO. 56—65; s. a. Ehrenannahme, Ehrenzahlung.
Inventar 39—41, 44.
Juristische Person 33—35.

K.

Kannkaufmann 3.
Kapitalanteil des Gesellschafters 120—122, 155, des Kommanditisten 167, 169.
Kapitaleinlagen des Aktionärs 211.
Kapitalserhöhung der Akt.-Ges. 278—280, 284.
Kapitalsherabsetzung 227, 288 bis 291.
Kassiertage WO. 93.
Kauf 373—382.
Kauffahrteischiff, Veräußerung 474 ff.
Kaufmann, Begriff 1, Firma 17, 18, 29—32, Pflicht zur Buchführung und Edition 38—47, dessen Geschäfte als Handelsgeschäfte 343, 344, Anspruch auf

Zinsen 352—355, dessen Sorgfalt 347, dessen Anweisungen u. Verpflichtungsscheine 363—365, dessen Pfandbestellung 366—368, dessen Retentionsrechte 369—372.
Kaufpreis, Einziehung durch Handlungsreisende 55, Vermerk in der Schlußnote des Mäklers 94, Berechnung 380, — bei Fixgeschäften 376.
Klage wegen unbefugten Gebrauchs einer Firma 37, gegen Gesellschafter 159, 160, gegen Aktionäre 217, gegen Vorstand 236, gegen Aufsichtsrat 249, gegen persönlich haftende Gesellschafter 326, gegen den Spediteur 414, gegen Eisenbahnen 469, gegen Gründer 269.
Klagerecht des Wechselgläubigers WO. 81—83.
Klausel, frei von bestimmten Prozenten 847, Frei von Kriegsmolest 848, für behaltene Ankunft 850, frei von Beschädigung außer im Strandungsfall 851, Frei von Bruch außer im Strandungsfall 852, „Inhalt unbekannt" 654, „Zahl, Maß, Gewicht unbekannt" 655, „Frei von Bruch" usw. 657, „Nicht an Order" WO. 9, 15, „Effektiv" WO. 37.
Kleinbahnen, Beförderung auf — 473.
Kleine Haverei 621, 701, 707.
Kleingewerbe 4.
Kleinverkehr 104.
Kollektive Einheit der Gesellschaft 124.
Kommanditgesellschaft 139, 161 bis 177, Firma 19, Eintragung 162, 174—176, Geschäftsführung 164, Hinzutritt neuer Kommanditisten 173, Rechte der Kommanditisten 166—169, Haftung 171, 172, Einlage 174, 175, Gläubiger der — 172.
Kommanditgesellschaft auf Aktien 320—334, Firma 20, 22, Gesellschaftsvertrag 321, 322, Eintragung 323, 332, Generalversammlung 324, 327, persönlich haftende Gesellschafter 320, 325—327, 329—331, Aufsichtsrat 328, Auflösung 329, Liquidation 330, Umwandlung in Aktiengesellschaft 332—334.
Kommanditist s. Kommanditgesellschaft.
Kommanditwechsel WO. 6.
Kommissionär 1, 366, 368, 383 bis 406, Selbsteintritt des — 400—405.
Kommissionsgeschäft 383—406.
Kommissionsgut 388—390, 397, 398.
Kommittent 383—405.
Kommunalunternehmen, keine Eintragungspflicht 36, Rechnungsabschluß 42.
Kommunalverband, Unternehmen eines — 36, 42, 180, 304.
Kompensation s. Aufrechnung.
Konkurrenzklausel 76, 82 a.
Konkurrenzverbot 60, 61, 74—75 f., 112, 113, 165, 236, 326.
Konkurs, Eintragung 32, 34, der Handelsgesellschaften und ihrer Mitglieder 131, 137, 138, 141 bis 144, 145, 171, 217, 240, 292, 307, 315, 330, 341, 370, des Akzeptanten WO. 29.
Konkursgläubiger, stiller Gesellschafter als — 341.
Konnossement 363 ff., 369, 642 bis 661.
Kontokorrent 355—357.
Kontrahierungszwang (Kontraktzwang) der Eisenbahnen 453.

Kontrollrechte des Gesellschafters 118, des Kommanditisten 166, des stillen Gesellschafters 338.
Konventionalstrafe s. Vertragsstrafe.
Kopie s. Abschrift.
Kopieindossament WO. 71.
Korrespondentreeder 492–499.
Kostbarkeiten, Haftung für 429, 462, 607.
Kosten WO. 42, 45, 48, 50, 51.
Kraftloserklärung von Aktien 228, 290, von indossablen Papieren 365, von Schecks SchG. 27, von Wechseln WO. 73.
Krämermäkler 104.
Krankenversicherung 63.
Krankheit der Handlungsgehilfen 72, des Schiffers 553.
Kreditauftrag 349.
Kreditgeschäft der Schiffer 528.
Kreditkauf 393.
Kündigung des Dienstvertrages 66–72, bei Konkurrenzklausel 75, des Lehrverhältnisses 77, des Verhältnisses mit Agenten 92, einer Gesellschaft 131, 132, 135, eines Kommanditisten 330, der stillen Gesellschaft 339, des Kontokorrents 355, des Lagergeschäfts 422, des Versicherungsverhältnisses 899, des Schiffers s. Entlassung.
Kunsthandel 1.
Kurs 400, WO. 50, 51.
Kursmakler 93 (Anm.).

L.

Laden (offener) 56.
Ladenangestellte 56.
Ladeschein 363, 369, 444–450.
Ladezeit im Seehandel 567–570, 573.
Ladung, Interesse des Schiffers für die – 535, 632, Verbodmung der – 538–541, beim Seefrachtgeschäft 560 ff., Nichtliefern der – 576, 577.
Ladungsplatz 560.
Lagergeld 354, 420.
Lagergeschäft 416–424.
Lagerhalter 1, 366, 368, 416 ff.
Lagerkosten 420, 421.
Lagerschein 363, 369, 424, EG. 16.
Lagerzeit 422.
Landesrecht EG. 15.
Landwirtschaft 3.
Laufende Rechnung 355–357.
Lebenszeit, Gesellschaft auf – 134.
Leckage 456, 459, 616, 618.
Legitimation des Inhabers 222, 365, 424, 447, des Wechselinhabers WO. 36, 74, beim Regreß auf Sicherstellung WO. 26, 29.
Lehrherr 76, 77, 79–82.
Lehrling 76–82.
Lehrzeit 77.
Leihen von Aktien 318.
Leistung, Zeit 359, Ort 361.
Lieferungsfrist 429, 466.
Lieferwert-Angabe 463.
Liegegeld 567, 572, 574, 598, 614.
Liegenbleiben des Schiffes 635.
Liquidation der offenen Ges. 145–158, der Aktienges. 294 bis 302, der Kommanditges. auf Aktien 331.
Liquidationsbilanz 154.
Liquidationsfirma 153.
Liquidatoren 34, 146–155, 295 bis 299, 331.
Löschung der Firma s. Firma.
Löschungsplatz 592.
Löschzeit 594–600.
Lotsengelder 754.

M.

Mäkler WO. 50, Gebühren WO. 53; s. Handelsmäkler.
Mäklerlohn 99.

Mängel der Ware 377, 378, 391, 438, des Gesellschaftsvertrags 310.
Marktpreis 261, 373, 400.
Marktwechsel WO. 4, 18, 35.
Maß der Ware 361.
Merkzeichen 445.
Meßwechsel WO. 4, 18, 35.
Minderheit der Aktionäre, Rechte der — 205, 254, 264, 266, 268, 269, 270.
Minderkaufmann 3, 351.
Mindestbetrag der Aktien 180, 278.
Mißbrauch der Firma 37, fremder Aktien 318.
Mitberechtigte einer Aktie 225.
Mitreeder 490, 491, 500 ff.
Mußkaufmann 1.

N.

Nachbezugsrecht 282, 283.
Nachfolgeverhältnis in der Firma andeuten 22, 25.
Nachfrist 219.
Nachgründung 207, 324.
Nachindossament WO. 16.
Nachmann bei Spediteuren 411, Rechte auf Sicherheit WO. 27, des Honoraten WO. 60.
Nachsichtwechsel WO. 4, 19, 20, 32.
Name des Kaufmanns 17, des Bezogenen WO. 4, des Remittenten WO. 4, 96.
Namenkonnossement s. Konnossement.
Namensaktien 179, 180, 183, 222.
Namensänderung und Firmenfortführung 21.
Nebengewerbe der Land- und Forstwirtschaft 3.
Nebenleistungs-Akt.-Ges. 212.
Nennbetrag der Aktien 179, 184, 211, 226.
„Nicht an Order" WO. 9, 15.
Nichtantreffen des Protestaten WO. 88.
Nichtigerklärung des Beschlusses einer Generalversammlung 273.
Nichtigkeit einer Aktiengesellschaft 309—311, eines Zeichnungsscheins 189, einer Aktie, Interimsscheins 209, der Wechselschrift WO. 3.
Nießbrauch an einem Handelsgeschäft 22.
Normalsatz für Verluste auf dem Transport 460.
Notadresse WO. 29, 56—65.
Notar als Protestbeamter WO. 87 ff.
Notarkauf 389.
Notifikation SchG. 17, WO. 45 ff.
Notzurückbehaltungsrecht 370.

O.

Obligo, ohne, WO. 14.
Offene Handelsgesellschaft 105, — Firma 19, Errichtung 105 bis 108, Rechtsverhältnis der Gesellschafter untereinander 109—122, zu Dritten 123 bis 130, Auflösung der Gesellschaft und Ausscheiden von Gesellschaftern 131—144, Liquidation 145—158.
Offener Laden 56.
Oeffentliches Recht 7.
Order WO. 4, 96.
Orderkonnossement 644, 659.
Orderpapiere 363—365, 447, Scheck als SchG. 8.
Orderverbot WO. 15.
Ordnungsstrafen 14, 37, 319.
Ort der Ausstellung WO. 4, 96, der Zahlung WO. 4, 6, 24, der Protestaufnahme WO. 88, und Zeit für Wechselhandlungen WO. 91—93, benachbarter WO.

91 a, der Ausstellung des Schecks SchG. 1, des Wechsels WO. 4, 85, 96, der Erfüllung 359, 361.
Ortsbezeichnung, unterbliebene WO. 47.
Ortsgebrauch 59, 94, 96, 99, 396, 428, 575.

P.

Pacht eines Handelsgeschäfts 22.
Papiere, an Order 363—365, auf Inhaber 367, Begleitpapiere 426, 427.
Partenreederei 489.
Per Aval WO. 81.
Personenbeförderung 453 ff.
Persönlich haftende Gesellschafter bei der Kommanditgesellschaft 29, 161, 164, 320 ff.
Pfandnahme eigener Aktien und Interimsscheine 226.
Pfandrecht 366, 368, 397, 398, 404, des Spediteurs 410, 411, des Lagerhalters 421, des Frachtführers 440, der Vormänner 441, Rang mehrerer — 443, des Verfrachters 623, 674, 731, an geretteten Sachen 751, der Schiffsgläubiger 725, 755, 756, 758—760, 764, 771, 777.
Pfändung eines Anspruchs 357.
Police der Seeversicherung 784, 793, 886—889.
Postattest WO. 46.
Postbeamter als Protestbeamter WO. 87 f.
Postverwaltung 452, 663.
Präjudizierung des Wechsels WO. 16, 41, 83.
Prämie, Erhöhung 811 a, Zahlung 812, Rückzahlung der — 894 ff., Bodmereiprämie 681.
Präsentation des Wechsels WO. 18—20, 24, 31, 41—43, 62.
Präsentationsfrist WO. 18—20, 31, 32, 41.
Präsentationsort WO. 91.
Preisbegrenzung beim Kommissionsgeschäft 386.
Primage des Schiffers 543.
Primawechsel WO. 66—69.
Prinzipal 60—62.
Privatgläubiger 135, 141.
Probe von Waren 96, 418.
Probezeit des Lehrlings 77.
Prokura 48—53.
Prokuraindossament WO. 17.
Prokurist 48—53, 232, 238, 298.
Protest WO. 87—93, mangels Annahme WO. 18, 20, 25, mangels Zahlung WO. 41—43, 88 a, mangels Sicherstellung WO. 29, mangels Herausgabe eines Exemplars WO. 69, Indossament nach P. WO. 16, als Beginn der Verjährung WO. 78, gegen Akzeptanten kein P. WO. 44, (beim Scheck) SchG. 16.
Protestbeamte WO. 87—91.
Protesterlaß WO. 42.
Protokoll 259, 269, 271.
Provision des Handlungsgehilfen 65, des Handlungsagenten 88, 89, des Kaufmanns 354, des Kommissionärs 394, 396, 403, des Spediteurs 409, WO. 50, 51, 65.
Prozeßgericht bei Eintragungen ins Handelsregister 16.
Prüfung der Gründung 192, 193, 196, des Aufsichtsrats 246, der Bilanz 266, 267.
Prüfungsbericht 193, 194, 199, 207, 267.
Publizitätsbericht 15.

Q.

Quittung WO. 39, 48, 54.

R.

Rangordnung der Pfandrechte 443, 777, der Schiffsgläubiger 766—770, 776.
Raumcharterung 587, 603.
Rechnung, Versicherung für eigene, fremde —, —, wen es angeht 781.
Rechnungsabschluß 355.
Rechtsfähigkeit der Akt.-Ges. 210.
Rechtsnachfolger 12, 220.
Rechtsvorgänger des Aktionärs 220, 221.
Reeder 484 ff.
Reederei 489—491, 505, 506.
Refaktie 380.
Registergericht 13, 37.
Regreß WO. 15, 16, 25 ff., 41 ff., 50—52, 61, 69, 78, 79; SchG. 16, 20.
Reichsunternehmen, keine Eintragungspflicht 36, Rechnungsabschluß 42.
Reihenfolge der Indossamente WO. 36, 49.
Reingewinn 213, 215, 216, 237, 245.
Reise, Antritt der Seereise 516, 578, 580, Reisehinderungen 628 bis 641, Zufälle während der — 637, 638.
Reisegepäck 465.
Reisegut 672 ff.
Reisende 664—676.
Reiseunfälle bei der Schiffahrt 522 ff.
Rektaindossament WO. 15.
Remboursregreß WO. 51, 79.
Remisse WO. 51.
Remittent WO. 4, 6, 9, 96.
Reparatur des Schiffs 479, 501, 638, 671, 709, 710, 873, 874.
Reservefonds 262.
Respekttage WO. 33.
Retentionsrecht s. Zurückbehaltungsrecht.
Retourrechnung WO. 54.
Revisoren zur Prüfung der Gründung 192—194, der Bilanz 266, 267.
Ristorno 894 ff.
Rückgabe des Ladescheins 448.
Rückgriff gegen früheren Frachtführer 432, 442, der Eisenbahnen untereinander 469.
Rücknahmeanspruch des Lagerhalters 422.
Rückseite des Wechsels WO. 12, 88 a.
Rücktritt des Befrachters 580, 582, 589, 628 ff., des Reisenden 667 ff., vom Seeversicherungsvertrage 808 ff.
Rückwechsel WO. 53.
Rügepflicht 377, 391.

S.

Sacheinlagen 186, 279.
Sachverständige 438, 464.
Sammelladung 413.
Sammellagergeschäft 419.
Samtfrachtführer 432, 469.
Satzung 33, 34, 182, 274—277, 321—322.
Schaden, Ermittelung des — bei Seefracht 608, Umfang und Ermittelung bei Seeversicherung 854 bis 881, Bezahlung des — 882 bis 893.
Schadensersatz wegen unbefugter Führung einer Firma 37, wegen Verschuldens des Mäklers 98, eines Gesellschafters 113, wegen Verletzungen der Vorschriften des Aktienrechts 202, 236, 241, 249, wegen Verzugs in der Erfüllung 375, 376, des Kommissionärs 384 bis 386, 390, 391, Spediteurs 414, Frachtführers 429—431,

der Eisenbahnen 456–466, bei Seefracht 611 ff.; s. a. Beschädigung.
Schecks, Landesgesetze über – EG. 17, SchG. 1 ff. (S. 288).
Scheckprozeß SchG. 28.
Scheinkaufmann 5.
Schiffer 388, 511–555, Rechtsgeschäfte des – 526–530, 533 bis 535, Pflichten 513–520, 522, gegenüber dem Bodmereigläubiger 692–694, Heuer 547 bis 550, Entlassung 545–548, 551.
Schiffsbesatzung 481.
Schiffsboote 478.
Schiffsführung, persönliche 517.
Schiffsdisponent 492–499.
Schiffsgläubiger 754–777.
Schiffsparten 474–477, 489–491, 501 ff., 552, 900.
Schiffsveräußerung 474 ff.
Schiffszusammenstoß s. Zusammenstoß von Schiffen.
Schleppschiffahrtsunternehmer 1.
Schlußbilanz 155.
Schlußnote 94, 95.
Schlußrechnung 302.
Schriftlichkeit der Verträge 79, 302, der Annahme WO. 21.
Schuldanerkenntnis 350.
Schulden bei Erwerb eines Handelsgeschäfts 25.
Schuldschein 344.
Schuldversprechen 350.
Schweigen auf einen Antrag 362.
Schwinden der Ladungsgüter 456.
Seefrachtvertrag 556 ff.
Seehandel 474–905, EG. 6, 7, 19, 20.
Seenot, Bergung und Hilfeleistung in – 740–753.
Seeuntüchtig gewordenes Schiff 479.
Seeversicherung 778–900.
Segelfertiges Schiff, keine Zwangsvollstreckung 482.
Sekundawechsel WO. 66.
Selbständigkeit der Wechselerklärungen WO. 3.
Selbsteintritt des Kommissionärs 400–405, – des Spediteurs 412.
Selbsthilfeverkauf 373.
Sicherheit bei Wechseln WO. 25 bis 29, 73, 98.
Sicherheitsleistung 266, 269, 272, 369, 730.
Sichtscheck SchG. 7.
Sichtwechsel WO. 4, 31, s. a. Nachsichtwechsel.
Simultangründung 188.
Sitz einer Gesellschaft 106, 107, einer juristischen Person 33.
Skripturhaftung 651, 653, 655.
Solawechsel WO. 26.
Sollkaufmann 2.
Sonntag als Zahlungstag WO. 92.
Sorgfalt eines ordentlichen Geschäftsmanns 84, 202–204, 241, 249, 347, 390, 408, 497, 511.
Spediteur 1, 366, 368, 407 ff.
Speditionsgeschäft 1, 407–415.
Sperrjahr 301.
Spezifikationskauf 375.
Sprache, lebende 43.
Sprungregreß WO. 49, SchG. 18.
Staatsunternehmen, keine Eintragungspflicht 36, Rechnungsabschluß 42.
Stellvertreter der Vorstandsmitglieder 242, 248.
Steuermann 517.
Stille Gesellschaft 335–342.
Stimmenkauf 317.
Stimmrecht 252, 318, 327.
Strafvorschriften hinsichtlich des Aktienrechts 312–319.
Strandung 851–853.

Stückgüter als Gegenstand des Frachtvertrages 588—590, 604, 605, 611.
Stückgütervertrag 556, 605, 641, Stückgüterlöschung 604.
Stufengründung 189, 196.
Stundung des Kaufpreises 393.
Substitution eines anderen Schiffes 565, hinsichtlich der Ladung 512.
Sukzessivgründung 189, 196.

T.

Tag der Ausstellung des Schecks SchG. 1, des Wechsels WO. 4, 96.
Tagebuch des Mäklers 100—104, auf Seeschiffen zu führende Tagebücher 519—521.
Tagesordnung der Generalversammlung 256.
Tagwechsel WO. 4, 30.
Tantieme der Vorstandsmitglieder 237.
Taragewicht 380.
Täuschung, Anfechtung des Versicherungsvertrages wegen — 811 b.
Taxe (taxierte Police) 793 ff.
Teilakzept WO. 22.
Teilcharterung 587, 603.
Teilfrachtführer 432, 449.
Teilnehmerverzeichnis der Generalversammlung 258.
Teil-Raum-Charterung 641.
Teilzahlung bei Wechseln WO. 38, 39.
Termin der Leistung 359.
Tertiawechsel WO. 66.
Tiere, Transport auf Eisenbahnen 459.
Tod eines Gesellschafters 131, 137, 143, 148, des stillen Gesellschafters 339, des Kommanditisten 177, des Mitreeders 505, des Schiffers 554, des Reisenden 675.
Totalverlust bei Seeversicherung 854—860.
Traditionspapier (Ladeschein) 450, (Konnossement) 647.
Transport zu Lande oder auf Binnengewässern s. Frachtgeschäft.
Transportfunktion WO. 10.
Transportversicherungspolice 363.
Trassant s. Aussteller.
Trassat s. Bezogener.
Trassiert-eigener Wechsel WO. 6.
Trockener Wechsel WO. 96 f., s. a. eigener Wechsel.

U.

Überfahrtsgeld 666 ff., 721.
Überfahrtsvertrag, -geld s. Reisende.
Übergabe des Ladescheins 450.
Übergang von Aktien 223.
Übergangsbestimmungen EG. 22 ff.
Überliegezeit 567—570, 595 bis 599.
Übernahme von Anlagen und sonstigen Vermögensstücken 186, 279, von Gütern zur Beförderung, von Lieferungen, Versicherungen, Transporten 1, eines Transports 451, von Aktien 188 bis 190, des Gesellschaftsvermögens 142, 303, 304.
Übernahmekonnossement 642.
Überschuldung s. Zahlungsunfähigkeit.
Übertragung von Aktien 180, 222, des Vermögens einer Aktienges. 305.
Überversicherung 786, 787.
Umfang des Schadens bei der Seeversicherung 854 ff.
Umtausch von Aktien 305.
Umwandlung einer Kommanditgesellschaft auf Aktien in eine

Aktienges. 307, 332—334, von Aktien 183.
Unbefugter Firmengebrauch 37.
Unbeschränktheit der Vertretungsmacht s. Beschränkung.
Unbewegliche Sachen 93, 207.
Uneigentliche Kommissionsgeschäfte 406, Speditionsgeschäfte 415, Frachtgeschäfte 451.
Uneinschränkbarkeit der Prokura 50.
Unfallanzeige 818.
Unfälle bei der Schiffahrt 522 ff.
Unfallversicherung 63.
Ungültigkeit s. Nichtigkeit.
Unredlichkeit 266.
Unrichtige Angaben 313, 314, — Bescheinigungen 316.
Unselbständigkeit der Firma 23.
Unterbilanz 329.
Unterbrechung der Verjährung 160.
Unterlassungen 389, 390, 437.
Unternehmen des Staats oder Kommunalverbandes 36, 42, 180, gewerbliches 2, 210, Änderung des Gegenstandes des — 275.
Unterpariemission, Verbot 184.
Unterschied (Differenz) 376, 380, 430.
Unterschrift 12—14, 35, der Liquidatoren 153, des Vorstandes 234, des Schecks SchG. 1, des Wechsels WO. 4, 88, 90, 94—96.
Unterschriften, gefälschte SchG. 23.
Untersuchung empfangener Waren 377.
Unterverfrachtung 662.
Unterversicherung 792, 843, 881.
Unterzeichnung von Aktien und Interimsscheinen 181, des Inventars und der Bilanz 41, des Ladescheins 445.
Unteilbarkeit der Aktien 179.
Unübertragbarkeit der Prokura und Handlungsvollmacht 52, 58.
Unvollständige Wechsel WO. 7.
Unwiderruflichkeit der Annahmeerklärung WO. 21.
Urkunde über Veräußerung von Schiffsparten 475.
Urteil betr. Aufhebung eines Beschlusses der Generalversammlung 273.

V.

Verantwortlichkeit des Schiffers 518.
Verarbeitung von Waren als Handelsgewerbe 1.
Veräußerung von Firmen 23, des ganzen Vermögens 303, 307, von Waren im Handelsgewerbe 1, 93, 366, von Inhaberpapieren 367, von Pfändern 368, von Schiffern und Schiffsparten 474 ff., 503, 504, der versicherten Sache 899.
Verbindlichkeiten s. Schulden.
Verderb der Güter 388, 437, 459.
Verein als Kaufmann 6.
Vereinigung von Aktiengesellschaften 306.
Verfalltag WO. 4, 20, 30—32, 34, 72, 92, 100.
Verfrachter von Seeschiffen 407, 559 ff.
Verfrachtung eines Teiles des Schiffes 587.
Verfügungsrecht des Absenders 433.
Vergleich wegen Ansprüche aus der Gründung 205, 270.
Vergütung der Aufsichtsratsmitglieder 245.
Verhinderung des Handlungsgehilfen 63, 72, der Reise des Frachtführers 428.
Verjährung der Ansprüche gegen früheren Firmeninhaber 26, gegen Handlungsgehilfen 61, aus der Gründung 206, gegen Aktionäre

217, Vorstand 236, 241, Aufsichtsrat 249, gegen Gesellschafter 113, 159, 160, 326, Spediteur 414, Lagerhalter 423, Frachtführer 439, Eisenbahnen 470, der Forderungen der Schiffsgläubiger 901—904, aus dem Versicherungsvertrage 905, der Regreßansprüche beim Scheck SchG. 20, 21, bei Wechseln WO. 77—79, 100.
Verklarung 522—525.
Verkleidungsvertrag 381.
Verladung, mangelhafte 459, von Gütern zur See 565 bis 567.
Verlagsgeschäft 1.
Verlorene Papiere 367, 414, Güter auf See 617, 618.
Verlust des Kommissionsgutes 390, des stillen Gesellschafters 336, 337, des beförderten Guts 429 ff., 456 ff., 606, 617, 618, des Schiffes 555, des Regresses WO. 41—48, 54, 62.
Verlustigerklärung des Anteilrechts 219.
Vermittelung von Warengeschäften 85, 93.
Vermittlungsagenten 85.
Vermögensveräußerung s. Veräußerung.
Vermögensverteilung s. Verteilung.
Vermutung bezüglich der Geschäfte eines Kaufmanns 344, — hinsichtlich Ursache eines Schadens 459.
Verpackung 380, 459.
Verpfändung von Waren im Handelsbetrieb 366, von Inhaberpapieren 367.
Verpflichtungsschein 363.
Verrechnungsscheck SchG. 14.
Verschleierung 314.
Verschollenheit eines Schiffes 862, 864.
Verschulden des Mäklers 98.
Versender 407.
Versicherung als Handelsgewerbe 1, 93, von Gütern 407, 417, Seeversicherung 778—900.
Versicherungsagenten 84 (Anm.).
Versicherungsgesellschaften 278.
Versicherungsnehmer der Seeversicherung, Pflichten hinsichtlich Anzeige 806—811, bez. Prämie 812, 814—819.
Versicherungsschein der Seeversicherung 784, 793, 886—889.
Versicherungswert der Seeversicherung 786—802.
Verstaatlichung einer Akt.-Ges. 304.
Versteigerung von Waren 373, 376, von Anteilsscheinen 220, 290.
Verteilung des Gesellschaftsvermögens 155, 185, 300, 301.
Verträge über Erwerb von Anlagen durch Aktiengesellschaften 207.
Vertragsstrafe 75 c, 212, 218, 348.
Vertragswidriges Verhalten 70, 75.
Vertretbare Sachen 363, 406, 419.
Vertretung von Gesellschaften 125 bis 127, 149, 170, 232, 235, 247, der Reederei 492—499, 526 ff.
Vertretungsmacht des Aufsichtsrats 247.
Vervielfältigung eines Wechsels WO. 66 ff.
Verwahrungspflicht beim Kommissionsgeschäft 390.
Verweigerung der Annahme oder Datierung WO. 20.
Verwertung des Gesellschaftsvermögens 303.
Verzeichnis der Aktionäre 195, 258.
Verzicht auf Ansprüche aus der Gründung 205, 270, auf Protesterhebung WO. 42.

Verzug beim Handelskauf 373, 376, des Befrachters 588.
Verzugszinsen 352.
Vindikation 366.
Viehmängel 382.
Vollcharterung 567—586, 594—602, 628—640.
Vollkaufmann 343 ff.
Vollmacht zu Anmeldungen beim Handelsregister 12, für Generalversammlungen 252, des Handlungsagenten 85, 86, des Handelsmäklers 97.
Volontär 82 a.
Vorausklage 349.
Vorlegung von Handelsbüchern 45 bis 47, 166, 338, von Mäklerbüchern 102, des Schecks SchG. 16.
Vorlegungsfrist des Schecks SchG. 11.
Vormann 19, 30, 411, 441, Benachrichtigung WO. 45—47, Duplikat WO. 66.
Vorschüsse der Kaufleute 354, des Kommissionärs 393, Spediteurs 410, der Schiffer 532.
Vorstand einer Aktiengesellschaft 190, 192, 204, 231—242.
Vorzeigung s. Präsentation.
Vorzugsaktien 185.
Vorzugsrechte einzelner Gesellschafter oder Aktionäre 262, des Kommissionärs 399, Schiffsgläubiger 767, 776.

W.

Ware, nähere Bestimmung der — 375, Anschaffung und Veräußerung 1, Vindiskabilität 366, mittlere Güte 360, bei der Aufstellung der Bilanz 261.
Wagen, offengebaute 459.
Wahl des Aufsichtsrats 190, 243.
Währung des Preises 361.
Wartezeit 368, 567 ff., 579, 585.
Wechsel, Ankauf durch Kommissionär 395, gezogene: Erfordernisse WO. 4—7, an eigene Order WO. 6, trassiert eigene W. WO. 6, eigene W. WO. 96 f., ausländische WO. 85, domizilierte WO. 24, 43, 99, falsche WO. 75, 76, unvollständige WO. 7, auf Sicht s. Sichtwechsel.
Wechselbereicherung s. Bereicherungsklage.
Wechselbürgschaft WO. 81.
Wechselduplikat WO. 66—69.
Wechselfähigkeit WO. 1, des Ausländers WO. 84.
Wechselfälschung WO. 75, 76.
Wechselkopie WO. 70—72.
Wechselordnung 222, 365, EG. 21, WO. 1 ff. (S. 262).
Wechselprotest s. Protest usw.
Wechselsumme WO. 4, 50, 96.
Weiterbeförderung (Eisenbahn u. Frachtführer) 468.
Weiterveräußerung von Waren als Handelsgewerbe 1.
Wertpapiere, An- und Verkauf 1, 93, 381, 383, 462, Anweisungen und Verpflichtungsscheine 363, Retentionsrecht 369, Kommission zum Ein- oder Verkauf 400, bei Aufstellung der Bilanz 261, abhanden gekommene — 365.
Wettbewerbsverbot 60, 64, 75 f., 82 a, 112, 113, 165, 236, 326.
Wichtiger Grund, Kündigung aus — 70—72.
Widerklage 469.
Widerruf der Prokura 52, 116, der Mitglieder des Aufsichtsrats 243, des Schecks SchG. 13.
Wiederausladung 581, 582.

Wiederkehrende Leistungen der Aktionäre 216.
Wirksamkeit der Gesellschaft gegenüber Dritten 123.
Wissentlich falsche Angaben 313, 314.
Wohnort des Ausstellers WO. 97, des Bezogenen WO. 4, 24, des Regreßpflichtigen und Regreßnehmers WO. 50, 51.

Z.

„Zahl, Maß, Gewicht unbekannt" — Klausel 655.
Zahlung an Aktionäre 289, Vollmacht zur Empfangnahme der — 55, 86, 97, Haftung des Ausstellers WO. 8, Z. durch Domiziliaten WO. 24, Erfüllung durch Z. WO. 30—40, Z. durch Regreßpflichtigen WO. 54, beim Ehrenakzept WO. 60, nach Einleitung des Aufgebotsverfahrens WO. 73.
Zahlungsempfänger SchG. 4.
Zahlungsfrist, Bewilligung durch Handlungsreisende 55, — der Bodmereischuld 687.
Zahlungsort WO. 4, 24, 97, SchG. 5.
Zahlungspflicht des Empfängers des Frachtgutes 436.
Zahlungstag WO. 30—35, 92.
Zahlungsunfähigkeit 240, eines Aktionärs 202, 205.
Zahlungszeit WO. 4, 30, 35, 96, s. a. Fälligkeit, Verfalltag.
Zeichnung der Firma 29, 108, der Unterschrift 12—14, 35, des Prokuristen 51, 53, der Liquidatoren 35, 148, des Vorstandes 195, 233, von Aktien 189, 281; s. a. Unterzeichnung.
Zeichnungs-(Sukzessiv-)Gründung 189, 196, 323.
Zeichnungsschein 189, 281, 323.
Zeitfracht 622.
Zeitpunkt der Leistung 358, 359.
Zeitrechnung WO. 34.
Zeugnis des Handlungsgehilfen 73, Lehrlings 80.
Zinsen 352—355; der Aktionäre 215, 218, WO. 50, 51.
Zinsversprechen im Wechsel WO. 7.
Zivilprozeßordnung 45, 269.
Zoll 420.
Zubehör eines Schiffes 478.
Zurückbehaltungsrecht 369—378, 615, 751, 752.
Zurückzahlung des Gewinns und der Einlage des Kommanditisten 172, des Aktionärs 217, des stillen Gesellschafters 342.
Zusammenlegung von Aktien 290.
Zusammenstoß von Schiffen 734 bis 739.
Zuständigkeit für Anfechtungsklage 272.
Zwangsreservefonds 262.
Zwangsversteigerung 207, eines Schiffes 482.
Zwangsvollstreckung 124, 129, 135, 370, 371, 761, WO. 29.
Zweigliedrige Gesellschaft 142.
Zweigniederlassung 13, 15, 30, 50, 201, 207, 286, 333.
Zwingendes Recht im Eisenbahnverkehr 472.
Zwischenbilanz 240.
Zwischenräume in Handelsbüchern 43.
Zwischenspediteur 411.
Zwischensystem 424 Anm.

Nachweis wichtiger Gesetzesausgaben

mit und ohne Erläuterungen, größere und kleinere Kommentare, Lehrbücher, Sammelwerke, Entscheidungssammlungen, Zeitschriften

Zusammengestellt vom Verlage Walter de Gruyter & Co., Berlin W 10

Herbst 1930

Inhaltsübersicht

Seite

I. **Allgemeines, Sammelwerke** 2

II. **Bürgerliches Recht** . . 4
- 1. Bürgerliches Gesetzbuch . . 4
  - Schuldverhältnisse insbesondere . . . 7
  - Sachenrecht insbes. 8
  - Familienrecht, Erbrecht 9
  - Aufwertung . . . 10
- 2. Handelsrecht . 11
  - Gesellschaften . . 12
  - Wechselordnung u. Scheckrecht . . 13
  - Schiffahrtsrecht . . 13
  - Genossenschaften . 15
  - Verschiedenes . . 15
  - Bank und Börse . 16

III. **Grenzgebiete des Bürgerlichen Rechts** . 17
- 1. Privat- u. Sozialversicherung . 17
- 2. Arbeitsrecht . . 20
- 3. Gewerberecht . 20
- 4. Geistig-gewerbl. Rechtsschutz . 21

IV. **Zivilprozeß** 24
- Freiw. Gerichtsbarkeit 26
- Konkursordnung und Zwangsvollstreckung 27

V. **Strafrecht und Strafprozeß** 28
- Strafgesetzbuch . . 28
- Nebengesetze . . . 30
- Strafprozeßordnung . 31

VI. **Öffentliches Recht** . 32
- 1. Staats- u. Völkerrecht 33
- 2. Verwaltungsrecht 36
  - Reichsrecht . . . 36
  - Landesrecht . . . 40
- 3. Steuerrecht . . 44

VII. **Entscheidungs-Sammlungen u. Zeitschriften** 47

I. Allgemeines, Sammelwerke.

Handwörterbuch der Rechtswissenschaft. Unter Mitberatung von Reichsgerichtspräsident Dr. E. Bumke, L. Busch, Oberreichsanwalt Dr. L. Ebermayer, Geh. Justizrat Professor Dr. Fr. Endemann, Geh. Justizrat Professor Dr. E. Heymann, Senatspräsident am Reichsgericht Dr. O. Strecker, Präsident des Bayrischen Obersten Landesgerichts Staatsrat Dr. K. v. Unzner herausgegeben von Dr. jur. **Fritz Stier-Somlo,** o. Professor an der Universität Köln, und Dr. jur **Alex. Elster,** Berlin. 6 Bände. Lexikon-Oktav. 1926/29.
In Halbleder geb. RM. 304.—

Ein Ergänzungsband, der das Handwörterbuch bis auf den letzten Stand von Wissenschaft und Praxis fortführt, befindet sich im Druck.

„Es zeigt sich doch jetzt immer mehr, daß Ihr Handwörterbuch ein ganz großer Wurf war. Wie ich höre, wird es auch in der Praxis in steigendem Maße benutzt." Professor Dr. Nipperdey, Köln.

Die Reichsgerichtspraxis im deutschen Rechtsleben. Festgabe der juristischen Fakultäten zum 50jährigen Bestehen des Reichsgerichts (1. Oktober 1929), unter Mitwirkung der Professoren Gerhard Anschütz, Heidelberg, Ernst Heymann, Berlin, Theodor Kipp, Berlin, Wilhelm Kisch, München, Alfred Schultze, Leipzig, Heinrich Siber, Leipzig, herausgegeben von Otto Schreiber, weiland Professor in Königsberg i. Pr. 6 Bde. Groß-Oktav. 1929.
Geh. RM. 110.—, in Halbfranz geb. RM. 134.—

I. Band: Öffentliches Recht. II. Band: Zivil- und Handelsrecht. III. Band: Zivil- und Handelsrecht (Fortsetzung). IV. Band: Handels- und Wirtschaftsrecht. V. Band: Strafrecht und Strafprozeß. VI. Band: Zivilprozeßrecht.

Die Bände werden einzeln abgegeben.

Mit dieser umfangreichen Festgabe wird eine große, systematisch geordnete Reihe hervorragender Monographien veröffentlicht, die durchweg besonders wichtige und schwierige Fragen aus allen Teilen des Rechts behandeln.

Fünfzig Jahre Reichsgericht am 1. Oktober 1929. Von Dr. Adolf **Lobe,** Senatspräsident am Reichsgericht i. R., M. d. R. unter Mitarbeit von Mitgliedern und Beamten des Reichsgerichts, der Reichsanwaltschaft und der Rechtsanwaltschaft am Reichsgericht. Mit 14 Porträts und 15 Abbildungen. Lexikon-Oktav. VI, 436 Seiten. 1929.
RM. 20.—, in Halbfranz RM. 24.—

Von den beiden Festschriften „Lobe, Fünfzig Jahre Reichsgericht" und der Festgabe der juristischen Fakultäten gibt die vorliegende ein Bild der organisatorischen Gestaltung des Reichsgerichts und seiner Einrichtungen, in deren Schutz sich seine Aufgaben und seine Arbeit gestalten. Ausführlicher Prospekt mit Inhaltsverzeichnis kostenlos.

Bürgerliches Rechtslexikon. (Nach dem Bürgerlichen Gesetzbuch, dem Handelsgesetzbuch und sonstigen Reichs- und Landesgesetzen.) Von E. **Christiani,** weil. Amtsgerichtsrat. Vierte, durchgearbeitete und verbesserte Auflage von Dr. Alexander **Elster,** Rechtsanwalt Dr. Hugo Hoormann, Amtsgerichtsrat Georg Krause, Lexikon-Oktav. IV, 474 Seiten. 1930 . . . . Geb. RM. 15.—

Christianis „Bürgerliches Rechtslexikon" erscheint nach seinen großen Erfolgen vor dem Kriege nunmehr in vierter Auflage. Die besondere Art der Stichwortaufteilung und die verständliche Darstellung haben es in alle Kreise gelangen lassen, die stets eine Gelegenheit zu zuverlässiger Rechtsbelehrung haben müssen.

Hedemann, J. W., **Einführung in die Rechtswissenschaft.** Zweite, erweiterte und umgestaltete Auflage. Oktav. XXII, 566 Seiten. 1927. (Lehrbücher und Grundrisse der Rechtswissenschaft Bd. IX.)
RM. 14.—, geb. RM. 16.—

„. . . Das Buch Hedemanns, welches die Aufgabe einer Einführung am reichsten und umfassendsten auffaßt und löst . . .“
Juristische Wochenschrift.

Sternberg, Theodor, **Einführung in die Rechtswissenschaft.**
I. Teil: Methoden- und Quellenlehre. Zweite, neugestaltete Auflage. Verbesserter Neudruck. 190 Seiten. 1927. (Sammlung Göschen Bd. 169.)
Geb. RM. 1.80
II. Teil: Das Rechtssystem. Erste Hälfte: Grundbegriffe und Privatrecht. Zweite, vermehrte Auflage. 133 Seiten. 1922. (Sammlung Göschen Bd. 170.) . . . . Geb. RM. 1.80
Eine in ihrer Knappheit ganz ausgezeichnete Darstellung der juristischen Begriffe und Probleme.

Schröder, Richard, und **Glitsch**, Heinrich, **Deutsche Rechtsgeschichte.** Sechste, verbesserte Auflage. Groß-Oktav. Mit einer Abbildung im Text, fünf Tafeln und einem Bildnis. 1124 Seiten. 1922.
RM. 26.—, in Halbleder geb. RM. 30.—
Dieses bekannte Lehrbuch hat sich seit langen Jahren bestens bewährt.

Fehr, Hans, **Deutsche Rechtsgeschichte.** Zweite, verbesserte und ergänzte Auflage. Oktav. 416 Seiten. 1925. (Lehrbücher und Grundrisse der Rechtswissenschaft Bd. X.) RM. 13.—, geb. RM. 14.50
Das Buch gibt eine plastische Darstellung der deutschen Rechtsgeschichte, die eine Anhäufung von Stoff ausdrücklich vermeidet, vielmehr das Schwergewicht auf eine mehr ideengeschichtliche Behandlung des Gegenstandes legt.

Schröder, Richard, und **Glitsch**, Heinrich, **Deutsche Rechtsgeschichte.** Zweite Auflage. Neudruck.
I. Bis zum Ende des Mittelalters. 160 Seiten. 1929. (Sammlung Göschen Bd. 621.) . . . . Geb. RM. 1.80
II. Die Neuzeit. 90 Seiten. 1929. (Sammlung Göschen Bd. 664.)
Geb. RM. 1.80
Eine gemeinverständliche kurze Darstellung der deutschen Rechtsgeschichte.

Giese, Friedrich, **Preußische Rechtsgeschichte.** Übersicht über die Rechtsentwicklung der preußischen Monarchie und ihrer Landesteile. Ein Lehrbuch für Studierende. Groß-Oktav. 256 Seiten. 1920.
RM. 5.—, geb. RM. 6.50
„Das Buch ist nicht ein, sondern das (bisher fehlende) Lehrbuch der preußischen Rechtsgeschichte.“
Dr. Karl Strupp im „Verwaltungsarchiv“.

von Mayr, Robert, **Römische Rechtsgeschichte.** I. Buch. Die Zeit des Volksrechtes. 1. Hälfte: Das öffentliche Recht. 150 Seiten. 1912. (Sammlung Göschen Bd. 577.) . . . . Geb. RM. 1.80
2. Hälfte: Das Privatrecht. 117 Seiten. 1912. (Sammlung Göschen Bd. 578.) . . . . Geb. RM. 1.80
II. Buch: Die Zeit des Amts- und Verkehrsrechtes. 1. Hälfte: Das öffentliche Recht. 158 Seiten. 1912. (Sammlung Göschen Bd. 645.)
Geb. RM. 1.80
2. Hälfte: Das Privatrecht I. 122 Seiten. 1913. (Sammlung Göschen Bd. 646.) . . . . Geb. RM. 1.80
Das Privatrecht II. 150 Seiten. 1913. (Sammlung Göschen Bd. 647.)
Geb. RM. 1.80

III. Buch. Die Zeit des Reichs- und Volksrechtes. 111 Seiten. 1913. (Sammlung Göschen Bd. 648.) . . . . Geb. RM. 1.80

IV. Buch. Die Zeit der Orientalisierung des römischen Rechtes. 155 Seiten. 1913. (Sammlung Göschen Bd. 697.) . . . . Geb. RM. 1.80

Stammler, Rudolf, **Lehrbuch der Rechtsphilosophie.** Dritte, vermehrte Auflage. Groß-Oktav. XVI, 396 Seiten. 1928. RM. 13.—, geb. RM. 15.—

„. . . Ein Werk aus einem Gusse, ein herbes Werk von größter wissenschaftlicher Strenge, eine Schule, durch die jeder gehen muß, der mit den rechtsphilosophischen Problemen der Gegenwart ringt." *Schweizerische Juristenzeitung.*

Stammler, Rudolf, **Rechts- und Staatstheorien der Neuzeit.** Leitsätze zu Vorlesungen. Zweite, vermehrte und verbesserte Auflage. Oktav. IV, 116 Seiten. 1925. . . . . RM. 3.50, geb. RM. 4.50

Ein unentbehrlicher Führer durch die Rechts- und Staatstheorien der Neuzeit.

Stammler, Rudolf, **Wirtschaft und Recht** nach der materialistischen Geschichtsauffassung. Eine sozialphilosophische Untersuchung. Fünfte, durch einen Nachtrag ergänzte Auflage. Oktav. VIII, 704 Seiten. 1924. . . . . RM. 14.—, geb. RM. 16.—

„Das Werk Stammlers darf den Ruhm in Anspruch nehmen, unter allen Büchern, die in der letzten Zeit auf dem hier in Betracht kommenden Gebiet erschienen sind, die stärkste Wirkung hervorgebracht zu haben." *Historische Zeitschrift.*

Friedrichs, Karl, **Der Allgemeine Teil des Rechts.** Eine Darstellung der gemeinsamen Lehren des öffentlichen und des privaten Rechts. Groß-Oktav. X, 306 Seiten. 1927. . . . . . . RM. 12.—, geb. RM. 13.50

„Eine solche Arbeit fehlte bisher in der juristischen Literatur. Friedrichs ist wie kein anderer berufen, eine grundlegende Arbeit über dieses Gebiet zu schreiben." *Mitteilungen des Preuß. Richtervereins.*

Maas, Georg, und **Magnus,** Julius, **Abkürzungsverzeichnis der Rechtssprache.** Abkürzungen der Bezeichnungen von Rechtsquellen, Behörden, Entscheidungen usw. des deutschen und österreichischen Rechts. Oktav. IV, 140 Seiten. 1929. . . . . RM. 4.—

„Bis jetzt fehlte eine Zusammenstellung, die in zuverlässiger Weise die gebräuchlichsten Abkürzungen wiedergab. Diese Lücke füllt das neue Buch in glücklicher Weise aus." *Der junge Rechtsgelehrte.*

Endemann, Friedrich, **Grundriß des römischen Privatrechts.** Oktav. X, 256 und 30 Seiten. 1925. (Lehrbücher und Grundrisse der Rechtswissenschaft Bd. XII.) . . . . RM. 9.—, geb. RM. 10.50

„. . . ein nach jeder Richtung hochstehendes Werk." *Der junge Rechtsgelehrte.*

Stammler, Rudolf, **Aufgaben aus dem römischen Recht.** Der „Institutionenübungen für Anfänger" vierte Auflage. Oktav. IV, 92 Seiten. Mit Figuren im Text. 1919 . . . . Geb. RM. 5.—

Zum selbständigen Einarbeiten in das System des römischen Privatrechts.

II. Bürgerliches Recht

1. Bürgerliches Gesetzbuch

Lehmann, Heinrich, **Allgemeiner Teil des Bürgerlichen Gesetzbuches.** Dritte, vermehrte und verbesserte Auflage (9. bis 12. Tausend). Oktav. XIV, 439 Seiten. 1928. (Lehrbücher und Grundrisse der Rechtswissenschaft Bd. I.) . . . . RM. 12.—, geb. RM. 13.50

„Es liegt ein großer pädagogischer Wert in diesem Buch. Es wird sich unter den Studenten rasch großer Beliebtheit erfreuen."
Das Recht.

Leonhard, R., **Der Allgemeine Teil des Bürgerlichen Gesetzbuches** in seinem Einflusse auf die Fortentwicklung der Rechtswissenschaft. Groß-Oktav. XVI, 537 Seiten. 1900. (Recht des Bürgerlichen Gesetzbuches in Einzeldarstellungen Nr. X.) . . . . RM. 10.—

Die Sammlung „Recht des Bürgerlichen Gesetzbuches" umfaßt systematische Darstellungen des BGB. aus der Feder erster Juristen der Wissenschaft und Praxis.

Oertmann, Paul, **Allgemeiner Teil des Bürgerlichen Gesetzbuches.**
I. Einleitung. Lehre von den Personen und von den Sachen. Dritte, verbesserte Auflage. 136 Seiten. 1926. (Sammlung Göschen Bd. 447.) Geb. RM. 1.80
II. Erwerb und Verlust, Geltendmachung und Schutz der Rechte. Dritte, verbesserte Auflage. 147 Seiten. 1928. (Sammlung Göschen Bd. 448.) . . . . Geb. RM. 1.80

Nach der die Vorgeschichte des BGB. und einzelne für seine Bedeutung und Anwendung wichtige Hauptfragen behandelnden Einleitung bespricht der Verfasser die Lehre von den Personen und von den Sachen. Er verarbeitet den Inhalt der einzelnen Gesetzesparagraphen wissenschaftlich und erörtert dabei auch mehrfach Fragen, die im BGB. selbst nicht geregelt, höchstens gestreift werden.

Plancks Kommentar zum Bürgerlichen Gesetzbuch nebst Einführungsgesetz. Bisher herausgegeben von E. Strohal. Bearbeitet von E. Brodmann, L. Busch, J. Ebbecke, F. Flad, M. Greiff, K. Gunkel, P. Knoke, M. Landois, A. Lobe, Fr. Oegg, H. Siber, O. Strecker, K. von Unzner. Vierte, völlig neubearbeitete Auflage. Lexikon-Oktav. Bisher sind erschienen:
I. Band: Allgemeiner Teil. 606 Seiten. 1913. RM. 15.—, geb. RM. 17.—
II. Band, 1. Hälfte: Recht der Schuldverhältnisse. (Allgemeiner Teil.) 640 Seiten. 1914 . . . . RM. 15.—, geb. RM. 17.—
II. Band, 2. Hälfte: Recht der Schuldverhältnisse. (Besonderer Teil.) 1296 Seiten. 1928 . . . . RM. 49.—, geb. RM. 52.—
III. Band: Sachenrecht. 1464 Seiten. 1920. RM. 30.—, geb. RM. 33.—
IV. Band: Familienrecht. 1. Hälfte §§ 1297—1588. 701 Seiten. 1928. RM. 26.—, geb. RM. 28.—
V. Band: Erbrecht. Vierte, völlig neubearbeitete Auflage. Groß-Oktav. XII, 1136 Seiten. 1930 . . RM. 51.—, geb. RM. 54.—

„Für jeden Praktiker, der tiefer in den Rechtsstoff eindringen muß, um die zur Entscheidung stehende Frage zu prüfen, ist Plancks Kommentar immer ein zuverlässiger Ratgeber und seine Erläuterung und Meinung von hohem Wert und Gewicht, stets sorgfältiger Beachtung wert." *Zentralblatt für freiwillige Gerichtsbarkeit.*

Das Bürgerliche Gesetzbuch mit besonderer Berücksichtigung der Rechtsprechung des Reichsgerichts. Erläutert von Dr. Busch, Erler, Dr. Lobe, Michaelis, Oegg, Sayn, Schliewen und Seyffarth, Reichsgerichtsräten und Senatspräsidenten am Reichsgericht. Siebente, unveränderte Auflage. 5 Bände. §§ 1—2385. Lexikon-Oktav. 3182 Seiten. 1928 . . . . RM. 125.—, in Halbleder geb. RM. 150.—
I. Band: Allgemeiner Teil. Recht der Schuldverhältnisse I. (Allgemeiner Teil.) — II. Band: Recht der Schuldverhältnisse II. (Einzelne Schuldverhältnisse.) — III. Band: Sachenrecht. — IV. Band: Familienrecht. — V. Band: Erbrecht. Alphabetisches Sachverzeichnis.
(Das Werk wird nur komplett abgegeben.)

„Eine neue Auflage dieses für die Praxis wertvollsten Kommentars ist ein Ereignis für die Juristenwelt."
Blätter für Rechtspflege im Bezirk des Kammergerichts.

v. Schwerin, Cl., Frhr., Grundzüge des deutschen Privatrechts. Zweite Auflage. Oktav. XII, 342 Seiten. 1928. (Lehrbücher und Grundrisse der Rechtswissenschaft Bd. XIII.) RM. 9.50, geb. RM. 11.—
„Was dem Studenten not tut, ist ein kurzgefaßtes Handbuch. ... Ein ausgezeichnetes Hilfsmittel dieser Art ist das vorliegende Buch."
Zeitschrift für Rechtspflege in Bayern.

Wegner, Arthur, Jugendrecht. Ein Lehrbuch zur Einführung. Oktav. IX, 219 Seiten. 1929 . . . . RM. 6.—, geb. RM. 7.50
„Ein gleichartiges und gleichwertiges Werk über das Jugendgericht gibt es noch nicht." Breslauer Zeitung.

Schuldverhältnisse insbesondere

Hedemann, Justus Wilh., Schuldrecht des Bürgerlichen Gesetzbuches. Oktav. Zweite Auflage in Bearbeitung. (Lehrbücher und Grundrisse der Rechtswissenschaft Bd. II.)
„Die Schrift bietet die beste mir bekannte Einführung in das schwierige Recht der Schuldverhältnisse." Staats- und Selbstverwaltung.

Oertmann, Paul, Schuldrecht. (BGB. II.)
I. Allgemeine Lehren. Dritte, verbesserte Auflage. 142 Seiten. 1927. (Sammlung Göschen Bd. 323.) . . . . Geb. RM. 1.80
II. Die einzelnen Schuldverhältnisse. Dritte, verbesserte Auflage. 159 Seiten. 1929. (Sammlung Göschen Bd. 324.) . . Geb. RM. 1.80
„In knapper Form und gemeinverständlicher Ausdrucksweise ist ein vorzüglicher Überblick über den Stoff gegeben."
Leipziger Zeitschrift für deutsches Recht.

Meyer, Georg, Das Recht der Beschlagnahme von Lohn- und Gehaltsforderungen. Sechste Auflage. Taschenformat. 1927. Mit Nachtrag 1928. (Guttentagsche Sammlung Deutscher Reichsgesetze Bd. 55.) Geb. RM. 4.50
„Das Buch ist in flüssiger, übersichtlicher Form geschrieben und schöpft aus der Praxis für die Praxis; ein Handbuch nicht nur für den Juristen, sondern ebenso für das kaufmännische Büro, die Fabrik und das Handelsgeschäft." Württembg. Wirtschafts-Zeitung.

Seligsohn, Franz, Haftpflichtgesetz. Groß-Oktav. 349 Seiten. 1920. RM. 8.—, geb. RM. 9.50
„Das reiche Material hat der Verfasser mit logischer Schärfe und in knapper Form bearbeitet und damit ein mustergültiges Werk geschaffen, das für die meist veralteten Kommentare zum Reichshaftpflichtgesetz einen wertvollen Ersatz bietet."
Blätter für Rechtspflege im Bezirk des Kammergerichts.

Krieg, O., Mietrecht und Wohnungsmangelgesetzgebung im Reiche, in Preußen und in Berlin, einschließlich Hauszinssteuer, Kostenwesen und Rechtsentscheiden des Kammergerichts und des Obersten Landesgerichts. Zusammengestellt und mit ausführlichem Schlagwortregister versehen. Vierte Auflage. Taschenformat. XII, 594 Seiten. 1928. (Guttentagsche Sammlung Deutscher Reichsgesetze Bd. 156.) Geb. RM. 10.—
„Eine solche Ausgabe zu besitzen, ist wertvoll. Diese Ausgabe verdient schon wegen ihrer Vollständigkeit besondere Beachtung. Ein vortreffliches Sachregister ist beigegeben." Juristische Wochenschrift

Stölzle, Hans, Viehkauf nach Bürgerlichem Gesetzbuch und ausländischem Recht. Verordnung, betreffend die Hauptmängel und Gewährfristen beim Viehhandel. Von Eugen Fröhner. Sechste, vermehrte und wesentlich verbesserte Auflage. Taschenformat. 699 Seiten. 1926. (Guttentagsche Sammlung Deutscher Reichsgesetze Bd. 50.)
Geb. RM. 15.—
„Das Buch ist Juristen wie Laien als lichtvoller Ratgeber in allen Fragen nur auf das wärmste zu empfehlen."
Deutsche Juristen-Zeitung.

Hoffmann, J., **Abzahlungsgeschäfte.** Vierte Auflage, besorgt von K.-A. Crisolli. Taschenformat. Im Druck. (Guttentagsche Sammlung Deutscher Reichsgesetze Bd. 34.)

„Jeder, der mit Abzahlungsgeschäften zu tun hat, kann sich bestens aus dem Büchlein informieren. Der Kommentar ermöglicht es auch dem Laien, sich mit allen einschlägigen Fragen vertraut zu machen."

Berliner Intelligenz-Blatt.

Göppert, H., **Gesetz, betreffend die gemeinsamen Rechte der Besitzer von Schuldverschreibungen.** Zweite Auflage, bearbeitet von E. Trendelenburg. Taschenformat. 156 Seiten. 1915. (Guttentagsche Sammlung Deutscher Reichsgesetze Bd. 52.) . . . . . Geb. RM. 1.50

Dungs, H., **Sechs Haager Abkommen über internationales Privatrecht.** Taschenformat. 116 Seiten. 1910. (Guttentagsche Sammlung Deutscher Reichsgesetze Bd. 98.) . . . . Geb. RM. 1.50

„Die diesen Abkommen vom Verfasser beigefügten Erläuterungen sind kurz und klar gefaßt und entsprechen den allgemeingültigen Anschauungen. Der Kommentar von Dungs kann nur angelegentlichst empfohlen werden." *Juristisches Literaturblatt.*

Bogeng, G., **Die Haager Abkommen über das internationale Privatrecht.** Taschenformat. 173 Seiten. 1908. (Guttentagsche Sammlung Deutscher Reichsgesetze Bd. 90.) . . . . Geb. RM. 2.—

Beiträge zum ausländischen und internationalen Privatrecht, herausgegeben vom Institut für ausländisches und internationales Privatrecht.

Heft 1:

Nußbaum, Arthur, **Vertraglicher Schutz gegen Schwankungen des Geldwertes.** Goldklauseln und andere Abreden zur Minderung des Valutarisikos. Groß-Oktav. 95 Seiten. 1928 . . . . RM. 5.—

Das vorliegende Werk befaßt sich mit dem Gesamtproblem des Valutarisikos, das für die weitesten, namentlich international orientierten Wirtschaftskreise auch nach der Inflation Gegenstand dauernder Überlegung und Sorge geblieben ist.

Heft 2:

Wolff, John, **Die Haftung des Verkäufers einer fremden beweglichen Sache** in den Vereinigten Staaten von Amerika in Vergleichung mit dem deutschen bürgerlichen Recht. Groß-Oktav. 84 Seiten. 1930. RM. 4.—

Mit dieser Arbeit bietet das „Institut für ausländisches und internationales Privatrecht" eine Darstellung der Rechtsmängelhaftung, und zwar gezeigt am einfachsten und zugleich wichtigsten Beispiele des Rechtsmangels: dem fehlenden Eigentum.

Heft 3:

Friedmann, Wolfgang, **Die Bereicherungshaftung** im anglo-amerikanischen Rechtskreis in Vergleichung mit dem deutschen bürgerlichen Recht. Groß-Oktav. 148 Seiten. 1930 . . . . . . RM. 7.—

Die Problematik des Bereicherungsrechts beruht auf der eigenartigen Funktion des Bereicherungsanspruches, der wegen seines stark ethischen Gehaltes stets droht, das Rechtssystem durch übermäßige Ausdehnung zu durchbrechen.

Dieser grundsätzlichen Bedeutung wegen hat das Institut für ausländisches und internationales Privatrecht dieses Problem in seine Arbeit einbezogen und schickt diese systematische Darstellung anderen Arbeiten aus dem gleichen Problemkreis voraus.

Sachenrecht insbesondere

Hedemann, Justus Wilh., **Sachenrecht des Bürgerlichen Gesetzbuches.** Oktav. XXXII, 507 Seiten. 1924. (Lehrbücher und Grundrisse der Rechtswissenschaft Bd. III.) . . . . . RM. 12.—, geb. RM. 13.50

„Ein trotz seiner Kürze ausgezeichnetes und inhaltreiches Lehrbuch, nicht nur für den Studierenden, sondern auch für ältere Juristen. Die Arbeit ist wissenschaftlich tiefgründig und doch gemeinverständlich geschrieben." Zeitschrift des Deutschen Notarvereins.

Kretschmar, F., Sachenrecht.

I. Allgemeine Lehren. Besitz und Eigentum. Zweite, verbesserte Auflage. 142 Seiten. 1922. (Sammlung Göschen Bd. 480.) Geb. RM. 1.80
II. Begrenzte Rechte. 144 Seiten. 1923. (Sammlung Göschen Bd. 481.) Geb. RM. 1.80

Diese Bändchen bieten die Grundzüge des Sachenrechts in gedrängter und klarer Form.

Lenzen, Georg, **Das Deutsche Pfandleihrecht.** Kommentar zum preußischen Pfandleihgesetz unter Berücksichtigung der außerpreußischen Gesetze. Oktav. XXVI, 266 Seiten. 1929 . . . . Geb. RM. 20.—

„Diese zusammenfassende Darstellung ist die erste ihrer Art und sehr verdienstlich. Das Buch regt zu allerhand Fragen an." Juristische Wochenschrift.

Günther, Hermann, **Erbbaurecht.** Taschenformat. 167 Seiten. 1919. (Guttentagsche Sammlung Deutscher Reichsgesetze Bd. 135.) Geb. RM. 2.—

„Günther ist ausführlich, ohne weitschweifig zu sein; ausgezeichnete Vorbemerkungen geben vorzügliche Übersicht und wahren den Zusammenhang. Überall ist der bisherige Rechtszustand, der ja für absehbare Zeit seine Bedeutung behält, mit in das Bereich der Betrachtungen gezogen. Der Praxis wird das Werk von hervorragendem Nutzen sein." Beiträge zur Erläuterung des deutschen Rechts.

Arnheim, Hugo, **Grundbuchordnung.** Kommentar zur Grundbuchordnung für das Deutsche Reich nebst den für Preußen erlassenen Ausführungsbestimmungen. Zweite, völlig neubearbeitete Auflage. Lexikon-Oktav. 959 Seiten. 1913 . . . . RM. 15.—

„Der Band weist außerordentliche Gründlichkeit, Klarheit und Übersichtlichkeit auf. Man kann wohl sagen, daß kaum eine Frage auftauchen wird, die nicht wenigstens berührt wäre; die bisher zutage getretenen Fragen aber sind sämtlich in der eingehendsten Weise erörtert." Zentralblatt für freiwillige Gerichtsbarkeit.

Fischer, Otto, und **Fischer,** Norbert, **Grundbuchordnung für das Deutsche Reich** nebst den preußischen Ausführungsbestimmungen. Neunte, durchgearbeitete und ergänzte Auflage. Taschenformat. 322 Seiten. 1927. (Guttentagsche Sammlung Deutscher Reichsgesetze Bd. 42.) Geb. RM. 5.—

„Eine der vortrefflichen alteingeführten Handausgaben der Guttentagschen Sammlung, bei der schon die Auflagenziffer für die Brauchbarkeit in der Praxis spricht. Nach wie vor ist das Buch ein vortrefflicher Wegweiser und Berater." Juristische Wochenschrift.

Ricks, Gerhard, **Die Grundbuchpraxis.** Ein Handbuch für den täglichen Gebrauch in Grundbuchsachen. Achte Auflage. Groß-Oktav. XII, 412 Seiten. 1929 . . . . RM. 12.—, geb. RM. 14.—

„Das Buch hat einen Anspruch darauf, in der Praxis geradezu verschlungen zu werden. Es ist aus der täglichen Praxis heraus für die Praxis lebensfrisch und unterhaltend geschrieben." Mitteilg. a. d. Württemb. Notariats-Praxis.

Friedlaender, Martin, **Hypothekenbeschaffung für Wohn- und Geschäftshäuser.** Handbuch für die Praxis der Grundstückswirtschaft. Groß-Oktav. VIII, 151 Seiten. 1929 . . . . . . RM. 6.—, geb. RM. 7.50

„Das Buch gibt einen außerordentlich praktischen Überblick über alle Fragen der Hypothekenbeschaffung. Die anschauliche Art der Zer-

gliederung und die gründliche Darlegung des Statuts sichern dem Buch eine weite Verbreitung." Deutsche Sparkassen-Zeitung.

Familienrecht, Erbrecht

Lehmann, Heinrich, **Familienrecht** des Bürgerlichen Gesetzbuches einschließlich Jugendfürsorgerecht. Oktav. XII, 352 Seiten. 1926. (Lehrbücher und Grundrisse der Rechtswissenschaft Bd. IV.)
RM. 11.—, geb. RM. 12.50

„Die Schilderung Lehmanns ist überall anregend und fesselnd. Das Werk kann allen Rechtsstudenten und Referendaren zur Anschaffung dringend empfohlen werden." Der junge Rechtsgelehrte.

Titze, Heinrich, **Familienrecht.** (BGB. IV.) 169 Seiten. Neudruck. 1924. (Sammlung Göschen Bd. 305.) . . . . Geb. RM. 1.80

Endemann, Fr., **Erbrecht.** Oktav. XII, 166 Seiten. 1923. (Lehrbücher und Grundrisse der Rechtswissenschaft Bd. V.) RM. 3.—, geb. RM. 4.50

„Dieser Leitfaden behandelt den spröden Stoff des schwierigen Erbrechts in meisterhafter, fesselnder Darstellung."
Zeitschrift des Bundes Deutscher Justizamtmänner.

Blume, Wilh. von, **Erbrecht.** (BGB. V.)
I. Einleitung. Die Grundlagen des Erbrechts. 75 Seiten. 1913. (Sammlung Göschen Bd. 659.) . . . . Geb. RM. 1.80
II. Die Nachlaßbeteiligten. Mit 23 Figuren. 131 Seiten. 1913. (Sammlung Göschen Bd. 660.) . . . . Geb. RM. 1.80

Riesenfeld, S., **Die Erbenhaftung nach dem Bürgerlichen Gesetzbuch.** Groß-Oktav. 2 Bände. 1916 . . . . . RM. 15.—, geb. RM. 18.—
I. Band: Die Grundsätze der Haftung. XII, 461 Seiten.
II. Band: Das Inventar und die Mittel der Haftungsbeschränkung. VIII, 455 Seiten.

„Ein hervorragendes Werk, das in allen Teilen die vollständige Beherrschung des schwierigen Stoffes erkennen läßt und sich dabei durch klare und gemeinverständliche Darstellung auszeichnet."
Sächsisches Archiv für Rechtspflege.

Aufwertung

Michaelis, Richard, **Das Aufwertungsrecht** nach den Aufwertungsgesetzen und nach allgemeinem bürgerlichem Rechte. Kommentar zu den Gesetzen vom 16. Juli 1925 über die Aufwertung von Hypotheken und anderen Ansprüchen und über die Ablösung öffentlicher Anleihen sowie systematische Darstellung des Aufwertungsrechts außerhalb dieser Gesetze. Zweite, gänzlich umgearbeitete Auflage des Kommentars zur Dritten Steuernotverordnung vom 14. Februar 1924 (Aufwertung). Mit einer Fristentabelle von H. Hoormann. Groß-Oktav. X, 516 Seiten. 1926. Mit Nachtrag 1927. (de Gruytersche Sammlung Deutscher Gesetze. Handkommentare.) . . . . Geb. RM. 16.—

„Es handelt sich um ein ganz erstklassiges Werk, das sich für jeden Aufwertungsinteressenten als unentbehrlich erweisen wird."
Deutsche Allgemeine Zeitung.

Michaelis, Richard, Die beiden **Aufwertungsnovellen** vom 18. Juli 1930. (Hypotheken-Fälligkeits- und Verzinsungsgesetz; Grundbuchbereinigungsgesetz.) Taschenformat. VI, 202 Seiten. 1930. (Guttentagsche Sammlung Deutscher Reichsgesetze Bd. 178.)

Reichsgerichtsrat Michaelis, der im „Kommentar über das Bürgerliche Gesetzbuch von Reichsgerichtsräten" den Abschnitt „Aufwertung" bearbeitet hat, erläutert in der gleichen autoritativen Art auch die neuen Gesetze, die die Aufwertungsgesetzgebung ändern und abschließen. Die Erläuterung der zuverlässig abgedruckten Gesetzestexte ist übersichtlich und in der Sprache leicht verständlich, wie überhaupt in ihrer ganzen Anlage, nicht zuletzt aber wegen ihres niedrigen Preises, auf die Praxis zugeschnitten.

Berliner, Ludwig, und **Pfaffenberger**, Ernst, **Aufwertung von Versicherungsansprüchen** mit Durchführungsbestimmungen.

I. Teil. Oktav. 235 Seiten. 1925. (Guttentagsche Sammlung Deutscher Reichsgesetze Bd. 164.) . . . . Geb. RM. 6.50

II. Teil: Sach- und Transportversicherung; Unfall- und Haftpflichtversicherung. Oktav. 112 Seiten. 1926. Mit Nachtrag. (Guttentagsche Sammlung Deutscher Reichsgesetze Bd. 164a.) . . Geb. RM. 3.50

„Eine ganz ausgezeichnete, wohldurchdachte Darstellung und Erläuterung des Aufwertungsrechtes des gesamten Versicherungswesens, eine unentbehrliche Ergänzung zu jedem Gesamtkommentar über das Aufwertungsgesetz." Zentralblatt für Handelsrecht.

2. Handelsrecht.

v. Gierke, Jul., **Handelsrecht und Schiffahrtsrecht.** Dritte, ergänzte Auflage. Groß-Oktav. XIV, 744 Seiten. 1929. (Lehrbücher und Grundrisse der Rechtswissenschaft Bd. VI.) RM. 21.—, geb. RM. 22.50

„. . . ein außerordentlich hochstehendes, immer den neuesten Stand der Lehre und der Rechtsprechung widerspiegelndes Lehrbuch des Handelsrechts im weitesten Sinn." Der junge Rechtsgelehrte.

v. Gierke, Jul., **Handelsrecht.** Mit Wechselordnung und Scheckgesetz. Erscheint im Spätherbst.

(Lehrausgaben Deutscher Gesetze, Bd. IV.)

Lehmann, K., und **Hoeniger**, H., **Lehrbuch des Handelsrechts.** Dritte Auflage. Erster Halbband, enthaltend die Lehre vom Handelsstand und von den Handelsgesellschaften. Groß-Oktav. 432 Seiten. 1921 RM. 10.—

Ein großangelegtes Lehrbuch des Handels- und Schiffahrtsrechts.

Lehmann, K., und **Hoeniger**, H., **Deutsches Handelsrecht.**

I. Einleitung. Der Kaufmann und seine Hilfspersonen. Offene Handelsgesellschaft, Kommandit- und stille Gesellschaft. 117 Seiten. 1921. (Sammlung Göschen Bd. 457.) . . . . Geb. RM. 1.80

II. Aktiengesellschaften, Gesellschaften mit beschränkter Haftung, eingetragene Genossenschaften. Handelsgeschäft, 126 Seiten. 1924. (Sammlung Göschen Bd. 458.) . . . . Geb. RM. 1.80

Eine gemeinverständliche Darstellung in gedrängter Form.

Hein, Joh., **Die Zusammenhänge zwischen Steuerrecht und Handelsrecht und ihre Entwicklung**, untersucht an dem Gewinn und an der Bewertung. Eine bilanzrechtliche und bilanzkritische Darstellung mit praktischen Beispielen. Groß-Oktav. X, 280 Seiten. 1928. RM. 10.—, geb. RM. 12.—

„Das Buch führt in klarer Gestaltung in die Probleme des Bilanzrechts ein. Eine übersichtliche Gliederung ermöglicht eine schnelle und doch gründliche Einführung. Darüber hinaus stellt das Buch eine wesentliche Förderung für die dringend notwendige wissenschaftliche Behandlung des Steuerbilanzrechts und seiner Zusammenhänge mit den verwandten Rechtsmaterien dar." Zeitschrift für Handelsrecht.

Staubs Kommentar zum Handelsgesetzbuch. Zwölfte und dreizehnte Auflage. Bearbeitet von Heinrich Koenige, Albert Pinner, Felix Bondi. Vier Bände und ein Registerband. Groß-Oktav. 4000 Seiten. 1927 . . . . Zusammen RM. 157.—, in Halbleder RM. 183.60

„Der Staubsche Kommentar ist das klassische Hilfswerk zum Deutschen Handelsgesetzbuch und für die Beurteilung der zahlreichen schwierigen Fragen dieses Gesetzes maßgebend geworden; es stellt

ein unentbehrliches Mittel zur Erfassung und zur Anwendung des Gesetzes dar." Frankfurter Zeitung.

Mosse, Albert, und **Heymann,** Ernst, Handelsgesetzbuch (ohne Seerecht). Mit den ergänzenden Vorschriften des Bürgerlichen Gesetzbuchs und einem Anhang, enthaltend das Einführungsgesetz, das Depotgesetz, die Bestimmungen über Börsentermin- und Differenzgeschäfte u. a. Nebst Erläuterungen. Im Anschluß an die Textausgabe von F. Litthauer. Siebzehnte Auflage. Unter Mitwirkung von Karl August Crisolli. Oktav. VIII, 693 Seiten. 1926 (Guttentagsche Sammlung Deutscher Reichsgesetze Bd. 4.) . . . . .Geb. RM. 14.—

„Die Litthauer-Mossesche Ausgabe des Handelsgesetzbuches hat bei allen Praktikern seit langem den wohlbegründeten Ruf größter Zuverlässigkeit und übersichtlicher Anordnung, die mit möglichster Knappheit des Ausdrucks gepaart sind. Das Buch ist ein zuverlässiger Führer durch das immer schwieriger werdende Gebiet des Handelsrechts." Vossische Zeitung.

Handelsgesetzbuch nebst Einführungsgesetz vom 10. Mai 1897, unter Berücksichtigung der bis 15. Juni 1930 ergangenen Novellen. Textausgabe mit Sachregister. Zwölfte Auflage. 370 Seiten. 1930. (Guttentagsche Sammlung von Textausgaben ohne Anmerkungen mit Sachregister.) . . . . Geb. RM. 3.50

Die handliche Ausgabe enthält den genauen Gesetzestext mit einem das Zurechtfinden sehr erleichternden Sachregister.

Baum, G., **Das vertragliche Wettbewerbsverbot** (Konkurrenzklausel). Nebst Kommentar zum Gesetze vom 10. Juni 1914. Taschenformat. XII, 231 Seiten. 1914. (Guttentagsche Sammlung Deutscher Reichsgesetze Bd. 115.) . . . . Geb. RM. 3.—

Gesellschaften

Brodmann, Erich, **Aktienrecht.** Kommentar. Groß-Oktav. XII, 580 Seiten. 1928. (Gewerbe- und Industrie-Kommentar Bd. IV.)
RM. 28.—, geb. RM. 30.—

„Mit unvergleichlichem Geschick hat der Verfasser Großartiges geleistet — Brodmann ist Trumpf!" Zeitschrift für Aktiengesellschaften.

Hachenburg, Max, **Kommentar zum Gesetz, betr. die Gesellschaften mit beschränkter Haftung.** (Früher **Staub-Hachenburg.**) Fünfte Auflage unter Mitarbeit von Fritz Bing und Walter Schmidt. 2 Bände . . . . RM. 43., geb. RM. 47.—
I. Band: §§ 1—34. Groß-Oktav. VI, 527 Seiten. 1926.
II. Band: §§ 35—84. Groß-Oktav. II, 452 Seiten. 1927.

„Was Hachenburg in seinen Neubearbeitungen aus diesem Buche gemacht hat, ist erstaunlich. Sein reiches juristisches Wissen, sein überlegener und kritischer Verstand, seine vorzügliche Gestaltungskraft und seine nur wenigen Juristen eigene vielseitige Auslegungskunst haben etwas Großes, Unvergleichliches geschaffen. Man findet selten ein literarisches Werk, in welchem Rechtsgelehrsamkeit und praktisches Können vereint einem Spezialgesetz so zugute kamen wie hier." Zeitschrift für Aktiengesellschaften.

Brodmann, Erich, **Gesetz, betr. die Gesellschaften mit beschränkter Haftung.** Kommentar. Groß-Oktav. VIII, 304 Seiten. 1930. Gewerbe- und Industrie-Kommentar Bd. I.) . . . . RM. 16.—, geb. RM. 18.—

„Übersichtliche, klare Anordnung der Erläuterungen, tiefes Eindringen in die Einzelheiten des Gesetzes unter steter Berücksichtigung des Wirtschaftslebens, erschöpfende Wiedergabe der Rechtsprechung, namentlich des Reichsgerichts, sind die besonderen Vorzüge des Werkes, das damit ein unentbehrliches Rüstzeug werden wird." Badische Rechtspraxis.

Parisius, Ludolf, und **Crüger**, Hans, **Das Reichsgesetz, betr. die Gesellschaften mit beschränkter Haftung.** Textausgabe mit Anmerkungen und Sachregister. Achtzehnte Auflage, bearbeitet von Adolf Crecelius und Fritz Citron. Taschenformat. 244 Seiten. 1929. (Guttentagsche Sammlung Deutscher Reichsgesetze Bd. 32.) Geb. RM. 3.50

„Die äußerst sachkundig erläuterte Ausgabe wird von den interessierten Kreisen freudig begrüßt werden. Wir können das Bändchen der bekannten Sammlung bestens empfehlen." *Badische Wirtschafts-Zeitung.*

Starke, Arthur, **Offene Handelsgesellschaften, Kommanditgesellschaften und stille Gesellschaften** von der Errichtung bis zur Auflösung. Nebst Vertrags- und Anmeldeformularen und mit Berücksichtigung des Steuerrechts. Oktav. XIV, 167 Seiten. 1928 . . . . RM. 5.—

Eine systematische Darstellung für Studium und Praxis.

Wechselordnung und Scheckrecht

Staubs Kommentar zur Wechselordnung. Fortgesetzt von J. Stranz und M. Stranz. Zwölfte Auflage, bearbeitet von M. Stranz und Martin Stranz. Groß-Oktav. 432 Seiten. 1929. RM. 16.—, geb. RM. 18.—

„Staub-Stranz ist der Kommentar zur Wechselordnung. Auch die jüngste Auflage des Kommentars gibt einen echten Staub-Stranz. Weiterer Kommentar dazu ist überflüssig." *Juristische Wochenschrift.*

Stranz, J., und **Stranz**, M., **Wechselordnung** vom 3. Juni 1908. Kommentar. Zwölfte Auflage von M. und M. Stranz. Taschenformat. VIII, 396 Seiten. 1923. Mit Nachtrag 1926. (Guttentagsche Sammlung Deutscher Reichsgesetze Bd. 5.) . . . Geb. RM. 3.50

„Die Ausgabe der Wechselordnung mit ihrem äußerst nützlichen, guten Kommentar ist sehr zu empfehlen. Erfreulicherweise enthält das Bändchen auch die Bestimmungen der Zivilprozeßordnung über Urkunden- und Wechselprozesse im Anhang." *Badische Wirtschaftszeitung.*

Wechselordnung in der Fassung der Bekanntmachung vom 3. Juni 1908 (RGBl. S. 326 ff.). Mit einem Anhang, enthaltend den Wechselprozeß und Nebengesetze. Textausgabe mit Einleitung und Sachregister. Taschenformat. 102 Seiten. 1928. (Guttentagsche Sammlung von Textausgaben ohne Anmerkungen.) . . . . Geb. RM. 1.50

Vorteilhafte Anordnung, ein zuverlässiges Sachregister, das das Gesetz erschließt, Handlichkeit und sauberer Druck zeichnen auch die neue Auflage der Wechselordnung aus, deren Einleitung den letzten Stand dieser Materie erfaßt und deren Anhang „Nebengesetze" bis auf die letzte Zeit ergänzt ist.

Michaelis, Richard, **Scheckgesetz** mit allen einschlägigen Nebengesetzen, den ausländischen Gesetzen und dem Deutschen Postscheckgesetz mit Postscheckordnung. Kommentar. Groß-Oktav. VII, 339 Seiten. 1927. (Gewerbe- und Industrie-Kommentar Bd. II.) RM. 16.—, geb. RM. 18.—

„Wenn irgendein Buch, so entspricht dieses einem Bedürfnis." *Berliner Tageblatt.*

Schiffahrtsrecht

Schaps, Georg, **Das deutsche Seerecht.** Kommentar zum vierten Buche des Handelsgesetzbuches (als Ergänzung zu Staub's Kommentar nebst Erläuterungen zu den seerechtlichen Nebengesetzen. Zweite, vollständig umgearbeitete Auflage herausgegeben von Max Mittelstein † und Julius Sebba.

I. Band. (Handelsgesetzbuch: Viertes Buch.) Groß-Oktav. VIII, 1041 Seiten. 1921 . . . . RM. 25.—, geb. RM. 28.—

II. Band. (Seerechtliche Nebengesetze mit Nachtrag zur Ergänzung des I. Bandes nach dem Stand von 1929.) Bearbeitet von J. Sebba. XVI, 1108 Seiten. 1929 . . . . RM. 52.—, geb. RM. 55.—

„Die alte, auf der Staubschen Kommentierungsmethode beruhende Auflage erfreute sich mit Recht schon großen Ansehens. In diesen bewährten Bahnen leistet die zweite Auflage an Vollständigkeit, Übersichtlichkeit und Genauigkeit das Höchste, was Wissenschaft und Praxis nur wünschen können." *Juristische Wochenschrift.*

Brandis, Otto, **Das deutsche Seerecht** (mit Ausschluß des Seeversicherungsrechts.) I. Allgem. Lehren: Personen und Sachen des Seerechts. 130 Seiten. 1908. II. Die einzelnen seerechtlichen Schuldverhältnisse: Verträge des Seerechts und außervertragliche Haftung. 156 Seiten. 1908. (Sammlung Göschen Bd. 386/87.) . . . . . . Geb. je RM. 1.80

Sieveking, Gustav, **Das deutsche Seeversicherungsrecht.** Kommentar zum zehnten Abschnitt des vierten Buches des Handelsgesetzbuches. Lexikon-Oktav. 218 Seiten. 1912 . . . . RM. 5.—, geb. RM. 6.80

„Der Kommentar ruht auf einer vortrefflichen Grundlage und zeigt sich auch in seinem Inhalte dieser Grundlage durchaus würdig. Er ersetzt ein Lehrbuch und kann daher auch zur Einführung in das Seeversicherungsrecht empfohlen werden."

Leipziger Zeitschrift für deutsches Recht.

Ritter, Carl, **Das Recht der Seeversicherung.** Ein Kommentar zu den Allgemeinen Deutschen Seeversicherungsbedingungen. Groß-Oktav. 2 Bände. 1494 Seiten. 1924. (Friederichsen, de Gruyter & Co., m. b. H., Hamburg.) . . . . Geb. RM. 100.—

Allgemeine Deutsche Seeversicherungs-Bedingungen. Im Jahre 1919 **herausgegeben von den deutschen Seeversicherern nach Beratung mit deutschen Handelskammern und Fachverbänden unter Vorsitz der Handelskammer** Hamburg. 16.—20. Tausend. 50 Seiten. 1925. (Friederichsen, de Gruyter & Co., m. b. H., Hamburg.) . . . . RM. 2.—

General Rules of Marine. Insurance 1919 adopted by the German Underwriters. Authorind Translation by Dr. Alfred Sieveking, larger in Hamburg. 64 Seiten. 1920. (Friederichsen, de Gruyter & Co., m. b. H., Hamburg.) . . . . RM. 3.—

Materialien zu den Allgemeinen Deutschen Seeversicherungs-Bedingungen. Im Auftrag der vereinigten Handelskammern herausgegeben von Prof. Dr. E. Bruck. Groß-Oktav. 2 Bände. 678 Seiten. 1920. (Friederichsen, de Gruyter & Co., m. b. H., Hamburg.) . . . . RM. 10.—

Bene, F., **Der Begriff des Versicherungsfalles in der Seeversicherung.** (Hamburger Rechtsstudien, herausgegeben von Mitgliedern der Rechts- und Staatswissenschaftlichen Fakultät der Hamburgischen Universität, Heft 1.) Groß-Oktav. 75 Seiten. 1928. (Friederichsen, de Gruyter & Co., m. b. H., Hamburg.) . . . . RM. 4.50

Elkan, H. H., **Die Bedeutung des Interesses für die Veräußerung der versicherten Sache.** (Hamburger Rechtsstudien, herausgegeben von Mitgliedern der Rechts- und Staatswissenschaftlichen Fakultät der Hamburgischen Universität, Heft 2.) Oktav. 58 Seiten. 1928. (Friederichsen, de Gruyter & Co., m. b. H., Hamburg.) . . . . RM. 4.—

Makower, H., **Gesetze, betreffend die privatrechtlichen Verhältnisse der Binnenschiffahrt und der Flößerei.** Nach den Materialien erläutert. Sechste, vermehrte Auflage, bearbeitet von E. Loewe. Taschenformat. 458 Seiten. 1923. (Guttentagsche Sammlung Deutscher Reichsgesetze Bd. 36.) . . . . Geb. RM. 4.—

„Das vorzüglich bearbeitete Buch dürfte mit seinen klaren und verständlichen Erläuterungen für jeden, der in irgendeiner Weise mit der Binnenschiffahrt und der Flößerei zu tun hat, ein nie versagender Ratgeber sein.“ *Schiffbau.*

Sebba, Jul., Seewasserstraßenordnung. (Polizeiverordnung zur Regelung des Verkehrs auf den deutschen Seewasserstraßen vom 31. März 1927.) Taschenformat. 493 Seiten. 1928. (Guttentagsche Sammlung Deutscher Reichsgesetze Nr. 171.) . . . . Geb. RM. 8.50

Die vorliegende Ausgabe ist für die an dem neuen Gesetz interessierten beiden Fachgruppen, die der Nautiker und der Juristen, von gleich großer Bedeutung. Diese Verbindung zweier Kenntnisgebiete gibt dem vorliegenden Kommentar seine besondere Note und seinen großen Wert.

Genossenschaften

Parisius, Ludolf, **Crüger,** Hans, **Crecelius,** Adolf, und **Citron,** Fritz, **Reichsgesetz, betreffend die Erwerbs- und Wirtschaftsgenossenschaften.** Kommentar zum praktischen Gebrauch für Juristen und Genossenschaften. Elfte, neubearbeitete Auflage. Groß-Oktav. XV, 598 Seiten. 1928 . . . . RM. 28.—, geb. RM. 30.—

„Crüger beherrscht wie kein anderer Theorie und Praxis des Genossenschaftswesens, auch nach der wissenschaftlichen Seite hin.“

Juristische Wochenschrift.

Parisius, Ludolf, und **Crüger,** Hans, **Das Reichsgesetz, betreffend die Erwerbs- und Wirtschaftsgenossenschaften.** Textausgabe mit Anmerkungen und Sachregister. Zwanzigste, neubearbeitete und erweiterte Auflage von Hans Crüger, Adolf Crecelius und Fritz Citron. Taschenformat. 297 Seiten 1930. (Guttentagsche Sammlung Deutscher Reichsgesetze Bd. 29.) . . . . Geb. RM. 4.—

„In knapper und klarer Form werden die gesetzlichen Bestimmungen abgehandelt und alles zum Verständnis unbedingt Erforderliche in den Anmerkungen beigebracht. Das Werk kann nur empfohlen werden.“ *Ministerialblatt f. d. Preuß. innere Verwaltung.*

Verschiedenes

Schreiber, Otto, **Handelsrechtliche Nebengesetze.** Taschenformat. VIII, 1002 Seiten. 1926. (Guttentagsche Sammlung Deutscher Reichsgesetze Bd. 162.) . . . . Geb. RM. 14.—

„Die Sammlung ist ein unentbehrliches Hilfsmittel für den Praktiker. Die Zusammenstellung ist sehr zuverlässig; auch das Sachregister von Kleffel verdient volle Anerkennung.“

Zentralblatt für Handelsrecht.

Staffel, W., **Verordnung gegen Mißbrauch wirtschaftlicher Machtstellungen** vom 2. November 1923. Kommentar. Oktav. 108 Seiten. 1927. (Guttentagsche Sammlung Deutscher Reichsgesetze Bd. 167.) Geb. RM. 3.50

„Die für das Wirtschaftsrecht so wichtige Kartellverordnung findet hier eine eingehende Kommentierung. Die Erläuterungen werden daher um so unentbehrlicher für die wirtschaftliche Praxis auf diesem Gebiete sein.“ *Industrie- und Handelszeitung.*

Lusensky, F., **Gesetz über die Handelskammern.** Taschenformat. (Guttentagsche Sammlung Preußischer Gesetze Bd. 21.)

Neue Auflage in Vorbereitung.

„Das Buch ist ein vortrefflicher Berater aller derer, die in der Handelskammerorganisation sind oder zu ihr in Beziehung stehen. Es kann warm empfohlen werden.“

Zeitschrift für Polizei- und Verwaltungsbeamte.

Göppert-Seydel, Hypothekenbankgesetz vom 13. Juli 1899 (mit den Änderungen durch die Gesetze vom 14. Juli 1923, vom 26. Januar 1926 und 21. Dezember 1927). Textausgabe mit Einleitung, Anmerkungen und Sachregister. Dritte Auflage bearbeitet von Dr. **Martin Friedländer.** Taschenformat. VIII, 202 Seiten. 1929. (Guttentagsche Sammlung Deutscher Reichsgesetze Nr. 51.) . . . . RM. 5.—

Die vorliegende Auflage des bekannten „Göppert-Seydel" ist den veränderten Verhältnissen entsprechend vollkommen umgearbeitet worden; sie berücksichtigt sowohl die nach dem Kriege erfolgten Änderungen und Ergänzungen des Gesetzes und des Aufwertungsrechtes wie auch die Judikatur und das Schrifttum bis auf die letzte Zeit. Damit kommen die Vorzüge des „Göppert-Seydel" der Praxis und Wissenschaft wieder in ihrem ganzen Umfange zugute.

Behlert, Heinz, **der Konnossement-Teilschein.** Groß-Oktav. 79 Seiten. 1930. (Friederichsen, de Gruyter & Co. m. b. H., Hamburg.) (Hamburger Rechtsstudien, Heft 5.) RM. 5.—

Die Schrift löst die Frage, ob ein Konnossement-Teilschein dem Konnossement gleichzusetezn ist, unter Zugrundelegung der Hamburger Verhältnisse und unter Berücksichtigung der Rechtsprechung, der Lehre und des ausländischen Rechtes.

Lion, Robert, **Reine Konnossemente gegen Revers.** Groß-Oktav. 78 Seiten. 1930. (Friederichsen, de Gruyter & Co. m. b. H., Hamburg.) (Hamburger Rechtsstudien, Heft 7.) RM. 5.—

Die Abhandlung beginnt mit einer ausführlichen Darstellung der Entwicklung, Anwendung und Funktion des Konnossementsreverses. Es folgt eine Untersuchung der rechtlichen Probleme, die sich bemüht, die wirtschaftlichen Interessen aller Beteiligten gegeneinander abzuwägen; eine eingehende Übersicht über die Rechtsprechung ist mit ihr verbunden. Den Abschluß bildet eine Darstellung und Würdigung der zahlreichen Reformvorschläge. Wirtschaft und Recht des Auslandes sind in weitestgehendem Umfange berücksichtigt.

Bank und Börse

Koch, R., und **Schacht,** Hjalmar, **Die Reichsgesetzgebung über das Münz- und Notenbankwesen.** Textausgabe mit Anmerkungen und Sachregister. Siebente, völlig neubearbeitete Auflage. Taschenformat. XVIII, 617 Seiten. 1925. (Guttentagsche Sammlung Deutscher Reichsgesetze Bd. 26.) . . . . Geb. RM. 14.—

„Dieser Kommentar zeichnet sich durch Vollständigkeit und Reichhaltigkeit aus und bietet außerdem in der Einleitung einen vortrefflichen Überblick über die Entwicklung des deutschen Noten- und Geldwesens während der letzten Jahrzehnte."

Monatsschrift für Handelsrecht und Bankwesen.

Nußbaum, Arthur, **Bank- und Börsenrecht.** Eine Sammlung von Gesetzen und Geschäftsbedingungen. Taschenformat. XII, 622 Seiten. 1927. (Guttentagsche Sammlung Deutscher Reichsgesetze Bd. 169) Geb. RM. 11.—

Die vorliegende Sammlung der verstreuten bank- und börsenrechtlichen Vorschriften fehlte bisher in der kaufmännischen und juristischen Bankpraxis ebenso wie im handelsrechtlichen und betriebswirtschaftlichen Unterricht. Ihr Erscheinen wurde daher vielseitig begrüßt. Die Sammlung berücksichtigt auch die dem freien Verkehr entstammenden Rechtsbildungen.

Kommentar zum Börsengesetz. Im Auftrage des Centralverbandes des Deutschen Bank- und Bankiergewerbes (E. V.) bearbeitet von H. Rehm, H. Trumpler, Heinrich Dove, Ernst Neukamp, R.

Schmidt-Ernsthausen, James Breit. Mit einem Vorwort von J. Rießer. Lexikon-Oktav. VIII, 464 Seiten. 1909.
RM. 12.—, geb. RM. 13.50

„Einen so guten Kommentar zum Börsengesetz hat es noch nie gegeben. Wer sich darein vertieft, wird reiche Belehrung daraus schöpfen über das Börsenwesen im allgemeinen und über seine Rechtsübung und Rechtsprechung im besonderen.“ *Sächsisches Archiv für Rechtspflege.*

Hemptenmacher, Th., **Börsengesetz.** Dritte Auflage von O. Meyer. Taschenformat. XXIII, 373 Seiten. 1915. (Guttentagsche Sammlung Deutscher Reichsgesetze Bd. 41.) . . . . Geb. RM. 3.50

„Das Bändchen bringt neben einem kurzen Überblick und einem vorteilhaft erweiterten Anhang das Börsengesetz nebst Ausführungsbestimmungen. Alles in allem schließt sich auch dieses Bändchen wieder den übrigen Textausgaben der wegen ihrer unbedingten und erschöpfenden Sachlichkeit bekannten Guttentagschen Sammlung Deutscher Reichsgesetze würdig an.“ *Bayrische Handelszeitung.*

Lusensky, F., Gesetz, betreffend die Pflichten der Kaufleute bei Aufbewahrung fremder Wertpapiere (Depotgesetz). Neue Auflage in Bearbeitung. (Guttentagsche Sammlung Deutscher Reichsgesetze Bd. 40.)

„Die beste Bearbeitung des sogenannten Depotgesetzes.“ *Zeitschrift für Aktiengesellschaften.*

Frohner, G., **Aktiensonderdepot und Legitimationsübertragung.** (Hamburger Rechtsstudien, herausgegeben von Mitgliedern der Rechts- und Staatswissenschaftlichen Fakultät der Hamburgischen Universität, Heft 3.) Groß-Oktav. VII, 114 Seiten. 1929. (Friederichsen, de Gruyter & Co., m. b. H., Hamburg.) . . . . RM. 7.—

Schwerin, Frh. Cl. von, **Recht der Wertpapiere** (einschließlich Wechsel- und Scheckverkehr). Oktav. X, 234 Seiten. 1924. (Lehrbücher und Grundrisse der Rechtswissenschaft Bd. 7.) RM. 7.—, geb. RM. 8.50

„Das Buch löst seine Aufgabe, den Studierenden eine Einführung in die Materie des Wertpapierrechts zu geben, ausgezeichnet, vor allem deshalb, weil es eine gute theoretische Fundierung mit einer dem Lehrzweck entsprechenden Darstellung des praktischen Rechts und der Rechtstatsachen verbindet.“ *Deutsche Juristenzeitung.*

Zeitgemäße Bankrechtsfragen. Festgabe der Rechtsabteilung der Disconto-Gesellschaft zum 70. Geburtstage des Herrn Dr. jur. Arthur Salomonsohn. Quart. 126 Seiten. 1929 . . . RM. 8.—, geb. RM. 10.—

„Der Band enthält 8 vorzügliche Aufsätze. Die Verfasser befassen sich mit Problemen, die in der Rechtsabteilung einer Großbank oft zur Debatte stehen und deren endgültige Klärung ein praktisches Bedürfnis ist.“ *Wirtschaftl. Nachrichten.*

Verhandlungen des VII. allgemeinen deutschen Bankiertages. Köln 9.—11. September 1928 auf Grund stenographischer Berichte. Groß-Oktav. 436 Seiten . . . . RM. 10.—

III. Grenzgebiete des Bürgerlichen Rechts

1. Privat- und Sozialversicherung

Koenige, Heinrich, und **Petersen,** A., **Gesetz über die privaten Versicherungsunternehmungen** vom 12. Mai 1901. Textausgabe mit Anmerkungen und Sachregister. Dritte, umgearbeitete Auflage. Taschenformat. 856 Seiten. 1927. (Guttentagsche Sammlung Deutscher Reichsgesetze Bd. 62.) . . . . Geb. RM. 20.—

„Der Verfasser hat es meisterhaft verstanden, reiche Literatur und Judikatur zu dem wichtigen Grundgesetz der Privatversicherung mit seiner eigenen selbständigen Auffassung von der Bedeutung der Ge-

setzesbestimmungen in Verbindung zu bringen. Für Theorie und Praxis der Privatversicherung wird das Werk dadurch zu einem unentbehrlichen Hilfsmittel." *Deutsche Versicherten-Zeitung.*

Bruck, E., Reichsgesetz über den Versicherungsvertrag nebst dem zugehörigen Einführungsgesetz vom 30. Mai 1908. Sechste, vollkommen neubearbeitete Auflage. Taschenformat. 708 Seiten. 1929. (Guttentagsche Sammlung Deutscher Reichsgesetze Bd. 83.) Geb. RM. 14.—

„Die Vorzüge, welche die früheren Auflagen schon zeigten, die Fülle des Gebotenen, die Beherrschung des Stoffes, die anschauliche und doch knappe Sprache, und dies alles in dem engen Rahmen einer Textausgabe, kleinen Handausgabe mit Anmerkungen, sind auch dieser vierten Auflage in hohem Maße eigen."
Mitteilungen für die öffentlichen Feuerversicherungs-Anstalten.

Moldenhauer, Paul, Das Versicherungswesen.

I. Allgemeine Versicherungslehre. Vierte Auflage. 152 Seiten. 1925. (Sammlung Göschen Bd. 262.) . . . . Geb. RM. 1.80

II. Die einzelnen Versicherungszweige. Zweite Auflage. 130 Seiten. 1923. (Sammlung Göschen Bd. 636.) . . . . Geb. RM. 1.80

„Das Buch ist für jeden, der sich mit dem Versicherungswesen und seinen Zweigen vertraut machen will, ein trefflicher Führer."
Versicherungspost.

Veröffentlichungen des Reichs-Aufsichtsamts für Privatversicherung. Groß-Oktav. 29. Jahrgang. Pro Band RM. 40.—, bis RM. 50.—

Versicherungsstatistik für 1902 über die unter Reichsaufsicht stehenden Unternehmungen. Herausgegeben vom Reichsaufsichtsamt für Privatversicherung. Lexikon-Oktav. LXXVII, 384 Seiten. 1905. RM. 10.—
— für 1903 bis 1917 . . . . Je Jahrgang RM. 10.—

Berliner, Ludwig, und **Pfaffenberger,** Ernst, **Aufwertung von Versicherungsansprüchen** mit Durchführungsbestimmungen.

I. Teil. Oktav. 235 Seiten. 1926. Mit Nachtrag. (Guttentagsche Sammlung Deutscher Reichsgesetze Bd. 164.) . . . . Geb. RM. 6.50

II. Teil: Sach- und Transportversicherung; Unfall- und Haftpflichtversicherung. Oktav. 112 Seiten. 1926. (Guttentagsche Sammlung Deutscher Reichsgesetze Bd. 164a.) . . . . Geb. RM. 3.50

„Ein bedeutsamer Kommentar, durch den die gesetzlichen Bestimmungen von der juristischen und versicherungstechnischen Seite aus eingehend erläutert werden. In seinem straffen, systematischen Aufbau, der Geschlossenheit der Darstellung muß man das Buch als ein Standardwerk für das gesamte versicherungsrechtliche Aufwertungsgebiet bezeichnen.
Ein unentbehrlicher Ratgeber in allen interessierten Kreisen."
Versicherungs-Post, Berlin.

Lippmann, Karl, **Die Reichsversicherungsordnung** in der Fassung der Bekanntmachung vom 15. Dezember 1924 und des Gesetzes über das Reichsschiedsamt vom 22. Januar 1925 nebst dem Einführungsgesetze, den wichtigsten Ausführungsvorschriften, den ergänzenden Gesetzen und Verordnungen sowie den Verordnungen über das Verfahren. Oktav. XV, 589 Seiten. 1925. (Guttentagsche Sammlung Deutscher Reichsgesetze Bd. 161.) . . . . Geb. RM. 11.—

Ergänzungsband, enthaltend den vollständigen Wortlaut der neuen Fassung des Unfallversicherungsgesetzes sowie die Ergänzungen der übrigen Bücher der RVO. Oktav. 224 Seiten. 1926. (Guttentagsche Sammlung Deutscher Reichsgesetze Bd. 161a.) . . . Geb. RM. 4.—

Zweiter Ergänzungsband, enthaltend weitere Änderungen und Ergänzungen durch die in der Zeit von Anfang 1926 bis Mitte 1928 erlassenen Gesetze und Verordnungen. Zweite, vermehrte Ausgabe, Stand vom 1. Juli 1928. Oktav. 71 Seiten. 1928. (Guttentagsche Sammlung Deutscher Reichsgesetze Bd. 161b.) . . . . . RM. —.80

Dritter Ergänzungsband, enthaltend weitere Änderungen und Ergänzungen durch die bis Mitte 1929 erlassenen Gesetze und Verordnungen. Oktav. 81 Seiten. 1929. (Guttentagsche Sammlung Deutscher Reichsgesetze Bd. 161c.) . . . . RM. 1.—

„Das Buch dürfte sich in der Bibliothek eines jeden finden, der sich mit der Reichsversicherungsordnung befaßt. Es gehört zu den praktisch wertvollsten.“ *Deutsche Allgemeine Zeitung.*

Reuß, Max, und **Hense,** Fritz. **Das Reichsknappschaftsgesetz** vom 1. Juli 1926 nebst Einführungsgesetz. 2. Aufl. Taschenformat. XVI, 640 Seiten. 1926. (Guttentagsche Sammlung Deutscher Reichsgesetze Bd. 155.) . . . . Geb. RM. 12.—

„Die Herausgabe des Gesetzes bedarf keiner besonderen Empfehlung. Das Buch kann allen, die auf dem Gebiete des Knappschaftswesens tätig sind, aufs wärmste empfohlen werden.“
Zeitschrift für Bergrecht.

Tsirintanis, Alexander, **Die Order-Police.** Groß-Oktav. 95 Seiten. 1930. (Friederichsen, de Gruyter & Co. m. b. H., Hamburg.) RM. 6.— (Hamburger Rechtsstudien, Heft 6.)

Der Verfasser behandelt die Frage, inwieweit das Versicherungsrecht, um den heutigen Verkehrsbedürfnissen zu entsprechen, die Orderklausel und das Indossament verwerten kann. Nach einer Darstellung und kritischen Würdigung der Ergebnisse aus der Anorderstellung des Versicherungsscheins in anderen Ländern, insbesondere in Frankreich, versucht der Verfasser die rechtlichen und wirtschaftlichen Folgen aus der Ausstellung von Order-Polizen darzulegen. In einem besonderen Teil wird die Order-Polize mit anderen, auf denselben wirtschaftlichen Erfolg gerichteten Rechtsinstituten, namentlich der Versicherung für Rechnung wen es angeht, verglichen und die vorhandenen Unterschiede gestreift.

Embden, Helmuth, **Versicherung für Rechnung wen es angeht.** Groß-Oktav. VIII, 39 Seiten. 1930. (Friederichsen, de Gruyter & Co. m. b. H., Hamburg.) . . . . RM. 3.— (Hamburger Rechtsstudien, Heft 8.)

Im ersten Teil wird der versicherungsrechtliche Interessenbegriff im streng individualistischen Sinne präzisiert. Im Hauptteil versucht dann der Verfasser, die universelle Vertragsform der Versicherung für Rechnung wen es angeht in Einklang mit einer so engen Auffassung des Interessenbegriffs zu bringen.

Angestelltenversicherungsgesetz vom 28. Mai 1924. Zweite Auflage. Taschenformat. 143 Seiten. 1927. Mit Nachtrag. (Guttentagsche Sammlung Deutscher Reichsgesetze. Textausgaben ohne Anmerkungen.) Geb. RM. 2.50

Diese neue Ausgabe entspricht der neuesten Fassung des Gesetzes unter Berücksichtigung der letzten Änderungen und Verordnungen. Das beigefügte Sachregister erleichtert das rasche Zurechtfinden in den einzelnen Bestimmungen des Gesetzes.

Manes, Alfred, **Sozialversicherung.** 7., ergänzte Aufl. 1928. Kl.-Oktav. 139 Seiten. (Sammlung Göschen Bd. 267.) . . . . Geb. RM. 1.80

„Es gibt keine andere Darstellung der geltenden Sozialversicherung, die in solch erfreulicher Kürze und Sachlichkeit durch die annähernd 2400 Paragraphen führt.“
Hanseatische Rechts- und Gerichts-Zeitschrift.

Schmeißer, Herbert, **Handbuch der Arbeitslosenversicherung.** Mit einer Einführung und Erläuterungen. Taschenformat. 2. Aufl. im Druck. (Guttentagsche Sammlung Deutscher Reichsgesetze Bd. 165.)

„Das Buch gibt in kurzer, aber ausreichender Form eine Darstellung des gesamten Rechtsstoffes der Erwerbslosenfürsorge unter Anpassung an die praktischen Bedürfnisse." Kommunalpolitische Blätter.

2. Arbeitsrecht

Depéne, Hans, Das Arbeitsgerichtsgesetz. Taschenformat. (Guttentagsche Sammlung Deutscher Reichsgesetze Bd. 168.) 2. Auflage im Druck.

Arbeitsrechtliche Spruchsammlung. Beiträge zum Deutschen Handwerksblatt . . . . Pro Quartal RM. 0.90

Günther, Adolf, und **Schneider,** Richard, **Arbeiterschutz und Arbeitsrecht.** Zweite Auflage. Taschenformat.

I. Teil: **Arbeitszeitschutz.** Das Arbeitszeitnotgesetz und die übrige arbeitszeitrechtliche Gesetzgebung des Reichs seit dem 9. November 1918. 386 Seiten. 1927 . . . . Geb. RM. 7.50

„Der Kommentar umfaßt die gesamte arbeitszeitrechtliche Gesetzgebung von der Staatsumwälzung bis zur Gegenwart. Er ist ein Führer durch das weite und unübersichtliche Gebiet der arbeitszeitrechtlichen Gesetzgebung. Ein ausführliches Sachregister soll die praktische Benutzung erleichtern." Die Wirtschaftsgenossenschaft.

II. Teil: Gesetz über die **Beschäftigung Schwerbeschädigter** nebst den einschlägigen gesetzlichen Bestimmungen. 404 Seiten. 1928. (Guttentagsche Sammlung Deutscher Reichsgesetze Bd. 138a/138c.) Geb. RM. 8.—

„Das Buch stellt nicht nur beim Studium des Gesetzes ein wertvolles Hilfsmittel dar, sondern ist auch für den Handgebrauch des Arbeitsrechtspraktikers unentbehrlich." Berliner Wohlfahrtsblatt.

IV. Teil: **Betriebsstillegungsverordnung.** 240 Seiten. 1929. (Guttentagsche Sammlung Deutscher Reichsgesetze. Bd. 138 d.) Geb. RM. 6.50

V. Teil: **Warneyer, Betriebsrätegesetz.** Im Druck.

Tilly, Dr. Helmuth Tczerclas von, **Internationales Arbeitsrecht.** Unter besonderer Berücksichtigung der Internationalen Arbeitsorganisation. 120 Seiten. 1924. (Sammlung Göschen Bd. 882.) . . . . . Geb. RM. 1.80

Es ist das erste Werk, das in klarer, kurzer und allen leicht verständlicher Weise das gesamte grundlegende Tatsachenmaterial — und zwar nur dieses — auf dem umfassenden Gebiete des internationalen Arbeiterschutzes von dessen ersten Anfängen bis in die neueste Zeit bietet.

3. Gewerberecht

Hiller, Fr., und **Luppe,** H., **Gewerbeordnung für das Deutsche Reich nebst Kinderschutzgesetz und Hausarbeitsgesetz** sowie den für das Reich und Preußen erlassenen Ausführungsbestimmungen. Einundzwanzigste, veränderte Auflage. (143. bis 148. Tausend.) Taschenformat. 931 Seiten. 1928. Mit Nachtrag vom 11. 2. 1929. (Guttentagsche Sammlung Deutscher Reichsgesetze Bd. 6.) . . . . . . Geb. RM. 11.—

„Ein Wort der Empfehlung für dieses Buch zu sagen, erübrigt sich. Hervorgehoben sei, daß diese Auflage alle Vorzüge der früheren Auflagen in sich schließt. Die zahlreichen neuen Gesetze sind erschöpfend berücksichtigt." Zeitschrift des Deutschen Notarvereins.

Brassert, H., **Allgemeines Berggesetz** für die preußischen Staaten mit Kommentar. Zweite Auflage, bearbeitet von Hans Gottschalk. Groß-Oktav. XXIX, 1291 Seiten. 1914. RM. 27.—, geb. RM. 30.—

Sonnenfeld, Hugo, **Die reichsrechtlichen Bestimmungen, betreffend den Handel mit Drogen und Giften.** Dritte, veränderte Auflage. Taschenformat. 435 Seiten. 1926. (Guttentagsche Sammlung Deutscher Reichsgesetze Bd. 64.) . . . . Geb. RM. 12.—

„Die Arbeit gehört einem Spezialgebiet an, mit dem nicht jeder Jurist zu tun hat. Wird er einmal genötigt, sich auf dieses Gebiet zu begeben, so ist er um so dankbarer für eine Arbeit, die sofort den Eindruck größter Sachkunde und vollständiger Materialsammlung macht, und deren Führung man sich unbedenklich anvertrauen kann."

Vossische Zeitung.

Friedrichs, Karl, **Gaststättengesetz** vom 28. April 1930 mit den Durchführungs- und Ausführungsverordnungen des Reichs und Preußens. Taschenformat. VIII, 144 Seiten. 1930. (Guttentagsche Sammlung Deutscher Reichsgesetze, Textausgabe mit Erläuterungen und Sachregister, Band 176.) . . . . RM. 3.50

Der Verlag legt hiermit auch das Gaststättengesetz in seiner neuen Fassung mit ausführlichen Erläuterungen von Justizrat Dr. Karl Friedrichs vor, der als Kommentator von Verwaltungsgesetzen einen besonderen Namen hat. Der Verfasser hat zur vollständigen und zuverlässigen Erläuterung alles herangezogen, was aus der bisherigen Rechtsprechung und den einschlägigen Reichstagsdrucksachen verwertbar ist; die Durch- und Ausführungsverordnungen für das Reich und Preußen sind wörtlich abgedruckt und, soweit notwendig, erläutert.

Lebbin, Georg, **Nahrungsmittelgesetze** mit Erläuterungen. **Zweite, stark** vermehrte Auflage in zwei Bänden.

I. Band: Das Lebensmittelgesetz vom 5. Juli 1927 mit Nebengesetzen (Margarine, Fleisch, Milch, Süßstoff, Essigsäure usw.). Erläutert von G. Lebbin und R. Gießner. Taschenformat. XVI, 419 Seiten. 1928. Geb. RM. 8.50

II. Band: Getränkegesetze und Getränkesteuergesetze (Wein, Bier, Branntwein, Mineralwasser). Unter Mitarbeit von Rechtsanwalt Dr. Kniebe. Taschenformat. XII, 400 Seiten. 1926. (Guttentagsche Sammlung Deutscher Reichsgesetze Bd. 54b.) . . . . Geb. RM. 10.—

„Das Werk ist für unsere Leser und überhaupt die ganze Fachwelt der Getränkeindustrie unentbehrlich, muß doch jedermann mit den einschlägigen Gesetzesbestimmungen sich soweit wie irgend möglich vertraut machen, wenn er nicht in Nachteile geraten will. Die Anschaffung des Buches kann bestens empfohlen werden."

Branntweinmonopol.

Voß, Werner, **Die reichs- und landesrechtlichen Bestimmungen auf dem Gebiete des Gesundheitswesens.** Taschenformat 608 Seiten. 1929. (Guttentagsche Sammlung Deutscher Reichsgesetze Bd. 172.) Geb. RM. 11.—

„Das Buch wird seiner Aufgabe, fast den gesamten Gesetzesstoff in einem einzigen kleinen Bande in die Hand zu geben, gewiß gerecht und wird sich schnell als unentbehrliches Hilfsmittel für jeden erweisen, der öfter mit dem Gesundheitswesen zu tun hat." *Reichsverwaltungsblatt.*

4. Geistig-gewerblicher Rechtsschutz.

Pietzcker, Eduard, **Patentgesetz und Gebrauchsmusterschutzgesetz.** Kommentar unter Berücksichtigung der vorgeschlagenen und weiter beantragten Abänderungen des Patentgesetzes. Erster Halbband: §§ 1—12 PatG. Groß-Oktav. 427 Seiten. 1929. (Gewerbe- und Industrie-Kommentar Bd. V, 1.) . . . . . RM. 26.—, geb. RM. 28.—

„Die überall zutage tretende geistige Leistung macht Pietzckers Kommentar für jeden, der sich mit diesem Rechtsgebiet zu beschäftigen hat, zum unentbehrlichen Rüstzeug."

Markenschutz und Wettbewerb.

Seligsohn, Arnold, **Patentgesetz und Gesetz, betr. den Schutz von Gebrauchsmustern.** Siebente Auflage. Oktav. 1930. In Bearbeitung.

„Die Vorzüge des Buches sind bekannt. Klare, leichtfaßliche Sprache.

FSC
www.fsc.org
MIX
Papier | Fördert
gute Waldnutzung
FSC® C083411

Kolibri 360 GmbH
Ferdinand-Jühlke Straße 7
99095 Erfurt, Deutschland
produktsicherheit@kolibri360.de